O CINEMA VAI À GUERRA

O CINEMA VAI À GUERRA

Francisco Carlos Teixeira da Silva
Karl Schurster Sousa Leão
Igor Lapsky
(Organizadores)

ELSEVIER

CAMPUS

Copidesque: Cynthia Borges

Editoração eletrônica: DTPhoenix Editorial

Revisão gráfica: Roberto Mauro dos Santos Facce

Elsevier Editora Ltda.
Conhecimento sem Fronteiras
Rua Sete de Setembro, 111 – 16º andar
20050-006 – Centro – Rio de Janeiro – RJ – Brasil

Rua Quintana, 753 – 8º andar
04569-011 – Brooklin – São Paulo – SP – Brasil

Serviço de Atendimento ao Cliente
0800-0265340
atendimento1@elsevier.com

ISBN: 978-85-352-7327-4
ISBN (versão digital): 978-85-352-7328-1

CIP-Brasil. Catalogação na publicação.
Sindicato Nacional dos Editores de Livros, RJ

V266c Valim, Alexandre Busko
O cinema vai à guerra / Alexandre Busko Valim ... [et al]; organização Francisco Carlos Teixeira da Silva, Karl Schurster Sousa Leão, Igor Lapsky. – 1. ed. – Rio de Janeiro: Elsevier, 2015.
il. ; 24 cm.

ISBN 978-85-352-7327-4

1. Cinema e história. 2. Cinema – Aspectos sociais. 3. Cinema – Brasil. I. Silva, Francisco Carlos Teixeira da. II. Leão, Karl Schurster Sousa. III. Lapsky, Igor. IV. Título.

15-21513 CDD: 791.43658
CDU: 791.43

*O que os filmes refletem não são tanto credos explícitos,
mas dispositivos psicológicos – essas profundas camadas da
mentalidade coletiva que se situam mais ou menos abaixo da
dimensão da consciência.*

Siegfried Kracauer

OS AUTORES

Alexandre Busko Valim

Doutor em História pela Universidade Federal Fluminense. Professor Adjunto do Departamento de História da Universidade Federal de Santa Catarina (UFSC). Leciona no Curso de Graduação de História, no Curso de Graduação de Cinema e no Programa de Pós-graduação em História (PPGH-UFSC).

Andreza S. Cruz Maynard

Doutora em História pela Universidade Estadual Paulista Júlio de Mesquita Filho (2013). Pós-doutoranda em História pela Universidade Federal Rural de Pernambuco. Atua principalmente nos seguintes temas: Segunda Guerra Mundial e Cinema norte-americano, História e Cinema, Estado Novo, Tenentismo. Participa como pesquisadora do Grupo de Estudos do Tempo Presente (GET/UFS/CNPq). Bolsista CNPq/FAPITEC-SE na modalidade DCR-C.

Carlos Leonardo Bahiense da Silva

Doutor em História das Ciências da Saúde pela Casa de Oswaldo Cruz. Foi professor de História Contemporânea da Universidade Veiga de Almeida. É pesquisador do GEHSCAL/UPE na linha História do Tempo Presente e do Laboratório de História do Esporte e Lazer da UFRJ.

Dilton Cândido Maynard

Doutor em História pela Universidade Federal de Pernambuco (2008) e Pós-doutorado em História pela Universidade Federal do Rio de Janeiro (2013). Professor colaborador no Programa de Pós-graduação em História Comparada da Universidade Federal do Rio de Janeiro (PPGHC/UFRJ). Professor do Programa de Pós-graduação em Educação da UFS (PPGED/UFS). Tutor do Programa de Educação Editorial (PET História). Pesquisador Visitante na Universidade de Pernambuco (UPE).

Francisco Carlos Teixeira da Silva

É doutor em História pela Universidade Livre de Berlim (FU Berlin), Alemanha, e pela UFF (1991); mestre em História (Magisterwissenschaft) pela Universidade de Berlim e possui Pós-doutorado em História Política e Social na USP, na Universidade Técnica de Berlim (TU Berlin) e na Universidade Livre de Berlim (TU Berlin). Foi Professor Adjunto de Desenvolvimento Agrário no CPDA/UFRRJ, Professor Adjunto de História Moderna e Contemporânea da UFF (de 1977 a 1991) e Professor Titular de História Moderna e Contemporânea, por concurso, da UFRJ (desde 1991). É bolsista de produtividade do CNPq.

Gracilda Alves

Doutora em História pela Universidade Federal Fluminense. Professora Adjunta da Universidade Federal do Rio de Janeiro do Instituto de História (IH). Participa dos grupos de pesquisa GEMPO (Grupo de Estudos Medievais Portugueses) e História das Religiões e Religiosidade.

Igor Lapsky

Doutor em História Comparada pela UFRJ e mestre pela mesma instituição. Possui conhecimentos na área de História, com ênfase em História Contemporânea, História da América, História Militar, Terrorismo e Cinema. Atualmente é professor do Departamento de História da Universidade Cândido Mendes, pesquisador da rede de Estudos do Tempo Presente, editor-chefe da Revista Eletrônica Tempo Presente e Coordenador dos projetos de Formação Continuada e Nova EJA na fundação CECIERJ/SEEDUC.

José Maria Gomes de Souza Neto

Pós-doutorando pelo Programa de Pós-graduação em Educação da Universidade Federal do Sergipe, Doutor em História pela Universidade Federal de Pernambuco. Professor de História Antiga da Universidade de Pernambuco – Campus Mata Norte e coordenador do Leitorado Antíguo. Foi coordenador do Curso de História da UPE entre os anos 2006-2013. Professor do Programa de Pós-graduação em Desenvolvimento Local Sustentável.

Karl Schurster Sousa Leão

Pós-doutor em História. Doutor em História pelo PPGHC/UFRJ. Professor do Programa de Pós-graduação em Educação da UFPE, professor Adjunto da Universidade do Estado de Pernambuco, do Programa de Pós-graduação em Relações Internacionais da Universidade Nacional de La Plata/Argentina e bolsista do International Scholl for Holocaust Studies/Yad Vashem – Jerusalém. Coordenador do Laboratório de Estudos do Tempo Presente da Universidade de Pernambuco.

Rafael Pinheiro de Araújo

Doutor em História pelo PPGHC/UFRJ. Professor do Centro Universitário La Salle/RJ (Unilasalle/RJ) e da Universidade Federal Rural do Rio de Janeiro (UFRRJ). É pesquisador dos seguintes Laboratórios: História do Tempo Presente e Linguagens do Audiovisual da Universidade Cândido Mendes (UCAM), Laboratório de Estudos do Tempo Presente da Universidade de Pernambuco e Grupo de Estudos do Tempo Presente da Universidade Federal de Sergipe.

Ricardo Pinto dos Santos

Doutor em História pelo Programa de Pós-graduação em História Comparada da UFRJ. Atualmente é pesquisador na Universidade Federal do Rio de Janeiro do Laboratório de Estudos do Tempo Presente (IH/PPGHC-UFRJ) e do Laboratório de História do Esporte e Lazer. Desde 2009 é Coordenador Geral do Centro de Memória do Vasco da Gama.

Wagner Pinheiro Pereira

Professor Adjunto de História da América no Instituto de História e no Programa de Pós-graduação em História Comparada da Universidade Federal do Rio de Janeiro (IH/PPGHC-UFRJ). Coordenador do Laboratório de Estudos Históricos e Midiáticos das Américas e da Europa – Universidade Federal do Rio de Janeiro (LEHMAE-UFRJ) e pesquisador do Laboratório de Estudos do Tempo Presente – TEMPO-UFRJ.

APRESENTAÇÃO

O cinema vai à guerra é uma ideia antiga de livro, dessas sobre as quais falamos muito e não tomamos a decisão de enfrentar a parte realmente dura de uma obra: transformar ideias em páginas e páginas. A primeira versão do que seria o livro surgiu no Laboratório de Estudos do Tempo Presente/TEMPO, então na UFRJ, ainda no século passado. Era o resultado de seminários, aulas, palestras, monografias e teses realizadas no TEMPO e que resultaram numa larga experiência sobre este, relativamente, novo campo. No entanto, como é frequente, no "meio do caminho havia uma pedra". Era preciso uma seleção prévia dos filmes e das temáticas, a distribuição das tarefas e o tempo precioso, e muitas vezes raro, de rever o conjunto das obras a serem analisadas. Tivemos, então, a perda do historiador Gilberto Agostinho, o mais dedicado dos proponentes deste trabalho. Assim, o núcleo original, depois de idas, vindas e de superações estabeleceu as diretrizes e construiu o projeto do livro em suas grandes linhas. Apresentamos o projeto à Elsevier, pronta para grandes desafios, com quem a parceria cresceu e resultou na atual obra.

Os objetivos do livro são variados, entre eles a pura fruição do prazer de ver e rever obras que amamos, que nos contam – de forma real ou alegórica – as relações tensas entre cinema e história. Queríamos, também, explicitar, para amigos, alunos e o público em geral, pequenas e grandes propostas de homens como D.W. Griffith, Fritz Lang, F. Murnau, Charles Chaplin, Jean Renoir, William Wyler, Francis Ford Copolla, Olivier Stone, Robert Altman e tantos (tantos mesmo!) sobre o que é a história.

A narrativa fílmica, sob diversas formas, é, sem dúvida, a principal concorrente da narrativa histórica. Muito do que todas as pessoas sabem no mundo sobre algum fato ou processo histórico – das passagens da antiguidade clássica até as grandes Guerras Mundiais, passando por personagens como Chica da Silva, Sigmund Freud ou Júlio César – advém de filmes a que assistiram em alguma época de suas vidas. Não cabe, queremos deixar claro, desde sempre, "corrigir" ou "enquadrar" as narrativas fílmicas conforme os cânones, na maioria das vezes bastante aborrecidos, da história acadêmica; trata-se, em verdade, de deixar fluir, conviver, a diversidade de narrativas e extrair de todas, e de cada uma, as representações que diretores, roteiristas, montadores, produtores, diretores de imagem e som, figurinistas e cenógrafos fizeram em algum momento da história. Se leram a história desta ou daquela forma, e tal leitura foi recepcionada por milhares, por vezes milhões de pessoas, as quais consideraram tal narrativa digna de ser comentada, debatida e muitas vezes passada à frente como história, então tais profissionais produziram, eles mesmos, material para o historiador.

Assim, nosso interesse foi sempre buscar a produção do sentido naquela que foi – e ainda é, ao menos na tela pequena – o maior de todos os entretenimentos. Abordamos o cinema, desta forma, como uma representação, validada por sua ampla recepção popular, da história, uma das muitas formas de narrar, ao narrar uma história, a própria história.

No Brasil, as relações entre cinema e história, do ponto de vista do historiador, foram tratadas como uma atividade adjacente ao fazer historiográfico, se não menor, certamente habitando um nicho menos nobre deste ofício. Talvez algum ranço antigo, voltado para as fontes arquivistas (tão maltratadas entre nós), nos tenha imposto certo preconceito sobre uma historiografia baseada no cinema (não "do cinema" ou das "salas de cinema", esta em franca expansão entre nós). Coube a Mônica Almeida Kornis, do CPDOC/FGV, a formulação mais rigorosa, e bem informada, das possibilidades e limites da relação cinema/história,[1] seguida de perto por Rosangela de Oliveira Dias, voltando-se para o cinema nacional, numa longa e detalhada pesquisa na UFF, produzir um diagnóstico social a partir do gênero "chanchada" no Brasil.[2] A partir destas publicações pioneiras, o campo do cinema como uma possibilidade bastante rica de trabalhos abriu-se e, deste então, aprofunda-se em qualidade e quantidade de trabalhos. Na Bahia, na UFBA, o grupo reunido em torno da oficina de História e Cinema, com a revista *O Olho da História*, a partir do início do século, desempenha um papel central na difusão de análises, estudos e métodos de trabalho no campo. O próprio Laboratório de Estudos do Tempo Presente, da UFRJ, produziu um volume, em 1998, de balanço e debate metodológico, sobre a temática, buscando estabelecer as possibilidades de trabalho com o cinema.[3] Aproveitamos, para isso, nós mesmos, muito da experiência e dos debates realizados por Ana Maria Mauad, no Laboratório de História Oral e Imagens, da UFF, e do fecundo trabalho de Rodrigo Patto, na UFMG, sobre o uso de imagens como fonte para história.

Os debates sobre as diversas abordagens do cinema como fenômeno histórico – com uma história própria e como, ele mesmo, produtor de narrativas históricas, permitiu um rico diálogo com outros campos, a partir dos textos seminais de Marc Ferro, Pierre Sorlin e, mais recentemente, Christian De Lage, reconhecendo a primazia, e paixão, dos pesquisadores franceses sobre o cinema. Aos poucos surgiram mais teses,

---

1 ALMEIDA, Monica Kornis. *História e cinema: um debate metodológico* In: Estudos Históricos, Rio de Janeiro: FGV, v. 5, n.10, 1992.

2 DIAS, Rosangela de Oliveira. *O mundo como chanchada*. Rio de Janeiro: Relume Dumará, 1993.

3 Teixeira da Silva, Francisco Carlos. *História e imagem*. Rio de Janeiro: Tempo Presente/UFRJ, 1998.

mais trabalhos e inclusive, com alto mérito, os estudos sobre as diversas possibilidades de uso do cinema em sala de aula.[4]

A temática central escolhida para este livro, expressa já em seu título, deveu-se à dedicação da maior parte dos seus organizadores, aos temas envolvendo os fascismos, as guerras e as opções pela paz. Assim, combinávamos o conhecimento histórico específico – sobre guerras e a violência dos conflitos contemporâneos – e a paixão pelo cinema, optando por corte cronológico centrado nos séculos XX e XXI, embora isso não impeça digressões aos cinemas épicos e históricos voltados para tempos remotos, como criadores de modelos e de formas narrativas.

Esperamos que o público leia e aprecie este livro com o mesmo prazer de uma boa sessão de cinema numa tarde de férias. Nós mesmos nos divertimos muito ao escrevê-lo.

[4] CAPELATO, Maria Helena et al. *Cinema e história: dimensões históricas do audiovisual*. São Paulo: Alameda Editorial, 2011.

SUMÁRIO

RKO RADIO FILMS
présente
CARY GRANT
VICTOR McLAGLEN
DOUGLAS FAIRBANKS JR
dans
GUNGA DIN
IMPRIME EN BELGIQUE
L. & H. VERSTEGEN, Bruxelles

1.

CINEMA, GUERRA, CIVILIZAÇÃO E BARBÁRIE

Gracilda Alves

IREMOS TRABALHAR COM A CONSTRUÇÃO DAS IDEIAS de civilizado/bárbaro e de ocidental/oriental na contemporaneidade. Verificamos que os conceitos de civilizado e bárbaro são construídos a partir da Grécia antiga e possuíam um cunho cultural, mas que já dividiam a humanidade em dois blocos antagônicos, ou seja, o grego civilizado e o outro bárbaro; portanto, o outro já carrega uma carga negativa e diferencial. Assim, constatamos que desde o mundo antigo esses conceitos sofrem diversas apropriações e leituras que continuamente são relidas e utilizadas na contemporaneidade. Estas leituras continuam sendo divulgadas pelos mais diferentes meios de comunicação, quer pela imprensa escrita, televisiva, sonora ou, principalmente pelo cinema. Continuamos a ser constantemente colocados de frente com este antagonismo entre o civilizado, que luta pela democracia e pelos valores étnicos e civilizacionais, contra o bárbaro, que participa de regimes não democráticos e que se utiliza de métodos não éticos e não civilizacionais. Para os primeiros a grande preocupação é estar defendendo não interesses próprios, locais e, sim, a civilização e a manutenção da ordem.

O segundo conjunto que iremos analisar será o de Ocidente/Oriente no mundo contemporâneo. Também aqui verificamos que esses conjuntos sofrem diversas leituras ao longo da História. Sempre com a apropriação de que é o Ocidente a parte civilizada e que cabe a ele levar a civilização ao outro que, no caso, é o Oriente. Esta realidade passou a ser construída a partir do mundo antigo e vai ganhando seus maiores contornos com a expansão do Cristianismo. Estes conceitos vão sendo relidos ao longo da História com apropriações que o tornam contemporâneos e que são utilizados indiscriminadamente para justificar ações. Na verdade esses conceitos estão associados com os anteriores, e, portanto possuem as mesmas ideias já anteriormente expostas. Podemos afirmar que temos uma universalização da contagem do tempo que é ocidental e cristã e que é aplicada a todo o planeta e, principalmente a construção da ideia de que a civilização tem como epicentro o Ocidente.

O nosso objetivo é a partir de cinco filmes produzidos no Ocidente – *Zulu, Lawrence da Arábia, 55 dias em Pequim, O homem que queria ser rei* e *Gunga Din* – analisar de que forma no mundo contemporâneo esses conceitos são utilizados dentro da ideia de um mundo moderno, de uma globalização e da universalização da História a partir de uma expansão europeia que continua como a representante da civilização. Assim, continuamos no nosso cotidiano a reproduzir e nos apropriarmos desses conceitos que são utilizados como justificativas e aceitas como justas na mídia em geral. Assim, assistimos os representantes de Israel dizerem que a guerra que estão fazendo contra o Ramas é justa e que não estão lutando só pelo Estado de Israel e sim defendendo a democracia e o Ocidente contra a barbárie.

Podemos afirmar que o mundo contemporâneo é o resultado desta construção que é processada e realizada desde o mundo antigo e que faz de nós produtos desta elaboração contínua e constante de que somos participantes de uma realidade que nos identifica e nos coloca em um dos lados do mundo. Portanto, o cinema não é só o lazer e a diversão. Ele é, também, um meio pelo qual os elementos centrais do nosso mundo contemporâneo e da ideologia dominante é repassada a cada um de nós e, assim, criamos um ciclo que se retroalimenta.

Pensar em Ocidente e Oriente é darmos continuidade a uma ideia de divisão da Terra em blocos antagônicos e unitários, já que ao pensarmos em Ocidente estamos lendo como se fosse a Europa e o Oriente a Ásia. O que está de certa forma equivocada na medida em que a partir do século XX temos os Estados Unidos fazendo parte desta ocidentalidade e não estando geograficamente na Europa. Podemos dizer que a ocidentalidade no mundo contemporâneo possuí três grandes eixos, que são a Alemanha, a Inglaterra e os Estados Unidos. Em relação ao Oriente devemos pensar em Ásia a partir de três realidades pelo menos, China, Japão e Arábia Saudita. Assim, esses blocos não são nada homogêneos e muito menos constituem uma unidade. Mas esta dicotomia é o resultado da historicidade das significações sociais desses blocos e pode ser pensada em civilizados e bárbaros ou em "mundo livre" e "mundo não livre" ou, ainda, em países democráticos e não democráticos, entre tantas outras classificações que poderíamos apontar e trabalhar e que são criadas a partir de critérios políticos e/ ou religiosos que vão carreando outras características que realimentam o modelo construído que muitas vezes tem como carro-chefe a questão da liberdade. Queremos destacar que a grande maioria dessa classificação é feita a partir do Ocidente. É claro que o cinema vai trazer estas categorias para a tela reforçando-as e dando-lhes novas conotações que muitas vezes dão destaque para a guerra como um elemento essencial para garantir a liberdade, a verdade, a democracia e o espírito da ideia de ocidentalidade como o eixo civilizacional do planeta. Desta forma, Ocidente e Oriente "são dois mundos que não se ignoram: as imagens de ambos circulam à volta do planeta" numa construção e releituras constantemente reelaboradas (TODOROV, 2010, p. 11).

Apreendemos que a divisão do mundo em dois blocos é o resultado de um processo civilizacional que resultou de uma maturação de longa duração e que foi sendo construída e consolidada ao longo do tempo em um espaço geográfico muito determinado pelo Mediterrâneo e, que vai constituindo-se em verdadeiros elementos constituintes das futuras nações e, que geram uma ideia de pertencimento e de exclusão (BRAUDEL, p. 105-51). Podemos afirmar que esta classificação é dinâmica e está constantemente sendo relida e reinventada a partir de práticas que são aceitas de forma consciente ou inconsciente, e que parte de uma construção cultural coletiva que interpreta o mundo e que estabelece uma memória que é compartilhada ou acatada por todos e onde está enlaçada uma linha de tempo que açambarca do passado, presente ao futuro. Desta forma, a memória é uma ferramenta de decodificação social que permite a coletivização de experiências, algo que por sua vez viabiliza a geração de identidades comuns e coletivas numa sociedade, seja ela ágrafa ou contemporânea. Assim, a memória, quer ela seja oral ou escrita, cria uma memória institucionalizada e coletiva que muitas vezes é transformada em objeto de poder e de disputas (LE GOFF, 2003, p. 419-476).

A cultura cria uma linguagem de pertencimento entre os homens, que simultaneamente a reproduzem e lhe dão um sentido na medida em que vai sendo constantemente retroalimentada por um conjunto de práticas que ligam esta linha do tempo e constroem uma continuidade histórica, mesmo quando não existia esta realidade anteriormente, como no caso do filme *Zulu* em que a criação do Império que era uma novidade ganha o cunho de uma continuidade histórica que liga o passado ao futuro e é transmitida de geração a geração criando uma identidade, uma unidade, uma coesão, um objetivo, uma história e uma ideia de pertencimento. O mesmo pode ser visto no filme *O homem que queria ser rei*, em que os elementos maçônicos criam laços de identidade não só entre ingleses como também ligando o passado representado por Alexandre, o Grande e o presente representado por um soldado inglês em busca de fortuna. As representações produzidas pela cultura criam mecanismos que são utilizados tanto no âmbito interno daquela sociedade como na defesa e na mídia desta sociedade em relação ao outro.

Afirmamos que o conceito de orientalismo é uma criação ocidental que ganha maiores conotações a partir do pós-colonialismo, principalmente porque lá localizamos as maiores e mais ricas áreas coloniais europeias e onde encontramos as imagens mais bem estruturadas do outro. Como nos afirma Edward Said, ela vem carregada da "ideia de choque de civilizações" como se elas fossem unidades, ou seja, o Ocidente e o Oriente, e neste último caso podemos ler o Islã, e estivessem em lados opostos travando uma luta encarniçada para ver qual era a melhor. Said constrói uma imagem das civilizações exibindo os seus músculos uma para a outra comparando-as a Popeye e Brutus, ou seja, uma imagem de combate em que a paz é alcançada a partir do uso da força e do poder (SAID, 25 de junho de 2003). O referido autor desconstruiu este discurso ocidental sobre o Oriente, no qual ele aponta com muita propriedade a estigmatização feita por este discurso em relação ao muçulmano e à importância dele na construção do papel do outro (SAID, 1990).

Desta forma, voltamos ao elemento cíclico e autoalimentar de uma infinita e interminável guerra em que a dicotomia de dois lados contrários, ou seja, claro/escuro, bom/mal, civilização/bárbaro, progresso/retrocesso, moderno/arcaico, democrático/

tirânico entre outros, vão sendo lidos e relidos constantemente na construção oposicionista de Ocidente/Oriente em que é importante frisar que o outro é o diferente, o perigoso e o ameaçador. Ou seja, uma batalha interminável que vai contrapondo estas realidades e retroalimentando-se.

Essa dicotomia geográfica entre Ocidente e Oriente começou a ser delineada a partir do movimento de Reconquista que se inicia no século VIII e que vai até o final do século XV, na Península Ibérica, que é a retomada dos territórios das mãos dos muçulmanos. Esta luta teve várias frentes, a principal foi militar, ocorreu por oito séculos, mas, também, por uma produção literária moçarabe, que é a população cristã que habita as cidades e que domina a língua árabe. Esta é caracterizada por um conjunto de obras literárias escritas em árabe, denominadas de Crônicas, que propagavam a ideia do fim do domínio árabe e o restabelecimento da civilização cristã. Esta é uma literatura que traz claramente a dicotomia cristão × muçulmano, fiel × infiel, ou seja, ela traz um discurso legitimador da Reconquista cristã e uma exortação do muçulmano como o outro, o estrangeiro, o forasteiro e de sua ilegitimidade. Esta noção continuou sendo construída com o movimento das Cruzadas, do século XI ao XIII, que tinha como objetivo recuperar, pela força das armas e de um discurso, os territórios que estavam nas mãos dos muçulmanos, quando temos o choque entre o Cristianismo e o Islamismo, ou entre os cristãos e os sectários do maligno (DUBY, 2002, p. 203). Aqui continua a ser construída a ideia de se recuperar os territórios e a Terra Santa das mãos dos infiéis e de levar-se a liberdade e a civilização. Esta oposição continuou a ser construída na medida em que cada vez mais a Europa alargava o seu raio de ação a partir da guerra e das imagens negativas construídas do outro, que neste caso era o muçulmano. Assim, é produzido todo um conjunto de discursos que procuravam demonstrar que os muçulmanos negavam a Verdade e, por isso, deviam ser combatidos através da guerra santa. Podemos afirmar que as Cruzadas constroem a intolerância em relação ao muçulmano e que esta ideia é uma forma de diferenciar o eu/cristão e todos que são iguais do outro/muçulmano que representa o ignóbil e aquele que quer destruir esta realidade (HÉRITIER, 2000, p. 24).

A partir do século XIV esta ideia ganha novos contornos com a expansão marítima quando a Europa entra em contato com novas realidades e religiões. Assim, alguns são bárbaros e cometem atrocidades porque não conhecem a fé e devem ser cristianizados, já os outros/infiéis, devem continuar a ser combatidos. Desta forma a oposição amplia-se na medida em que novos continentes passam a ser colonizados e continua-se a se fazer as releituras do outro. Esta dicotomia vai ganhando novos contornos e ampliando-se e de certa maneira estabelecendo a divisão do planeta em duas metades, ou seja, civilizados/bárbaros, Ocidente/Oriente, cristãos/muçulmanos. Sendo que a Europa intensificou a leitura de que ela era baluarte da civilização e da defesa desta contra o outro.

Podemos afirmar que a escrita da história se faz entre a dicotomia Ocidente/Oriente e as diversas leituras que são feitas e apropriadas por cada um destes blocos que não são homogêneos e, assim, o cinema, através da criação livre vai criando e trabalhando estas significações e leituras diferentes e as trazendo de uma forma lúdica, e talvez pudéssemos dizer despretensiosa, mas que carrega um cotidiano de repulsa e de construções de um ideal a ser alcançado. Nesta construção é utilizado um conjunto de imagens que possuem uma sequência e dinâmica que, aliadas à música e aos atores, criam uma realidade que é absorvida e muitas vezes reproduzida pelos expectadores que podem ser de estranhamento, repulsa ou de aproximação. O cinema é o veículo em simbiose com a civilização ocidental e carrega a linguagem, o pensamento, os objetivos, os símbolos a serem alcançados e busca demonstrar a discordância e discrepância do pensamento oriental com o da ocidentalidade. Podemos afirmar que o cinema procura imprimir certa imagem que reflete a visão ocidental do mundo que vem carreada de sensibilidades estabelecidas através dos tempos e que não escapam das influências orientais. O cinema é o eco de encontro das culturas ocidentais e orientais na construção de uma fronteira que não se limita à película, às imagens ou ao texto, mas que carrega uma literatura, filosofia e ideais que dialogam constantemente como o modelo.

O Ocidente se constrói como o centro político, religioso, cultural, militar e simbólico do mundo, isto porque havia dominado o mundo por vários séculos e, por isso, podemos afirmar que o medo é um dos elementos constituintes do Ocidente (TODOROV, 2010, p. 13). Esta imagem fica atrelada a um determinado espaço geográfico bem definido e a certo conjunto de personagens delimitados por simbolismos e por intensas trocas culturais. Isto favorece a difusão do Ocidente como polo de civilização e bastião da defesa da Terra a partir de condições político-religiosas totalmente diferentes que são elaboradas e reelaboradas constantemente na construção do discurso da proeminência da ocidentalidade como a responsável por garantir a liberdade de expressão. É na verdade uma construção de uma imagem constantemente elaborada e exposta às suas contradições internas.

Podemos afirmar que a linguagem fílmica carrega uma história das representações ligadas à imagem cuja especificidade nós devemos respeitar, mas que carrega uma história das condutas, das práticas e dos rituais (Le GOFF, 1990, p. 12-13). Assim, os filmes trazem representações sociais e tentam explicar para nós os acontecimentos, os momentos, as atitudes, as decisões e as pessoas (ROSENSTONE, 2010, p. 235). Compartilhamos com Roger Chartier de que a representação é capaz de incidir sobre um campo histórico particular, internalizando simbolicamente as lutas pelo poder e dominação entre os grupos ou entre seus indivíduos representados.

Afirmamos que a apropriação da ideia de Ocidente como o grande centro gerador de civilização está no fato de que continua existindo "uma semelhança entre os fatos observados e uma dessemelhança entre os meios em que tiveram lugar" (BLOCH, 1998, p. 121). A linguagem fílmica permite uma aproximação e uma compreensão da lógica de construção do conceito de Ocidente como central e de Oriente como oponente mesmo que ela seja "mais alusiva e simbólica do que concreta" (NOGUEIRA, 2010, p. 61).

Como escreve Marc Ferro o filme "está sendo observado não como uma obra de arte, mas sim como um produto, uma imagem-objeto, cujas significações não são somente cinematográficas" (FERRO, 2010, p. 32). Entendemos que os filmes são uma criação humana e como tal não têm o compromisso com a verdade histórica, mas carreiam uma linguagem metafórica e uma simbologia intrínseca à ficção que garantem a sua inserção social e podem ser utilizados como fonte e como agente histórico pelos historiadores, professores, agentes sociais, agentes políticos ou pela população.

Muitas vezes os filmes são empregados como uma forma de propaganda do modo de vida ocidental globalizado e do inimigo dessa vida que é o oriental; portanto, eles são uma forma de difusão de um ideário político que visa apoiar uma política, um modelo de governo, um movimento ou uma ideologia de construção deste ideal de ocidentalidade (DENIS, 2010, p. 108). Verificamos que civilização e barbárie são as duas faces de uma moeda, ou seja, são categorias antagônicas que permitem a partir delas analisarmos os atos humanos e como estes são classificados.

Os filmes resgatam sentimentos como o medo do que é diferente, o ódio e o preconceito que vêm acompanhados muitas vezes de violência, conflitos, perseguições, massacres e atrocidades. Eles proporcionam sensações que englobam diversos sentidos como o visual, o auditivo, o sensorial, que evocam sentimentos, sensações e a construção de conceitos e de um ideário de pertença e de repulsa (McCLOUD, 2008, p. 128). Que é obtido a partir de uma organização lógica e inteligível das imagens, da música e das palavras (EISNER, 2005, p. 55). Podemos afirmar que os filmes são obras de uma indústria cultural que constrói modelos ideológicos e comportamentais (ADORNO, 2009, p. 11-12).

Entendemos que o filme resgata não somente um acontecimento que se passa em um momento determinado, mas principalmente o que ele traz consigo e o que possibilita de construção e de leituras (OLIVEIRA, 2006, p. 139). O cinema nos apresenta o movimento das massas, de sujeitos coletivos e objetivamente construídos, mas traz, também, à tona o sujeito histórico, com toda a força de sua subjetividade, carregado de sentimentos e emoções com a valorização da memória e dos relatos de experiência de vida (ARAÚJO, 2012, p. 177). Compartilhamos da ideia de Pascal de que "entre a violência e a verdade nada existe em comum" (PASCAL, 1992, p. 234), na medida em que no Ocidente encontramos pessoas oriundas do Oriente, com religiões diferentes das professadas pela maioria no Ocidente e com uma organização social diferente (idem, p. 17). A xenofobia geral duplica-se em uma islamofobia (idem, p. 17).

A rejeição do Islã baseia-se em múltiplas razões e em parte antigas: ele representou um rival do Cristianismo. Hoje é mais repelido pelos laicos que pelos cristãos. Temos a questão da colonização europeia a países muçulmanos, e antigos colonos voltam a seus países e colonizados vêm instalar-se nos países dos seus colonizadores. Outro é o geográfico: estes países muçulmanos detêm as principais reservas energéticas do planeta, assim colonizadores dependem dos colonizados (idem, p. 18).

E por último, os atos criminosos ou chocantes realizados por alguns muçulmanos (idem, p. 18) que ganham mais destaque na mídia e nas películas do que os realizados por cristãos, anglicanos ou protestantes.

Muitas vezes é repassada a ideia de que os filmes narram o momento histórico como efetivamente aconteceu. O que não é uma verdade, na medida em que ele é o resultado da criação/interpretação de um indivíduo ou de um grupo que na maioria das vezes reproduz uma visão eurocêntrica que contrapõe a civilização europeia à barbárie oriental ou africana, que aqui inclui, também, outras questões, como a cor da pele, e que procura demarcar o triunfo da civilização sobre as ruínas da barbárie.

Podemos afirmar que o filme traz um discurso produzido sobre outros discursos com quem ele dialoga, quer reafirmando, reiterando, discordando ou polemizando. Ele é produto de um determinado momento histórico e ideológico e nele está inserido; assim, ele é um veículo de valores, crenças, ideais do mundo ao qual está inserido, daí as diferenças que encontramos entre um filme produzido no Ocidente de um do Oriente. Cada um deles traz uma perspectiva ideológica dos lugares geográficos e sociais de onde são produzidos (FLORENCIO, 2009, p. 24-6).

Todos estes eixos podem ser analisados a partir de cinco filmes, *Zulu*, *Lawrence da Arábia*, *55 dias em Pequim*, *O homem que queria ser rei* e *Gunga Din*.

O primeiro eixo a que daremos destaque é o do medo, que pode ser analisado a partir de diversos ângulos. Assim, verificamos que nos filmes aqui trabalhados um conjunto muito diversificado de cerimônias é apresentado. Estas podem ser analisadas como formas de espetáculo, uma forma teatralizada do poder que gera um impacto de grandiosidade, de medo e que podem ser analisadas como formas de construção do poder e como manifestações públicas da grandiosidade por parte daquele grupo e como forma de causar medo ao outro. Esta realidade pode ser verificada em diversas cenas do filme *Zulu* em que as cerimônias servem não só para dar uma coesão às tribos, como causar medo nas outras tribos e, também, para mostrar o poderio militar daquele império e a fraqueza do outro que pode ser o negro tribal ou o branco representado pelo colonizador. Esta mesma realidade pode ser vista em *Lawrence da Arábia* em que as diversas tribos beduínas fazem diversas cerimônias que são verdadeiros espetáculos de demonstração do seu poder e que provocam o medo no outro, quer beduíno ou colonizador. Também em *55 dias em Pequim* verificamos que tanto os ocidentais como os orientais praticam diversas cerimônias ritualizadas como se tivéssemos num teatro e que servem como uma demonstração de força e de poder na construção de um discurso do poder (GEERTZ, 1991, p. 25).

Constatamos que nos filmes aqui trabalhados destacam-se com cores fortes a negatividade do poder. Esta ganha grande destaque na questão da violência. Assim, em *Zulu,* verificamos que diversas são as cenas em que se dá destaque ao fato de que o seu império é construído a partir do medo, da violação de direitos, da memória, das tradições, do massacre e na ausência de qualquer respeito aos laços quer familiares, sociais ou quaisquer outros. Aqui é destacada uma representação de um império violento ou do mal; ou seja, podemos questionar se era efetivamente um poder ou uma dominação na medida em que a sua base é a guerra, a ameaça, a destruição e o medo. Entendemos que ao se demarcar uma memória em que são demonstradas a violência e as violações exercidas pelo outro, o que se estava planejando era mostrar o oposto civilizacional e de paz, em que a guerra é um dos meios para o estabelecimento deste objetivo e, também, que a civilização ocidental não pretendia o aniquilamento do outro e sim reerguê-lo e trazê-lo para a civilização.

Inferimos que ao trazer esta memória pautada no medo é uma forma de poder, ou seja, é a construção de uma consciência (RICOEUR, 2007, p. 101-102) e uma imagem não só para o próprio grupo como para o outro, quer seja aquele local, regional ou internacional.

O segundo eixo que trazemos para a discussão é a guerra. O uso da força militar é uma estratégia para manter o equilíbrio interno, mas também como uma propaganda a nível local ou internacional (TODOROV, p. 215). A apropriação da noção de guerra é feita de muitas formas: para o pai de *Zulu* representa a dignidade do povo; já em *O homem que queria ser rei* ela aparece ritualizada, organizada; em *Gunga Din* verificamos que o soldado aparece como aquele que deve cumprir ordens sem pensar. Muitas vezes, a guerra vem acompanhada da ideia de paz, como na festa comemorativa do aniversário da rainha da Inglaterra em que o príncipe chinês presenteia com um leão de jade dizendo que esperava que o leão chinês e o leão inglês vivessem em paz. Mas as atitudes dele são de guerra e de hostilidade, ou seja, a paz é um elemento alcançado após a guerra ou uma forma de evitá-la a partir de uma demonstração de força, como no filme *55 dias em Pequim* em que diversos discursos são construídos a partir do eminente uso da força, mas que vêm sempre acompanhados de uma declaração de paz e de um tempo para que todos os brancos saíssem de Pequim e deixassem suas possessões na China. Era a China usando do medo que o ocidental tinha de que o gigante acordasse e colocasse toda a Terra em perigo.

É a partir do seu uso que temos a construção de uma nova ordem; por exemplo em *Zulu* é a construção de um Império reunindo as diversas tribos, ou em *Lawrence da Arábia* a construção de um Estado Islâmico. E em *55 dias em Pequim* é a forma encontrada pelos chineses para recuperar o seu território que estava nas mãos das diversas nações ocidentais e do Japão; e em *Gunga Din* é o exército formado por uma seita religiosa que pretende recuperar o território da Índia das mãos dos ingleses; ou em *O homem que queria ser rei* em que os brancos começam a reunir as tribos formando um Império e criando uma mídia de poder que permitia incorporar novas tribos sem o uso da força militar.

Podemos trazer a guerra a partir das relações entre os valores cristãos e os demais valores religiosos, quer islâmicos, pagãos entre outros que são pontos friccionais e centrais e que envolvem apropriações de construções históricas. Portanto, a guerra é um local de construção social não só de luta, de táticas, mas principalmente de valores, civilizações e de pensamentos e realidades sociais, políticas, econômicas e culturais.

Verificamos que os indivíduos preparam-se e planejam-se para as diversas batalhas que podem ser pensadas *per si* ou formando uma guerra que pode ter um inimigo já pensado anteriormente ou que pode ser alargado na medida da evolução da própria guerra. E, também, na medida em que se vai escrevendo e comentando a luta e as vitórias contra o inimigo, ou seja, a ideia de que a história é feita por homens através de suas atuações nos governos, na diplomacia, na guerra, no comércio ou em qualquer outro tipo de atividades.

A grande marca que a ocidentalidade procura construir nos filmes é a de que o homem ocidental está lutando pelo que é certo, pelo bem de todos, pela paz e por levar a civilização aos mais longínquos lugares. Além de se destacar a importância da honestidade, honra e coragem além de se dar destaque a todos os valores da sociedade à qual ele pertence. É necessário mostrar sempre o passado histórico numa contínua construção de valores e comportamentos que servem para mostrar a oposição com o outro que vão construindo realidades que quebram com o passado não civilizado e que servem para a reconstrução da paz, do pertencimento e da civilização.

Como nos afirma Jacques Le Goff, a vida é construída pelo homem que é construído por ela e coletivamente. Podemos demonstrar essa realidade no filme *Zulu*. Nesta película, o Chaka nasceu de um relacionamento fora do casamento e que tem a proteção das feiticeiras que representam a tradição. Estas o alertam sobre a maldição do homem branco e de que ele não precisava deles para assumir e construir o seu poder. Apesar de ter como grande marca a fuga como o elemento central de toda a trama, verificamos que ele vai apropriando-se de todos os elementos na construção de sua identidade. Podemos exemplificar a partir da passagem de menino para homem em que ele aceita do pai as armas, mas rejeita o símbolo de sucessão de seu pai, porque este nunca tinha se lembrado dele como filho e por estar colocando sua mãe de fora deste processo de sucessão. Ele deve fugir para não ser morto pelos guerreiros de seu pai. Mas mesmo em fuga e correndo o perigo de ser morto ele demonstra a sua grandeza ao parar para socorrer um homem ferido. Aqui não importa que ele é um desconhecido, mas sim que se não receber ajuda morrerá. Esta cena demonstra o espírito de um líder, de um verdadeiro rei que se preocupa com o outro. O que vemos são cenas em que ele vai construindo o que é ser um líder, um rei, um imortal, ou o Chaka Zulu e simultaneamente as tribos vão construindo a sua imagem concreta, mítica e idealizada que perpetuará o espírito do seu poder, ou seja, o poder possui dois corpos, um físico e mortal e um espiritual e imortal.

Verificamos que outra forma de demonstração da civilidade é dada a partir da organização das tropas e da própria guerra. Em *55 dias em Pequim* vemos que as tropas chinesas podem ser divididas em dois grupos. O primeiro formado pelos boxers que são violentos, traiçoeiros, mercenários, que não possuem nenhum tipo de ideal, de organização, de fardamento e de liderança. Que conseguem algumas vitórias que não são suficientes para atingir o objetivo de libertar a China. O segundo é formado pelo exército imperial que possui uma organização e comando, mas que não lutam por um ideal e que rapidamente perdem a organização. Aqui verificamos a diferença bem demarcada entre os portadores de civilização representados pelos europeus, americanos e japoneses que lutam sempre de forma organizada e sob um comando que vai avaliando cada situação e procurando encontrar as soluções, mas todos com seus uniformes identificadores. A chegada dos reforços a Pequim é uma demonstração de tropas extremamente organizadas com galhardia, fardadas, enfileiradas e belas que levam à desorganização e fuga dos chineses de forma desordeira, desarrumada e em desalinho. Outro elemento é que a religião representada pelo religioso está sempre presente em todos os momentos, quer unindo pessoas de nações diferentes como no religioso inglês que está sendo torturado pelos boxers e que é resgatado por um americano, ou o religioso que está à frente de um orfanato que cuida de crianças chinesas ou brancas ou, ainda, quando o religioso participa da criação de armas para defender o bairro branco dos ataques chineses. Aqui vemos que a religião participa cotidianamente de todas as realidades, ao passo que os deuses chineses estão lá, de certa forma como que expectadores e coadjuvantes. E isto podemos verificar com a falta de respeito das tropas chinesas com os seus templos que são atacados e destruídos. Aqui temos claramente demonstrado o choque entre quem é portador da civilização e o bárbaro.

Em *Gunga Din* esta realidade também é bem demonstrada pela diferença das tropas inglesas organizadas, enfileiradas, arrumadas e levando a civilização, e uma tropa formada por seguidores de uma deusa da morte que não lutam em campo aberto, mas que usam de subterfúgios e de emboscadas para matar e destruir o que estava sendo construído de civilização. Mas na batalha final os ingleses são salvos por um hindu que era um aguadeiro, mas que tinha os valores nobres da civilização e que dá o alerta para as tropas inglesas que eles estão sendo atraídos para uma emboscada. A organização prevalece e vence a barbárie. E numa demonstração de civilidade reconhece a magnitude do hindu e lhe concede título de herói e lhe presta honras militares.

O terceiro eixo que iremos trabalhar é com a dicotomia civilizado/bárbaro. Podemos recuar para a Grécia a construção do conceito de civilizado e bárbaro, ou seja, a divisão do mundo conhecido em dois blocos. Os gregos portadores de civilização e os outros que eram bárbaros porque não falavam o grego e não detinham a cultura grega. Assim, esta construção parte de uma oposição entre civilizados e bárbaros ou entre virtude e vício. Assim, a construção do outro carrega um conjunto de estigmas de negatividade, como selvagens que praticam atos condenados pelos civilizados, que apelam para a violência e a guerra como formas de solução dos problemas, que não respeitam o outro e nem a sua humanidade.

Esta construção vai englobando diversos elementos como o de serem arbitrários, o de viverem sob um poder tirânico, o de não beberem vinho, ou seja, são aqueles que se destacam por praticarem crueldades e desumanidades, ou seja, desrespeitarem a humanidade e os valores da civilização. Desta forma o conceito de bárbaro deixa de ser o do outro que não é grego e não porta a sua civilização para ser o de cruel, violento, o que não tem compaixão, o que é capaz de fazer as maiores atrocidades. É aquele que tem como viés central a irracionalidade e que pratica assassinatos, torturas, sofrimentos e humilhações aos outros.

Este conceito de bárbaro foi apropriado e relido pelo Império Romano que o estendeu a todo aquele que não falasse o grego e nem o latim e que habitasse fora das fronteiras romanas e não pertencesse ao Império. Esta ideia ampliada foi incorporada pelo Cristianismo, que lhe acrescentou um viés religioso e serviu de base na construção da ideia de ocidentalidade. Estas releituras e apropriações continuaram e continuam a ser feitas. É o que Koselleck chama de estrutura da argumentação assimétrica em que as palavras mudam mas a estrutura da argumentação continua a mesma (KOSELLECK, 2006, p. 192-193).

Afirmamos que a construção desses conceitos parte da elaboração da cultura que é um conjunto de valores e de significações que viabilizam a experiência e a construção histórica de um clã, tribo, império, país, nação ou a noção de pertencimento do Ocidente ou Oriente. Portanto, podemos afirmar que a cultura pode ser considerada como o elemento explicativo do comportamento humano dentro da sua historicidade, ou seja, ao se considerar como ocidental ou oriental. Assim, a cultura pode ser utilizada como fator explicativo do outro e, também, demonstrar que a nossa cultura é mais válida do que a do outro, na medida em que através dela podemos perceber as realidades, ao isolarmos as experiências historicamente construídas. Desta forma, podemos isolar os processos culturais nos quais residem os valores que constituem aquela sociedade e, portanto, a sua cultura. Assim, a cultura cria, identifica, ressalta a identidade de cada um destes grupos, ou seja, não podemos dissociar a cultura da identidade.

As identidades vão sendo construídas pelos diversos indivíduos que constituem aquele grupo e que vai organizando-os numa grande teia que o divide em dois grandes blocos, o do pertencimento e o que é estranho. Muitas dessas identidades são conflitantes entre os grupos.

Entendemos que o cinema traz para a tela os valores da cultura ocidental e cria a imagem de que o Ocidente carrega um conjunto de valores construídos historicamente e nos quais uma das suas funções seria a de levar a história, os valores ocidentais e a civilização para aquela outra sociedade. Desta forma, ocorre um equívoco de esquecer que aquele outro possui uma história muitas vezes temporalmente mais antiga que a ocidental e, também, de entender que o outro só deixaria de ser incivilizado ou primitivo na medida em que se incorpora à cultura ocidental e, portanto, passasse a fazer parte de uma cultura universal.

Entendemos que a cultura é um caminho que viabiliza a experiência e a prática histórica. Desta forma, pretendemos entender o modo de vida do outro, a partir de suas concepções, papéis sociais, políticos, religiosos e as tradições que constituem a ossatura daquela sociedade. Este processo pode ser feito inconscientemente, pois ele está incorporado ao indivíduo e ele age desta forma porque o faz como participante daquela cultura na qual se considera um dos atores sociais.

Esta realidade pode ser demonstrada nos cinco filmes destacados que nos contam uma jornada muitas vezes mítica como no filme *Zulu*, em que são feitas diversas cerimônias demonstrando o papel desempenhado por um a um dos membros dentro de cada tribo e que servem como uma demonstração para o homem branco de que eles possuíam cultura e conhecimento. Mas essas cerimônias são lidas por estes homens brancos (compostos por diversas nacionalidades como britânicos, irlandeses, holandeses, judeus, entre outros) como cerimônias extravagantes e acontecimentos medonhos. Desta forma, a leitura feita por este homem branco era de uma sociedade incivilizada, na medida em que para eles a história estava disposta em opostos como uma prática boa e uma má, beleza contra feiúra, ou seja, a sua ausência não traria nenhum prejuízo para a ocidentalidade.

Podemos verificar a mesma realidade no filme *O homem que queria ser rei* em que eles carregam nas pinceladas demonstrando diversas cenas em que homens de diversas tribos demonstram possuir uma cultura e um conhecimento para lidar com animais peçonhentos e com outros tipos de ameaças, como nas cenas em que os homens hipnotizam as serpentes, ou fazem com que escorpiões andem em seus rostos e bocas, ou lidam com a água fervendo sem se queimar. Só que a leitura feita pelo homem branco é de selvageria, ou seja, a de não deter a civilização.

Outro elemento que possibilita outra leitura desta construção cultural vem a partir do exótico. Ele normalmente aparece na linguagem fílmica sendo apropriado pelo ocidental em relação ao outro, quer seja ele uma tribo africana ou asiática. Assim, no filme *O homem que queria ser rei* ele aparece logo no início mostrando como a Índia era exótica e ao longo do filme é reforçado mostrando que ele ocorre nas diversas tribos. Também no filme *55 dias em Pequim* é mostrado o exótico na aplicação da justiça ao cortarem a cabeça daqueles que são punidos e na aplicação do suplício ao religioso inglês que fica girando em uma roda-d'água. Em *Lawrence da Arábia* o exótico é mostrado no tipo de vida dos beduínos e no fazer a guerra em que o mais importante é o botim.

Verificamos que no filme *Lawrence da Arábia* o beduíno tem consciência de que o inglês o considera não civilizado porque o vê como um povo ganancioso, bárbaro e cruel. Já em *55 dias em Pequim* observamos que é o chinês que considera os ocidentais como bárbaros por não terem a civilização chinesa e por seus usos e costumes. Neste filme conferimos que os americanos afirmam que os chineses possuem uma civilização muito antiga e uma cultura muito elevada, mas não são civilizados na medida em que não falam o inglês que é a língua da civilização, ou seja, aqui temos a apropriação da ideia grega. No *O homem que queria ser rei* certificamos que os ingleses dizem que as tribos são selvagens, têm costumes selvagens e que não conseguem aprender a civilização; assim o jogo de polo foi ensinado pelos ingleses e eles apreendem todas as regras, mas a selvageria e a barbárie continuam na medida em que a bola é a cabeça do inimigo que foi vencido e preso.

Outro ponto que pode demonstrar esta realidade é a escrita. Ela é a forma de se garantir que não seja esquecido aquilo que é importante para aquela civilização. Desta forma, verificamos que no filme *Zulu* a oposição é feita entre o europeu que detém a escrita que é responsável pela construção da memória e de sua própria história e as tribos africanas que estão na oralidade, onde as cerimônias são importantes para a construção da memória. Diversas são as passagens que poderíamos destacar, como a do professor que tenta demonstrar que a partir dos fonemas escritos o Chaka podia garantir que tudo que ele fazia não seria esquecido pelas gerações futuras, e o Rei demonstrando que ela não seria esquecida porque estava na memória dos homens de suas tribos que a iriam reproduzir através dos tempos. Esta diferença entre um mundo da escrita e da oralidade pode ser verificada também na cena em que o Chaka queima a pele de animal em que estavam inscritas as palavras, numa demonstração clara de que não eram necessárias para a construção da cultura ou da história do povo Zulu.

Ainda neste filme vemos outras cenas em que a escrita é um elemento central para a civilização ocidental. Podemos destacar algumas: a primeira é a que o irlandês pega o seu diário para anotar tudo que ele estava vendo e vivenciando. Aqui ele age como um agente do poder em que é a partir da escrita que é possível dominar o outro, na medida em que só podemos dominar aquilo que conhecemos, portanto esta é uma atitude necessária para garantir que nada de importante fosse esquecido e pudesse ser relatado às autoridades. Em outra cena temos novamente o destaque para a escrita. Na cena, o Chaka pega a maleta do irlandês e nela, além dos frascos e utensílios, é encontrada uma Bíblia. Ele a pega e a folheia sem saber ler, e sem saber o que significa e se detém na imagem da crucificação. Esta imagem não foi escolhida sem uma intenção no filme, mas, diferentemente, ela está em consonância com a importância que possui Cristo na construção da cultura e da história da Ocidentalidade. Mas, também na demonstração de que são diversas nações diferentes, assim o irlandês crê que ele foi o maior dos reis, mas o judeu não concorda com esta colocação. E Zulu que não consegue entender estas colocações. Pensa que eles são de tribos diferentes.

Outro ponto que podemos destacar no filme *Zulu* é quando os brancos usam tintura de cabelo para melhorar a aparência do Chaka e para mostrar que ele não está morto e, portanto, a revolução não foi vitoriosa, mas que é lida por eles como uma vitória sobre o tempo e sobre a morte, e temos um recomeço. Esta leitura é apropriada por aquela sociedade como se fosse uma demonstração do nível espiritual sobre o temporal. Aqui são leituras diferentes com apropriações e consequências completamente opostas: o branco sabia que o escurecimento do cabelo não representava uma mudança na realidade do tempo e sim uma mudança estética muito efêmera, mas para Zulu representava uma nova vida e nova realidade.

Podemos inferir que o cinema é um meio de comunicação de massas que lança mão de uma linguagem complexa e ao mesmo tempo simples para que possa ser entendida por todos e assim vincular a sua mensagem. Desta forma, o cinema traz para as telas o papel da memória coletiva dos séculos XX e XXI, ou seja, traz luz às grandes questões das sociedades desenvolvidas e das sociedades em desenvolvimento, as lutas entre classes dominantes e dominadas, em que a luta pelo poder está vigente. Assim, podemos dizer que o cinema reproduz uma memória que procura criar uma identidade coletiva contemporânea (LE GOFF, 1996). Portanto, podemos afirmar que o cinema utiliza-se de uma pluralidade de operações para a construção de um discurso passível de compreensão por todos (CHARTIER, 2000, p. 197). E que dá legitimidade e continuidade aos ideais de civilizado × bárbaro defendidos pela sociedade ocidental; e que mantêm uma dupla face nas relações, ou seja, a desconfiança e o medo em relação ao outro e a necessidade de confirmação de que é o Ocidente o baluarte da civilização e de reafirmar uma identidade eurocentrista e discriminatória.

BIBLIOGRAFIA COMENTADA

ADORNO, Theodor. *Indústria cultural e sociedade*. São Paulo: Paz e Terra, 2009.

Neste livro o autor trabalha a tese de que a arte é uma forma de dar liberdade ao homem, mas, paralelamente, o cinema deixou de ser só lazer e de que ele faz parte integrante da Indústria Cultural, que possui uma historicidade e que traz os elementos constitutivos do mundo capitalista e contemporâneo e que é carregada da ideologia dominante. Desta forma, o homem é simultaneamente libertado pela arte que o permite pensar, sentir e agir e a Indústria Cultural trata o homem como um objeto de consumo e, muitas vezes, utiliza-se do Cinema como um meio de manipulação da ideologia dominante.

BLOCH, Marc. *História e historiadores*. Lisboa: Teorema, 1998.

Neste livro Bloch analisa o ofício do historiador e aborda diversos temas como o tempo, as fontes, a interdisciplinaridade, a história como ciência, a busca pela origem, os historiadores positivistas, entre outras. O referido autor afirma que o conhecimento do presente é diretamente o fator mais importante para a compreensão do passado.

BRAUDEL, Fernand. *O espaço e a história no Mediterrâneo*. São Paulo: Martins Fontes, 1988.

Neste livro Braudel demonstra que o Mediterrâneo é muito mais que um espaço geográfico. Ele é um espaço de construção de civilizações. Nele ele discute questões centrais como o nascimento do mundo moderno, a gênese da atual civilização, a expansão europeia pelo planeta, a universalização da história, os choques culturais, uma economia mundial, entre outros temas.

DENIS, Sébastien. *O cinema de animação*. Lisboa: Edições Texto & Grafia, 2010.

Neste livro Denis analisa os diferentes universos trabalhados pelo cinema animado, passando pelas técnicas, temáticas, efeitos especiais, o imaginário dos cineastas. Ele traça o perfil desde o início deste tipo de cinema até hoje.

DUBY, George. *O ano mil*. Lisboa: Edições 70, 2002, p. 203.

Neste livro Duby trabalha com questões ligadas ao medo do final do mundo. Esses medos estão ligados às doenças, às epidemias, à violência, ao além, à miséria, à fome, à insegurança, às guerras, aos saques, às pilhagens, aos sinais, ao desequilíbrio ecológico e, principalmente, ao outro, ao infiel, ao judeu, aos normandos e todos aqueles que podem provocar dolo à Europa.

GEERTZ, Clifford. *O Estado teatro no século XIX*. Lisboa: Difel, 1991.

Neste livro Geertz analisa rituais balineses e busca os seus significados, as suas mensagens. Ele analisa as construções simbólicas desses rituais e de que forma estão condicionados por questões históricas, políticas, econômicas, culturais, religiosas, entre outras. Ele demonstra que cada cultura possui formas simbólicas e contextualizações específicas.

KOSELLECK, R. *Futuro passado*. Contribuição à semântica dos tempos históricos. Rio de Janeiro: Contraponto, 2006.

Neste livro Koselleck analisa o conceito moderno de história, a questão do tempo e de que forma cada acontecimento afeta a humanidade e de que forma as dimensões temporais de passado, presente e futuro cruzam-se na modernidade.

LE GOFF, Jacques. *História e memória*. Campinas: Unicamp, 2003, p. 419-76.

Neste livro Le Goff trabalha com a memória individual e a coletiva. O referido historiador destaca que os trabalhos historiográficos privilegiam a memória coletiva e, que esta capta referências bem específicas e que tende a idealizar o passado. Essa memória fundamenta a própria identidade da comunidade ligando o presente e o passado e promovendo os esquecimentos.

NOGUEIRA, Luís. *Manuais de cinema II: Géneros cinematográficos*. Covilhã: Livros LabCom, 2010.

Neste livro Nogueira analisa os diversos gêneros cinematográficos e afirma que existem três gêneros fundamentais, que são a tragédia, o drama e a comédia. Ele afirma, ainda, que a cultura cinematográfica trabalha os gêneros a partir de diversos aspectos, como o analítico, o crítico, o criativo e o cultural e, que esses gêneros estão sujeitos a mutação e hibridação.

PASCAL, B. *Les Provinciales, 12*. Paris: Bordes, 1992.

Neste livro Pascal discute a ordem política e de a política possuir na força a grandeza própria dessa ordem. Portanto, a força é a grandeza natural capaz de gerar efeitos na ordem política. Cabe, portanto, à força estabelecer o que é justo na economia do mundo.

ROSENSTONE, Robert. *A história nos filmes, os filmes na história*. São Paulo: Paz e Terra, 2010.

Neste livro Rosenstone discute diversas questões, como se encontramos nos filmes uma reflexão histórica comparável à produzida por historiadores, se um cineasta pode ser considerada um historiador, se a película é uma forma de articulação entre o presente e o passado, se é uma forma de reconstrução do passado, que o saber histórico possui um conjunto de critérios de investigação e que o cinema também possui critérios. Ele afirma que cabe ao historiador fazer a análise das diferenças e saber verificar a legitimidade de utilização do filme como uma fonte.

SAID, Edward W. *Orientalismo: o Oriente como invenção do Ocidente*. São Paulo: Companhia das Letras, 1990.

Neste livro Said constrói a noção de Orientalismo como uma forma de dominação do Ocidente sobre ele e vai ao longo do livro demonstrando como ele pode ser entendido a partir de diversos conceitos que, na sua maioria, possuem um viés de negatividade principalmente a partir do processo de descolonização.

TODOROV, Tzvetan. *O medo dos bárbaros. Para além do choque das civilizações*. Petrópolis: Vozes, 2010.

Neste livro Todorov trabalha com as diversas formas de barbárie e civilização no mundo contemporâneo e de que forma o medo dos bárbaros é um dos elementos centrais da civilização ocidental. Ele discute a construção do outro e de que forma a intolerância é uma das raízes de diversos conflitos internacionais atuais. Ele discute o islamisfobismo como o resultado dos acontecimentos recentes.

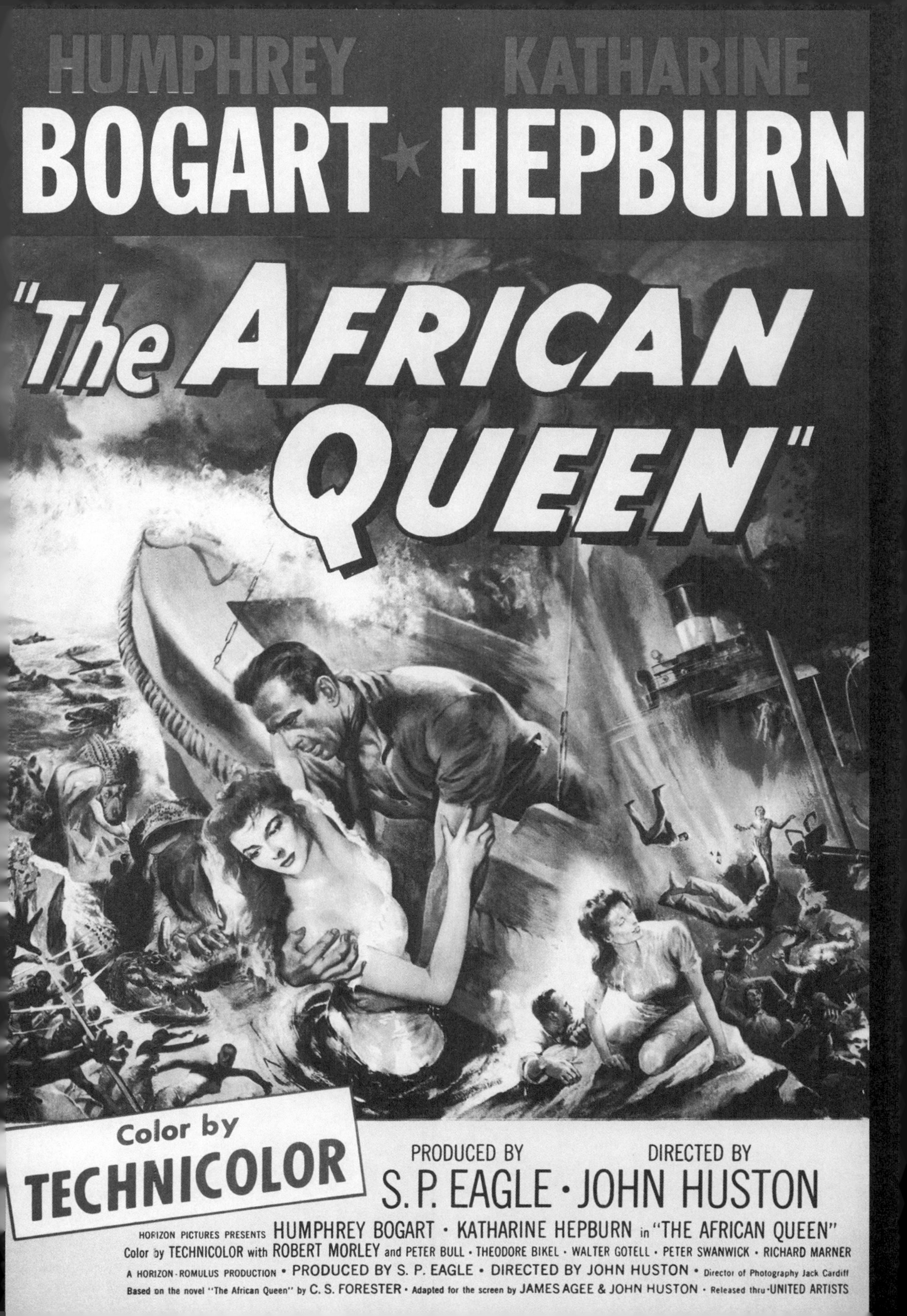
HUMPHREY
KATHARINE
BOGART ★ HEPBURN
"The AFRICAN QUEEN"
Color by TECHNICOLOR
PRODUCED BY S. P. EAGLE
DIRECTED BY JOHN HUSTON
HORIZON PICTURES PRESENTS HUMPHREY BOGART • KATHARINE HEPBURN in "THE AFRICAN QUEEN"
Color by TECHNICOLOR with ROBERT MORLEY and PETER BULL • THEODORE BIKEL • WALTER GOTELL • PETER SWANWICK • RICHARD MARNER
A HORIZON-ROMULUS PRODUCTION • PRODUCED BY S. P. EAGLE • DIRECTED BY JOHN HUSTON • Director of Photography Jack Cardiff
Based on the novel "The African Queen" by C. S. FORESTER • Adapted for the screen by JAMES AGEE & JOHN HUSTON • Released thru UNITED ARTISTS

2.

IMPERIALISMO E CINEMA

Karl Schurster & Rafael Pinheiro de Araújo

Ocupam-se territórios porque se pensa ter-se necessidade deles para proteger ocupações anteriores. Depois ocupam-se porque estão ao alcance da mão. Em seguida, para chegar antes do vizinho. Acaba-se por ocupar por ocupar.

JOSEPH KI-ZERBO

INTRODUÇÃO

O IMPERIALISMO FOI UM FENÔMENO que varreu todos os continentes do globo. Quase não restou o que ser ocupado, desbravado pela força do capital e dos interesses político-econômicos das nações conquistadoras. Novamente o território europeu se tornava pequeno demais para seus próprios interesses, e para garantir sua expansão foi necessário assegurar o monopólio em regiões produtoras de matéria-prima, assim como mercados para os produtos manufaturados. Como de costume, todos os planos estratégicos, bem como os imbróglios diplomáticos, seriam decididos à revelia das nações ocupadas por meio de um discurso civilizatório que garantisse a expansão do homem branco em terras, em alguns casos, pouco conhecidas, mas muito conhecidas em outros.

Hoje não temos dúvida de que o renascer do interesse expansionista, que foi tratado no século XIX como imperialismo pela economia-política, se deu, sobretudo, por razões econômicas. Por mais que os impactos culturais e sociais tenham sido devastadores, e não podemos deixá-los de lado por nenhuma hipótese, os mesmos não são a causa fundante da natureza do processo de dominação que ultrapassaria o marco temporal do século XIX e perdurou, em alguns casos, quase todo o século XX. O historiador burquinense Joseph Ki-Zerbo (1922-2006) quando estudou detalhadamente a dominação europeia na África Negra, destacou a imagem de três figuras fundamentais para o processo imperialista: os missionários, os mercadores e os militares (o que chamou de *três M*). Essas três figuras fundamentais no processo colonial também podem ser encontradas nas outras regiões onde a dominação europeia se deu, ampliando assim o uso da categoria dos *três M*.

O breve ensaio que aqui apresentamos tem por objetivo um sistemático estudo do imperialismo, buscando discutir suas razões e natureza, através de sua interpretação teórica, seus escritos principais, suas categorias de análise (economia-política) e como foi representado no cinema através de clássicos filmes como *55 dias em Pequim* (1963), *Gunga Din* (1939) e *Uma aventura na África* (1951). Essas películas não se tornaram clássicos apenas pela opinião da crítica especializada de cinema, mas porque suas temáticas e a forma de como trataram a questão do imperialismo, tornaram a discussão do tema universal e trans-histórico, superando a temporalidade da produção fílmica. Todos os três filmes têm como discussão central o tripé explicativo da dominação imperialista: o etnocentrismo, o racismo e a negação do outro. Nesse aspecto, nosso interesse em juntar a discussão teórica sobre a natureza econômica do imperialismo com a produção cinematográfica e a busca dos desdobramentos socioculturais se dá na medida em que um se torna complementar ao outro, não podendo ser analisado como fatores independentes dessa trama histórica que é, em grande parte, responsável pelo breve ou longo século XX.

Uma das perguntas que nos fizemos ao sentar para escrever esse texto foi o porquê de voltar a escrever sobre um tema tão diversamente tratado pela historiografia? Será que ainda teríamos algum aspecto que pudesse contribuir para a história e para os historiadores que se debruçam sobre essa temática ou aqueles que têm a difícil tarefa de ensinar a história do imperialismo? A resposta veio através da releitura de um texto de Franz Fanon (*Peau noire, Masques blancs*, de 1952) no qual dizia que a história que os colonizadores escreveram sobre os países dominados não foi uma história deles e sim uma história de si, pelo entendimento de que as nações ocupadas nada mais eram do que um prolongamento das metrópoles. Assim, a junção da teoria, da história do imperialismo com a representação dele no cinema é fundamental para poder desconstruir essa *autoimagem* do colonizador ao tratar dos territórios ocupados. Durante muito tempo, a história do imperialismo, da exploração das sociedades dominadas através de cruéis formas de trabalho ou mesmo de matanças em larga escala, como a dominação da Bélgica no Congo ou mesmo a ocupação alemã na Namíbia, ou foi interpretada pelo viés da esquerda marxista ou soviética que o lia quase que exclusivamente pelo âmbito da economia-política ou pelo olhar do colonizador que não só seria o responsável pela dominação, mas também pelos processos de *descolonização*, que muito demoraram a ganhar na historiografia uma denominação que condissessem com sua natureza: *guerras de libertação nacional*.

Por isso, nossa abordagem está ligada também a tentar mostrar os mecanismos que levaram a análise da historiografia a adotar uma visão eurocêntrica do fenômeno colonial, sempre falando pelo excluído, não dando espaço para o mesmo exercer sua função de ator histórico. Deixando para ele o cargo de agente passivo que observa o processo colonial de dominação, de violência contra seu povo, território e cultura com a mesma imagem de Gunga Din, como fiel servo da dominação imperialista. Concordamos com Marc Ferro no livro *História das colonizações: das conquistas às independências – séculos XIII-XX*, quando fala da importância de assumirmos uma abordagem universalizante sobre o imperialismo a fim de evitar o retorno à visão eurocêntrica do problema. Assim, rever a posição que considera a colonização como um fenômeno impossível de dissociar do imperialismo, isto é, de formas de dominação que terão assumido ou não a figura da colonização, seria o primeiro passo. O segundo, sem dúvidas, estaria ligado a não uniformizar a história da colonização e tampouco dos processos de libertação nacional, dando a cada um deles seu caráter de singularidade, sem perder sua ligação central que todos têm em comum: os princípios do imperialismo.

O FENÔMENO DO IMPERIALISMO: UM DEBATE ATRAVÉS DA ECONOMIA-POLÍTICA

A segunda metade do século XIX foi marcada pela formação de um mercado mundial capitalista, modo de produção que se afirmou e se expandiu ao longo daquele século. Conduzido pelos ingleses, que lideraram as trocas comerciais e a presença europeia em diferentes partes do globo, a expansão capitalista e dos interesses nacionais europeus teve como justificativa o argumento do avanço civilizacional por áreas inóspitas, onde, supostamente, a 'barbárie' imperava.

Inegavelmente, o desenvolvimento do mercado mundial também decorreu dos progressos tecnológicos daquele período. A expansão das estradas de ferro, principalmente na Europa e nos Estados Unidos, e o incremento das comunicações entre as várias partes do mundo, por meio dos navios a vapor e do telégrafo, foram símbolos da formação do mercado mundial pelos capitalistas. Nas ideias de Eric Hobsbawm (*Era do capital*), a rede econômica mundial trouxe mesmo as áreas geograficamente mais remotas para ter relações diretas com o restante do mundo.

A expansão industrial e do capitalismo após o período napoleônico, em 1815, ocorreu por meio da hegemonia dos ingleses e da sua aliada rede de financistas cosmopolitas, a *Haute Finance,* que na segunda metade do século XIX foi o principal elo entre as organizações políticas e econômicas mundiais.

A hegemonia inglesa, porém, começou a ruir entre as décadas de 1860 e 1890, em decorrência de transformações no cenário mundial. Surgiram, em razão da expansão da industrialização, novas potências capitalistas, como Estados Unidos, França, Alemanha e Japão. Isso acirrou a competição interestatal, a disputa por mercados e áreas de influência, tornando real, pela primeira vez, a possibilidade de um conflito global entre potências, que foi, ainda, incrementado pela Grande Depressão ocorrida entre 1873-1896.

O conjunto de transformações anteriormente abordado também possibilitou o início da desestruturação do equilíbrio de poder entre as grandes potências e o advento do novo sistema colonial. Este derivou do desenvolvimento da expansão do modo de produção capitalista e da construção da hegemonia burguesa entre o fim do século XVIII e a Primeira Guerra Mundial.

Nesse quadro, acreditamos que o imperialismo foi um fenômeno surgido no último quarto do século XIX, tendo no desenvolvimento capitalista desse século sua motivação central. Ele derivou da necessidade de expansão do mercado consumidor para produtos industrializados e de áreas para o investimento de capital financeiro, decorrentes da expansão capitalista e da ampliação da competitividade entre as principais potências daquele momento. Em virtude dessas modificações, tivemos a conquista e domínio europeu sobre a África e a Ásia e a influência direta dos Estados Unidos sobre a América Latina, destacadamente a América Central e Caribe, bem como Filipinas e ilhas do Pacífico.

Para John Hobson (1858-1940) no livro *Imperialism: a study*, obra pioneira na definição e análise da política imperialista, o expansionismo colonialista europeu resultou na abertura dos mercados estrangeiros e nas oportunidades de investimentos para os negócios privados. Apoiadas entusiasticamente por industriais e, principalmente, pela rede de financistas, que objetivavam ganhar com os juros e a especulação, a prática imperialista derivou na conquista, domínio e influência dos Estados europeus sobre partes do globo.

Além das motivações econômicas, ressaltamos outros elementos para compreendermos o imperialismo na segunda metade do século XIX. Como destacado por Henk Wesseling, ao analisar a partilha da África, o fenômeno também decorreu de fatores estratégicos, de ambição nacional, eleitorais e ideológicas. Segundo ele, as unificações da Alemanha e da Itália, a construção do Império Ultramarino francês e a democratização política em nações europeias, tornando o atendimento das reivindicações dos eleitores fundamental, geraram uma nova conjuntura que teve no imperialismo uma das suas consequências diretas.

Embora reconhecesse a relevância da Segunda Revolução Industrial e do aumento da competitividade interestatal para o imperialismo, Wesseling também vinculou esse fenômeno às transformações políticas internas nas principais potências europeias. Para ele, o imperialismo derivou da junção dos fatores políticos e econômicos. Demandas internas, ligadas à maior influência política das massas e o consequente estreitamento entre Estado e a sociedade civil, e as questões de política externa, decorrentes do aumento das rivalidades entre as potências europeias e do uso sistemático das ações diplomáticas, foram relevantes para o imperialismo europeu.

Ressaltamos, ainda, que o aspecto cultural foi central na legitimação do imperialismo. As teorias raciais sustentaram o discurso imperialista na medida em que utilizaram supostas diferenças entre as raças, civilizações e línguas, dissipadas pelo darwinismo social, para legitimar a missão civilizatória europeia sobre as regiões "atrasadas". Edward Said (1935-2003), no livro *Cultura e imperialismo*, defendeu que o domínio europeu nos séculos XIX e XX sobre a África e a Ásia foi legitimado pelo uso das formações ideológicas que ensejaram a noção de que certos povos "desejavam" a dominação europeia, em nome da "conquista" da civilização.

De acordo com Said, a imagem do "fardo do homem branco" foi sistematicamente utilizada para explicar o domínio sobre africanos e asiáticos. A "missão civilizatória" liderada pelos europeus foi fundamentada no argumento de que os povos subjugados eram inferiores intelectualmente e representantes do atraso. Por isso, necessitavam do auxílio europeu para a conquista do progresso material e intelectual.

Ainda para Said, no livro *Orientalismo*, características como irracionalidade, imprecisão, inexistência do raciocínio lógico, inferioridade intelectual e infantilidade consistiram em imagens estabelecidas em relação aos povos "não europeus" para justificar a colonização. Assim, era uma missão dos europeus levar a modernidade e o progresso para as regiões marcadas pelo atraso.

As análises sobre o imperialismo, cuja "palavra" passou a fazer parte do vocabulário político e acadêmico europeu na década de 1890, foram realizadas por diferentes tradições teóricas. Destacamos três correntes: a liberal, a keynesiana e a marxista.

A corrente liberal defende que o surgimento do imperialismo esteve desconectado do desenvolvimento econômico capitalista. Esse grupo o explica como uma consequência de um "atavismo subconsciente" de populações inflamadas pelos nacionalistas que buscavam a ampliação do seu domínio e poder, e que se baseavam em "sentimentos irracionais" e competitivos sobreviventes do pré-capitalismo do período feudal.

Os liberais combatem, portanto, a vinculação dos fatores econômicos e o imperialismo moderno. Segundo Joseph Schumpeter (1883-1950), no livro *Imperialismo e classes sociais* (1919), o capitalismo, por sua natureza, era anti-imperialista. Nesse sentido, imperialismo e protecionismo não derivaram da racionalidade de fatores econômicos, mas dos tais sentimentos irracionais de raízes feudais.

Já para os keynesianos, o imperialismo consistiu numa das formas de administração do capitalismo emanada da gerência das instituições estatais pelos grupos dominantes. Para essa corrente, a busca pelo poder e domínio entre as potências capitalistas não poderia ser explicada, apenas, pelas motivações econômicas. Para eles, o imperialismo derivou da ação coercitiva do Estado, pautada pelo desejo de poder e prestígio dos homens, e não pelas disputas interestatais por mercado consumidor ou áreas para a expansão de capital financeiro no sistema internacional.

Para os marxistas, a explicação para o imperialismo deve ser buscada no caráter expansionista do capitalismo. A acumulação de capital pelas potências capitalistas, propiciada pelo acesso aos mercados consumidores, áreas para o investimento de capital financeiro e de exploração do trabalho, consistiria na principal motivação para o surgimento desse fenômeno.

Os autores marxistas do início do século XX foram essenciais nas formulações teóricas sobre o imperialismo. Segundo eles, esse fenômeno era inevitável, pois resultou da necessidade de exportação de capitais e do comércio internacional como meio de se evitar a queda na taxa de lucro do capitalismo. Eles também apontaram que o imperialismo procedeu do domínio do capital financeiro e da formação dos grandes monopólios pelo capitalismo da segunda metade do século XIX. Rosa Luxemburgo (1871-1919), Karl Kautsky (1854-1938), Rudolf Hilferding (1877-1941), Nicolai Bukharin (1888-1938) e Vladimir Lênin (1870-1924) foram os principais formuladores da teoria imperialista no início do século XX.

No livro *O capital financeiro* (1910), Rudolf Hilferding analisou a formação do capital financeiro e o surgimento do imperialismo na segunda metade do século XIX. Segundo ele, o capital financeiro derivou da união dos capitais industrial, comercial e bancário, sob a direção das altas finanças. Com isso, assistimos à supressão da livre-concorrência dos capitalistas individuais, substituída pelas grandes corporações monopolistas.

Segundo o autor, a monopolização elevou a competitividade na economia mundial e o protecionismo econômico. Em razão disso, Hilferding afirmou que os Estados Nacionais tornaram as ações diplomáticas e militares centrais no cenário internacional, em virtude da necessidade de ampliação da internacionalização dos capitais e do seu território econômico.

Na visão de Hilferding, o imperialismo foi consequência de três objetivos: (i) domínio e influência sobre o maior território econômico possível pelas grandes potências; (ii) disponibilidade das áreas de influência e domínio para a exploração por associações monopolistas nacionais; e (iii) protecionismo econômico.

A competitividade entre as burguesias nacionais fortaleceu a ação estatal no cenário internacional. A ação imperialista das nações industrializadas possibilitou a expansão do território econômico do capital, justificada pelos seguintes elementos: ideologia racial, valorização do ideal de nação e ação internacional ancorada nos interesses nacionais.

No livro *A economia mundial e o imperialismo* (1917), Nikolai Bukharin debateu a economia capitalista na segunda metade do século XIX. Para ele, o capitalismo desse período foi marcado pela exportação de capitais, pela formação dos grandes monopólios capitalistas e pela concorrência entre as grandes potências, que atuaram internacionalmente pautados pelos seus interesses nacionais.

Segundo Bukharin, a concorrência internacional formou um sistema de relações de produção e trocas comerciais competitivo, anárquico e mundial. O crescimento das forças produtivas multiplicou e consolidou as relações entre os capitalistas, confrontando os interesses nacionais, elevados pelas disputas entre grupos burgueses. A internacionalização da vida econômica gerou uma economia mundial marcada pela anarquia e por crises industriais. A guerra, desta forma, consistiu em um dos meios principais de resolução da competitividade entre os capitalistas no sistema internacional, sendo a Primeira Guerra Mundial (1914-1918) o principal exemplo da sua tese.

Bukharin afirmou, ainda, que o imperialismo resultou da formação dos monopólios capitalistas e do surgimento do capital financeiro após 1870. Segundo ele, as conquistas imperialistas não derivaram dos interesses de raça ou da aquisição de poder político pelos países industrializados. Elas resultaram das tentativas do capital financeiro em subordinar o mundo ao seu domínio.

No livro *Imperialismo, última fase do capitalismo* (1916), Vladimir Lênin destacou que o imperialismo representa a fase monopolista do capitalismo. Esta é constituída pela existência de grandes monopólios comerciais e produtivos, além de ser marcada pela supremacia do capital financeiro. Por isso, a partilha das áreas coloniais e o domínio mundial por um restrito número de nações consistem em suas características essenciais.

A formação dos grandes monopólios consistiu em um dos fenômenos mais relevantes do capitalismo na segunda metade do século XIX. A cartelização das atividades econômicas foi seu aspecto fundamental, além da supremacia do capital financeiro que, em virtude da ação dos banqueiros, concentrou os capitais, os meios de produção e as fontes de matérias-primas em áreas coloniais dominadas.

Segundo Lênin, o imperialismo foi uma consequência da monopolização capitalista, do surgimento do capital financeiro e do seu domínio sobre outras formas de capital. Para ele, esse fenômeno teve, centralmente, as seguintes características: (i) concentração da produção; (ii) luta por matérias-primas; (iii) hegemonia do capital financeiro; e (iv) intensificação da disputa entre os países por áreas de influência política e áreas para a exportação de capitais.

De acordo com esse teórico, a existência do capital financeiro acentuou as disputas entre as nações industrializadas por mercados consumidores, colônias e áreas receptoras dos capitais exportados. Assim, a guerra consistiria em uma consequência da elevação da competitividade entre os países e da busca por hegemonia no sistema internacional.

O IMPERIALISMO NA ÁFRICA E NA ÁSIA

As grandes navegações do século XVI fizeram com que a África e a Ásia perdessem o seu isolamento em relação aos europeus. Nesse momento, no entanto, não presenciamos uma contínua ocupação dessas regiões pelos europeus, pois a colonização do continente americano era central. Apesar disso, ambas as regiões não ficaram desconectadas da Europa. Haja vista que, no caso africano, por exemplo, a busca do ouro, marfim e o comércio de escravos consistiram em atividades centrais dos europeus entre os séculos XVI e XIX.

Todavia, a presença dos europeus nessas duas regiões se deu de forma mais consistente na segunda metade do século XIX, em decorrência das razões debatidas anteriormente. Com isso, presenciamos a extensão do domínio, influência e soberania dos europeus sobre diferentes populações e territórios, objetivando a ampliação da sua força e poder.

Em razão disso, entre 1875-1914 tivemos a "Era dos Impérios", que expressou a formação do novo sistema colonial. Nesse período, observamos a divisão formal da maior parte do mundo, exceção feita à Europa e Américas, sob governo direto ou dominação política indireta por um pequeno número de países, a saber: Inglaterra, França, Alemanha, Itália, Holanda, Bélgica, Estados Unidos, Japão e Portugal.

No caso africano, legitimado sobre o argumento da missão civilizatória, assistimos ao avanço colonizador dos europeus. O marco central da ação imperialista europeia foi a Conferência de Berlim, ocorrida entre 15 de novembro de 1884 e 26 de fevereiro de 1885.

Essa conferência foi convocada, inicialmente, para estabelecer normas para novas ocupações europeias ao longo da costa africana, em virtude dos desejos expansionistas alemães. Reivindicada "em nome da paz e da humanidade", segundo Henk Wesseling, a conferência foi impulsionada por assuntos comerciais, o "bem-estar" das populações africanas e a questão da livre navegação comercial no Congo.

Ressaltamos, no entanto, que essa conferência não definiu a partilha da África, diferentemente do que é costumeiramente abordado em manuais de história e livros didáticos. A divisão do continente não estava na agenda da conferência e foi rejeitada pelos seus membros. Como destacado por Wesseling, "mais do que definir a partilha da África, a conferência serviu como símbolo dela. Colocara-se a partilha da África na agenda de diplomatas europeus e ela se recusou a ir embora durante algum tempo". Dessa forma, a posterior partilha do continente africano foi obra de ações independentes e da diplomacia bilateral, o que fez com que a experiência multilateral da conferência de Berlim não se repetisse.

Advertimos que, diferentemente do continente africano, a penetração europeia na Ásia não se deu, exclusivamente, por meio da conquista e ocupação territorial. Nessa região, os europeus se depararam com povos e países com milenares organizações políticas, econômicas e culturais, mas que se mostravam indefesos diante dos recursos bélicos ocidentais, algo que facilitou a influência econômica.

Na Ásia, os europeus desenvolveram uma forma de penetração que não atentou, aparentemente, contra a independência política. Os objetivos econômicos, comerciais, industriais e financeiros foram centrais. Por isso, as pressões políticas e as "baionetas" garantiram aos europeus o acesso aos mercados consumidores e áreas para o investimento do seu capital financeiro.

A China foi um exemplo desse modelo. A tentativa de penetração europeia na década de 1830 objetivou a abertura dos portos chineses ao comércio com os europeus. As tensões com os mercadores estrangeiros se elevaram com o combate chinês ao tráfico de ópio. Em decorrência, tivemos a Primeira Guerra do Ópio (1839-1840) que terminou com vitória inglesa e sua conquista de vantagens comerciais e estratégicas (a Ilha de Hong Kong foi cedida aos ingleses), aspectos esses estabelecidos pelo Tratado de Nanquim.

A partir desse conflito, a presença estrangeira na China se ampliou, tendo ingleses e franceses à frente. Entre 1856-1860 assistimos à união da Inglaterra e da França contra o país, no episódio conhecido como Segunda Guerra do Ópio, que terminou com Pequim bombardeada e saqueada.

Esse acontecimento foi mais um marco da influência externa, que teve como *clímax*, entre 1895-1896, o *break up* da China, ou seja, a sua divisão em áreas de influência. Com isso, consolidou-se a penetração comercial da Alemanha, Inglaterra, França e Rússia.

Destacamos, no entanto, alguns casos de colonização na Ásia, como os da Birmânia, Malásia, Indochina e Indonésia. Os dois primeiros foram anexados pelos ingleses em 1866 e 1874, respectivamente, proporcionando o controle da passagem entre os oceanos Índico e Pacífico, por meio de Cingapura.

Entre 1862 e 1893 a Indochina (Laos, Camboja, Vietnã e Cochinchina) foi anexada pelos franceses e, por fim, tivemos a conquista da Indonésia pelos holandeses, que partiram dos enclaves mercantilistas que eles detinham no arquipélago.

No episódio indiano, a colonização foi realizada por meio da Companhia das Índias Orientais. A ação diplomática e a superioridade militar dos ingleses, que garantiu sua vitória em longas guerras, como a ocorrida em virtude da Revolta dos Cipaios (1857-1859), foram fundamentais para o estabelecimento da colonização do território indiano.

O caso japonês apresenta algumas particularidades, o que o diferenciou dos outros abordados anteriormente. Em 1854, os norte-americanos exigiram a sua abertura comercial, fato que marcou o início da cobiça imperialista sobre o Japão. Buscando evitar que o caminho chinês fosse seguido, em 1868, após uma série de bombardeios anglo-franceses e norte-americanos, ocorreu a restauração do Império, por meio do imperador Mutsuhito. Com isso, iniciou-se a Revolução Meiji. Esse processo possibilitou a modernização do Japão por meio da abolição das relações feudais, reforma agrária, rápida industrialização, reorganização financeira e incremento do sistema ferroviário.

CINEMA E IMPERIALISMO: O ETNOCENTRISMO, O RACISMO E A NEGAÇÃO DO OUTRO

O cinema é mais do que uma indústria do entretenimento, da diversão do consumo. É, antes de tudo, uma representação social que tem a capacidade de diagnosticar sintomas que permeiam o corpo de determinadas sociedades, construindo não só uma visão de si, mas como essa visão de si constrói a figura do outro, de como o vejo, o interpreto, o julgo e o analiso. Nesse aspecto, filmes como *55 dias em Pequim*, *Gunga Din* e *Uma aventura na África*, nos dão várias possibilidades de análise que vão desde a própria forma de como podemos ler o imperialismo até sua utilização para ler o momento em que, em larga maioria, foram produzidos: a Guerra Fria.

O alargamento da visão de história no século XX nos deu novas ferramentas para ler fenômenos, eventos, fossem eles passados ou presentes, procurando entender que toda fonte guarda dentro de si uma macrossubjetividade oriunda das suas condições de produção. E nossa tarefa, como artesãos de *Clio*, é apresentar como essa trama foi construída, quais seus pontos de análise e como ela constrói o que sabemos e pensamos da história. Marc Ferro disse, certa vez, que tudo que sabemos sobre história é aquilo que nos foi contado quando éramos criança. Não seria difícil, em pleno século XXI, dizer que a imagem que temos da história é a imagem que foi construída pela perspectiva cinematográfica. Nunca fomos tanto ao cinema, nunca compramos e consumimos tantos filmes. Transformamos as películas cinematográficas em parte integrante da forma de como vemos e interpretamos o mundo e às vezes temos muitas dificuldades em saber onde está a realidade, se é que temos que encontrá-la. Talvez, a relação entre história, cinema e verdade esteja na mesma proporção que o mito grego *Europa*. Se, como disse certa vez, Zygmunt Baumam, procurar Europa é construí-la e sua existência se dá mediante a busca pelo infinito, então ela é efetivamente comparável à história, ao cinema e à verdade. Procurar a verdade tanto na história como no cinema é uma eterna busca pelo infinito e ela se realiza na aventura do nosso ofício, na prática do fazer histórico.

MONTANDO O CENÁRIO...

Sabemos que a produção de sentido de uma película cinematográfica está além da própria montagem de cenários, figurinos e roteiros. Está, também, dentro das relações de bastidores que incluem não só seu financiamento, mas o olhar subjetivo daquele que transforma ideias em imagens: o diretor. Nesse sentido, antes de analisar propriamente as películas, sua apropriação da história é necessário contextualizar, brevemente, os bastidores que tornaram possível os filmes serem o que são.

O filme *55 dias em Pequim* do renomado diretor Nicholas Ray, tem com tema central a Revolta dos Boxers e a partilha da China entre as potências imperialistas. A película é uma narrativa pró-Ocidente da revolta nacionalista, ocorrida nas cercanias de Pequim, reagindo contra a opressão da dominação dos europeus. Ray, também dirigiu importantes filmes hollywoodianos que marcaram o século XX como: *Juventude transviada* (1955), *Cinzas que queimam* (1952) e *Rei dos reis* (1961). Esse último antecedera a produção da película aqui estudada. O filme *55 dias em Pequim* foi lançado no ano de 1963, nos Estados Unidos e teve um orçamento estimado em US$17 milhões, enquanto seu retorno nos Estados Unidos foi de aproximadamente US$5 milhões. A filmagem foi feita em cidades da Espanha, como, por exemplo, *Las Matas* em Madrid e Valencia. Durante as filmagens de *55 dias em Pequim*, que viria a ser o último filme dirigido por Ray, este sofreu um infarto durante as filmagens e foi forçado a deixar a sequência das filmagens sob o comando do produtor Samuel Bronston.

Já *Gunga Din* é um filme norte-americano, lançado em 1939, nos Estados Unidos. É com base em um poema de mesmo nome de autoria de Rudyard Kipling e na novela *Soldiers Three* do mesmo autor. Dirigido e produzido por George Stevens, diretor estadunidense que iniciou sua carreira no mundo da sétima arte em 1933, com o seu primeiro longa-metragem *The Cohens and Kellys in Trouble*. Stevens trabalhou como fotógrafo do Exército norte-americano durante a Segunda Guerra Mundial, e registrou imagens do desembarque das tropas aliadas na Normandia em 1944, e da libertação dos judeus do campo de concentração de Dachau. A fotografia do filme fica a cabo de Joseph August, que foi o responsável por fazer o trabalho que levara o filme a receber indicação ao Oscar de melhor fotografia em preto e branco. Para o roteiro, Joel Sayre foi designado para fazer o trabalho. *Gunga Din* ficou atrás nas bilheterias de 1939 apenas de *E o vento levou*, sendo um dos maiores sucessos do gênero, tendo diversas refilmagens e virando seriado de televisão.

O filme *African Queen*, traduzido para o português com o título de *Uma aventura na África*, se passa no início da Primeira Guerra Mundial, mais precisamente no ano de 1914, e tem como cenário a África Ocidental, região que à época estava sob o controle da Alemanha. Dirigido por John Huston, o filme teve grande parte da filmagem realizada em áreas da savana africana, coisa que para a época em que foi produzido ainda era incomum. Estrelado por Katherine Hepburn no papel da missionária Rose, e Humphrey Bogart a interpretar o barqueiro inglês Charlie Allnut, foi lançado em dezembro de 1951 nos Estados Unidos e no Reino Unido.

Apesar de grande parte do filme ter sido gravado em território africano, mais precisamente no antigo Congo, Zaire e Uganda, as adversidades enfrentadas pela equipe de filmagem, como o perigo dos animais da savana, doenças, disenterias, o clima quente e úmido, foram responsáveis por transferir a filmagem para um estúdio em Londres. Esses relatos foram transformados em um livro escrito por Katherine em 1987, chamado *The Making of African Queen*. As filmagens no estúdio ficam claras ao observarmos a fotografia nas cenas de navegação ao longo do rio, em um painel de projeção ao fundo. O orçamento do filme atingiu a casa de US$1 milhão.

LUZ, CÂMERA, AÇÃO!

O imperialismo foi tema recorrente nas telas de cinema. Várias foram as adaptações, especialmente de obras literárias, que buscavam uma interpretação sobre as temáticas ligadas à dominação ocidental na Ásia, África, América e Oceania: *As minas do rei Salomão, Indochina, África negra, Mármore branco, Geração roubada,* dentre outros. Nos anos 1970, o intelectual Eduardo Geada no livro *O imperialismo e o fascismo no cinema*, aponta para a assertiva de que tanto o cinema quanto a televisão foram indispensáveis ao projeto do imperialismo, forçando, em alguma medida uma coerção pela identificação, não permitindo, assim, que os povos dominados tivessem tempo ou espaço para se dedicar à sua própria história. Mesmo o autor tratando do que também chamavam de imperialismo, durante o período da Guerra Fria e da constituição de uma "cultura de massas", em que boa parte das artes estava começando a ter uma ligação direta com o que Adorno chamou de "indústria cultural", podemos dizer que, em muitos casos, o conhecimento que temos de diversos lugares do mundo, sua história e seu desenvolvimento se deu através do cinema. Portanto, o cinema também é responsável pela construção de imagens, estereótipos sobre os territórios e as civilizações representadas por ele. Assim, os três filmes aqui em questão, *55 dias em Pequim*, *Gunga Din* e *Uma aventura na África*, se encaixam dentro dessas definições. Boa parte do século XX teve seu primeiro contato com o tema do imperialismo e suas facetas em China, Índia e na África, através dessas películas.

O filme *55 dias em Pequim* tenta mostrar as diferenças de um tipo de dominação imperialista que não foi propriamente formal e direta, como no continente africano, por exemplo. O filme se passa na China em 1900 durante a Revolta dos Boxers (1899-1900), quando os revoltosos chineses lançaram-se em insurgência contra diplomatas de algumas potências mundiais (Inglaterra, França, Itália, Áustria, Alemanha e Rússia). Os diplomatas ali presentes tinham como missão defender os interesses dos seus países em relação à China, sendo identificados como agentes do imperialismo, quando não como o próprio imperialismo, que explorava duramente o povo chinês.

Os rebeldes lograram o apoio da Imperatriz Tzu-Hsi (interpretada pela atriz inglesa Flora Robson), e do Príncipe Tuan, e dessa forma empreendem uma luta com o intuito de expulsar os diplomatas estrangeiros de Pequim, dando assim a entender que estavam, em verdade, expulsando o próprio imperialismo. A obra destaca atuação norte-americana na revolta e os introduz como a única esperança contra o perigo eminente: os Boxers. Vários autores, entre eles Stephanie Godiva e Fernando Falci, apontam o aparecimento dos Boxers no cenário político chinês junto com várias outras seitas secretas após a Guerra Sino-japonesa. O movimento se caracterizava pela forte disseminação nas áreas rurais principalmente entre a juventude, que buscava melhores condições devido à grande seca. Os Boxers percorreram diversas províncias do norte da China em busca de adeptos para o movimento. Para isso realizavam apresentações de exercícios físicos e de artes marciais, com o intuito de impressionar os locais e com isso ampliar o número de recrutas. Os Boxers tinham com principal slogan "apoiar a dinastia dos Quing e destruir os estrangeiros".

Nos primeiros anos do século passado Pequim era uma cidade aberta com diversas potências disputando seu controle. Os Boxers buscavam a autonomia e soberania, opondo-se não só ao Cristianismo, mas, também, às potências ocidentais que exerciam uma soberania quase que total sobre os cidadãos chineses. A película é repleta de tensões e busca a todo o momento demonstrar a forma de como o agente imperialista construía estigmas, estereótipos, sobre o a população dos territórios dominados. Naturalmente, o centro do filme está no major norte-americano Matt Lewis que conhece muito bem as condições locais e que tenta afastar ao máximo os Boxers das embaixadas enquanto espera avidamente a chegada de uma força de auxílio.

Já *Gunga Din*, um dos grandes sucessos de bilheteria dos anos 1930, tem como cenário a Índia da virada do século XIX para o XX no período em que o território indiano esteve sob o domínio britânico na condição de colônia, na época que recebeu o nome de Índia Britânica. O período da ocupação britânica na Índia ocorreu de 1858 até 1947. Fora iniciado pela ocupação do território e com a posterior transferência dos direitos da Companhia Britânica das Índias Orientais para a coroa britânica. Em 1947 a realeza britânica passou o controle da região para os Estados recém-criados da Índia e do Paquistão.

A narrativa tem início num episódio em que um destacamento de soldados da coroa britânica está em deslocamento para um quartel. Alguns viajantes aparentemente inofensivos pedem um favor, a escolta desses soldados até chegar ao destino apontado por eles. Numa parada noturna para descanso, o grupo de "viajantes" ataca os soldados e os matam. Com o intervalo de poucas cenas, vemos o mesmo grupo de viajantes chegarem à cidade de Tantrapur e matarem o operador do telégrafo, a fazer com que o comando das Forças Armadas britânicas na Índia percam o contato com esta cidade. Ao perderem o operador de telégrafo e consequentemente o contato com a cidade, o Coronel Weed envia em missão para investigar o ocorrido e restabelecer o contato, os Sargentos Cutter, MacCesney e Tommy Ballantine. Ao chegarem à cidade, os três se deparam com um local aparentemente deserto, quase como que uma cidade-fantasma e iniciam os trabalhos para o restabelecimento do contato entre a central do Exército e a cidade.

Ao fazerem uma breve ronda num curto perímetro da cidade, acham a picareta que foi utilizada no assassinato do operador de telégrafo da cidade, e posteriormente, se encontram com um grupo de pessoas que se dizem vendedores de bijuterias e falam que a cidade foi saqueada na noite anterior. Coincidentemente, esses vendedores estão vestidos e têm as mesmas características do grupo que matou os soldados britânicos que os escoltavam algumas cenas antes. Ao levar a picareta achada na cena do crime para o quartel-general, é verificada a semelhança com a picareta que foi a arma utilizada no assassinato anterior do grupo de soldados. É então que se descobre que é um artefato utilizado pelos participantes da seita Thug ou Thuggee.

Os thugs constituíram-se como uma organização secreta de ladrões e de viajantes que praticavam o culto à deusa hindu Kali. Citada como uma das mais terríveis divindades do hinduísmo, a deusa da morte é sempre representada numa imagem negra, com manchas de sangue e serpentes. Os participantes do culto estão sempre a praticar sacrifícios humanos em rituais à Kali. A seita é apontada como um dos cultos religiosos mais notórios e que mais assassinou pessoas. Houve inúmeras construções de mitos acerca dos thugs pelos britânicos que mal conheciam a seita. Esses mitos podem ter sua origem fundada no temor dos britânicos presentes em território indiano pelos praticantes da seita, a constituir-se como uma invenção com o fim de espalhar o temor pela população e tornar mais fácil a luta contra esses ditos "subalternos".

No quartel-general da região que é mostrada no filme, vive Gunga Din. Este humilde homem era um ajudante dos soldados do quartel, que carregava água para os soldados beberem, figura conhecida como *bhisti*. Gunga Din sempre teve a aspiração de ser soldado e poder servir à coroa britânica, porém nunca conseguiu esta condição. Entre os três amigos sargentos sempre está a ocorrer desentendimentos, com uma das principais causas a ideia de desligamento do Exército por parte de Ballantine. Num episódio em que Cutter e MacChesney estão a discutir, após uma bebedeira, o ambicioso

Cutter, sempre a procurar por ouro e dinheiro, é preso. Gunga Din vai até a cela em que Cutter está detido e lhe dá informações sobre um templo próximo da região que está repleto de ouro, alvo fácil de suas ambições. Os dois "roubam" a elefante Annie por uns instantes e dirigem-se até o templo para verificar do que se trata.

Ao chegarem, descobrem que o templo é um local de rituais de sacrifícios humanos em rituais à Kali. Cutter é capturado pelos thugs e faz com que Gunga Din retorne ao quartel para buscar resgate. Este retorna ao templo junto com os outros dois sargentos, Ballantine, que está às vésperas do casamento e do desligamento do Exército, e MacChesney. Os três são também capturados pelo grupo e se juntam a Cutter. Antes de partir, MacChesney ordena aos seus comandados que se num período de 24 horas não retornar, uma operação de resgate pode ser executada pelos soldados. E foi o que aconteceu ao serem mantidos em cativeiro. O "guru" do grupo se revela como uma figura sombria e assustadora.

Em meio a confusões entre os membros da seita e os prisioneiros dentro do templo, o "guru" é feito refém pelo grupo de sargentos juntos a Gunga Din. Este vai servir de "escudo" para o grupo em meio a uma tentativa de fuga, porém o guru revela a realização de uma emboscada está para ser preparada pelos líderes thugs a fim de deter o exército britânico que está para chegar para resgatar os prisioneiros. Din, que sempre é mostrado como uma figura secundária no grupo dos prisioneiros se mostra fundamental nesta parte do filme. Após uma troca de tiros entre os prisioneiros britânicos e os thugs, Cutter e Gunga Din são feridos, este último com um grau maior de gravidade.

Mesmo com as dificuldades que Gunga Din está a enfrentar nos seus últimos momentos de vida, este se mostra uma figura principal para o salvamento dos soldados que estão a chegar ao templo na operação de resgate, ao avisar ao fazer uso da corneta sobre a emboscada preparada. A tropa se dispersa e consegue vencer a emboscada inimiga. Gunga Din morre no alto do templo, atingido por projéteis, mas com a corneta na mão. A corneta em que ele procurava aprender a tocar observando a tropa dentro do quartel. A corneta em que ele queria tocar na condição de um soldado e servo da coroa britânica. O filme é encerrado numa cena do enterro de Din, que é enterrado sob salva de tiros, e estão presentes o Coronel Weed e os três sargentos amigos, Cutter, MacChesney e Tommy Ballantine, todos emocionados com a cena. O coronel dá o título póstumo de cabo a Gunga Din e lê um poema de Rudyard Kipling sobre este, que diz:

Onde o serviço é sempre dobrado e não há cantina
Eu irei vê-lo andar sobre brasas
Dar de beber para as pobres almas condenadas
Dará de beber até no inferno, Gunga Din
Sim, Din! Din! Din!
Ainda que tenha sido flagelado e desprezado
Pelo deus que te criou...
Pelo que você fez, digo, é um homem melhor do que eu, Gunga Din!

A figura de Gunga Din é a representação do servo perfeito desejado pelo colonizador. Fiel, obediente, sempre pronto para morrer em favor da causa nobre do homem branco ocidental de "civilizar". Sua morte não transforma em herói o homem Gunga Din, propriamente dito, mas o que ele representava, suas ações como servo devoto do colonizador. Nesse caso, mais do que a morte de um súdito da rainha, o que Gunga Din representava era o exemplo a ser seguido.

A película *Uma aventura na África* retrata o período que compreende o início da Primeira Guerra Mundial. O filme mostra logo no início o castigo das tropas alemãs ao vilarejo Kungdu, em que vive Rose e seu irmão, também missionário. Soldados alemães somados aos combatentes africanos aliados à Alemanha incendeiam a vila em que os irmãos missionários vivem. Logo em seguida, o irmão de Rose, Samuel, interpretado por Robert Morley, enlouquece e morre por causa do ataque à vila. Com um desejo de vingança, Rose convence o barqueiro canadense Charlie, a essa altura do filme ainda descrito como o "Senhor Allnut", que é o responsável por levar suprimentos ao local no barco African Queen, a fugir do vilarejo através do rio. Charlie informa Rose sobre os obstáculos que eles certamente irão encontrar pela frente, como um forte alemão nas margens do rio, as frequentes corredeiras no percurso, e mais à frente, num lago, o barco alemão que abriga alguns oficiais e soldados, chamado *Louisa*, ou *Königin Luise* em alemão.

A trajetória através do rio é marcada por discussões entre os personagens, e frequentes crises de desânimo, da parte de ambos, de seguir ou não adiante com o plano. Ao vencer alguns obstáculos, a incluir a passagem pelo forte alemão sem sofrer muitos danos – apenas a caldeira do barco é atingida por tiros disparados do lado alemão, bem como alguns furos nos cascos – os dois vibram e se abraçam, gerando uma situação demasiado constrangedora entre ambos, que terminam por se beijarem. Rose termina por convencer Charlie a seguir adiante com o plano de transformar o *African Queen* num barco torpedeiro, também colocar dois torpedos feitos de forma artesanal por Charlie na frente do barco, e quando avistarem o *Louisa*, se jogarem do barco e deixá-lo seguir à toda velocidade para se chocar com o navio alemão.

Em meio a algumas adversidades, os dois terminam por ficar algumas vezes perdidos no percurso do rio. Ao final, quando chegam ao lado e avistam o *Louisa*, os dois preparam os torpedos e os colocam na parte frontal do barco. Rose dá a ideia a Charlie de limpar o convés, a caldeira e todo o interior do barco, bem como hastear uma bandeira do Reino Unido a fim de que a embarcação esteja "digna de uma embarcação da Marinha Real". O casal aparentemente falha na empreitada de mandar o *Louisa* pelos ares, e o *African Queen* termina por afundar no lago. Charlie e Rose se perdem em meio à escuridão da noite.

Quando o dia amanhece, Charlie se encontra capturado pelos oficiais alemães dentro do *Louisa*. É interrogado a fim de se descobrir o que ele fazia de noite, debaixo de chuva naquele lago, porém, Charlie só afirma que estava a pescar. Desconfiados, os oficiais alemães o acusam de espionagem para o exército britânico e o condenam à morte por enforcamento. Poucos instantes depois da condenação, Rose é resgatada e chega ao *Louisa* levada por alguns soldados do lado alemão. É também interrogada e esta decide por falar a verdade e falar do plano para torpedear a embarcação alemã. Quando tudo parece estar por chegar ao fim e o casal morrer, na cena final do enforcamento, Charlie pede ao capitão do barco alemão que os casem, como um último pedido antes da morte. Após o capitão realizar o casamento e conceder a sua "bênção", quando as cordas estão subindo para tirar o último suspiro de Charlie e Rose, o *African Queen*, afundado, mas encalhado com o casco de lado contrário e com os torpedos à sua frente, é atingido pelo *Louisa*, que vem a explodir e afundar. Charlie e Rose, enfim, logram sucesso com o plano. O filme fez um grande esforço para tentar mostrar o equívoco da catequização dos nativos, procurando problematizar uma das teses centrais do imperialismo que foi a negação da alteridade, do outro.

ALGUMAS CONSIDERAÇÕES

Edward Said expressou no livro *Cultura e imperialismo* que o contato imperial "nunca consistiu na relação de um ativo intruso ocidental contra um nativo não ocidental inerte ou passivo; *sempre* houve algum tipo de resistência ativa e, na maioria esmagadora dos casos, essa resistência acabou preponderando". Por isso, o tema da resistência sempre esteve presente nas telas do cinema como uma forma de analisar o quão complexa é a história e a dinâmica do imperialismo. Tentamos aqui nesse ensaio, fazer uma análise sobre o imperialismo buscando entender sua configuração teórica, seus marcos referenciais na economia-política e, em seguida, estudar sua representação no cinema, através de três destacadas produções: *55 dias em Pequim*, *Gunga Din* e *Uma aventura na África*.

Concordamos com o historiador e internacionalista J. B. Duroselle quando afirma que poucos temas foram tão debatidos, quase a sua exaustão, quanto à natureza do imperialismo do século XIX. Duroselle divide as teorias explicativas do imperialismo em dois grandes grupos:

I. Os que primam pelo fator econômico.
II. Os que consideram o fator econômico menos importante que o político.

Nesse caso, seria importante acrescentar um terceiro fator que coloca o caráter sociocultural dentro dessa discussão com algo tão importante e tão relevante como os dois outros aspectos citados. Portanto, a dominação colonialista do imperialismo do século XIX é, ao mesmo tempo, um problema das relações internacionais e também um problema sociológico, que se debruça sobre o contato entre várias civilizações distintas, e do estudo dos métodos adotados pelo colonizador. Adotar apenas uma dessas vertentes em detrimento da outra, sem entender que todas caminham juntas e estão fortemente interligadas seria um equívoco, ou como nos alertou o historiador mexicano Aguirre Rojas, um pecado capital do historiador.

BIBLIOGRAFIA COMENTADA

ARRIGHI, Gioavanni. *O longo século XX*. Rio de Janeiro/São Paulo: Editora Contraponto e UNESP, 1996.

Importante obra de história econômica que procura compreender o processo de ampliação do capitalismo moderno através das relações entre capital e Estado. E apresenta a tese de hegemonia do Estado por meio da acumulação de capital e expansão comercial.

BROWN, Michael. *A economia política do imperialismo*. Rio de Janeiro: Zahar Editores, 1978.

Texto importante em que o autor trabalha de forma aprofundada o conceito de imperialismo.

BUKHARIN, Nikolai I. *A economia mundial e o imperialismo*. São Paulo: Editor Victor Civita, 1984.

Obra marxista que analisa o surgimento do imperialismo através do processo de domínio do capital financeiro. Apresentando o fortalecimento econômico de um Estado como pressuposto para o seu aparecimento dentro de um cenário econômico mundial.

DUROSELLE, J, B. *A Europa de 1815 aos nossos dias*. São Paulo: Pioneira, 1976.

Outra obra crucial para a compreensão da temática do imperialismo. Por apresentar por intermédio da análise de dois pontos, os subsídios teóricos para uma compreensão do imperialismo através da ciência política e das relações internacionais.

FALCON, Francisco José Calazans. *Os impérios na época do imperialismo*. In: SILVA, Francisco Carlos Teixeira da, CABRAL, Ricardo e MUNHOZ, Sidnei J. (orgs.). *Impérios na história*. Rio de Janeiro: Elsevier, 2009.

Um dos textos mais completos sobre o imperialismo publicado no Brasil. Com tamanha erudição o autor faz um apanhado do conceito de imperialismo através de sua genealogia e depois segue para uma história das práticas colonialistas na África e na Ásia.

FERRO, Marc. *História das colonizações: das conquistas às independências – séculos XIII-XX*. Lisboa: Editorial Estampa, 1996.

Um ensaio amplo que analisa com bastante erudição o processo de colonização durante a história moderna e contemporânea. Apresentando uma análise comparativa com outros processos de colonialismo e o surgimento do que o autor vai chamar de "Imperialismo multinacional".

__________. *A manipulação do ensino de história nos meios de comunicação de massa*. São Paulo: LCT, 1990.

Trabalho de relevância do historiador Marc Ferro, que trás como ponto principal da obra uma crítica à forma como a história do Ocidente construiu a imagem de outros povos.

GEADA, Eduardo. *O imperialismo e o fascismo no cinema*. Lisboa: Moraes Editores, 1976.

Clássico livro sobre cinema publicado em Portugal. O autor procura fazer um apanhado histórico da formação do cinema e de sua trajetória. Um estudo que se debruça sobre como o cinema foi utilizado tanto pelo viés econômico quanto ideológico.

HILFERDING, Rudolf. *O capital financeiro*. Rio de Janeiro: Nova Cultura, 1985.

Esta obra contribui para a compreensão do processo de construção do capital financeiro e a prática do imperialismo a partir da substituição da livre concorrência, pelo aparecimento das corporações monopolistas.

HOBSBAWM, Eric. *A era do capital*. Rio de Janeiro: Paz e Terra, 1982.

Importante obra que aborda por meio de uma visão panorâmica, os acontecimentos mais marcantes do século XX.

__________. *A era dos impérios (1875-1914).* Rio de Janeiro: Editora Paz e Terra, 1988.

Livro de referência para estudar a formação dos Estados Imperialistas do século XIX, a expansão do capitalismo e o processo de dominação europeia. Procurando demonstrar estes pontos como responsáveis pela definição do mundo no século XX.

HOBSON, John. *Imperialism: a study.* Disponível em: http://books.google.com.br/books/about/Imperialism.html?id=qULaZH2FEAgC&redir_esc=y Acesso: Janeiro de 2014.

Texto clássico que tem por objetivo uma crítica ao imperialismo estudando as causas da aceleração do expansionismo das nações ocidentais industriais entre 1870 e 1914.

KI-ZERBO, Joseph. *História da África negra.* Vol. II. Lisboa: Publicações Europa-América, 1972.

Excelente trabalho sobre a história da África contemporânea. Leitura essencial sobre a história do continente e o processo de colonização africana analisada através de uma perspectiva interna.

LENIN, Vladimir. *Imperialismo, fase superior do capitalismo.* São Paulo: Alfa-Ômega, 1983.

Obra marxista que analisa a prática do imperialismo como texto que aborda o surgimento do imperialismo através do processo de monopolização capitalista. Apresentado como parte do processo de hegemonização do capital financeiro.

LINHARES, Maria Yeda. *Em face do imperialismo e do colonialismo.* In: SILVA, Francisco Carlos Teixeira da, CABRAL, Ricardo e MUNHOZ, Sidnei J. (orgs.). *Impérios na história.* Rio de Janeiro: Elsevier, 2009.

Texto clássico, baseado nos estudos que deram origem à tese sobre a independência do Sudão. O artigo faz uma importante discussão sobre o ato de colonizar e seus significados.

POLANYI, Karl. *A grande transformação. As origens da nossa época.* Rio de Janeiro: Elsevier, 2011.

Um excelente trabalho que procura analisar a formação do capitalismo de mercado através da integração da analise histórica, antropológica e de economia política como forma de compreender o processo do mercado como esfera autônoma e autorregulável.

REMOND, Rene. *O século XIX – 1815-1914.* São Paulo: Editora Cultrix, 1997.

Importante trabalho que analisa o processo de efervescência política, econômica e social na Europa do século XIX e seus impactos globais.

ROJAS, Carlos Antonio Aguirre. *Antimanual do mau historiador ou como se fazer uma boa história crítica?* Londrina: EDUEL, 2007.

Obra introdutória aos estudos da história na qual o autor discute as mais importantes correntes teóricas dos estudos históricos apontando os perigos ou pecados capitais que possam ser cometidos por quem se debruça nesse ofício.

SAID, Edward. *Cultura e política.* São Paulo: Boitempo Editorial, 2003.

Coletânea de ensaios do intelectual palestino no qual discute diversos temas, desde o neoliberalismo até os conflitos no Oriente Médio.

__________. *Orientalismo.* São Paulo: Companhia das Letras, 1990.

Livro em que o autor aborda o conceito de Ocidente como uma construção generalizada das civilizações do Leste. Utilizando diversas fontes e textos para demonstrar o processo de elaboração de uma imagem marcada pelo exótico e pela inferioridade.

__________. *Cultura e imperialismo.* São Paulo: Companhia das Letras, 2011.

Obra que discute como o processo de dominação imperialista influenciou e permanece influenciando as políticas a cultura e as ações políticas do Ocidente até a história recente.

SCHUMPETER, Joseph. *Imperialismo e classes sociais.* Rio de Janeiro: Zahar Editores, 1961.

Texto importante em que o autor trabalha o conceito de imperialismo desassociando sua formação como uma fase necessária do capitalismo. Criticando o posicionamento equivocado de caracterização do imperialismo como etapa evolutiva do capitalismo.

VISENTINI, Paulo G. Fagundes e PEREIRA, Analúcia Danilevicz. *História do mundo contemporâneo – da pax britânica do século XVIII ao choque de civilizações do século XXI.* Petrópolis: Editora Vozes, 2008.

WESSELING, Henk. *Dividir para dominar – a partilha da África (1880-1914).* 2ª edição. Rio de Janeiro: Editoras UFRJ e Revan, 2008.

Livro que trabalha com o processo de divisão do continente africano, trazendo uma abordagem que discute a intervenção de atores internos no desenvolvimento do processo.

CARL LAEMMLE
Presents
ALL QUIET
ON THE
WESTERN FRONT
Produced by CARL LAEMMLE JR. Directed by Lewis Milestone
UNIVERSAL PICTURE
Morgan

3.

A GRANDE GUERRA (1914-1918) NO ESPELHO

Carlos Leonardo Bahiense da Silva

Generals gathered in their masses/Just like witches at black masses/ Evil minds that plot destruction/Sorceres of death's construction/In the fields the bodies burning/As the war machine keeps turning/Death and hatred to mankind/Poisoning their brainwashed minds, oh lord yeah!/Politicians hide themselves away/They started the war/Why should they go out to fight? They leave that role to the poor (...).

BLACK SABBATH, *War Pigs*

INTRODUÇÃO

O CAPÍTULO QUE ORA APRESENTO AO LEITOR analisa o impacto da Primeira Guerra Mundial sobre a cinematografia. Três linhas de reflexão caracterizam o texto, a saber: 1ª) a influência do conflito de 1914 sobre as películas representativas do expressionismo alemão, enfatizando-se a recuperação fílmica das experiências de *shell shock* que marcaram a vida nas trincheiras; 2ª) o pacifismo e a Primeira Grande Guerra; 3ª) a face oriental da conflagração, destacando-se o papel desempenhado por T. E. Lawrence. Vários filmes trataram da Primeira Guerra Mundial. Evidentemente, não se tem a pretensão de esgotá-los nas interpretações propostas nas linhas vindouras. Por razões arbitrárias, as películas que servem de esteio ao capítulo são as seguintes: *O gabinete do Dr. Caligari*; *Nosferatu, uma sinfonia de horror*; *Os nibelungos*; *Metrópolis*; *Nada de novo no front*; *Johnny vai à guerra*; *Feliz Natal*; e *Lawrence da Arábia*.

O assassinato do arquiduque Francisco Ferdinando, herdeiro do trono austríaco, e de sua esposa, pelas mãos de Gavrilo Princip, em 28 de junho de 1914, nas ruas de Sarajevo, levou o mundo a uma guerra sem precedentes. Tal conflagração, como registram Christopher Clark e Margareth MacMillan, não era inevitável. Os fatores que motivaram o enfrentamento militar ainda estimulam debates acalorados entre os historiadores. Clark atribui o irrompimento da Primeira Grande Guerra às tensões na Península Balcânica entre Sérvia e Áustria-Hungria, sobretudo as disputas pela Bósnia-Herzegovina. O pesquisador britânico redesenha detalhadamente o golpe de1903, na Sérvia, que possibilitou a ascensão da dinastia de Karadjordjevic. Esta depôs e massacrou os integrantes da linhagem dinástica dos Obrenovic. Aí estaria, seguindo a tematização de Clark, a comprovação do perfil "incivilizado" dos sérvios e de sua inclinação regicida, que explicariam o assassínio do arquiduque. Os historiógrafos sérvios questionam tal análise, considerando-a uma vingança ideologizada do Ocidente em função do papel da Sérvia nas conflagrações dos anos de 1990.

O historiador inglês relativiza o afã expansionista das grandes potências em favor da animosidade presente nas relações entre Viena e Belgrado. David Fromkin diverge de Christopher Clark, visto que, para o primeiro, o elemento fundamental da Primeira Grande Guerra foi sua mundialização, que se deveu à intervenção da Alemanha Guilhermina no confronto entre sérvios e austro-húngaros. Sem o Segundo Reich a Primeira Guerra Mundial seria um conflito menor, localizado, uma espécie de "Terceira Guerra dos Balcãs". Nessa perspectiva, o expansionismo alemão, impulsionado pelo militarismo prussiano, não pode ser considerado uma peça de menor importância no xadrez geopolítico de então. A guerra de 1914 não pode ser limitada, portanto, a uma postura agressiva inscrita na cultura política sérvia.

A Primeira Guerra, enquanto objeto de análise, chama a atenção por ampliar a capacidade de destruição dos Exércitos. O avanço do capitalismo engendrou armas e veículos militares, bem como um aparato de engenharia que transformaram as batalhas em um espetáculo sangrento jamais visto. Granadas, metralhadoras e tanques modificaram a forma dos batalhões guerrearem. Mais do que isso. É esquecido, muitas vezes, que a guerra de 1914 foi protagonizada por impérios. Indianos, australianos, sul-africanos, em nome da Inglaterra, e uma gama de colonos do Norte da África e do Vietnã, a representar a metrópole francesa, participaram da refrega. As matérias-primas e os capitais gerados pelas colônias também foram importantes para a vitória da Entente em 1918.

É curioso sublinhar que os países envolvidos na Grande Guerra tinham líderes de pouca expressão: Herbert Asquith (primeiro-ministro britânico); Raymond Poincaré (presidente francês); Kaiser Guilherme II (Alemanha); Tzar Nicolau II (Rússia); Imperador Francisco José (Áustria-Hungria). Não havia um Franklin Delano Roosevelt ou um Otto von Bismarck. Apesar de ter participado do conflito, como chefe da Marinha Britânica (Primeiro Lorde do Almirantado), Winston Churchill nem de longe pode ser igualado, em importância, ao Churchill da Segunda Guerra Mundial. Perderia, aliás, o cargo supracitado após a derrota dos ingleses em Galípoli. Muitos acreditavam, inclusive ele próprio, que sua carreira política chegara ao fim.

A guerra de 1914 ficará por muito tempo ainda entre nós. O Oriente Médio moderno e suas tensões surgiram aí. O Socialismo Real, consequência da Revolução Bolchevique, também. Lições do terrorismo podem ser aprendidas com o estudo das origens da conflagração, visto que o assassinato do arquiduque Ferdinando foi uma ação terrorista. A relevância do enfrentamento militar para a história pode ser depreendida a partir dos vários filmes produzidos sobre o conflito. Convido o leitor a refletir sobre os que, a meu juízo, são os mais fascinantes.

SHELL SHOCK EM CENA: REPRESENTAÇÕES DA NEUROSE DE GUERRA EM FILMES DA REPÚBLICA DE WEIMAR

a. "Desperta uns instantes da tua noite obscura": o show de Dr. Caligari

Uma cartola preta repousa sobre cabelos grisalhos e desalinhados. Uma face arredondada expõe olhos arregalados, a revelar uma atmosfera sinistra. Luvas, capa e bengala, que serpenteia diante de uma plateia composta por espectadores boquiabertos. É o Dr. Caligari (Werner Krauss) em seu show. Ele, que tem à esquerda um caixão posicionado verticalmente, promete apresentá-los a Cesare (Conrad Veidt). Ouve-se um ruído. Caligari abriu as portas do caixão. No seu interior, um homem com rosto pálido, branco, descortinando olheiras negras. Céu sem estrelas. "Cesare! Ouves-me? Cesare, eu te chamo. Eu, o Dr. Caligari... Teu amo e senhor... Desperta uns instantes da tua noite obscura..." Sobrancelhas grossas, cabelos desgrenhados, como os do mestre, após expressões faciais de dor e sofrimento, os olhos de Cesare, lentamente, abrem-se.

Os braços mantêm-se rente ao tórax. Os antebraços erguem-se. As mãos, entreabertas, apresentam dedos afastados. Cesare, como se fosse um morto-vivo, dá quatro passos à frente. Caligari diz que o "sonâmbulo" responderá a qualquer pergunta, pois ele "conhece todos os segredos. Cesare conhece o passado e vê o futuro". Incontido, um dos presentes aproxima-se e indaga-lhe: "quanto tempo viverei?" Cesare, olhando-o fixamente, redargui: "até o amanhecer...." A câmera enquadra o espectador, que esboça uma expressão de medo, e ato contínuo, um sorriso hesitante. Parecia saber, como ficará claro na sequência, que a profecia viria a se cumprir. Assassinado, a punhaladas seu sangue seria derramado.

Esta é uma das cenas mais famosas do filme *O gabinete do Dr. Caligari* (*Das Cabinet des Dr. Caligari*/1920), dirigido por Robert Wiene. Os gestos, trejeitos e, principalmente, as expressões nos rostos das personagens, evocam o principal problema enfrentado pela psiquiatria militar durante a Primeira Guerra Mundial: o *shell shock*. Tal conceito foi cunhado por médicos britânicos. Referia-se aos desequilíbrios emocionais e rupturas psíquicas que guardavam relação com as explosões de granadas e outros artefatos bélicos, que marcaram o conflito. O debate em torno das crises nervosas, em realidade, tomara vulto em tempos de paz. Coube a George Beard, médico norte-americano, em meados do século XIX, estudar, com maior acurácia, o fenômeno da nervosidade/neurastenia. Beard afirmou que o mundo moderno, caracterizado pelas transformações da Segunda Revolução Industrial, trouxe novos sons, que se tornaram perturbadores ao ouvido humano, por exemplo, o barulho dos trens, fábricas e relógios. Julgou, entretanto, que a nervosidade neurastênica não provinha apenas da civilização moderna. Fatores endógenos ao ser humano, hereditários, também contribuíam para o aparecimento da doença.

A eclosão da Primeira Grande Guerra recolocou o problema. Inúmeros soldados expunham crises nervosas procedentes de uma conflagração para a qual não foram treinados. Tratava-se de uma refrega longa – uma terrível noite de quatro anos –, com um elevado poder de destruição decorrente de armas tecnologicamente avançadas. O clima de festejo e exultação, por conta do irrompimento do conflito – que, se esperava, romperia a monotonia da vida juvenil –, cedeu lugar ao estranhamento de uma luta em trincheiras. Aí os combatentes tiveram que lidar com granadas, bombas de gás tóxico, chuva, frio, piolhos e ratos, que proliferavam, roendo os cadáveres acumulados ao redor das trincheiras. Um cenário de horror maximizado pelo cheiro nauseabundo, que mesclava restos de pólvora e carne putrefata.

Dr. Caligari é uma das personagens que representa, em função de um comportamento típico, o soldado vitimado pelo *shell shock*. Mas não apenas isso. É médico e diretor de um manicômio, cuja especialidade é o sonambulismo. Ele mantém, às escondidas, um livro que se intitula: "*Sonambulismo* – um compêndio da Universidade de Uppsala, publicado no ano de 1726". Nele, descobre-se que um místico conhecido como Dr. Caligari participou, em 1703, de festas no Norte da Itália em que apresentava um sonâmbulo denominado Cesare. Tal sonâmbulo assassinou várias pessoas induzido por Caligari. Este substituía Cesare no caixão, que lhe servia de repouso, por um boneco com suas características físicas, de sorte a produzir um álibi, que o livrasse de qualquer culpa. O diretor do hospício desenvolveu uma obsessão pelo Dr. Caligari de 1703. Seu diário desfralda o segredo. Suas linhas mostram que Caligari-diretor ficou exultante com a entrada de um sonâmbulo em seu manicômio. Seu arrebatamento provinha da possibilidade de realizar o "desejo", a "ânsia implacável", que se metamorfoseou no motor de sua vida: verificar se um sonâmbulo seria capaz de executar ações, inclusive assassinatos, que, desperto, repudiaria. Noutras palavras, o chefe do hospício queria repetir os passos do Caligari de 1703.

Em uma análise mais cuidadosa da película, nota-se que Caligari-diretor simboliza os psiquiatras que dispensavam uma terapia discricionário-sádica às vítimas de rupturas emocionais. Revelou-se, no pós-guerra, que muitos soldados foram tratados com sessões de eletrochoques (faradização). Julius Wagner-Jauregg, professor de psiquiatria da Universidade de Viena, foi responsabilizado pelos suicídios ocorridos em sua clínica especializada em neurose de guerra. Muitos doutores consideravam seus pacientes fingidores. Embora o fingimento fosse uma realidade, tal visão foi superdimensionada. Recrutas psicologicamente doentes eram vistos de maneira preconceituosa. Entre os médicos italianos, sob a inspiração da teoria atávica de Cesare Lombroso, não foi incomum a enfermidade psíquica ser associada ao mau-caratismo hereditário.

Porém, Dr. Caligari pode ser interpretado por outra perspectiva. Representa também o modelo psicanalítico, procedente dos estudos de Sigmund Freud, que procurava compreender cuidadosamente as raízes da neurose de guerra. Nessa chave, a hipnose era valorizada como ferramenta para o diagnóstico do problema. Anton Kaes sugere que Caligari é uma caricatura de Jean Martin Charcot. Médico parisiense e diretor do Hospital Salpêtrière, Charcot interessou-se, em 1870, pela histeria. Procurou, por meio da análise anatomoclínica, diferenciar os sintomas das crises epilética e histérica. Sua fama proveio das leituras públicas realizadas em um anfiteatro, que reunia intelectuais como Émile Durkheim, Henri Bergson e Freud. É provável que, para o regozijo dos presentes, as mulheres expostas exacerbassem seus gestos e gritos; revirassem, de forma cênica, seus olhos e retorcessem, ainda que artificialmente, seus corpos. Críticos de Charcot diriam que o médico se transformara em um *showman*. A partir das indicações de Kaes, pode-se perguntar: Será que, como Caligari, Charcot estava à frente de um show em que as pacientes eram meras atrizes?

Registrou-se, anteriormente, o sonambulismo de Cesare. Testemunhos indicam que se tratava de um sintoma recorrente em soldados, que foram queimados vivos. Diante da apresentação de Dr. Caligari, um integrante da plateia, como foi visto, indagou o sonâmbulo: "Quanto tempo viverei?". Tal questionamento povoava a mente dos recrutas, sobretudo após vivenciarem o caráter cruento das primeiras batalhas. Como o diretor do manicômio e outras personagens, Cesare ilustra o combatente com distúrbio mental. Contudo, ele também representa a morte, que marcava o imaginário do pós-guerra. Isso se torna evidente quando o narrador, após ver Cesare no hospício, em um canto, com flores nas mãos, homem-zumbi, reporta-se, assustado, ao seu interlocutor e pronuncia a frase: "Nunca lhe peça que lhe diga a verdade: se o fizer morrerá."

b. O pássaro da morte: Nosferatu, o vampiro de F.W. Murnau

Ellen (Greta Schröder) não resistiu à tentação. Thomas Hutter (Gustav von Wangenheim), seu marido, pediu para que não lesse o livro, que tanto lhe atormentara. Intitulava-se *Sobre vampiros, espíritos terríveis, feitiçaria e os sete pecados mortais*. O volume, entretanto, exerceu um estranho fascínio sobre a jovem. Suas páginas diziam: "Durante a noite, Nosferatu ataca sua vítima e suga-lhe o sangue como a um demoníaco elixir da vida." Sentada em um sofá, a câmera focaliza Ellen, que se retorce aparentemente angustiada. Prossegue a leitura. "Cuidado para que a sombra dele não pese sobre vós como um terrível pesadelo. Nenhuma outra libertação é possível, a não ser que uma donzela completamente inocente faça com que o vampiro se esqueça do primeiro canto do galo, oferecendo-lhe seu sangue de livre vontade."

Em uma das últimas cenas do filme, Ellen, acomodada na cama, entre o temor e a sedução, nota a sombra da mão de Nosferatu, grande e espalmada, dominar sua camisola. A criatura ataca-lhe sexualmente. Mais do que isso. Em pouco tempo o espectador vê o vampiro, como uma ave de rapina pousada sobre o alimento pútrido, sugar o sangue do pescoço da vítima, cujo falecimento será inevitável. A câmera centra-se em um galo a cantar e, na sequência, volta para Nosferatu, que olha diretamente para o espectador. O vampiro tem uma cabeça branca e assimétrica. Seu semblante expõe olhos vazios e sobrancelhas desgrenhadas. As orelhas são agigantadas e pontiagudas. O mesmo vale para o nariz. Ele ouve o galo. O contato com a luz do amanhecer conduz--lhe aos braços da morte.

Nosferatu, uma sinfonia de horror (*Nosferatu, Eine Symphonie des Grauens*/1922), filme de Friedrich Wilhelm Plumpe – que, quando se tornou adulto, assumiu o nome Murnau –, conta a jornada do jovem Hutter para a Transilvânia. Seu objetivo é vender uma casa para o Conde Orlok (Max Schreck), que se interessou em comprar uma pequena residência em Wisborg, cidade na qual Hutter vive com Ellen, sua bela e jovial esposa. Duas reflexões iniciais: 1ª) a jornada de Hutter simboliza o deslocamento de jovens para o campo de batalha; rapazes, que como o marido de Ellen, perderiam a ingenuidade em razão da convivência com a morte; 2ª) ele viaja em direção à Transilvânia, na Península Balcânica. Aí se deflagrou a Primeira Guerra Mundial, após o duplo assassinato, na Bósnia-Herzegovina, do casal real do Império Austro-húngaro (Francisco Ferdinando e Sofia Chotek) pela "Mão Negra", sociedade secreta associada aos militares nacionalistas sérvios.

A película de Murnau informa, logo no começo, que Wisborg, em 1838, foi acometida por uma epidemia ("Grande Mortandade"). Tal cidade é ficcional. Trata-se de uma referência à Wismar, no Norte da Alemanha, área banhada pelo Mar Báltico. É provável que a "Grande Mortandade" seja uma alusão à crise epidêmica de cólera, que, em 1830, assolou a Europa. Centenas de milhares foram mortos. Quiçá se refira à Gripe Espanhola, que, no final da Primeira Guerra Mundial, matou aproximadamente 50 milhões de pessoas (o conflito, de acordo com os dados de David Fromkin, produziu cerca de 20 milhões de vítimas fatais). Talvez, *Nosferatu*, com a "Grande Mortandade", procurasse representar as duas quadras epidêmicas. No entanto, esse não é o ponto fundamental. A partir das considerações de Kaes, suscita-se que a epidemia, no filme, transformou-se em um signo/símbolo por meio do qual Murnau tratou de uma problemática que marcou profundamente sua geração: o elevado número de mortos engendrados pela guerra.

Estima-se que, na Batalha do Somme, em cinco meses de confronto, julho a novembro de 1916, envolvendo cerca de quatro milhões de combatentes, mais de um milhão foi morto ou ferido. Acredita-se que 19.240 britânicos tenham morrido apenas no primeiro dia. Durante toda a conflagração, em território francês, faleceram, segundo estimativas oficiais, aproximadamente 1.345.300 ingleses. Na Rússia, morreram em torno de 1.700.000 britânicos. Na Batalha de Verdun, entre os meses de fevereiro e dezembro de 1916, dos cerca de 2,5 milhões de combatentes alemães e franceses que participaram da refrega, em torno de 300 mil foram vitimados fatalmente. Na Batalha de Gallipoli, na frente oriental, em oito meses de campanha, cerca de 115 mil homens do Império Britânico foram ao encontro da morte. Faleceram aproximadamente 27 mil franceses. Os turcos pagaram um preço mais alto: 186.869 vítimas fatais.

Tais números indicam que a Guerra de 1914 deixou um rastro de terror e destruição, que não escapou às lentes de Murnau. Nem poderia. Ele próprio, com apenas 26 anos, lutou na frente ocidental, sobrevivendo aos horrores de Verdun. Posteriormente, atravessou a Europa, servindo em Galícia e Letônia. Em 1916, reuniu-se à Força Aérea alemã e atuou como operador de rádio.

No filme – inspirado no clássico *Drácula* de Bram Stoker –, Conde Orlok/Nosferatu, assim como Dr. Caligari e Cesare, rememora as vítimas do *shell shock*. Sua imagem de morto-vivo lembra os neuróticos de guerra, que tiveram seus corpos queimados. Sua estética, em nada atraente – oposta ao charme exercido pelo Drácula, imortalizado pela interpretação de Bela Lugosi, no filme homônimo de 1931, dirigido por Tod Browning – não lhe impediu de seduzir Ellen. Quando Orlok vislumbra sua beleza na fotografia que Hutter deixara sobre a mesa, com os olhos centrados na foto, diz: "lindo pescoço que vossa mulher tem". Em seguida, decide comprar a casa "bonita e desabitada" em frente à residência do casal. No fim da película, como se viu, Nosferatu viola sexualmente a esposa de Hutter, que, em meio ao ato, oscila entre o repúdio e o desejo.

A temática da sexualidade surge aqui em termos de impotência, visto que o papel sexual, que deveria ser exercido pelo marido, lhe é usurpado pelo vampiro. Tal passagem pode ser vista como uma referência à disfunção erétil dos combatentes vitimados pelo colapso psíquico. Um fenômeno que chamou a atenção dos terapeutas do pós-guerra como o próprio Freud. As lembranças traumáticas não cediam lugar à paz de espírito para que o marido pudesse encontrar conforto e gratificação nos braços da esposa. E não apenas isso. A usurpação perpetrada por Nosferatu, simbolicamente, evocava a derrota alemã, a queda do macho germânico nos campos de batalha.

Após falar a Hutter que iria comprar a casa, Conde Orlok usa um navio para alcançar Wisborg. Leva consigo seis caixões cheios de terra. O material ajuda a criatura a preservar os seus poderes. O espectador é informado de que "vampiros devem dormir no mesmo solo não santificado em que foram sepultados". Contudo, tais caixões estavam coalhados de ratos. A menção aos roedores, em meio à terra suja, refere-se aos que eram encontrados nas trincheiras. Várias ratazanas eram atraídas pelo cheiro dos cadáveres insepultos e restos de comida. Os soldados moviam verdadeiras batalhas contra os ratos, que só desapareciam, por um breve período, após o lançamento de bombas de gás tóxico.

c. *Os nibelungos*: a recuperação do passado mítico do povo germânico

A saga dos nibelungos não foi uma criação de Fritz Lang e Thea Von Harbou, sua inventiva esposa, responsável pelo roteiro. Trata-se de uma narrativa épica – revalorizada no século XVIII –, que integrava a cultura alemã em suas várias dimensões: literatura, teatro, ópera, artes. Durante e após a Primeira Grande Guerra era improvável que um alemão comum não tivesse tido contato com o drama de Siegfried. As crianças liam o épico, expondo contentamento com as versões ilustradas. Adolescentes encenavam a saga em produções teatrais amadoras (Von Harbou interpretou Kriemhild na escola). A adaptação de Lang e Harbou, *Os nibelungos* (*Die Nibelungen*/1924), divide-se em duas partes: *Siegfried* e *A vingança de Kriemhild* (*Kriemhild's Revenge*). A primeira foi relançada, em 1933, pelos nazistas com outro título: *A morte de Siegfried* (*Siegfried's Death*).

Siegfried conta a trajetória da personagem homônima (Paul Richter), que, após enfrentar alguns percalços – destaque para a luta com o dragão –, se casa com Kriemhild (Margarete Schön), irmã de Gunther (Theodor Loos), o pusilânime rei dos nibelungos. No entanto, Siegfried morre, no final da primeira parte, vítima de uma conspiração orquestrada por Hagen Tronje (Hans Schlettow), que a pretexto de proteger o herói, pediu para que Kriemhild contasse-lhe qual era seu ponto fraco. Ao ser informado de que o coração era o lugar de sua vulnerabilidade, Tronje, braço direito do monarca, aposta uma corrida com Siegfried, que, distraído, será morto perfurado por uma espada. O herói personifica o guerreiro germânico (glorificado pelas esculturas agigantadas de Albert Speer, o arquiteto de Hitler). Cabelos loiros – símbolo da pureza ariana –, músculos bem torneados, Siegfried apresenta uma coragem inigualável. Ao sublinhá-la, Lang objetivou recuperar o orgulho ultrajado dos alemães – especialmente dos soldados, reticentes em relação à sua virilidade – por ocasião da derrota na Primeira Grande Guerra.

Vale lembrar que a Alemanha foi invadida pelas tropas do comandante aliado Ferdinand Foch. A ofensiva produziu um profundo mal-estar nos setores conservadores, que assistiram ao avanço das forças progressistas e a fuga desonrosa do Kaiser Guilherme II, da dinastia dos Hohenzollern, para a Holanda (viveria nesse país, entre cães e chás, até 1941). Mais do que isso. A derrota assumiu um sabor mais amargo pela imposição do humilhante Tratado de Versalhes pela Conferência de Paris (1919), destacando-se aqui o papel desempenhado por Georges Clemenceau, primeiro-ministro da França, que jamais aceitou o desfecho da Guerra Franco-prussiana (1870-1871). De acordo com as determinações do Tratado de Frankfurt, os franceses tiveram que reconhecer sua culpabilidade pela conflagração e foram forçados a entregar as províncias de Alsácia e Lorena aos alemães. Além disso, foram obrigados a pagar uma indenização ao Segundo Reich, recém-edificado, cuja liderança caberia ao Kaiser Guilherme I, avô do imperador fujão.

Não foi casual o fato de o cineasta dedicar o filme ao "povo alemão". Lang procurou, por meio da arte cinematográfica, resgatar a alma nacional maculada dos alemães. Ofereceu-lhe, à luz do drama de Siegfried, uma roupagem positiva. A película tornou-se extremamente popular com cartões postais, a expor a imagem de Kriemhild, próxima ao cadáver do amado, circulando pelo país. Várias páginas foram escritas acerca do caráter seletivo e arbitrário da memória de uma nação. O processo de memorialização, dinâmico por excelência, implica a construção de heróis, hinos, datas comemorativas, monumentos. O espaço público pode se transformar em uma arena em que projetos memorializantes lutam pela hegemonia.

Na Inglaterra, como forma de homenagear os combatentes não identificados, que morreram no teatro de guerra, edificou-se, em 1920, na Abadia de Westminster, em Londres, próximo ao Rio Tâmisa e ao Parlamento, o túmulo do Soldado Desconhecido. No mesmo ano, na França, inaugurou-se, embaixo do Arco do Triunfo, na Praça da Estrela, em Paris, um monumento correspondente. A Alemanha, por sua vez, esperou mais 10 anos para honrar os seus soldados anônimos com um túmulo semelhante. O filme de Fritz Lang, do ponto de vista das representações, pode ser interpretado como um mecanismo encontrado pela cultura alemã para render homenagem aos combatentes desconhecidos quedados no front. Essa era apenas uma simbolização, dentre muitas, possibilitada pela película.

Como F.W. Murnau, Lang também vivenciou os horrores da Primeira Guerra Mundial. Alistou-se voluntariamente, no exército austríaco, como muitos jovens daquela época. Foi ferido duas vezes. Em uma delas, lascas de estilhaços penetraram em seus olhos. Em 1916, de volta à cidade natal, enquanto recuperava-se, se inscreveu na Academia de Belas Artes de Viena – que tanto povoou os sonhos de artista do jovem Hitler. Lang não demorou a desempenhar papéis de menor relevância. Dois anos depois, interpretou um combatente ferido. Alegando problemas de saúde, em junho de 1916, solicitou dispensa do Exército. Cardiopatia e reumatismo foram elencados como enfermidades obtidas nos tempos de guerra. Fritz Lang dizia que o conflito ainda lhe marcara de outra maneira: seus "nervos" foram abalados. Kaes afirma que ele foi vítima de *shell shock*. Contudo, pondera acerca da impossibilidade de se avaliar a extensão e a gravidade da doença. Fosse como fosse, Lang não era ingênuo. Sabia que, ao mencionar padecimentos decorrentes de desordens nervosas, tinha, naquelas circunstâncias, melhores condições de obter o desengajamento junto aos seus superiores.

Naturalmente, seus personagens, a seguir a estandardização do expressionismo alemão, sofrem de crises psíquicas. Os olhos de Kriemhild, ao saber do conluio fomentado por Hagen Tronje, em consonância com os desejos do Rei Gunther, lembram os de Caligari, Cesare, Orlok, Ellen e de outros ícones da cultura fílmica alemã dos anos de 1920.

Um pouco mais sobre Siegfried. Registrou-se a ênfase que Lang dá ao corpo do herói. A musculatura, os cabelos dourados, a força física. A robustez do guerreiro Siegfried está presente em vários momentos, por exemplo, na derrota do dragão e de Brunhild (Hanna Ralph), rainha pela qual Gunther era apaixonado. Para contrair matrimônio com Brunhild, o rei dos nibelungos precisava vencê-la em três provas: salto, lançamento de pedra e arremesso de lança. Gunther certamente seria bloqueado por sua fraqueza corporal e psicológica. No entanto, o herói, usando seu capuz mágico, que o tornava invisível auxilia o rei em suas tarefas. Concretizou-se a vitória e o casamento foi levado a cabo. Apesar de se unir a Brunhild, Gunther sentia-se humilhado. A temperamental rainha recusava-se a se deitar com o monarca. Uma vez mais Siegfried recorre ao capuz e graças a sua invisibilidade, assume o corpo de Gunther para, a sós com a rainha no quarto, poder "domá-la". Não fica claro ao espectador o que ocorre no cômodo. Após o desenrolar da cena, a câmera focaliza apenas Brunhild prostrada no chão. Ela, provocando Gunther, diz que foi sexualmente violada por Siegfried. Conforme a trama avança, nota-se que Brunhild dissimulou. Forjou o estupro para que, em face à "desonra", o rei matasse Siegfried.

Tal passagem é emblemática. O cineasta, a executar o processo de resgate da masculinidade alemã, fragilizada pela derrota na guerra, constrói uma cena em que o herói é acusado de violência sexual. A acusação, ainda que falsa, fazia sentido porque Siegfried representava a macheza, traduzida na indestrutibilidade de sua espada – signo do falo ereto. Nesse sentido, se simbolicamente, o ataque de Nosferatu a Ellen descortina a impotência sexual (disfunção erétil) e militar (derrota de 1918) do combatente germânico, a culpabilização (mesmo que mentirosa) de Siegfried desfralda a força do soldado alemão – capaz de fornicar e lutar agressivamente. Foi uma forma de o cineasta ofertar-lhes a redenção. Uma última consideração sobre o corpo do guerreiro. Ao destacar a perfeita compleição de Siegfried, Lang confortava emocionalmente a população alemã, que sofria com a presença de amputados e cadeirantes nas ruas da República de Weimar. Seus corpos defeituosos rememoravam as imagens aterrorizantes dos tempos da conflagração.

A vingança de Kriemhild, segunda parte da obra de Fritz Lang, estreou em 26 de abril de 1924, 10 semanas após *Siegfried*, com uma repercussão menor do que a primeira. Na continuação, Kriemhild urde sua vingança, eliminando as pessoas que silenciaram diante da conspiração para assassinar seu marido. No entanto, seu ódio é direcionado, especialmente à figura do assassino: Hagen Tronje. Ela lembra aos interlocutores, com frequência, a sua "dor" pela perda do amado. Seu sofrimento é uma referência à angústia dos alemães pela derrota na guerra. Para viabilizar o plano, Kriemhild aceita se casar com Átila, rei dos hunos. Firma-se, portanto, uma aliança entre eles e os nibelungos. O alinhamento recobra o sistema de alianças construído nos anos que antecederam a eclosão da Primeira Guerra Mundial.

A Tríplice Aliança (Alemanha, Áustria-Hungria e Itália) foi criada em 1882 em função da transformação – para o descontentamento dos italianos – da Tunísia em um protetorado francês. E não só isso. As tensões procedentes da Guerra Franco-prussiana também incentivaram a aproximação entre Itália e Alemanha, que trouxe a reboque o Império Austro-húngaro, cujas mágoas da derrota na Guerra das Sete Semanas (1866) tinham sido superadas. Do outro lado, estava a Tríplice Entente (Inglaterra, França e Rússia), cuja base foi a Entente Cordiale (1904), acordo entre Inglaterra e França, que resolveu a denominada "questão egípcia". Este tratado determinou que a França reconhecesse o Egito como um protetorado britânico. Em troca, os ingleses se comprometiam a ajudar os franceses na conquista do Marrocos, área disputada com a Alemanha. O projeto dos Hohenzollern de construção da Estrada de Ferro Berlim-Bagdá, aumentando a influência alemã sobre o Império Turco-otomano, região economicamente estratégica para a Rússia, moveu os Romanov em direção aos britânicos e franceses. Os primos realistas Nicolau II e Guilherme II lutariam, portanto, em campos opostos.

Retornando a Kriemhild e seu desejo de vingança. O plano da esposa de Átila se desenrola em meio a um rosário de relações de lealdade, que relembra o passado medieval germânico. Tronje, por exemplo, até o último instante, em condições adversas, como na ocasião do incêndio do palácio de Átila, dispõe-se a proteger a vida do Rei Gunther. Estes códigos de honra evocam também a ligação entre os soldados que participaram da Primeira Grande Guerra. A experiência das trincheiras unia os combatentes, que protagonizavam um drama real. Donde o surgimento de um clima de camaradagem entre os homens, que fortalecia o elo formado entre eles. Se a guerra impulsionou os jovens em razão do nacionalismo e da ruptura de uma ordem entediante, a permanência do conflito provinha da lealdade em relação ao companheiro. Por isso, revoltas e deserções ocorreram em números significativos apenas no final da conflagração.

Kriemhild consegue saciar o desejo represado. O rei dos hunos convida os irmãos de sua esposa para uma festa em seu palácio. Nela, Átila – registre-se o envidraçamento de seus olhos e de sua mulher, lembrando as vítimas do *shell shock* – mostra o herdeiro, o filho que Kriemhild lhe deu, aos presentes. Em tom provocativo, Tronje, acompanhando Gunther, põe a criança em sua frente e profere as palavras seguintes: "parece que o menino não viverá muito tempo". Cria-se um estranhamento que desagrada profundamente o rei dos hunos. Entretanto, naquela altura, um conluio para matar os nibelungos, incitado por Kriemhild, está em marcha. Eles são cercados no interior do palácio, e uma batalha entre nibelungos e hunos toma forma, em uma referência à Primeira Guerra. O desenlace é o incêndio palaciano, anteriormente mencionado, por meio do qual os corpos dos nibelungos ardem. Tronje, derrotado, é levado ao encontro da rainha, que lhe mata com um golpe de espada.

d. *Metropolis*: a máquina de guerra em movimento

Braços abertos, cabelos loiros em desalinho, olheiras negras e mãos que gesticulam euforicamente. É Maria (Brigitte Helm), clone criado por Rotwang (Rudolf Klein-Rogge), o cientista. Sua excitação, denunciada pelo corpo vibrante, não é possível esconder. Posicionada em um altar, entre cruzes e velas, a mulher-androide fala aos inúmeros trabalhadores, que vivem no subsolo embaixo de Metropolis, a cidade futurista de Fritz Lang. "Quem dá de comer para as máquinas de Metropolis com a própria vida? Quem lubrifica as juntas das máquinas com o próprio sangue? Quem alimenta as máquinas com a própria carne? Deixem as máquinas morrerem de fome, seus tolos, acabem com elas! Morte às máquinas!" Assim começa a rebelião dos trabalhadores, emblemática cena do filme de Lang (*Metropolis*/1927), produzido a partir do romance de Thea Von Harbou.

Uma análise mais detida da película revela uma crítica indireta à Primeira Guerra Mundial. O filme mostra que o conflito metamorfoseou-se em uma máquina de destruição de corpos humanos. Na obra cinematográfica, a máquina principal, aos olhos de Freder (Gustav Fröhlich), filho de Joh Fredersen (Alfred Abel), dono de

Metropolis, transforma-se, em meio a alucinações, em monstro, uma simbolização da guerra. Na cena inicial, a câmera focaliza o funcionamento das engrenagens, que compõe o complexo sistema de máquinas. Em nenhum momento Lang esclarece qual o produto que o maquinário fabrica. Em uma das passagens mais interessantes, relativa à troca de turno, os operários são colocados lado a lado e marcham de forma sincronizada em direção aos elevadores para que ocorresse a mudança de escala. A cena alude, provavelmente, aos batalhões que formavam os exércitos na Guerra de 1914.

Um dos primeiros filmes de ficção científica, *Metropolis* retrata paralelamente duas histórias: a) a rebelião dos operários contra as máquinas (uma postura antifuturista, na esteira do pensamento de Fillipo Tommaso Marinetti, que julgava a maquinização da vida um signo da modernidade, a superação necessária do sentimentalismo inócuo dos homens); b) o desencantamento/desilusão de Freder ao verificar as condições de trabalho subumanas na cidade dos operários, base do funcionamento de Metropolis. Sendo filho do patrão, o posicionamento conciliador de Freder, que tenta, inclusive, evitar a revolta operária, faz referência ao corporativismo fascista. Ele significa a ponte entre capital e trabalho, cidade futurista e cidade operária. Por isso atende pelo apelido de "mediador", termo constitutivo do epigrama que permeia a obra: "o mediador entre a cabeça e as mãos deve ser o coração".

Maria, modelo para a mulher-androide, apresenta, em uma das cenas, várias crianças sujas e maltrapilhas ao seu redor. Elas estão próximas a um belo jardim com aves e chafarizes. Provieram do subsolo. A jovem olha fixamente e em silêncio para Freder, cuja vestimenta exprime sofisticação. Está acompanhado de uma bela mulher de roupas negras. Maria, envolvendo as crianças com os braços, aponta para o filho de Fredersen e seus pares, e diz para elas: "Estes são seus irmãos!". Ato contínuo, o grupo é obrigado a retornar à cidade dos trabalhadores. Atraído emotivamente por ela, é a partir daí que Freder inicia sua viagem em direção ao mundo dos operários.

Pode-se sugerir que a película de Lang respondeu à desesperança, à sensação de estranhamento provocada pela guerra. Funcionou como um amparo psicológico diante da desarmonia espiritual que se abateu sobre alemães. A personagem Maria (não confundir com o clone), representação da Mãe de Cristo, cumpria esse papel. E não para por aí. Símbolos religiosos e referenciais bíblicos estão presentes em vários momentos do filme. Destaque para a passagem em que Maria conta aos operários sobre o mito da Torre de Babel (na cena incidental sobre a tentativa de edificá-la, os trabalhadores estrangeiros marcham, como os da troca de turno, perfilados, lembrando os batalhões dos exércitos beligerantes).

O tema da religião também surge em outro contexto. Freder, na cidade operária, observa um trabalhador, em meio à fumaça, labutar de sorte a fazer girar, com suas próprias mãos, os ponteiros de um aparelho parecido com um relógio. Este controla a máquina. Freder decide trocar de lugar com o trabalhador, assumindo as funções do aparelho que, entretanto, irá exigir muito fisicamente. O filho de Fredersen, com os braços abertos, esgotado, pode ser uma menção ao sofrimento de Cristo na cruz.

Metropolis propõe, então, um reencontro com a religiosidade fragilizada pelos dramas engendrados pela conflagração.

Recuperando a temática da rebelião operária. Ao sublinhar o papel de Maria-clone na incitação da revolta operária, Lang capturava a ansiedade, daqueles idos tempos, em relação à ascensão social da mulher. As tarefas desempenhadas pelo sexo feminino na tessitura social durante a guerra impulsionaram o movimento feminista. Contudo, a mulher-androide tem outra representatividade. A personagem simboliza Rosa Luxemburgo, umas das lideranças da Liga Espartaquista, grupo revolucionário que originou o Partido Comunista da Alemanha (KPD).

Luxemburgo nasceu em cinco de março de 1871, em Zamoso, Polônia, que integrava o império czarista. Filha de pais judeus, aparentemente, foi uma criança feliz, apesar de um problema de saúde: uma deformidade, entre a cintura e as coxas, que fez com que sofresse um diagnóstico equivocado (tuberculose óssea). Imobilizada por um ano, Luxemburgo tornou-se manca. Mudou-se com os familiares para Varsóvia (seus pais entendiam que, na capital, teria melhores possibilidades no que dizia respeito à educação).

Aos 19 anos, no liceu, começou a fazer política. Pertenceu ao Partido do Proletariado, primeiro esforço cujo objetivo era criar um partido socialista na Polônia. Identificada por policiais, a permanência no país tornou-se inviável. Assim, exilou-se em Zurique, na Suíça. Aí ingressou na universidade, em 1890, e estudou Ciências Naturais e Matemática. Porém, interrompeu o curso, após dois anos, passando a dedicar-se ao Direito. Em 1898, concluiu seu doutorado, publicado no mesmo ano, com o título: "O desenvolvimento industrial da Polônia". Foi em Zurique, que a revolucionária conheceu Leo Jogiches, homem mais experiente, que marcaria sua vida pessoal. Jogiches também exerceria influência política sobre a jovem. Com ele e outros companheiros, fundou a Social-Democracia do Reino da Polônia (SDKP), rompendo com o Partido Socialista Polaco (PPS) em relação à questão nacional. Os sociais-democratas optaram por atuar somente na parte polonesa sob o controle da Rússia (denominada Reino da Polônia pelo Congresso de Viena). De acordo com a teoria originalmente elaborada por Luxemburgo, o proletariado polonês devia firmar uma aliança com a classe trabalhadora russa.

No ano de publicação de sua tese, a revolucionária foi para a Alemanha. Nesse país se aproximou do Partido Social Democrata (SPD) – embora não deixasse de participar do SDKP –, que reunia estrelas do marxismo como Karl Kautsky. Para evitar problemas com a polícia casou-se, em abril de 1898, com Gustav Lubeck, obtendo a cidadania alemã. O matrimônio foi uma ficção legal, uma fachada. Lubeck e Luxemburgo jamais viveram juntos.

Por ocasião da deflagração da Revolução de 1905, na Rússia, voltou para a Polônia, passando a ter uma atuação mais destacada no SDKP. Trabalhava em larga escala. Escrevia em jornais e – como Maria-androide de Lang – falava aos trabalhadores fabris. Na mira das autoridades czaristas foi encarcerada por alguns meses, sendo libertada, provavelmente, por problemas de saúde. A cidadania alemã também era um complicador para o governo russo. Foi para São Petersburgo, em seguida, para Helsinque, onde se reuniu com Lenin e outros bolcheviques. Retornando à Alemanha, tornou-se, em 1908, professora da Escola Central do SPD. Por se opor à Primeira Guerra Mundial amargou a prisão durante a maior parte do conflito.

Após a criação do Partido Comunista Alemão, a Liga Espartaquista comandou, no começo de 1919, uma onda de manifestações em decorrência da destituição de Emil Eichhorn, chefe da polícia de Berlim. Eichhorn era social-democrata, e seu posicionamento político foi tido pelas autoridades berlinenses como um impeditivo à instauração da ordem. A repressão assumiu uma dimensão sangrenta. Karl Liebknecht – um dos fundadores da Liga – e Rosa Luxemburgo foram assassinados. Foram vítimas de uma brutalidade ímpar. A revolucionária foi espancada até a morte (sofreu sucessivas coronhadas). Seu corpo foi jogado em um canal, lá permanecendo por semanas.

"NÓS SÓ QUERÍAMOS VIVER": O PACIFISMO NOS FILMES DE PRIMEIRA GUERRA MUNDIAL

O soldado alemão Paul Baumer (Lew Ayres), em meio ao fogo e às explosões, abriga-se em uma trincheira. Aperta o fuzil contra o peito. Tensão no ar. Na sequência, um combatente rival salta na pequena e enegrecida escavação, lama ao redor. Corpos em luta. Baumer fere o inimigo com uma punhalada no peito. Tapa-lhe a boca, silenciando a voz, de modo a evitar a aproximação de mais adversários. O homem agoniza. Arrependido, Baumer olha para ele e diz: "Quero ajudá-lo. Quero ajudá-lo." O moribundo tem sede. O alemão dá-lhe um pouco de água. As metralhadoras não se calam. Baumer surta: "Parem com isto! Parem, parem. Posso aguentar todo o resto. Não posso escutar isso!". Desequilibrado emocionalmente, olha para o inimigo e dispara: "Por que demora tanto para morrer? Vai morrer de qualquer jeito!". Uma vez mais é tomado pelo arrependimento. Sua mente está confusa. "Oh, não. Oh, não. Você não morrerá. Oh, não, você não morrerá. Está só um pouco ferido. Você irá para casa. Ficará bem. Irá para casa muito antes de mim."

Ao tentar dar-lhe mais água, o inimigo morre em seus braços. Observando o cadáver, que ainda parecia ter vida, pede-lhe quixotescamente perdão. A câmera focaliza Baumer por cima. Ele olha para o céu e desabafa: "Oh! Deus, por que eles fazem isto a nós? Nós só queríamos viver, você e eu. Por que eles nos mandam lutar um contra o outro?". Essa comovente cena pertence ao filme *Nada de novo no front* (*All Quiet on the Western Front*, 1930), dirigido por Lewis Milestone, adaptado do romance homônimo de Erich Maria Remarque, que lutou na Primeira Grande Guerra (pairam dúvidas sobre sua experiência no confronto; Remarque afirmou que se feriu quatro ou cinco vezes; General Groener, Ministro do Exército alemão, asseverou, entretanto, que ele teve dois ferimentos: joelho esquerdo e um dos braços).

A película de Milestone foi, em grande medida, consequência do sucesso do livro, que abriu caminho para a literatura de guerra. Sua publicação, em janeiro de 1929, foi envolvida por uma expressiva campanha publicitária. Em menos de um mês, foram vendidos 200 mil volumes. Não era raro 20 mil livros serem comercializados em um único dia. As traduções inglesa, francesa e norte-americana vieram naturalmente (em um ano, o texto foi traduzido para 20 línguas; a editora alemã preparou uma versão em braile, que deveria ser enviada, sem custos, aos ex-combatentes cegos, que fizessem a solicitação). Acredita-se que no final de 1929 um milhão de exemplares foram vendidos. Grã-Bretanha, França e Estados Unidos, em conjunto, venderam o mesmo número.

Nada de novo no front é permeado por uma mensagem: em uma guerra não há vencedores (daí a censura feita pelos nazistas). O conflito militar é um fenômeno dramático em que todos perdem. Vencidos e vencedores, mortos e sobreviventes. É acertado julgar que o filme expõe um "desencantamento cíclico" personificado na personagem Paul Baumer. Nos primeiros momentos da película, nota-se um professor em uma sala de aula – a população nas ruas comemora a eclosão da guerra –, que persuade seus jovens alunos a serem voluntários. Óculos redondos, bigode, cabeça a destoldar uma avançada calvície, o mestre assegura que a vitória ocorrerá antes do fim do ano. Sua fala refere-se ao "mito da batalha definitiva", que ganhou força no início do combate, em que os exércitos apostavam em um conflito rápido. Porém, os combatentes perceberiam, a sofrer na carne, que batalhas determinantes – como Valmy (1792), Waterloo (1815), Sedan (1870) – foram para o baú da história.

O professor diz: "Vocês são a vida da pátria, rapazes. Os homens de ferro da Alemanha." Lembra que, naquele contexto, suas ambições pessoais deviam ser secundarizadas em favor das demandas da nação. Pouco tempo depois, indaga alguns alunos acerca do que farão diante das necessidades do país. Quando pergunta a Baumer sua posição, a resposta é a seguinte: "Eu vou. Eu quero ir. Conte comigo." Todos se mostram disponíveis e se põem a entoar canções nacionalistas. Após anos na frente ocidental, Baumer obtém uma licença para voltar a casa. A ingenuidade, entretanto, ficou para trás. Perdeu colegas de farda. Viu combatentes mutilados e vitimados pelo *shell shock* (ele próprio teve distúrbios nervosos). Mais ainda. Sofreu com a insalubridade das trincheiras, fome e ratos.

Baumer decide ir à escola e rever o mestre. Ao reencontrá-lo diante de novos alunos, o professor solicita-lhe que fale algumas palavras sobre a conflagração, que estimule os jovens. "Não, não posso contar nada." O educador insiste, quer que mencione algum ato de bravura/heroísmo. Eles discutem. Pressionado, o soldado germânico, expressa sua desilusão. "É sujo e doloroso morrer por seu país... Há milhões que morrem lá fora por seus países, e que bem há nisto?... No front você está vivo ou você está morto, isso é tudo!... Cada dia um ano e cada noite um século. Nossos corpos são terra e nossos pensamentos são barro e nós dormimos e comemos com a morte." Fecha-se o ciclo, caracterizado em três momentos: 1º) excitação movida pelo pensamento nacionalista; 2º) sofrimento e morte nas trincheiras; e 3º) reconhecimento público do desencantamento. Finda a licença, Baumer retorna ao campo de batalha. Contudo, não voltará a casa novamente. Ao tentar pegar uma borboleta, perto de sua trincheira, morre pelas mãos de um franco-atirador.

Em várias passagens, *Nada de novo no front* revela ser um manifesto pela paz. Por exemplo, a cena em que os rapazes visitam Franz Kemmerick (Ben Alexander) no hospital, um companheiro ferido. Baumer, com flores nas mãos, está entre eles. Kemmerick diz que foi roubado na própria instalação hospitalar (levaram-lhe o relógio). Ato contínuo, amarguradamente, afirma: "Tenho uma dor terrível no meu pé. Todos os dedos do meu pé direito estão doloridos." A câmera focaliza sua perna, e o espectador dá-se conta de que Kemmerick foi amputado. Um dos visitantes, de maneira leviana, deixa escapar: "Bem, como seu pé pode estar dolorido se sua perna foi...." O jovem na cama percebe o que ocorreu com seu membro. "Eles cortaram minha perna! Por que não me falaram? Por quê? Por que não me falaram?" Após deixarem o hospital, um dos colegas do soldado mutilado questiona outro companheiro: "Você acha que ele trabalhará depois destes problemas? Eu não acho...." O interlocutor: "[Kemmerick] está acabado."

Assim como a morte, os combatentes temiam a amputação. A modificação do corpo, transformado em algo bizarro, inumano. O olhar dos vizinhos, na volta para casa, misto de curiosidade e rejeição. A perda dos movimentos, da autonomia, a transformação em um ser incompleto, uma espécie de meio-homem. Os países europeus, após a Primeira Guerra Mundial, tiveram que lidar com a questão da mutilação em massa. Via-se por toda a Inglaterra ("em cada cidade e em cada rua") ex-combatentes mutilados. O filho de um vendedor ambulante lembrava que em sua rua "'havia o Senhor Jordan, que perdera o braço direito, meu pai que fora gaseado, e um homem que vivia na parte mais alta dela, que sofria tanto os efeitos do *shell shock* que não podia caminhar sem ajuda'. Havia sempre grande número de veteranos com apenas um braço ou uma perna no começo da rua".

A Primeira Grande Guerra gerou 4 milhões de soldados alemães feridos. Estima-se que 67 mil perderam um ou mais membros. A situação dos britânicos era igualmente dramática. 750 mil veteranos tornaram-se deficientes físicos permanentes; destes, 41 mil perderam um braço, uma perna ou ambos. A demanda por próteses era muito alta (em meio ao desespero de Kemmerick, que temia não mais andar, Baumer lhe conforta: "Eles fazem pernas artificiais maravilhosas"). Robert Osgood, ortopedista norte-americano (cumpria serviço na França), acreditava que, em 1915, os fabricantes franceses tinham condições de produzir somente 700 membros artificiais para 7 mil amputados. No último ano da conflagração, em junho, um hospital inglês registrava que 4.231 combatentes amputados aguardavam o recebimento de próteses de braços e pernas.

Os norte-americanos destacavam-se na produção de membros artificiais. A posição privilegiada foi obtida no contexto da Guerra Civil Americana. Os cirurgiões, ao longo deste conflito, realizaram mais de 50 mil amputações e 75% dos amputados sobreviveram. A União estimulou a fabricação de membros para cerca de 35 mil veteranos fisicamente deficientes. Era tão grande a necessidade de próteses que, entre 1861 e 1870, surgiram 88 novas patentes referentes a pernas artificiais. O Congresso norte-americano aprovou, em 16 de julho de 1862, uma lei segundo a qual o ex-combatente amputado tinha direito a receber US$50 para a compra de um braço artificial e US$75 para uma perna (*peg leg*). Os membros artificiais eram, no geral, de madeira ou de madeira e couro.

O governo do Presidente Woodrow Wilson, a despeito do background estadunidense na produção fabril, autorizou, em 17 de setembro de 1917, a criação do Laboratório do Membro Artificial (Artificial Limb Laboratory), mais conhecido como Limb Lab. O objetivo do laboratório era analisar o "problema do membro artificial". Produziu-se, a partir do trabalho do cirurgião-ortopedista David Silver no Limb Lab, uma nova perna industrial, esteticamente moderna, mecânica, feita de fibra vulcanizada (E-Z-Leg). Dr. Silver tencionava, com o modelo inédito, eliminar o véu do preconceito e do estereótipo que toldava o ex-combatente que usava a *peg leg*. Tal estereótipo associava o veterano a um inválido, carente de assistência social, sem possibilidade de levar uma vida ativa e independente.

Como o filme de Milestone, *Johnny vai à guerra* (*Johnny got his gun*, 1971), dirigido por Dalton Trumbo, a partir de seu romance homônimo, publicado em 1939, também se transformou em um libelo pacifista. A película narra a história de Joe Bonham (Timothy Bottoms), combatente norte-americano, ferido no final da Primeira Guerra Mundial. Nele, o temor do corpo mutilado é recolocado em uma perspectiva extrema. Joe está em uma instituição hospitalar das Forças Armadas estadunidenses. Vendado, aos poucos, percebe que um dos seus membros foi amputado. É tomado pelo mesmo desespero que se assenhoreou de Kemmerick. "O braço acaba muito em cima! Na altura do ombro! Cortaram o meu braço! Meu braço! Por que fizeram isso? Preciso do braço! Para trabalhar! Não podem cortar o braço como se fosse o galho de uma árvore. Deve haver uma lei. Precisavam de permissão, um papel assinado! Um homem sem braço é um aleijado."

Trumbo ressalta dois pontos nessa passagem: primeiro, o medo da improdutividade, da impossibilidade de exercer um ofício. Se a valorização moral do trabalho integra o imaginário puritano dos Estados Unidos, um cidadão que não pode levá-lo a cabo está em contradição com seu tecido social. Em segundo lugar, explicita uma crítica ao autoritarismo dos médicos, a descortinar a noção de que os combatentes não aceitavam passivamente o processo de medicalização. O drama de Joe é muito maior do que ele previa. O jovem nota que não teve apenas um membro mutilado, mas todos. Mais do que isso. Perdeu a visão e a audição. O nariz, dentes, maxilar, língua igualmente foram eliminados.

Joe encontra alguma gratificação no carinho dispensado pela nova enfermeira. Ao vê-lo, naquelas condições, emocionada, deixa uma lágrima cair em seu peito nu. Ela posiciona a cama de modo a fazer com que o jovem entre em contato com a luz do sol. Joe alegra-se sobremaneira. Há uma cena interessante entre as duas personagens. O ex-combatente agita-se. Gira a cabeça de um lado a outro. A enfermeira levanta delicadamente o lençol. Tal movimento sugere ao espectador que Joe tem o pênis ereto. A mulher aparenta um leve atordoamento. Entretanto, seu estado não a impediu de masturbar o veterano. Sexo e guerra apresentam pontos de contato. Vocábulos mobilizados pelo meio militar (penetração, desempenho, impacto) recobram a sexualidade. O onanismo, segundo testemunhos, foi comum durante a conflagração. É provável que a possibilidade da morte iminente ou – do esfacelamento corporal – incentivasse o sexo solitário.

Muitos filmes sobre a Primeira Grande Guerra, como se sublinhou, destacam a presença do rato. *Johnny vai à guerra* também. Joe tem um pesadelo com um roedor. "O que é isso? Há algo me mastigando...." A inquietude se assenhora de seu corpo defeituoso e de sua mente em desequilíbrio. "É um rato! E dos grandes e nojentos! Socorro! Matem-no! Não pode haver ratos devorando doentes aqui. É um sonho. Não, não é um sonho. É rato mesmo. Está se arrastando. Não deixe que ele me coma!" Por fim, o ex-combatente percebe que foi, de fato, um pesadelo. É claro que é uma menção às incontáveis ratazanas que assolavam a vida dos combatentes. Mas outra leitura é possível. Evitar ser "comido" pelo animal significa proteger-se fisicamente de metralhadoras, bombas e granadas.

A obra cinematográfica ainda expressa uma crítica à democracia liberal. Não que Trumbo louvasse o autoritarismo. Seu intuito, aparentemente, é mostrar o quão regimes democráticos tomam rumos equivocados, que exigem um tributo sobremaneira elevado do conjunto da sociedade. Em flashback o pequeno Joe indaga Bill Bonham (Jason Robards), seu pai: "O que é democracia?" O progenitor responde: "Nunca soube muito bem. É um tipo de governo que acho que tem a ver com jovens se matando." O menino coloca-lhe outra questão: "Por que não os velhos?" Bill concede-lhe a resposta: "Porque precisam cuidar de seus lares." Com astúcia, o garoto pergunta: "Os jovens não podiam fazer isso?" Bill diz: "Jovens não têm lares. Por isso vão se matar." Com as sobrancelhas flexionadas, inquieto, o rapazinho questiona: "E quando chegar a minha vez vai querer que eu vá?" O pai olha para ele e afirma: "Pela democracia, todo homem deve entregar seu filho." Joe emenda: "Eu não." Trumbo, nessa passagem, provavelmente deve ter sido influenciado pela resistência dos jovens norte-americanos em face ao recrutamento para a Guerra do Vietnã, que acabara quatro anos antes da estreia do seu filme.

Feliz Natal (*Joyeux Noël*, 2005), de Christian Carion, expõe um discurso pacifista por outra perspectiva. Ilumina um episódio pouco conhecido fora dos círculos acadêmicos: a trégua não oficial de natal. Às vésperas das comemorações referentes ao nascimento de Cristo, na "terra de ninguém" – espaço entre uma trincheira e outra –, comandantes inimigos (inglês, escocês, francês e alemão) decidem paralisar temporariamente o conflito. Tal paralisação iria se dar sem a autorização de seus respectivos governos. Soldados boquiabertos, de dentro das escavações, veem seus líderes, com taças e champanhe, brindar o cessar-fogo. Logo, eles também seguiriam o exemplo de seus chefes militares; jogariam, inclusive, uma partida de futebol. Eksteins sugere, no entanto, que, a despeito dos boatos da época, não há provas contundentes de que um jogo tenha, de fato, ocorrido.

O filme tem uma mensagem subliminar: a paz é possível entre os seres humanos. Isso fica claro na fala do padre escocês: "Esses homens deixaram as diferenças de lado como a fogueira no meio do inverno. Até aqueles que não acreditavam vieram se aquecer uns aos outros." De acordo com especialistas, as canções natalinas e provocações recíprocas, provenientes das trincheiras, criaram um clima intimista entre os combatentes adversários, que favoreceu a trégua.

Na película de Carion, a euforização da paz é emblemática particularmente na cena entre o padre escocês e o reverendo. Este condena o primeiro por ter celebrado uma missa em meio à trégua natalina. O reverendo, em seguida, faz um sermão para os soldados escoceses. De um altar, o sacerdote profere as palavras, a saber: "Cristo, Nosso Senhor, disse: 'Não pense que vou trazer a paz. Não trarei a paz, só uma espada'... Bem meus irmãos, a espada do Senhor está em suas mãos. Vocês são os defensores da civilização. As forças do bem contra o mal. Porque essa Guerra é mesmo... uma cruzada... uma Guerra Santa... pra salvar a liberdade do mundo. Na verdade, lhes digo... os alemães não são como nós, muito menos pensam como nós... São eles que bombardeiam cidades habitadas por civis... São eles que andam armados... se escondendo atrás de mulheres e crianças... Com a ajuda de Deus, devemos matar os alemães... bons, maus, jovens ou velhos... Matar cada um deles... para que isso não se repita...."

No fim de sua intervenção, o reverendo faz o sinal da cruz, abençoando soldados. A expressar insatisfação com o discurso de seu superior, o padre retira o cordão que trazia no peito, beija o crucifixo de madeira nele existente, abandonando-o (um indicativo de que romperia com a Igreja). Carion, nessa cena, seguramente usa a Primeira Guerra Mundial para criticar a política externa do Governo George W. Bush, que, após o ataque ao World Trade Center, pelas forças da Al-Qaeda, em 11 de setembro de 2001, inaugurou a "Guerra ao Terror" (a luta do "bem" contra o "mal"). Esta implicava a identificação dos "estados párias", que, em tese, representariam uma ameaça aos interesses dos Estados Unidos e das outras democracias liberais (o denominado "Mundo Livre"). Tal orientação política levou o governo norte-americano a se envolver em duas guerras: Afeganistão e Iraque.

NO DESERTO, UM "PRÍNCIPE" INGLÊS: *LAWRENCE DA ARÁBIA* DE DAVID LEAN – UM FILME ORIENTALIZANTE E ANTI-IMPERIALISTA

A Batalha de Gallipoli – bem retratada na película homônima de Peter Weir (*Gallipoli*, 1981) – impactou emocionalmente as Forças Aliadas. Apesar da ignorância sobre o Oriente Médio, à época da eclosão da guerra, as autoridades britânicas julgavam que a Península de Gallipoli era a porta de entrada para o controle do Império Turco--otomano. Contudo, antes da batalha, Enver Pasha, uma das principais referências do governo turco, entregou o comando de suas forças, no Dardanelos, para Liman von Sanders, general alemão. Ingleses, australianos e neozelandeses encontraram uma resistência pétrea nas praias da região, que abriu caminho para que fossem derrotados. Os turcos disparavam implacavelmente de posições de entrincheiramento nas montanhas, deixando os inimigos vulneráveis no litoral. O Império Turco-otomano precisava ser destruído por dentro. Aí T.E. Lawrence entrou em cena.

A pequenez de T.E. Lawrence restringia-se à sua estrutura física (media 1,60 m). Detentor de um intelecto privilegiado, cedo se interessou pela arqueologia, sobretudo a dos castelos. Analisou os castelos franceses do século XII, e naturalmente foi seduzido pelas fortalezas dos cruzados, no Oriente Médio. Foi no Jesus College, em Oxford, que defendeu a tese segundo a qual os castelos do Oriente Médio eram originais; portanto, não tendo as fortificações europeias como arquétipo. Lawrence era um leitor voraz. Leu os clássicos da história militar, por exemplo, os textos de Clausewitz. Em 1914, já pertencia à Seção Geográfica do Ministério da Guerra, em Londres, responsável pela elaboração de mapas de estradas e trilhos da Península do Sinai. Era necessário conhecer a região, visto que a aliança entre a Alemanha e o Império Turco colocava o Canal de Suez em risco.

Os conhecimentos de Lawrence abriram caminho para que obtivesse a patente de Segundo-tenente do exército britânico. Quando o Império Turco declarou guerra às Forças Aliadas, em novembro daquele ano, Lawrence, com 26 anos, foi enviado para o Hotel Savoy, no Cairo. Lá passou a trabalhar no Departamento de Informações do Exército, mais especificamente na sala de mapas. Ninguém no local conhecia tanto a antiga Mesopotâmia quanto ele (sua fluência em língua árabe mostrou-se muito valiosa). Não demorou a ser enviado ao deserto. Aí o jovem – descontraído e pouco afeito à disciplina militar – fez história. Uniu as várias tribos árabes, ainda que provisoriamente, e criou condições para que o General Edmund Allenby alcançasse a Palestina, corroendo o Império Turco.

David Lean, fascinado pelo deserto, principalmente após sua viagem à Jordânia, retratou a vida do arqueólogo e militar no épico *Lawrence da Arábia* (*Lawrence of Arabia*, 1962). Na película, Lawrence (Peter O'Toole) é tido como um homem extremamente corajoso. Destaque para a cena em que decide procurar por Gasim. Um dos integrantes da escolta que se direcionava à Aqaba, Gasim caiu do camelo em estado de letargia por ocasião do calor. O animal foi encontrado a vagar. Lawrence, arriscando sua vida em meio ao sol abrasador, percorreu dezenas de quilômetros, até encontrá-lo mentalmente confuso e com muita sede. Lean também registra o destemor de Lawrence, em outros momentos, colocando-o a participar de sangrentas batalhas. Porém, indicou que sua personalidade expunha trejeitos efeminados. A cultura popular norte-americana capturou a figura de Lawrence como homossexual. A revista *MAD*, em 1964, caricaturava-o ao denominá-lo *Flawrence of Arabia*.

O filme de Lean apresenta uma visão orientalista, de acordo com as reflexões de Edward Said, em que o mundo árabe é reconstruído discursivamente por um viés ocidental. Tal reconstrução tende a submeter as práticas socioculturais do Oriente. O cineasta, a título de exemplificação, hiperboliza o papel de Lawrence na Revolta Árabe e minimiza a atuação do Príncipe Faisal (Alec Guinness), filho de Hussein, o Emir da Meca.

Além da proposta orientalizante, a obra cinematográfica exprime uma visão anti--imperialista. Em uma das passagens, na tenda de Faisal, na presença do próprio, de Lawrence e do xarife Ali (Omar Sharif), um coronel britânico diz: "Quero uma decisão, senhor." O príncipe assevera: "Quer que eu recue para Yenbo." O coronel: "Não adianta ficar aqui [em Wadi Safra]. Não quero parecer rude, mas não podemos abastecê-los aqui." Faisal: "Pode nos abastecer por Aqaba." O oficial inglês: "Aqaba! Se tomarem Aqaba abasteceremos vocês. Mas não podem." O príncipe árabe, sem mostrar alteração, pondera: "vocês podem". O coronel: "A Marinha? Os turcos têm canhões em Aqaba. Pode imaginar como é?". Faisal: "Sim." O coronel britânico: "Esqueça essa ideia. A Marinha tem outras tarefas." Com astúcia, o filho de Hussein emenda: "Proteger o Canal de Suez." O oficial: "A parte principal do front é o Canal. Não percebe?" O príncipe árabe: "Percebo que é interesse britânico. Não tem importância para nós." O coronel: "Peço que não fale assim. Nossos interesses são os mesmos." O príncipe: "Talvez." Ali grita com o oficial, mostrando com sua atitude ríspida, não crer na fala do coronel da Inglaterra.

A crítica ao imperialismo também está presente na discordância de Lawrence em face à assinatura do Acordo Sykes-Picot, que previa, após o silenciar dos canhões, a divisão do território turco-otomano entre França e Inglaterra (o arqueólogo desejava a autonomia política dos árabes). Provavelmente, a película de Lean foi influenciada pela Guerra de Suez (1956). Nela, França, Grã-Bretanha e Israel uniram-se para derrotar o líder egípcio Gamal Nasser. Os israelenses se opunham a Nasser, que ascendeu ao poder no Egito na esteira da Revolução dos Oficiais Livres, em razão de seu projeto pan-arabista (a união dos países árabes contra o Estado Judeu) e de seu fortalecimento bélico patrocinado pela União Soviética.

Os imperialistas franceses e ingleses, por seu turno, rechaçavam o líder egípcio por dois motivos: a) seu discurso em favor da descolonização; b) seu projeto nacionalista, cujo ponto culminante foi a nacionalização do Canal de Suez. A França tinha um rancor adicional: desprezava-o em virtude de seu apoio à Frente de Libertação Argelina, grupo guerrilheiro que lutava pela independência da Argélia. Essa era uma das razões pela qual os franceses chamavam Gamal Nasser por um apelido nada lisonjeiro: "Hitler do Nilo".

Concluindo, registre-se o quão o destino pode ser irônico. Lawrence enfrentou vários perigos no deserto. No entanto, como Lean sublinha no começo de seu épico, o arqueólogo morreria, em 1935, com 46 anos, de maneira banal (acidente de moto). Já era uma celebridade por conta de Lowell Thomas, um showman norte-americano, que buscava fama e dinheiro. Thomas foi ao Oriente Médio, durante a guerra, onde conheceu Lawrence, com suas vestes árabes – algo que também não escapa às lentes de David Lean. O estadunidense decidiu organizar um espetáculo ("A última cruzada"), em que T.E. Lawrence era representado, por meio de fotografias e uma palestra, como o grande responsável pela Revolta Árabe e destruição do Império Turco. O espetáculo foi lançado em Nova York e Londres, depois ganhou o mundo. Na capital inglesa, foi assistido por mais de um milhão de pessoas, inclusive o próprio Lawrence. Mais tarde, Thomas escreveu um livro intitulado: *Com Lawrence da Arábia*, que, com muitas inverdades, expunha um relato dinâmico da vida de T.E. Lawrence. Sua autobiografia – publicada no ano de sua morte – também corroborou sua fama. Denomina-se *Os sete pilares da sabedoria*.

Lawrence da Arábia e os demais filmes comentados nas linhas anteriores mostram como a Primeira Guerra Mundial exerceu influência, mesmo que com cores diferentes, sobre a produção fílmica dos séculos XX e XXI. Porém, muitos aspectos da conflagração ainda precisam ser abordados. Que as mentes criativas do mundo do cinema sejam estimuladas pelo centenário da eclosão da Primeira Grande Guerra (1914-2014).

BIBLIOGRAFIA COMENTADA

BOURKE, Joanna. *Dismenbering the male: men's bodies, Britain, and the Great War*. Chicago: The University of Chicago Press, 1996.

Texto importante que tematiza o choque emocional da população britânica por conta da presença de vários amputados da Primeira Guerra Mundial.

CATON, Steven C. *Lawrence of Arabia: a film's anthropology*. Berkeley/Los Angeles/London: University of California Press, 1999.

Livro fundamental para compreensão das condições de produção do filme de David Lean. Analisa questões referentes ao impacto cultural de *Lawrence da Arábia* e aplica o conceito de orientalismo, problematizando-o, na interpretação da película.

CLARK, Christopher. *The sleepwalkers: how Europe went to war in 1914*. London: Allen Lane, 2012.

Livro que deslinda as tensões existentes na Península Balcânica, entre Áustria-Hungria e Sérvia, que conduziram à Grande Guerra. Explora, em detalhes, a situação política da Sérvia antes da conflagração.

EKSTEINS, Modris. *A sagração da primavera*. Rio de Janeiro: Rocco, 1991.

Um clássico sobre a Primeira Guerra Mundial, em que se perscruta, entre outras questões, a "Trégua de Natal". O autor enfatiza a "camaradagem das trincheiras", destacando sua importância na continuidade do enfrentamento militar.

FERGUSON, Niall. *The pity of war: explaining World War I*. New York: Basic Books, 1999.

Obra polêmica que culpabiliza a Inglaterra pela mundialização da Primeira Grande Guerra, em razão da intervenção de seu poderoso Império, forçando a entrada dos Estados Unidos na conflagração.

FROMKIN, David. *O último verão europeu: quem começou a grande guerra de 1914?*. Rio de Janeiro: Objetiva, 2005.

Livro em que o autor argumenta que a Primeira Guerra Mundial foi uma decorrência da entrada da Alemanha no conflito entre a Sérvia e a Áustria-Hungria. Ao colocar em prática o "Plano Schlieffen", o Segundo Reich acionou o sistema de alianças e mundializou a conflagração.

__________. *Paz e guerra no Oriente Médio: a queda do Império Otomano e a criação do Oriente Médio moderno*. Rio de Janeiro: Contraponto, 2008.

Livro de largo fôlego sobre o colapso do Império Turco, que explora detalhadamente o papel de T.E. Lawrence na Revolta Árabe.

ISENBERG, Noah (org.). *Weimar cinema: an essential guide to classic films of the era*. New York: Columbia University Press, 2009.

Trabalho com vários ensaios sobre os filmes do expressionismo alemão. Destaque para o capítulo 4 em que Thomas Elsaesser analisa a película *Nosferatu*, enfatizando o tema do erotismo.

KAES, Anton. *Shell shock cinema: Weimar culture and the wounds of war*. Princeton/Oxford: Princeton University Press, 2009.

Texto essencial que explicita como os filmes do expressionismo alemão incorporaram subliminarmente a problemática da neurose de guerra.

KRACAUER, Siegfried. *De Caligari a Hitler: una historia psicológica del cine alemán*. Barcelona/Buenos Aires/México: Paidós, 1985.

Texto basilar, publicado originalmente em 1947, que investiga o cinema alemão – dos filmes do expressionismo aos da propaganda nazista. O autor usou o freudismo e o marxismo, como ferramentas teóricas, para a realização de seu trabalho.

LINKER, Beth. *War's Waste: Rehabilitation in World War I America*. Chicago/London: The University of Chicago Press, 2011.

Livro que explica, em detalhes, o processo de produção de membros artificiais, nos Estados Unidos após a Primeira Guerra Mundial.

MACMILLAN, Margareth. *The War That Ended Peace: The Road to 1914*. London: Randon House, 2013.

Texto em que a autora explora os complexos eventos que, embora pudessem ser evitados, urdiram o tecido social que engendrou a guerra. Em sua avaliação, o conflito não pode ser explicado levando-se em consideração apenas um acontecimento.

Paramount Presents
FOR WHOM THE BELL TOLLS
From the celebrated novel by Ernest Hemingway
Starring
GARY COOPER
INGRID BERGMAN
PRODUCED AND DIRECTED BY SAM WOOD · B.G. DeSYLVA EXECUTIVE PRODUCER
AKIM TAMIROFF · ARTURO de CORDOVA
JOSEPH CALLEIA and KATINA PAXINOU
IN TECHNICOLOR
Screen Play by Dudley Nichols
A Paramount Picture
Copyright 1943 Paramount Pictures Inc. Country of Origin U.S.A.
MORGAN LITHO. CORP. CLEVELAND, O.

4.

GUERRA CIVIL ESPANHOLA: O CINEMA DO GENERAL FRANCO

Wagner Pinheiro Pereira

APRESENTAÇÃO: A GUERRA CIVIL ESPANHOLA E O FRANQUISMO

A Guerra Civil Espanhola (1936-1939), que marcou tão tragicamente a história da Espanha, foi o desfecho de uma longa crise que teve origem remota no declínio do império colonial montado pela Espanha na América Latina. Mais precisamente, em 1898, quando, após uma guerra malsucedida contra os Estados Unidos da América, a Espanha perdeu Cuba e Porto Rico, na América, além das Filipinas, no Pacífico. Era um final melancólico para um país que, durante séculos, havia dominado uma grande parte do mundo.

Na década de 1920, além dos problemas externos, o país vivia uma grave crise interna. A Espanha era uma nação capitalista com nível baixo de desenvolvimento e 60% da população vivendo no campo. As indústrias concentravam-se em Barcelona, capital da Catalunha, e nas províncias bascas, ao Norte. O país vivia sob um regime monárquico constitucional e centralizador, chocando-se com a vontade autônoma das diversas nacionalidades que compunham os povos da Espanha.

O poder da Igreja era imenso, já que esta possuía inúmeras propriedades e controlava totalmente a educação. Igualmente forte tornou-se o poder do Exército, após a guerra de conquista colonial do Marrocos. Com o golpe militar do General Miguel Primo de Rivera, apoiado pelo Rei Alfonso XIII, em 1923, terminou a experiência constitucional liberal, iniciada em 1875. A ditadura de Rivera foi marcada por traços fascistas, entretanto não foi abrangente, ou seja, não dominou todos os setores da sociedade. Em 1930, Primo de Rivera foi obrigado a renunciar, exilando-se em Paris. Um ano depois o rei, sem abdicar formalmente, partiu também para o exílio. Instalou-se, assim, o regime republicano com características liberais do século XIX e portador de um projeto de constituição de garantias individuais, educação leiga e divórcio. No entanto, a política do novo regime não atacava pela raiz os males da Espanha: a concentração da terra nas mãos de poucos, as desigualdades regionais, os baixos salários industriais e o poder de um Exército conservador.

Neste período, as lutas proletárias tenderam a aumentar, assim como se sucederam greves e ocupações de terras. A inclusão de vários ministros de extrema direita no governo, em 1934, desencadeou um vasto movimento de protesto liderado por um grupo de mineiros nas Astúrias, que dominou o governo da província durante duas semanas e pretendia marchar sobre Madri e proclamar a República Socialista Espanhola. O governo da República, assustado e sem forças para controlar a situação caótica, entregou o comando da repressão ao General Francisco Franco, um militar galego que fizera uma carreira meteórica no Marrocos Espanhol e que, em 1923, tornara-se o comandante da Legión Española. Ultracatólico, monarquista e antidemocrático, Franco não teve participação política ativa nos anos que precederam à queda da monarquia espanhola e a instauração da República, mas ao sufocar o levante revolucionário das Astúrias se converteu em uma figura política tão admirada quanto odiada entre os espanhóis. Pela sua vitória na repressão, que matou cerca de mil pessoas e fez mais de 3 mil prisioneiros, Franco recebeu a Grã-Cruz do Mérito Militar. Em fevereiro, foi nomeado Comandante em chefe das Forças Armadas em Marrocos e, três meses depois, assumiu a chefia do Estado Maior, recebendo o controle total sobre o Exército.

O trauma desse acontecimento e o crescente aumento do perigo fascista possibilitaram a unidade de todas as forças de esquerda radicais – socialistas, comunistas, anarquistas, minorias nacionais – numa Frente Popular antifascista que venceu as eleições em fevereiro de 1936, com a consequente formação de um governo popular.

Dentre os grupos de tendência fascista que atuavam provocativamente, destacava-se a Falange Española Tradicionalista, fundada por José António Primo de Rivera, filho do ex-ditador. Contudo, tratava-se de um movimento que não possuía forças para colocar em perigo a República. A verdadeira ameaça vinha dos militares que, ansiosos para comandar um golpe contra a República, centralizavam suas discussões na Unión Militar Española (UME), associação clandestina de caráter direitista e antirrepublicana. Mas os planos vazaram e, cientes da conspiração golpista, os líderes da República prenderam José António Primo de Rivera, cujo partido, Falange, fora posto na ilegalidade, e transferiram os principais generais de direita para localidades distantes: o General Manuel Goded foi deportado para as Ilhas Baleares e o General Franco para as Ilhas Canárias.

Mesmo assim, a ameaça de golpe ainda pairava no ar, enquanto novos distúrbios explodiam em toda a Espanha. A luta pelas reformas estruturais não se manteve dentro das disputas parlamentares e acabou ganhando as ruas. Grupos de camponeses começaram a confiscar sumariamente terras dos grandes proprietários; pilhagens tornaram-se frequentes, assim como o incêndio de igrejas, seminários e conventos; greves ocorriam em todo o país. Essas agitações contribuíram para aliar a burguesia moderada e católica aos adversários mais intransigentes do regime: os militares e os fascistas.

O estopim da Guerra Civil Espanhola ocorreu em Marrocos, onde se encontravam importantes efetivos militares, compostos por soldados do Exército regular e pela Legión Española (Legião Estrangeira Espanhola, que era engrossada pelo recrutamento de soldados marroquinos, chamados moros), esta última responsável por formar a base dos primeiros movimentos do golpe.

Em 17 de julho de 1936, eclodiu, nas cidades marroquinas de Melilla, Ceuta e Tetuán, uma rebelião militar que rapidamente se estendeu por toda a Espanha. O líder da conspiração militar era o General José Sanjurjo y Sacanell, morto pouco depois num misterioso acidente aéreo. O General Franco, então nas Ilhas Canárias, dirigiu-se imediatamente a Marrocos. Assumiu o comando do Exército e estabeleceu contato com os outros chefes militares dispostos a lutar contra o que chamavam de "perigo marxista". Os rebeldes se autoproclamaram *nacionalistas* e, tal como os nazifascistas, não se mostravam dispostos a transigir com os grupos democráticos e de esquerda, denominados genericamente de *republicanos*.

No fim de julho de 1936, os militares formaram uma junta de defesa nacional, que, em setembro, nomeou o General Franco "Dirigente Máximo da Espanha Nacionalista". Em seu apoio juntaram-se à Falange, antigos monarquistas, proprietários de terras, industriais e católicos tradicionalistas. Os *nacionalistas* de Franco contavam com grande vantagem, pois a maior parte do Exército regular estava ao seu favor. Os *republicanos*, por sua vez, dispunham apenas dos contingentes policiais e massas de voluntários das regiões industriais, milícias mal equipadas e sem qualquer experiência de combate. Além disso, estavam divididos por diferenças ideológicas. Os anarcossindicalistas, por exemplo, por algum tempo opuseram-se ao Partido Comunista em sua tarefa de transformar as milícias populares num exército convencional.

A disputa entre partidos políticos e grupos rivais também estava ocorrendo entre os *nacionalistas*. Apesar de unidos pela defesa da fé católica e pela ideia da luta contra o liberalismo e o comunismo, os "negros" dividiram-se quanto aos objetivos da guerra civil. Uns defendiam a restauração da monarquia. Outros, a instalação de uma ditadura de caráter fascista.

Para manter a unidade do grupo *nacionalista*, Franco suprimiu todos os partidos em 19 de abril de 1937, decidindo pela existência de uma única agremiação política: a Falange Española Tradicionalista de las Juntas de Ofensiva Nacional Sindicalista (FET/Jons). Com a morte de José António Primo de Rivera, fuzilado pelos *republicanos* em 20 de novembro de 1936, Franco ficara livre de seu mais poderoso concorrente, colocando-se como chefe único e indiscutível dos *nacionalistas* espanhóis.

Em fins de 1936, apesar da feroz resistência dos *republicanos*, em Madri, Franco já dominava mais de metade da Espanha. Ao longo de 1937, os *nacionalistas* liquidaram a frente Norte, tomando Bilbao, Santander e Gijón. No fim do ano, os *republicanos* conquistaram a cidade de Teruel. Mas, em fevereiro de 1938, os *nacionalistas* penetraram na Catalunha e conquistaram Lérida. Logo depois, atingiram o Mediterrâneo e conseguiram uma larga passagem entre Castellón de la Plana, no Sul, e Tortosa, ao Norte, dividindo a Espanha republicana em duas partes.

A última ofensiva de Franco começou em dezembro de 1938, quando a União Soviética já havia retirado totalmente seu auxílio à República espanhola e as Brigadas

Internacionais tinham deixado o país. Os *nacionalistas* penetraram na Catalunha e cercaram Barcelona, que caiu após uma resistência de 34 dias. Enquanto 400 mil refugiados atravessavam a fronteira com a França, Negrín era deposto pelo General Miaja. Em 28 de março de 1939, Franco entrava em Madri, instaurando mais uma ditadura de caráter fascista na Europa. Dois dias depois, caiu o último reduto republicano, Valência. Em 1° de abril de 1939, a Guerra Civil Espanhola chegou ao fim, com a vitória total e incontestável de Franco, que emergiu como o "chefe supremo" da Espanha, "responsável somente diante de Deus e da História pelos destinos da Espanha".

A República Espanhola estava morta e, com ela, mais de 600 mil espanhóis, cifra que atingiu quase um milhão em 1944, devido às execuções em massa ordenadas por Franco. A ditadura franquista reinou na Espanha de 1939 até a morte de Franco, em 20 de novembro de 1975.

A "Nova Espanha" franquista caracterizou-se como um governo forte e repressivo. O corporativismo nunca foi mais que uma fachada burocrática, enquanto o franquismo confiava fortemente na censura. As forças da polícia – em particular a polícia secreta – converteram-se num instrumento essencial do Estado, e as atividades políticas não autorizadas foram proibidas. Durante todo o período franquista mantiveram-se os símbolos, hinos e os lemas dos *nacionalistas* na Guerra Civil Espanhola, que construíram a memória desse conflito como uma Cruzada contemporânea, movida pelos ideais de defesa da fé cristã e da unidade de pátria. Através da máquina de propaganda franquista afirmava-se que o bem da mãe-pátria estava acima de tudo: a Guerra Civil salvou a autêntica Espanha da "Anti-Espanha", e as sinistras influências dos comunistas, da maçonaria e dos judeus tinham de ser mantidas à distância. O anticomunismo transformou-se na palavra de alerta do regime franquista. As normas morais do catolicismo foram rigidamente impostas na Espanha, com uma particular atenção aos espetáculos públicos, à censura cinematográfica e à moda feminina. A educação religiosa foi de novo instaurada. O nacional-catolicismo passava a reinar na Espanha; a igreja foi restabelecida, e a retórica do catolicismo triunfalista pintou a Espanha como "a reserva espiritual do Ocidente".

O regime franquista, no entanto, não contou com um partido de massas, nem com uma juventude organizada. Inicialmente, Franco apoiou-se na Falange Española Tradicionalista de las Juntas de Ofensiva Nacional Sindicalista (FET/Jons), que serviu para dar uma aparência "fascista" ao seu regime, tão do agrado do Eixo Berlim-Roma. Contudo, por não querer ficar condicionado ao partido, Franco transformou-a num organismo burocrático – o Movimiento Nacional (para evitar as conotações "odiosas" do termo partido) –, ligado ao governo e sob a sua liderança incontestável, ao mesmo tempo em que controlava todos os seus postos-chave por meio de homens de sua confiança. Assim, o Movimiento Nacional não exerceu nenhum papel autônomo que pudesse ameaçar a preeminência de Franco. Os sindicatos transformaram-se unicamente em máquinas corruptas a serviço do Caudilho e dos grandes empresários, e estavam proibidos os partidos políticos e qualquer agremiação que pudesse manifestar-se contra a ditadura.

Dessa forma, a base real do poder franquista foi o Exército e a "guarda civil". Embora aliado da Alemanha nazista e da Itália fascista, Franco jogou habilmente, não se envolvendo diretamente na Segunda Guerra Mundial. Somente em 1942, o Caudilho permitiu a organização da Divisão Azul, composta por 18 mil voluntários espanhóis, para lutar ao lado das tropas alemãs contra os soviéticos. Dois anos depois, Franco chamou de volta o que restava da Divisão Azul e passou a colaborar com os Aliados, oferecendo-lhes portos, bases aéreas e os serviços de espionagem espanhola.

Não obstante as provas de boa vontade apresentadas nos últimos anos, o seu regime foi posto de lado pela comunidade internacional. Com a derrota do nazifascismo, o fim do franquismo parecia inevitável. Franco levou seis anos para conseguir a ajuda americana. Seus inimigos pressionaram o presidente Franklin Delano Roosevelt no sentido de não negociar. Num esforço de persuasão, Franco fez algumas concessões simbólicas: Em 1945, anunciou uma anistia geral para os transgressores políticos e soltou alguns prisioneiros. Deixou de intitular seu regime de "fascista", chamando-o de "uma democracia organizada"; também instalou um parlamento fantoche. Em 1947, declarou que a Espanha passava a constituir-se em monarquia, sendo ele o regente, mas nenhum rei assumiu o trono enquanto Franco viveu.

Em abril de 1945, na Conferência de São Francisco, que criou a Organização das Nações Unidas (ONU), foi aprovada uma resolução que excluía dela as nações "cujos regimes tivessem sido estabelecidos com ajuda das Forças Armadas de países que lutaram contra as Nações Unidas, enquanto tais regimes permanecessem no poder". O alvo era a Espanha franquista. Dessa forma, enquanto os Estados Unidos – através do Plano Marshall – despejavam bilhões de dólares na reconstrução da Alemanha e do Japão, a Espanha franquista nada recebeu. Mas, no processo da Guerra Fria, as nações ocidentais acabaram sendo forçadas a mudar sua postura em relação à Espanha. Nesse novo contexto, Franco reforçou a imagem de seu país como a "sentinela do Ocidente", deixando claro que negociaria com as nações capitalistas no sentido de agir como ponto estratégico contra a possibilidade de a União Soviética querer expandir sua influência em direção à Península Ibérica e ao Norte da África.

A definição espanhola em relação às nações envolvidas na Guerra Fria surtiu o efeito esperado, levando o presidente norte-americano Dwight Eisenhower a conceder ajuda econômica à Espanha. Em troca, o Generalíssimo permitiu o estabelecimento no país de numerosas bases militares americanas. Em seguida, o Estado franquista foi reconhecido pela ONU e beneficiado com empréstimos concedidos pelo Fundo Monetário Internacional (FMI). Com a ajuda externa, a Espanha experimentou a liberalização econômica, quando o "boom" da década de 1960 conduziu finalmente o país à modernização econômica, numa política que tinha sido introduzida e controlada pelo grupo católico laico da Opus Dei. Em curto prazo, esta recém-chegada prosperidade ajudou a criar um amplo e despolitizado segmento da sociedade que estava disposto a aceitar melhores níveis de vida em vez de liberdades políticas. No entanto, rapidamente emergiu uma grande disfunção entre o regime reacionário e a cada vez mais dinâmica sociedade a que presidia.

O desenvolvimento industrial e os lucros obtidos com o turismo permitiram que se expandisse a classe média e o ensino universitário. Com isso, ressurgiram os movimentos populares de tendência democrática e voltaram a ocorrer greves. Apesar da violência franquista, que incluiu a pena de morte para alguns líderes estudantis, em 1964, Franco se viu obrigado a fazer algumas concessões. Entre elas, a libertação de muitos presos políticos, encarcerados desde o final da Guerra Civil. Mesmo assim, no final dos anos 1960, o fascismo espanhol estava exaurido, velho, anacrônico e balançava sobre golpes que lhe desferia a nova classe operária.

Em 1969, já gravemente doente, Franco indicou como seu sucessor Juan Carlos de Bourbon, neto do rei Alfonso XIII, sagrado Príncipe de Astúrias. Enquanto esteve vivo, porém, mesmo quando sofreu vários ataques cardíacos, jamais concordou em transferir-lhe o poder, o que só aconteceu com sua morte, em 20 de novembro de 1975. Seu sepultamento, ocorrido alguns dias depois no Valle de los Caídos, foi acompanhado por milhares de espanhóis, mas nenhuma nação democrática do mundo enviou representante oficial, com exceção dos Estados Unidos, que se fizeram representar por seu vice-presidente, Nelson Rockefeller. A morte de Franco possibilitou que uma vasta frente de forças políticas e sociais conseguisse levar a Espanha para a democracia de forma gradual, num processo de transição muito lento e moderado. O saldo do regime franquista foi a morte de milhões de espanhóis e um trauma que marca ainda hoje o povo espanhol.

A CRUZADA FRANQUISTA NAS TELAS DE CINEMA

Os quase 40 anos de regime franquista na Espanha não podem ser vistos de uma maneira unitária, ou homogênea, posto que ao longo dessas décadas uma série de mudanças políticas, sociais e culturais, assim como transformações conjunturais provocou alterações de mentalidade e os acontecimentos internacionais repercutiram na política interna em maior ou menor grau. Segundo análise de Alexandre Cirici, o franquismo pode ser dividido em 10 fases históricas: 1) Período da guerra civil: 1936-1939; 2) Preponderância falangista: 1939-1942; 3) Predomínio dos valores da "Igreja e da Família": 1943-1945; 4) Isolamento internacional: 1945-1948; 5) Ajuda americana: 1949-1952; 6) Abertura ao capital estrangeiro: 1953-1956; 7) Tecnocracia Opus Dei: 1957-1959; 8) Estabilização: 1960-1963; 9) Planos de desenvolvimento: 1964-1969; e 10) Desintegração: 1970-1975 (CIRICI, 1977, p. 44-45). As transformações históricas que marcaram a política, a sociedade e a cultura espanholas sob o franquismo podem ser percebidas no âmbito cinematográfico.

Em 18 de julho de 1936, parte do exército espanhol sublevou-se, no que seria o prenúncio dos trágicos anos da Guerra Civil de 1936-1939. No entanto, a atividade cinematográfica não foi suspensa, buscando, antes, outros rumos em cada uma das zonas beligerantes, com específicas características de produção, em centenas de curtas ou longas-metragens documentais.

A Guerra Civil Espanhola modificou sensivelmente a trajetória econômica e estética do cinema espanhol. Naquele momento, os *republicanos* e os *nacionalistas* dispunham de uma produção própria. Os centros cinematográficos de Barcelona, Madri e Valência, mantidos pelos *republicanos* até 1939, permitiram-lhes realizar uma produção cinematográfica importante, com cerca de 220 documentários (SALA NOGUER, 1993). Os *nacionalistas* (franquistas), por sua vez, conseguiram realizar somente uma pequena produção cinematográfica, com cerca de 32 documentários. No final, a internacionalização do conflito representou, em ambos os lados, uma intervenção estrangeira que teve sua influência nas telas de cinema (HUICI, 1999, p. 43).

Mesmo assim, a produção cinematográfica na zona nacionalista, sob o domínio dos militares, foi bem menos expressiva do que a da zona republicana, embora o cinema fosse considerado uma insidiosa arma de propaganda, que deveria ser vigiada rigidamente através da censura; na fase inicial, ela passou por um estrito controle da Falange Española Tradicionalista de las Juntas de Ofensiva Nacional Sindicalista (FET/Jons), o partido fascista espanhol. De certa forma, a atividade cinematográfica da zona rebelde reduziu-se ao exercício censório. Por exemplo, ao próprio militante falangista Dionisio Ridruejo, chefe da propaganda nacional, era vedado ver o material de propaganda republicano. No plano material, os nacionalistas utilizaram os estúdios de Cádiz e de Córdoba. Além disso, puderam contar também com o apoio dos regimes fascistas da Alemanha, Itália e Portugal.

Graças às antigas produtoras, foram filmados os primeiros testemunhos de propaganda, reportagens de guerras favoráveis ao levante militar, pela CEA e a Cifesa, usando material, técnicos e realizadores que procediam à rodagem de *El Genio Alegre*, de Fernando Delgado, e *Asilo Naval*, de Tomás Cola, em Córdoba e Cádiz, logo ocupadas pelo General Queipo de Llano.

Para a Cifesa, trabalharam Fernando Delgado, como realizador, Alfredo Fraile, como operador, e Eduardo García Maroto, na montagem, tendo utilizado os laboratórios de Lisboa. Quanto à CEA, dirigida por Rafael Salgado e Domínguez Rodiño, esta interveio mais diretamente, com destaque para o longa-metragem *Romancero Marroquí*, em coprodução com a Alta Comisaría de España em Marrocos, com base em uma ideia do Coronel Beigbeder e direção de Carlos Vela: explorava o apoio dos mouros à causa franquista.

A primeira importante produção cinematográfica franquista do período, *Alma y nervio de España* (1936), de Joaquín Martínez Arboleya, dedicou-se a apresentar os preparativos de uma unidade falangista para trasladar-se de Marrocos para a Espanha. Ainda em 1936 foram fundadas as *Producciones Hispánicas*, que produziram *Marcha Triunfal*, *La Gran Victoria de Teruel* e *Helden in Spanien/España Heroica* (1937), considerados as melhores produções cinematográficas de guerra da zona rebelde.

Até abril de 1937, a Falange gozou de certa independência e dispôs de seu próprio Departamento de Prensa y Propaganda, sob a direção de Vicente Cadenas. Esse Departamento possuía uma seção de cinema, a cargo de Antonio Calvache, que, por falta de recursos, trabalhou com sociedades privadas como Ufilms e Films Patria.

Com a unificação política e a saída de Vicente Cadenas, em abril de 1937, o Departamento de Prensa y Propaganda da Falange foi elevado à categoria de órgão nacional, acentuando o elogio do franquismo às referências ao Caudillo. Dos sete filmes documentários produzidos pela Falange destacaram-se: *Frente de Vizcaya y 18 de julio* (1937), média-metragem que acusava as tropas republicanas de serem as responsáveis pela destruição de Guernica, e *Derrubamiento del ejército rojo* (1938), sobre a Batalha de Terruel (SEGUIN, 1995, p. 28-29).

O tema da reconquista do território esteve sempre presente nas produções da Cifesa, tais como: *Asturias para España* (1937), *Bilbao para España* (1937), *Sevilla rescatada* (1937) e *Ya viene el cortejo* (1939), de Carlos Arévalo, que apresentava as imagens do primeiro desfile organizado em Madri pelos franquistas.

Em 1938 foi criado o Departamento Nacional de Cinematografía, dirigido por Manuel Augusto García Viñolas, e os serviços de imprensa e propaganda passaram a depender, a partir de então, do Ministério do Interior, dirigido pelo cunhado de Franco, Ramón Serrano Súñer. Cabe assinalar também que o Departamento Nacional de Cinematografía produziu – além de documentários e reportagens – o *Noticiario Español* (*Noticiário Espanhol*), através de uma equipe em que se destacaram Antonio de Obregón, José Manuel Goyanes, José Luís Sáenz de Heredia, Heinrich Gärtner e Alfredo Fraile. Entre os títulos destacaram-se: *Llegada a la patria* (1938) e *Prisioneros de Guerra* (1938), de García Viñolas; *La Ciudad Universitaria*, *Juventudes de España* (1939) e *Vivan los Hombres Libres!*, dirigidos por Edgard Neville (SEGUIN, 1995, p. 29).

Por outro lado, Itália, Portugal e, especialmente Alemanha com uma importante indústria cinematográfica, além do apoio de infraestruturas (estúdios e laboratórios), prestaram cooperação à Espanha franquista. Na Itália fascista, através do Istituto Nazionale L.U.C.E., a causa franquista foi apoiada em *Arriba Spagna* (1936), *Battaglia dell'Ebro* (1938) e *España, una, grande, libre!* (1939). Edgar Neville dirigiu os filmes realizados na Itália: *Frente de Madrid* (1939) e *La muchacha de Moscú* (1941), interpretada pela sua amiga Conchita Montes; e Augusto Genina dirigiu o filme *L'assedio dell'Alcázar/Sin Novedad en el Alcázar* (1940), nas versões italiana e espanhola; esses filmes foram caracterizados por um anticomunismo radicalizado. Em Portugal Salazarista foram oferecidos os estúdios da Tobis em Lisboa e realizou-se a filmagem de *O Caminho de Madrid* (1936), de Anibal Contreiras (CIRICI, 1977, p. 96 e SEGUIN, 1995, p. 30).

Com o final da Guerra Civil e a chegada de Francisco Franco ao poder na Espanha, José Luis Sáenz de Heredia, que seria considerado um dos mais importantes cineastas oficiais do regime franquista, produziu uma importante obra de propaganda:

¡Presente! En el enterramiento de José Antonio Primo de Rivera (1939). Este curta-metragem apresentava o translado dos restos mortais de José Antonio, o fundador da Falange, desde o cemitério de Alicante até o Monastério de El Escorial, entre os dias 20 e 30 de novembro de 1939. As imagens que documentam o acontecimento foram carregadas de intensidade dramática, contando ainda com a música *Crepúsculo dos Deuses,* de Richard Wagner, ratificando as dimensões heroica, mítica, operesca e fúnebre conferidas ao acontecimento e a homenagem ao primeiro mártir do movimento franquista.

No ano seguinte, o cineasta foi encarregado de iniciar o chamado "Cinema de Cruzada" com a alegoria político-religiosa *Vía Crucis del Señor por tierras de España* (1940), produzida pelo Departamento Nacional de Cinematografia. Com base em um texto literário de Manuel García Viñolas, este curta-metragem tinha um duplo interesse: era a primeira vez que a Guerra Civil Espanhola era exposta em forma de alegoria e se propunha à legitimação religiosa da sublevação militar como tema central e único de um filme. Neste sentido, ao iniciar-se com a seguinte legenda: "Para constância da dor que as fúrias comunistas ao Senhor", o filme propõe em 16 minutos as 14 estações clássicas da via-crúcis cristã, ilustradas com imagens de arquivo, fotografias e cenas reconstruídas alusivas ao "martírio" da Espanha por seus inimigos da Frente Popular. Na primeira estação, Dolores Ibárruri inflama as massas; na segunda, os milicianos cometem assassinatos; na terceira, um miliciano comete sacrilégios etc. Filme singular e atípico baseado no exercício de montagem e nas cenas de choque (uma criança arrasta com uma corda a cabeça de um Cristo coroado de espinhos) assinala uma das linhas de força centrais da futura propaganda franquista.

Neste mesmo período foram realizados 10 longas-metragens na Espanha, mas até 1950 houve grandes dificuldades para a realização de filmes, devido à falta de película virgem: durante um tempo, ela provinha da Alemanha nazista, mas, a partir de 1945 houve dificuldade na sua aquisição.

É importante verificar que a vitória franquista provocou a saída de inúmeros artistas do país e a instauração de uma censura que amordaçou a liberdade de expressão, sobretudo de contestação. A produção espanhola iria limitar-se a apoiar diretamente o regime e a servir aos seus interesses. As autoridades franquistas haviam fixado os princípios gerais da censura que inspiraram a *orden* de 2 de novembro de 1938: "dado que o cinema exerce uma inegável e enorme influência sobre a difusão do pensamento e sobre a educação das massas, é indispensável que o Estado vigie-o sempre que haja algum risco que possa impedi-lo de sua missão". Os dois organismos censores – a Comisión de Censura Cinematográfica e a Junta Superior de Censura Cinematográfica – foram supervisionadas pelo Exército e pela Igreja, os dois pilares do regime. Até 1945, mais de 10 *órdenes* configuraram um projeto censor que permitiu o controle sobre todas as etapas de criação cinematográfica. Para a produção hispânica, a censura atuou sobre o roteiro, sobre a obra acabada (imagens, sons, títulos), sobre o material publicitário e também sobre o sistema de proteção financeira do Estado que podia cobrir até 40%

das despesas. Quando o filme vinha do estrangeiro a censura exercia seu direito de supervisão tanto sobre a obra quanto sobre o material publicitário, da mesma forma que ocorria com relação aos filmes espanhóis. Neste aspecto, cabe apontar que inúmeros foram os exemplos de censura franquista, tanto nos filmes espanhóis, quanto nas produções estrangeiras. Dentre os primeiros filmes espanhóis que sofreram com a censura, destacaram-se: *Frente de Madrid* (1939), de Edgar Neville, que teve de cortar o final em que um nacionalista e um republicano, ambos feridos, se abraçavam; *Rojo y Negro* (1941), de Carlos Arévalo, foi proibido, devido às relações entre uma jovem falangista e um miliciano; e *El Crucero "Baleares"* (1940), de Enrique del Campo, em que foi negada a autorização de exportação comercial, devido à fraca qualidade técnica (SEGUIN, p. 31). Não obstante, a medida mais daninha foi a obrigatoriedade de dublagem dos filmes, decretada em 23 de abril de 1941. Essa lei buscava proteger a língua espanhola devido à enorme entrada de filmes estrangeiros, principalmente os americanos, que colocavam em perigo a frágil produção nacional.

Em 17 de dezembro de 1942, cortando as possibilidades do surgimento de um cinema documental, o governo instituiu, com exibição obrigatória em todos os cinemas, antes das sessões principais, os *Noticiarios y Documentales Cinematográficos "NO-DO"*, uma iniciativa da Vicesecretaría de Educación Popular, destinada a "difundir a obra do Estado e a manter a diretriz adequada das informações". Arias Salgado decretou que a partir de 1° de janeiro de 1943 a projeção do *NO-DO* seria obrigatória para todos os locais de exibição do país, possessões e colônias, o que representava mais de 4 mil salas de projeção.

O primeiro noticiário *NO-DO* foi exibido em 4 de janeiro de 1943 e até 1945 uma boa parte das notícias de atualidades e reportagens de guerra eram reproduções dos cinejornais nazistas, elogiosos dos feitos militares do exército alemão e repletos de críticas ferozes aos comunistas russos. Com a derrota dos nazistas, o *NO-DO* mudou de caráter, assumindo sua direção Manuel García Viñolas. A partir da penetração da influência americana, da entrada do capital estrangeiro e dos tecnocratas, a temática do cinejornal abandonou a antiga militância política explícita, convertendo-se num instrumento para elogiar as realizações técnicas do Estado, dar a impressão de progresso, apresentar as atividades políticas e diplomáticas do regime franquista e divulgar os acontecimentos do mundo do espetáculo.

A exibição obrigatória do *NO-DO* em todos os cinemas espanhóis perdurou até 22 de agosto de 1975, três meses antes da morte do General Franco, mas a produção do cinejornal somente foi extinta em 1981 (TRANCHE & SÁNCHEZ-BIOSCA, 2001).

No cinema ficcional, o gênero que predominou na primeira fase do franquismo foi o *cinema de cruzada*, uma espécie de canto ao dever, à honra, ao herói e à nação, que esteve presente nos filmes: *Frente de Madrid* (1939), de Edgard Neville; *Harka* (1941), de Carlos Arévalo; *Escuadrilla* (1941), de Antonio Román; *A mí la Legion!* (1942), de Juan de Orduña; *Alas de paz* (1942), de Juan Parellada; e *Boda en el infierno* (1942), de Antonio Román.

Mas o modelo oficial de filme de propaganda franquista foi, indubitavelmente, *Raza* (1941), adaptado do roteiro de Jaime de Andrade, pseudônimo do ditador Francisco Franco. Entre 1940 e 1941, o *Caudillo* redigiu o texto de *Raza*, cujo roteiro parecia mostrar a intenção de estar destinado ao cinema. Em 1941, com a criação da Cancillería del Consejo de la Hispanidad, dependente da Subsecretaria de Educação Popular, o cineasta José Luís Sáenz de Heredia, primo do fundador da Falange (José Antonio Primo de Rivera), ficou encarregado da realização desse filme que deveria servir de modelo para as próximas produções cinematográficas dos franquistas.

Máxima expressão do modelo de gênero do cinema de cruzada, *Raza* nasceu com o objetivo concreto de legitimar ante o público espanhol as razões da insurreição militar contra as instituições democráticas da Segunda República.

Neste aspecto, quando o General Franco, sob o pseudônimo de Jaime de Andrade, escreveu um romance autobiográfico, sintetizando a ideologia franquista, e decidiu transformá-lo em filme, não é de se estranhar que tenha pensado imediatamente em José Luis Sáenz de Heredia como seu realizador. Afinal, o cineasta oferecia a garantia política de ser primo-irmão de José Antonio Primo de Rivera e ex-combatente no lado franquista. Também oferecia a garantia profissional de ter se formado, no período anterior à Guerra Civil Espanhola, na produtora Filmófono, sob as ordens e supervisão direta de Luis Buñuel, o diretor mais prestigiado do cinema republicano espanhol.

O resultado da parceria entre o ditador e o cineasta foi *Raza*, um filme que deveria expressar ante o mundo as razões históricas, religiosas, morais e sociais da Guerra Civil Espanhola e que deveria servir de modelo para as próximas produções cinematográficas franquistas. Em linhas gerais, o filme realiza um panorama histórico da Espanha desde a Guerra Hispano-americana de 1898 até o final da Guerra Civil Espanhola em 1939, através do destino da família Churruca.

A trama do filme inicia-se em Villagarcía de Arosa, em 1897, momento em que a esposa e os filhos do capitão da Marinha, Pedro Churruca, aguardam a chegada deste de uma longa viagem no "Nautilus". O capitão é apresentado como um valoroso militar que trata de inculcar em José, Pedro e Jaime, seus três filhos, o glorioso espírito castrense, fazendo-os saber o sentido do heroísmo, da pátria e da raça, para o qual lhes exemplifica a extraordinária atitude de seu heroico antepassado, caído na Batalha de Trafalgar. Mas também Pedro Churruca terá a ocasião de demonstrar a valentia de seu espírito, quando convocado para a guerra em Cuba, é ali ferido e morto em combate. O tempo transcorre, e com ele os filhos do Capitão Churruca e de Isabel de Andrade, sua esposa, cresceram em idade e em ideais. Deles, José parece seguir os passos militares de seu pai, enquanto Pedro ambiciona a carreira política, como deputado. Enquanto os outros dois filhos, Jaime segue sua vocação religiosa, tornando-se sacerdote, e Isabel acaba contraindo matrimônio com Luís de Echevarria, um oficial amigo de José. São os anos prévios ao advento da República, durante a qual a situação ideológica e familiar parece agravar-se.

Passando o tempo, chega-se a 1936, ano em que eclode a Guerra Civil Espanhola, com a qual se recrudescem as diferenças entre Pedro, renomado político da República em sua qualidade de deputado, e José, combatente oficial do Exército Nacional. Na confusão da luta José é surpreendido tentando fazer chegar uma carta aos seus companheiros de armas sitiados no Quartel da Montanha. Julgado, é condenado a ser fuzilado. A sentença se cumpre, mas, uma vez recolhido o seu cadáver, sua noiva Marisol descobre que milagrosamente continua vivo. Uma vez recuperado, José obtém sucesso em incorporar-se na zona nacional, onde consegue que Luis de Eschevarría, seu cunhado, supere a crise emocional pela qual está passando, de igual modo que logra colocar em evidência seu enorme valor.

Do outro lado, Jaime, integrado na Ordem de San Juan de Dios, é alvo, junto ao restante dos religiosos e de crianças órfãs do convento, de um sangrento assassinato, perpetrado pelos republicanos, fato este que parece iniciar uma mudança radical nos ideais defendidos por Pedro Churruca, antes um republicano convicto. A partir de então, Pedro trai os republicanos/comunistas, entregando alguns planos secretos para uma espiã nacionalista, o que leva a sua detenção e posterior morte. Depois de tudo isso, a guerra chega ao seu fim, com a vitória dos nacionalistas de Franco. José e Marisol conseguem ficar juntos. A cena final é ambientada no dia do "Primeiro Desfile da Vitória" em Madri (19 de maio de 1939), do qual fazem parte José Churruca e Luís de Echevarría, marcando com o "final feliz" uma história marcada pela guerra.

Exportado para Alemanha e Itália, *Raza* foi apresentado fora do concurso da Bienal de Veneza, consagrando a Sáenz de Heredia como o realizador oficial do regime franquista. Por isso, não se estranhou, quando Franco decidiu enviar o cineasta ao front soviético para apresentar o filme *Raza* aos soldados espanhóis da Divisão Azul. Por trás disso, na realidade, o ditador queria que Sáenz de Heredia realizasse, em plena Segunda Guerra Mundial (1939-1945), um documentário sobre as façanhas heroicas dos 18 mil soldados espanhóis da Divisão Azul, formada em 1942, que foram enviados para a frente russa, com o objetivo de ajudar as tropas alemãs na luta contra o "inimigo comum" – o comunismo. No entanto, dois anos depois, quando Franco passou a não apoiar mais diretamente os países do Eixo, chamou de volta seu cineasta e o que restava da Divisão Azul, cancelando todos os planos de produção de um filme de propaganda sobre o tema. Com a vitória dos Aliados, a Divisão Azul tornou-se um tabu na Espanha, já que a sua existência mostrava que o ditador espanhol havia apoiado o nazifascismo na Segunda Guerra Mundial.

Em 1950, já no contexto da Guerra Fria, o regime franquista ressuscitou o filme *Raza* (1942) de sua letargia para reiniciar uma segunda vida comercial, que gratificasse o ego do ditador e recordasse aos cidadãos do pós-guerra, às vésperas de uma nova e perigosa "estrangeirização" da Espanha, como as derrotas históricas de Trafalgar e de Cuba ante aos anglo-saxões havia sido vingada pela "raça" com a Cruzada vitoriosa de 1936-1939. Para isso se modificou o título do filme para *El espíritu de una Raza* (1950), manipulação que atenuava as intensas conotações fascistas do título original, depois da derrota dos países do Eixo, com a adição de um termo suavizador de extração religiosa, muito congruente com a nova etapa do regime sob o signo do nacional-catolicismo. Também se efetuou uma nova dublagem do filme que modificou algumas passagens dos diálogos para retirar matizes mais circunstanciais e torná-los mais permanentes. A nova cópia, manipulada e podada de suas piores referências nazifascistas e alusões antiamericanas, que foram substituídas por um tom fortemente anticomunista, recebeu uma nova dublagem e montagem, ganhando um prólogo, onde se explicava a terrível situação alcançada pela Espanha, para tratar de adequá-la à nova situação política mundial. O "novo" filme voltou a apresentar-se no Palácio da Música no dia 3 de julho de 1950, obtendo uma acolhida menos entusiasta. E em fevereiro de 1964 Franco ingressou na Sociedade Geral de Autores da Espanha, registrando oficialmente seu pseudônimo Jaime de Andrade, utilizado quando escreveu o livro *Raza*.

O gênero de cinema de cruzada não teve vida longa, apesar de o cinema espanhol continuar sendo uma indústria de propaganda política, e sujeita a uma férrea censura prévia. Durante esses anos o cinema se especializou em produções de consumo (musicais e comédias), religiosas, patrióticas e de "reconstituições históricas", sendo este último gênero marcado por monumentais produções, de enorme êxito, tais como: *Locura de Amor* (1948), *Pequeñeces* (1950), *Agustina de Aragón* (1950), *La Leona de Castilla* (1951) e *Alba de América* (1951), dirigidas por Juan de Orduña.

A primeira importante produção do Cinema de Cruzada, *Porque te vi llorar* (1941) era um filme de propaganda no qual uma distinta marquesa era violentada durante a Guerra Civil por um lúbrico miliciano republicano em Astúrias e dava à luz a um filho bastardo, desprezado pela sua nobre família, até que a sua honra fosse salva ao contrair matrimônio com um operário eletricista, que se compadeceu dela "porque te vi chorar". Logo nascem suspeitas de que o marido havia sido o estuprador e de que se casara por interesse econômico, mas a calúnia se desmonta quando se demonstra que não poderia sê-lo, pois se trata de um "cavalheiro mutilado" que combateu na defesa de Oviedo no dia em que ela foi violentada e seu noivo assassinado.

Apresentando o modelo claramente folhetinesco proposto pelo cineasta Juan de Orduña, *Porque te vi llorar* se presta a várias considerações importantes: a primeira é que este filme introduz o tema do estupro de uma mulher honesta por um "vermelho", tema inaugural que voltaria a aparecer em *Boda en el infierno* (1942), de Antonio Román; trata-se de uma agressão que pode alcançar uma categoria alegórica, como a imagem de uma Espanha honrada e nobre (a protagonista é aristocrata) estuprada pelas turbas revolucionárias. Por outro lado, o final feliz que dissipa todas as suspeitas e reconcilia a marquesa ao operário veiculava a consigna fascista de reconciliação das classes sociais antagônicas, eliminando todas as suas contradições sociais.

Portanto, *Porque te vi llorar* era funcional para as consignas ideológicas do franquismo e também para o público popular educado no melodrama lacrimoso literário, teatral, radiofônico e cinematográfico.

¡A mí la Legión!, o primeiro grande êxito de Juan de Orduña, conta como dois homens de caráter oposto, El Grajo, um veterano renomado, e Mauro, um novato com passado desconhecido, iniciam uma curiosa amizade, enquanto servem como legionários. Um dia em que ambos se divertem, ocorre um acontecimento desafortunado que leva à morte de um homem. Os indícios acusam Mauro pelo assassinato, e como tal é levado a julgamento. Não obstante, as investigações de El Grajo o levam a descobrir o verdadeiro culpado de tão cruel ação: um judeu com fama de intransigente usureiro. Tempos depois, os dois se reencontram fora da vida militar e são envolvidos numa espécie de complô político interrompido pela eclosão da Guerra Civil Espanhola, que possibilitou a oportunidade de ambos voltarem ao combate e "salvar" a Espanha dos comunistas.

O maior sucesso da carreira de Juan de Orduña, no entanto, foi *Locura de amor* (1948). Nova versão do melodrama do cinema mudo, evocava o trágico destino de Dona Juana, a "Louca", esposa de Felipe, o "Formoso", e mãe do Imperador Carlos V, que cai progressivamente em uma loucura provocada por um marido infiel e ambicioso.

Depois deste filme, Juan de Orduña investiu no florescente drama histórico, evocação grandiloquente de um passado imperial que o regime resistiu a considerar ultrapassado: *Pequeñeces* (1949), adaptação da novela do Padre Coloma, sobre a vida escandalosa da Condessa Currita de Albornoz e seus casos amorosos; *Agustina de Aragón* (1950), sobre a defesa heroica de Zaragoza contra as tropas napoleônicas; *La Leona de Castilla* (1951), sobre o episódio histórico dos comuneros; e *Alba de América* (1951), irada réplica ao filme britânico *Christopher Columbus* (1949), de David MacDonald e produção que encerra o ciclo do gênero histórico. Este tipo de cinema marcou uma época: Bardem e Berlanga começam seu primeiro filme, *Esa pareja feliz* (1951), com uma sátira deste tipo de produções. É notório também, segundo relatos de época, que a crença de Juan de Orduña no regime franquista e o seu envolvimento com os temas políticos e históricos eram tão fortes, que o cineasta costumava se emocionar e chorar durante as filmagens de seus dramas históricos.

A última produção cinematográfica franquista de relevo foi o documentário biográfico *Franco, ese hombre* (1964) realizado por José Luis Sáenz de Heredia, o cineasta oficial do regime e diretor, entre os anos de 1961 e 1963, do Instituto de Investigaciones y Experiencias Cinematográficas (IIEC), renomeado, em novembro de 1962, como Escuela Oficial de Cinematografia (EOC). A produção foi planejada como parte das comemorações dos "XXV Anos de Paz" (celebração franquista do final da Guerra Civil, orquestrada pelo Ministério de Informação e Turismo para propagandear os "avanços" do regime franquista). Este filme foi a primeira e única biografia cinematográfica oficial do General Franco. Para sua realização foi feito um amplo estudo da vida do Caudillo e também dos 60 anos anteriores da História da Espanha. Assim, o filme apresentava, conforme exaltava seu material promocional, "60 anos da História da Espanha através da biografia do homem que os viveu mais intensamente".

O filme começa com imagens documentais em cores do XXV Desfile da Vitória em Madri, evento que será utilizado como marco referencial da biografia do General Franco, copiando o procedimento estabelecido por *El camino de la paz* (1959). Franco, da tribuna presidencial, parece evocar seu passado e um flashback transporta o espectador à cidade natal de Franco, El Ferrol, em 1892, para mostrar com fotografias e documentos familiares a infância do protagonista. A carreira militar de Franco está exposta com documentos curiosos e raros, sobretudo em sua decisiva etapa africana. Entre eles figura uma explicação do grave ferimento que Franco teve na barriga, em junho de 1916, na Batalha de Biutz, detalhada pelo então Capitão-médico Enrique Blasco Salas ante sua radiografia. Logo, desde o advento da República, o documentário dilui-se entre o quadro político de época (visto muito negativamente, como de costume) e as vicissitudes biográficas de Franco. A sublevação militar de 1936 é relatada sucintamente até a liberação de Alcázar de Toledo e, a continuação desta gesta emotiva, se descobre a nomeação de Franco como Generalíssimo dos Exércitos e Chefe de Estado, em 1° de outubro de 1936, em Burgos. Abre-se, em seguida, uma dilatada elipse sobre a guerra, para concentrar-se na figura do biografado. A tal efeito, no pavilhão espanhol da Feira Internacional de Nova York, é entrevistado o embaixador espanhol ante a ONU Manuel Aznar, autor de *História Militar da Guerra de Espanha*, que descreve as grandes etapas da guerra e as virtudes militares e humanas de Franco. Depois de imagens da tomada de Madri pelos nacionalistas, se expõe a neutralidade espanhola na Segunda Guerra Mundial, apesar das pressões de Hitler e Mussolini. Mas procura mostrar que em 1946 se inicia um "injusto e ingrato" boicote ao regime por parte dos vencedores. Contudo, a razão de Franco triunfa com o retorno dos embaixadores a Madri a partir de 1950. A voz em *off*: "Os senhores embaixadores voltaram. Eram outros, mas os que os recebia continuava sendo o mesmo."

É depois desta biografia político-militar que se inicia uma breve descrição do perfil humano e privado de Franco, mostrando seus hobbies e paixões, como a pintura e a pesca. Este fragmento sucinto não justifica evidentemente o propósito declarado de Sáenz de Heredia: "fica claro que não se trata de um filme de propaganda, já que a ênfase se colocava na humanidade da personagem". Após o Desfile da Vitória que abriu o filme, Franco desce da tribuna aos acordes do hino nacional. Franco, na sala de projeção do seu palácio, termina de assistir ao mesmo filme que haviam visto os espectadores e logo responde a uma breve entrevista de Sáenz de Heredia, na qual afirma: "O ser espanhol voltou a ser algo sério no mundo, constituímos a reserva espiritual do Ocidente e temos, por conseguinte, uma alta missão que cumprir." À pergunta de que se os espanhóis são difíceis de governar, responde: "Não, pelo contrário. Como homens de grande temperamento temos acentuadas nossas qualidades, que nos fazem tão duros para a luta como nobres e constantes nos serviços da paz."

Mostra exemplar do culto à personalidade de um governante vivo pelo cinema, *Franco, esse hombre* foi lançado com grande campanha publicitária e obteve uma boa audiência, composta por franquistas, curiosos e opositores ao regime. Era um documento celebrativo, realizado com muita eficácia propagandística, que cumpriu, com êxito, sua função.

Posteriormente, em decorrência da morte do General Franco, o cineasta tentaria produzir um filme intitulado *El último caído* (1975), sobre os fatos mais significativos da vida de Franco desde 1964, data que finaliza a biografia do filme *Franco, ese hombre*, até 1975, ano de sua morte e enterro no Vale dos Caídos. O documentário biográfico pretendia também dedicar uma atenção especial ao crescimento e aprendizagem do príncipe Don Juan Carlos. Estavam previstas ainda entrevistas com membros da família de Franco, com os chefes da Casa Civil e Militar, com os médicos que acompanharam a doença de Franco, com o presidente do governo e com o próprio rei Juan Carlos I. No entanto, os tempos já eram outros e o cineasta oficial do franquismo não conseguiu obter na Espanha democrática os recursos financeiros necessários para a realização de sua homenagem cinematográfica póstuma ao Caudillo.

A partir do contexto pós-Segunda Guerra Mundial houve uma tentativa de fazer um cinema espanhol diferente e, a partir da década de 1950, como reflexo do movimento neorrealista do cinema italiano, na Espanha como em muitos países, ocorreu o surgimento do chamado Cinema Novo, que era geralmente produzido por realizadores de esquerda, muitos sob a orientação do comunismo internacional. No entanto, um dos maiores sucessos comerciais dessa época foi o filme *Marcelino pan y vino* (1955), do diretor Ladislao Vajda, que na realidade abriu caminho para uma série de filmes que os historiadores, mais tarde, chamariam de *cine con niños* ("cinema com crianças"). Este gênero não só foi profícuo em títulos – *La Hermana san suplicio* (1952) e *Sor intrépida* (1952), de Rafael Gil; *La hermana Alegría* (1954); *El canto del gallo* (1955) –, como também buscou abarcar outros gêneros cinematográficos (como o musical, a aventura, o filme de reconstituição histórica, as narrativas folclóricas etc.) numa pouco disfarçada tentativa de atrair, para suas plateias, aquele público que buscava entretenimento nos "perigosos" filmes estrangeiros. Contudo, por maiores que fossem os esforços de Franco e seus aliados, a população, em geral, sempre conseguiu desenvolver formas de "filtrar", o que lhe era imposto, criando, durante todo o período, sua própria interpretação daquilo que lhe era oferecido. Neste aspecto, Raymond Carr afirmou:

> As dificuldades do regime em impor sua "cultura" e as consequências de seu fracasso em fazê-lo não foram mais aparentes em nenhum outro lugar do que no cinema. Com mais poltronas *per capita* do que qualquer outro país europeu, a Espanha dos anos 1940 e 1950 era uma nação de viciados em cinema. (...) Filmes importados da Itália e dos Estados Unidos, embora irreconhecíveis depois das mutilações provocadas pela censura, eram portadores de valores incompatíveis com aqueles do regime. (...) Assim, telas exibindo Rita Hayworth eram atacadas com garrafas de tinta pelos falangistas, como um protesto contra a exibição de um libertinismo corrosivo (CARR, 1980, p.164).

A resistência contra o regime ganhou força e expressão no meio cinematográfico em meados da década de 1950. Nesta época, dois jovens cineastas, Juan Antonio Bardem e Luis García Berlanga, recém-saídos do Instituto de Investigaciones y Experiencias Cinematográficas, produziram algumas das mais importantes obras do período, tais como *Esa pareja feliz* (1951), uma ácida paródia social, em que a "felicidade" expressa no título, choca-se com a situação degradante vivida pelas personagens.

Já o filme *¡Bienvenido Mr. Marshall!* (1952), dirigido por Luis García Berlanga, paródia a excitação criada pela possibilidade de recebimento de ajuda financeira dos Estados Unidos da América através do Plano Marshall, ao retratar os habitantes de uma cidade que se fantasiam de andaluzes (o estereótipo do povo espanhol vendido e consumido no exterior) para agradar aos supostos benfeitores e esconder a miséria da cidade.

Apesar destes exemplos, a rígida censura franquista ainda cerceava o cinema. Por isso, Berlanga, Bardem e outros representantes de sua geração reuniram-se, em 1955, nas Primeras Conversaciones Cinematográficas, em Salamanca (sob o patrocínio da revista *Objectivo*) e fizeram uma contundente crítica à política cultural do governo, desenhando um quadro nada agradável em relação ao cinema espanhol daquele período.

Segundo o manifesto aprovado em Salamanca, "o cinema espanhol atual é: 1 – Politicamente ineficaz (...); 2 – Socialmente falso (...); 3 – Intelectualmente ínfimo (...); 4 – Esteticamente nulo (...); e 5 – Industrialmente raquítico (...)" (Apud. FONT, 1976, p. 147).

A escolha desses substantivos e adjetivos não poderia ser mais adequada para descrever, na verdade, o regime que ditava as regras deste cinema e, como era de se esperar, a ditadura entendeu perfeitamente o recado: fechou a revista e não só reafirmou os códigos de censura, como também passou a atuar com atenção redobrada; o que fez com que, por exemplo, o filme seguinte de Berlanga, *Los jueves, milagro* (1957), fosse quase que inteiramente alterado sob a supervisão direta do censor (um padre, que trabalhou na "reelaboração" do roteiro).

Mesmo assim, voltando-se contra tudo que era "ineficaz, falso, ínfimo, nulo e raquítico", estes jovens cineastas começaram a povoar as telas com imagens dotadas de inusitados contornos, repletas de críticas, em filmes como *Muerte de un ciclista* (1955) e *Calle Mayor* (1956), de Bardem; *Plácido* (1961), *Las cuatro verdades* (1962) e *El verdugo* (1964), de Berlanga; *El pisito* (1958) e *El cochecito* (1960), de Marcos Ferreri; *Viridiana* (1961), de Luis Buñuel; *Nueve cartas a Berta* (1964); *Del amor y otras Soledades* (1969), de Basilio Martín Patino; *La Tia Tula* (1964), de Miguel Picazzo; *La caza* (1965), *El jardín de las delicias* (1970), *Ana y los lobos* (1972), *La prima Angélica* (1973), *Cría cuervos* (1975), todos de Carlos Saura, dentre outros.

Neste momento, os cineastas espanhóis, driblando os mecanismos da censura, começavam a fazer um cinema que deformava, distorcia e parodiava os "heróis da raça", seus aliados e a situação sociocultural vigente.

O Nuevo Cine Español destacou novos cineastas com obras preocupadas em discutir e levantar problemas sociais, políticos e ideológicos atravessados pela Espanha de então. Mesmo sob uma censura muito cerrada (p. ex., são ridículos os cortes impostos ao filme exemplar do movimento, *La tia Tula* – um deles pelos diálogos que debatiam a questão da virgindade), tinham como uma das metas fugir do tipo de cinema "folclórico", "alienado", e se dirigir a temas de cunho social e existencial contundentes em termos de questionamento da realidade franquista.

Um episódio emblemático neste período deu-se em torno do filme *Viridiana* (1961), de Luis Buñuel. Esperando melhorar a sua imagem no exterior, o Ministério de Informação e Turismo, em uma atitude certamente surpreendente, autorizou que o cineasta que vivia, no exílio, no México, rodasse esse filme na Espanha, contanto que fossem feitas algumas poucas mudanças no final do roteiro.

Mas, como se sabe, nem mesmo significativas alterações no roteiro poderiam alterar o corrosivo discurso que acompanha a narrativa da jovem Viridiana, que, trocando o claustro do convento por um sadio confinamento na fazenda de seu tio, protagoniza uma história carregada de erotismo e "heresias" das mais diversas, sendo a mais conhecida delas a esperpêntica deformação da *Última Ceia*, de Leonardo da Vinci, reproduzida por orgiásticos mendigos.

Contudo, apesar disso – e em evidente demonstração das contradições do regime –, o filme não só foi realizado, como também foi indicado para representar a Espanha no Festival de Cannes, do qual saiu com a Palma de Ouro, detonando um escândalo que acabou resultando na expulsão do diretor-geral de cinematografia da Espanha (por ter ido receber, pessoalmente, o prêmio) e, após um artigo do jornal do Vaticano, na proibição de sua exibição no país por 17 anos, fato que chamou a atenção mundial para a censura férrea na Espanha de Franco.

Finalmente, no período marcado pelo agonizante colapso do regime franquista e o início da transição democrática espanhola, produziu-se um cinema de reflexão sobre a Guerra Civil Espanhola, o pós-guerra e a vida durante o franquismo, no qual se misturaram a denúncia, a sátira e a nostalgia, embora tenham sido também abordados outros temas, mas sem o mesmo sucesso. Desta época destacaram-se os filmes: *El espíritu de la colmena* (1973), de Victor Erice; *Furtivos* (1975), de José Luis Borau; além dos documentários ambíguos *Canciones para después de una guerra* (1971), *Queridísimos verdugos* (1973) e *Caudillo* (1975), todos dirigidos por Basilio Martín Patino; o nostálgico documentário-testamento do franquismo *El último caído* (1975, inacabado), planejado por José Luis Sáenz de Heredia; e *Raza: El espíritu de Franco* (1977), de Gonzalo Herralde, que realiza, através do exemplo do filme *Raza* (1942), um balanço entre cinema e política na Espanha franquista.

BIBLIOGRAFIA COMENTADA

ALONSO BARAHONA, Fernando. *Biografía del cine español.* Barcelona: Centro de Investigaciones Literárias Españolas e Hispano-Americanas S.A., 1992.

O livro narra, de maneira resumida, a história do cinema espanhol apontando movimentos cinematográficos, filmes e diretores importantes. Pode-se perceber no texto uma tendência idiossincrásica do autor ao criticar negativamente determinados diretores, críticos e historiadores do cinema e elogiar gestores culturais da época de Franco.

CARR, Raymond. *Modern Spain (1875-1980).* Oxford: Oxford University Press, 1980.

Autor especialista em História da Espanha, com várias obras dedicadas ao estudo da ditadura franquista e da democratização na Espanha. Nesta obra, o autor realiza um panorama histórico da Espanha destacando aspectos políticos, sociais, econômicos e culturais.

CIRICI, Alexandre. *La estética del franquismo.* Barcelona: Editorial Gustavo Gili, 1977.

O autor procura analisar o fenômeno estético do franquismo apresentando elementos importantes para a compreensão da propaganda política levada a efeito no regime franquista, pois, a exemplo do que ocorria nos demais regimes nazifascistas, a propaganda franquista transformou ideias em imagens sensíveis, pondo mais acento nelas do que na semântica e no estilo.

FONT, Domènec. *Del azul al verde – El cine español durante el franquismo.* Barcelona: Avance, 1976.

Como enuncia o título, a obra discorre sobre o cinema espanhol na época do franquismo e representa uma fonte essencial tanto pelo debate que levanta quanto pela preciosidade de documentos que contém e indica.

GUBERN, Román. *La censura: function política y ordenamiento jurídico bajo el franquismo.* Madri: Ediciones Península, 1976.

O livro investiga e descreve a evolução da legislação e das instituições censoras do regime franquista, de 1936 até 1975, e os efeitos políticos e culturais destas na vida espanhola.

HEREDERO, Carlo F. *Las huellas del tiempo – cine español 1951-1961.* Madri: Ediciones Documento 5 – Filmoteca Generalitat Valenciana – Filmoteca Española – Ministério da Cultura, 1993.

Dividido em quatro partes, analisa a instituição cinematográfica, o "desenvolvimento criativo" das produções da época e traz anexo, em que consta uma cronologia comparada dos acontecimentos espanhóis e dos internacionais, sobre o contexto histórico, político, cultural, social e cinematográfico entre os anos de 1951-1961.

HOPEWELL, John. *Out of the past. Spanish cinema after franco.* Londres: British Film Institute, 1986.

Produção em inglês sobre o cinema espanhol de oposição do tardo-franquismo e do pós-franquismo, que discute as principais produções cinematográficas realizadas a partir do final do regime franquista e a importância dessas obras cinematográficas e do próprio cinema no processo de "abertura" política e de redemocratização da Espanha.

HUICI, Adrián. *Cine, literatura y propaganda. De los santos inocentes a el dia de la bestia.* Sevilha: Ediciones Alfar, 1999.

Importante estudo que recupera e utiliza fontes cinematográficas e literárias para recuperar o imaginário sociopolítico espanhol, com destaque para o papel das manifestações artístico-culturais como obras de propaganda política.

MENDEZ-LEITE, Fernando. *Historia del cine español.* Madri: Rialp, 1965.

Obra de autor de tendência franquista que, apesar da exaltação dos valores de muitos filmes, relata fatos curiosos acontecidos na época.

PÉREZ PENICHU, Julio, GUBERN, Román et al. *Historia general del cine español.* Barcelona: Ed. Cátedra-Colección Signo e Imagem, 1996.

Obra de síntese panorâmica que reúne a visão dos seus diversos autores sobre movimentos e épocas do cinema espanhol.

SALA NOGUER, Ramón. *El cine em la españa republicana durante la Guerra Civil.* Bilbao: Ediciones Mensajero, 1993.

Apesar de o livro não discutir o cinema produzido pelo lado franquista, trata-se de uma excelente obra historiográfica que apresenta um panorama geral das produções espanholas do lado republicano e as influências cinematográficas dos Estados Unidos da América e da União Soviética durante a Guerra Civil Espanhola.

SEGUIN, Jean-Claude. *Historia del cine español.* Madri: Acento Editorial, 1995.

O livro apresenta um panorama histórico do cinema espanhol destacando as principais produções cinematográficas, cineastas e períodos históricos do cinema.

TRANCHE, Rafael R. & SÁNCHEZ-BIOSCA, Vicente. *NO-DO. El tiempo y la memoria.* Madri: Ediciones Cátedra/Filmoteca Española, 2001.

A obra representa a nova geração de estudos sobre cinema e política na Espanha, realizando um estudo sobre o cinejornal franquista, popularmente conhecido como NO-DO, que investiga as condições políticas, ideológicas e jurídicas que levaram à criação e instituição do aparato cinematográfico oficial de informação, entretenimento e propaganda do regime franquista, ao longo de quase quatro décadas, desde o primeiro noticiário exibido em 1943 até a sua extinção oficial em 1981. Além disso, o livro investiga minuciosamente a seleção e "construção" das notícias, sua disposição no noticiário, seu estilo de linguagem, a ideologia política presente e a representatividade de suas imagens a respeito da sociedade espanhola de seu tempo.

TUSELL, Javier. *La ditadura de Franco.* Barcelona: Altaya, 1996.

A obra traça uma interpretação geral do franquismo como um regime ditatorial, caracterizado por seu pluralismo limitado e peculiar, radicalmente diferente da pluralidade democrática, pela presença de uma mentalidade em vez de uma ideologia precisa, por não propiciar a mobilização e contrariamente fomentar a apatia ou a aceitação passiva das massas – ambas as características fundamentais de um regime totalitário – e, finalmente pela peculiaridade do regime franquista em relação ao partido único (a Falange), que acabou tendo sua influência reduzida, exceto no que se referia à burocracia sindical.

The Boat
AA
On land they drea
Beneath the sea
to be survivors.
COLUMBIA PICTURES presents
A ATELIER PRODUCTION of THE BOAT
on the Novel by LOTHAR-GÜNTHER BUCHHEIM
HERBERT GRÖNEMEYER · KLAUS WENNEMANN
Production Design ROLF ZEHETBAUER
Photography JOST VACANO
Music KLAUS DOLDINGER Production Executive LUTZ HENGST
Co-Producer MICHAEL BITTINS
JOHN W. HYDE
Written and Directed by WOLFGANG PETERSEN
ROHRBACH
DOLBY STEREO
IN SELECTED THEATRES
Soundtrack Album Available on wea International Records
RELEASED BY COLUMBIA-EMI-WARNER DISTRIBUTORS
Copyright 1981 Bavaria Atelier GMBH

5.

A SEGUNDA GUERRA MUNDIAL (1939-1945): HEROÍSMO E TRAGÉDIA

Karl Schurster

Francisco Carlos Teixeira da Silva

Nada deve ser deixado a um povo derrotado
além de olhos para chorar.

Bismarck

Neste texto procuramos fazer uma relação entre fenômeno histórico da guerra e diversas narrativas de mal-estar, tendo o cinema sobre, e da época, da Segunda Guerra Mundial (1939-1945) como foco central, embora não único. Assim, a guerra e o cinema contemporâneo serão ferramentas narrativas da explicitação das reações e expressões de mal-estar e crise na sociedade industrial de massas.

Na tentativa de ir além de uma simples "ilustração" do fenômeno bélico, queremos buscar nos filmes contemporâneos da própria guerra – e nesse sentido documentos históricos da própria guerra, narrativas do seu tempo – e naqueles que logo após o conflito procuraram explicar e descrever a guerra, tornando-se, assim, parte de uma primeira narrativa do conflito, já num tempo onde a reflexão sobrepõe-se ao sentido, tão caro em Primo Levi, do "dever de narrar". Destacamos, desde logo, a natureza diferenciada entre as narrativas fílmicas – no plural, já que o cinema é perpassado de gêneros de legitimidade própria assegurada pela existência do seu próprio campo enquanto espaço autônomo de criação de narrativas, desde o filme documentário até a ficção cientifica e o filme de terror – e a história, sendo, muitas vezes, concorrente com a narrativa histórica. Essa, por excelência, é uma narrativa altamente controlada e regulada por uma comunidade de especialistas zelosos de seu estatuto – pouco importa, para nossos fins, que esse estatuto seja considerado "científico" ou não. A narrativa histórica é, por sua origem e natureza, diversa da construção fílmica, e uma redução paradigmática seria, desde sempre, erro de condução metodológica. Contudo, e sabedores disso, pensamos num possível processo de enlaces múltiplos entre as narrativas fílmicas e a narrativa histórica como uma forma de ampliar o diálogo entre as diversas modalidades de construção da(s) memória(s) e, ao mesmo tempo, ampliar a própria concepção de "documento" ou "fonte" histórica.

Aceitamos, ainda, como já foi amplamente discutido, o sentido de "indústria" da produção operada no âmago do filme enquanto mercadoria (COHN, 1978), portando e reproduzindo as possibilidades de um amplo complexo de "estranhamento" – ou seja, o sentido de *Umheimlich* no produto do trabalho do homem e de sua própria consciência de sua humanidade. Assim, o *Umheimlich* (onde *Heim* é o próprio, o pátrio e o familiar e "Um", a recusa do "mesmo"), retorna – via sua formulação original em Bertold Brecht – aos sentidos iniciais que Karl Marx atribuía, ainda nos *Manuscritos Econômico-Filosóficos de 1844* ao descrever a multiplicidade de vias de estranhamento no mundo (tais como a religião, a propriedade privada, a família etc.) e, na fusão, como proposta por Franz Neumann, com a noção de *Unbehagen*, que Sigmund Freud constrói em *O mal-estar na civilização*. Assim, o "estranho estranhado", o *Umheimlich*, contempla, fusiona e avança sobre noções que não poderiam estar em disputa entre uma ontogênese e uma filogênese do mal-estar na condição humana. Nesse caso, a busca de uma análise sintética, uma abordagem através do conjunto das condições de "estar no mundo", surge como uma possibilidade maior de apreender as dimensões diversas e dispersas do mal-estar.

Acreditamos, e esta será a hipótese central a ser apresentada neste capítulo, que a narrativa fílmica pode, em especial depois da Segunda Guerra Mundial, e em boa parte em função do próprio trauma da guerra e de seus desdobramentos, produzir novas formas de narrativas, incluindo da quebra do monopólio do tempo linear, bem como novas abordagens e temáticas que foram, ainda por largo tempo, recusadas pelo historiador, escapando dos códigos tradicionais de construção do passado. Assim, o cinema pode, com boa antecedência em relação à assunção dos mesmos temas pela história acadêmica, representar a ruptura do tempo, sua presentificação, e, ao mesmo tempo, representar, de forma bruta e nua, temáticas que a conveniência e o pudor da história estabelecida – aquela feita nos grandes institutos e universidades, e consequentemente nas suas revistas e editoras - negaram-se, por décadas, a construir como o objeto de estudo. Assim, o conhecido fascínio do historiador pelo cinema – afinal, trata-se do único laboratório de recriação do passado, mesmo como simulacro, disponível para o historiador – adensa-se na capacidade, e na liberdade, da narrativa fílmica, impondo ao historiador o desconforto de mover-se, no mais das vezes, consciente de seu atraso, em temas e polêmicas colocadas por instâncias autônomas e concorrentes de narrar o passado recente e no processo de construção de memórias coletivas. Nesse caso, estamos diante de uma verdadeira batalha pela memória, ao menos uma batalha pela validação da construção de narrativas competitivas sobre fenômenos sociais massivos. Nessa batalha pela memória, o cinema, embora não só ele, é um concorrente poderoso, e muito popular, do historiador como, ainda, disputa o monopólio da descrição do passado, quase sempre com grande sucesso.

NARRATIVAS FÍLMICAS E A SEGUNDA GUERRA MUNDIAL

A Segunda Guerra Mundial (1939-1945) abalou profundamente as mais antigas e arraigadas crenças da população europeia, e mesmo mundial, em princípios básicos sobre "civilização" e a dignidade da condição humana. Em 1945, conforme as tropas aliadas avançavam sobre o território que até então formava o chamado Terceiro Reich (1933-1945) e seus satélites (ou territórios ocupados), expunham-se os vestígios, emergiam as provas e consolidavam-se os testemunhos do horror da guerra. Contudo, não se tratava do horror, bíblico, da guerra. Desta feita surgiam realidades inimagináveis com a abertura dos Campos de Concentração (KZ), as execuções em massa e as Marchas da Morte.

Cabe, desde logo, uma diferenciação entre esta guerra e os demais conflitos – sempre comuns e repetitivos na Europa. A guerra sempre foi, como afirmaria o General Sherman, "o inferno", num sentido bastante substantivo. Entretanto, os regimes que mais promoveram a Segunda Guerra Mundial destacaram-se pela destruição massiva, através de novos meios tecnológicos, de cidades inteiras – como no caso de Guernica ou Nanquim, ambos os massacres em 1937 –, na indistinção entre civis e combatentes e, sobretudo, pelo extermínio massivo, sistemático (no seu sentido de planejado e organizado para este fim) de grupos raciais, religiosos, sociais identificados como "inimigos internos" pelos regimes fascistas, bem antes mesmo do próprio começo "convencional" da guerra. Claro, sempre houve, durante e logo após a guerra, tentativas fílmicas de "normalizar", ou mesmo naturalizar a guerra. Tratava-se, neste caso, de tratar a Segunda Guerra Mundial, como "mais uma" das muitas guerras da história – enfim, um mal humano! –, "normalizando" seu caráter genocidário, massivo e sistêmico, no contexto de uma história humana povoada pela sucessão de conflitos brutais. Mas, aqui devemos insistir, a "normalização" da Segunda Guerra Mundial é, em si mesma, um processo de recriação da narrativa, politicamente dirigida, do conflito e possui sinais ideológicos – e mesmo partidários – absolutamente óbvios. "Normalizar" a Segunda Guerra Mundial, trazendo-a para o âmbito comparativo dos "demais" conflitos, implica colocar a ênfase da descrição histórica nas batalhas, nas decisões estratégicas e seus desdobramentos táticos e mesmo no sofrimento equalizador de todos os atores. Ainda estaríamos aqui no domínio direto da "História Militar". A questão, entretanto, reside no fato de que a Segunda Guerra Mundial não cabe, não pode ser limitada, à História Militar usual.

Muitas vezes essa "normalização" da guerra transforma-se numa versão, reeditada (ou retificada) e banal, da personalização do conflito, criando-se dilemas ou traços personológicos de líderes e combatentes, ou mesmo de pessoas normais, comuns, como o cerne do conflito. São assim, em polos diferenciados, filmes – de grande valor estético, alto *acting* e condições técnicas elogiosas – tais como *A queda* ou *O pianista*. Em *A queda* (*Der Untergang*, Oliver Hischbiegel, 2005) – e estamos aqui abrindo mão de uma série de outras questões levantadas sobre o filme e o texto original sobre o qual o sustenta (o livro do jornalista Joachim Fest) – a concentração de toda a ação sobre o próprio Hitler, destroçado em seu bunker pela inevitabilidade e proximidade da derrota final, e sua camarilha (desde os mais terríveis perpetradores, como Joseph Goebbels até os aparentes ingênuos e inocentes, como as secretárias pessoais do ditador, passando pela construída ambiguidade de personagens terríveis como Albert Speer) abstrai, e no limite oculta, o caráter massivo da destruição, dos assassinatos e da frieza perante a dor. A redução claustrofóbica da paisagem, fazendo de Hitler e sua camarilha, prisioneiros nas catacumbas de Berlim, oculta, recusa à visão, as extensas instalações dos campos de concentração e dos campos de extermínio. A guerra resume-se numa batalha entre Hitler e os russos, em que os exércitos nazistas em retirada, matando e promovendo as terríveis "Marchas da Morte", não assume seu papel de protagonista. Eis aí a construção de outra narrativa da guerra genocidária, que oculta a natureza do próprio fenômeno.

Já em *O pianista* (*The Pianist*, Roman Polanski, 2002), a partir de um livro de memória do sobrevivente Wladyslaw Szpilman, um músico judeu-polonês, filmado por Roman Polanski, em 2002, se dá um tremendo esforço, sincero, terno, de restauração de algum laço de humanidade entre vítima e algoz, incluindo reviravoltas e inversões de papéis e condições históricas. Contudo, essa busca de um vestígio de humanidade – no caso do comandante nazista em face do fugitivo judeu –, pode claramente conferir certo grau de possibilidade humana – ou de resquício desta condição – a um fenômeno marcado pelo inumano. O elo civilizacional que une algoz e vítima se dá através da música de Frederic Chopin – no caso *Balada em sol menor* – numa busca de construir, através do sublime da arte, uma linguagem comum que continuaria, mesmo em tais condições, humana. Contudo, seria mesmo a música – o sublime em meio ao horror – o elo que permite a sobrevivência do pianista. Não se trataria, ainda uma vez, numa prova, num exame do poderoso – dotado do poder de vida e morte – sobre o mais fraco, que deve, através do controle de uma técnica (e/ou dotado de um talento) provar ao outro o seu direito à vida. Em suma, a humanidade reafirmada na criação do sublime não estaria, neste caso e como muitos outros, ao dispor de todos os homens e mulheres vítimas da guerra. A humanidade, em *O pianista*, se confundiria com um mérito a ser provado sob o olhar avaliador de outro absoluto, com o poder de decisão sobre a vida e a morte.

Já no caso de *A queda* a humanização dos perpetradores da guerra e do cenário soturno e claustrofóbico em que se desenrola o filme (quase todo no bunker de Hitler), emerge em vários personagens em face da derrota, da doença e do desespero absoluto representado pela derrota iminente frente ao Exército Vermelho. Perante a mais completa e trágica derrota que se poderia viver, aquele grupo de homens e mulheres é colocado na condição de buscar uma saída. Não há culpa ou explicação do porquê se chegou a tal situação de desespero, apenas um sentimento trágico de terminalidade da vida, de um tipo de sociedade e, talvez, da própria história para aqueles que estariam no bunker. As estratégias de cada um – fuga, suicídio, mergulho ensandecido no horror (com drogas, sexo e bebidas consumidos massivamente em festas que parecem celebrar a morte), busca de uma salvação ou de pontes que sobrepassem o presente e criam vias de futuro (óbvia, estas, nas tentativas de membros da liderança nazista em negociar, na últerrima hora do Terceiro Reich com o comando anglo-americano, como nos casos de Hermann Goering e Heinrich Himmler) – ocupam o grande número de personagens que passam pelo bunker de Hitler.

Em especial é brutal, e significativa, a cena em que os oficiais da SS em face da notícia do suicídio do Führer cometem suicídios em massa, ilustrando o "fim da história" dos nazistas sinceros – tal cena é altamente confusa em seus sentidos e abre brecha para interpretações difíceis.

De forma polar, nas antípodas, destaca-se, ainda em *A queda*, a terrivelmente fria e doentia Frau Goebbels – com uma aguda consciência de terminalidade –, e, por outro lado, as expectativas e ações "éticas" do oficial médico que tenta salvar doentes (arianos, é claro!) de um hospital, abandonados pelas autoridades nazistas convencidas do "fim da História" contido na derrota do Terceiro Reich. Estes dois personagens são, em sua "tipagem", figuras centrais de uma Alemanha que se extingue e de outra Alemanha, que mesmo carregando a sua vergonha, poderia se erguer e trabalhar na direção do futuro. Mas, seriam ambos verdadeiramente antípodas? Ou tão somente estratégias diferenciadas de enfrentar o inevitável?

A NORMALIZAÇÃO DO TRÁGICO

De qualquer forma, a construção personalógica dos atores em cena traça um panorama humano do Terceiro Reich e de sua camarilha. A figura envelhecida, doente, e desequilibrada de Hitler é o ocaso da História (ou ao menos da História do Terceiro Reich) tal como Wotan ateando fogo ao Walhala, e prepara para sua saída trágica de cena. Numa história que sempre foi marcada por pequenas misérias, pela ausência do grandioso, a saída final do Führer – tão diferente da humilhação de Mussolini pendurado de ponta-cabeça no posto de gasolina de Milão – conduz, para além de uma *Balada em sol menor* – para uma apoteose do "fim dos deuses".

A queda, onde não há a presença do Holocausto ou dos diversos campos, torna a guerra, por um lado, bem mais humana, mostrando os personagens centrais do Terceiro Reich em seu ocaso, já destituídos de seus poderes, empáfia e da arrogância assassina que os caracterizavam. Muitos críticos, na própria Alemanha, quando do lançamento do filme, criticaram duramente tal humanização de carrascos como Hitler, Goebbels ou Speer. Ora, em verdade, todos, toda a camarilha nazista era, evidentemente, humana. O filme não erra em mostrá-los humanos – na verdade amplia o horror da guerra e do assassínio massivo cometido pelo Terceiro Reich ao mostrar que os perpetradores eram seres medíocres, formados em preconceitos e, principalmente, num ódio plenamente cultivado. Assim, o filme acerta ao propor que a pesquisa e as ciências sociais – e, de forma alguma, quaisquer condições metafísicas ou escatológicas – devem explicar a constituição do Terceiro Reich.

A crítica deveria, em verdade, voltar-se em outra direção. A ausência das vítimas. Não há em *A queda* a presença das vítimas massivas do nazismo. Em verdade, nas cenas mais brutais – quando a Volksstrum (a milícia popular nazista) assassina "derrotistas" que querem o fim da luta ou nas cenas de abandono das vítimas no hospital –, trata-se, sempre, de alemães vitimados por alemães. A morte em escala industrial na Polônia, na URSS ou nos campos de extermínio não desempenha qualquer papel no filme.

Assim, os perpetradores são humanizados; a população alemã – que apoiou, votou e colaborou com o regime – é humanizada, mas as vítimas de massa são ocultadas. Humanizaram-se tão somente aqueles homens e mulheres que foram os responsáveis pela suspensão da condição humana para outros milhões de pessoas. E, simultaneamente, o filme, reafirma a magia do Terceiro Reich, ao encerrar na terra a era dos deuses e dos heróis, tão bem explicitado nos suicídios em série de nazistas. Somente os banais, os incultos e os ingênuos herdariam a terra em meio às ruínas de uma Berlim fumegante.

Podemos, assim, visualizar duas vertentes, absolutamente arcaizantes, da narrativa histórica assumida pelas diversas linguagens fílmicas sobre a Segunda Guerra Mundial. De um lado, uma história de "grandes personagens" históricos ou ficcionais – sempre torturados, perpassados pelo desejo de sucesso e vitória e assombrados pela derrota e o fracasso. Eis aí a mais tradicional das narrativas históricas, a narrativa de reis, ministros e generais e comandantes, como os personagens centrais da história. Este é o caso dos filmes imediatamente feitos no pós-guerra, mas, ainda, de filmes de grande repercussão, como em *Das Boot*, de Wolfgang Petersen, de 1981 – quando as decisões de um comandante são, em resumo, a expressão do sentido (ou do "não sentido") mais completo da guerra.

A outra vertente, como veremos, trata-se da história-batalha, a grandiosidade sobre-humana, titânica, da dimensão histórica da guerra. Eis outra versão narrativa absolutamente arcaizante que o cinema assume com prazer e grandiosidade.

De qualquer forma, o destaque é para a ausência do homem comum, daquele que se transforma em vítima sem mesmo entender os processos que envolvem os mecanismos da guerra. Uma narrativa do cotidiano, massivo, comum, da guerra – fora da biografia dos líderes, de suas decisões morais e seus dilemas de grandiosidade, ou a grandiosidade titânica da batalha – é, sem dúvida, o mais incomum. O caráter genocidário da guerra – seja como objetivo militar, como o extermínio de milhares de prisioneiros militares, como os soldados russos e poloneses; seja por motivos de reorganização e recolonização de territórios, como o assassinato massivo de judeus, poloneses e russos na Europa Oriental; seja por ódio racial convertido em militância política e razão de Estado, como no extermínio de judeus e ciganos ou, enfim (mas, não por fim), por razões pretensamente eugênicas, como na perseguição de doentes, deficientes físicos e mentais e de homossexuais – é o grande ausente na maior parte das narrativas fílmicas.

Tal ausência sublinha o caráter civilizacional da Segunda Guerra Mundial. Daí sua excepcionalidade que não pode ser contida numa narrativa "regulada" por regras fílmicas de forma a conter o todo da guerra numa metonímia de dilemas individuais. Assim, na narrativa da guerra estavam, e ainda estão, em combate princípios básicos – e muitas vezes, mínimos – de civilidade, de vigência dos direitos humanos mais elementares e respeito à condição humana. Assim, a redução de sua narrativa a narrativa, por um lado, dos diários das derrotas e vitórias de seus lideres ou de suas projeções "tipadas" em figuras "exemplares", ou, por outro lado, dos seus aspectos bélicos grandiosos contidos em uma determinada batalha é um processo de "normalização" do conflito, negando seu caráter massivo, extenso e intenso de crime contra a humanidade.

A GUERRA COMO CONSTRUÇÃO DO SAGRADO

Em muitos autores, historiadores e cineastas, a guerra sofreu este primeiro processo de "normalização", retendo-se nas narrativas dos fatos diretamente bélicos, muitas vezes querendo-se, mesmo, como um "documento" da própria história. Este é o caso, muito especialmente, da grande batalha aeronaval de Midway, em 1942. Já naquele ano, John Ford produziu *Midway*, como um documentário nacionalista e alentador para o público americano (ganhador, no mesmo ano, do Oscar de melhor documentário). O filme foi refeito inúmeras vezes, incluindo *In Harm's Way*, de Otto Preminger, de 1965 ou *The Longest Day*, de um conjunto de diretores, entre os quais Ken Annakin, em 1962.

Assim, a História Militar clássica e os filmes de guerra, logo após o conflito, preferiram narrar batalhas e operações militares, abandonando o cotidiano de viver "na guerra". O interessante é notar que entre os principais, e iniciais, combatentes – alemães, russos e ingleses – a guerra foi, diferentemente desta tradição narrativa, desde seu primeiro momento, descrita como uma guerra de sobrevivência, de combate sobre princípios que deveriam nortear a humanidade e os indivíduos aconselhados a buscar meios de viver "na guerra". A sua "normalização" posterior é, neste sentido, uma dupla adulteração. Num plano, superficial e de análise das narrativas "combatentes", competitivas, se descarta a própria fala daqueles que lutam e, num segundo plano, a busca da veracidade, descarta-se uma série de fenômenos que causaram a mais importante face de dor e morte da própria guerra, em especial no campo da política, do jogo partidário e das instituições. A guerra é, neste campo, um fenômeno externo ao cotidiano do homem comum ao qual este mesmo homem comum deve adaptar e aceitar com resignação.

É muito provável que tenhamos na Batalha de Stalingrado (agosto de 1942/fevereiro de 1943), por seu peso sobre o destino da guerra, pelo número de vítimas – quase dois milhões, de ambos os lados, incluindo milhares de civis soviéticos – um ponto focal, fundante, deste processo de "normalização" da guerra. Diversos historiadores e cineastas buscaram nos eventos bélicos de Stalingrado uma visão heroica, titânica – algumas vezes quase mística – da guerra. O fato de ser considerado o ponto de refluxo do poderio do Terceiro Reich – mesmo que para muitos especialistas mantenha-se um duro debate sobre este ponto –, com sua grandiosidade de meios envolvidos, completa o papel, com razão, decisivo da batalha como combate titânico. Neste sentido, Stalingrado produziu, desde cedo, uma vasta cinematográfica – além de uma abundante historiografia de diferentes méritos, quase todos contaminados, contudo, pelo que poderíamos chamar de Síndrome de Götterdämmerung – a grande derrota titânica em fogo e ferro e que encerra uma época da História, repetindo a versão wagneriana de um Wotan enfurecido.

O filme mais importante, por impacto de crítica e por público, é sem dúvida o filme de Joseph Vilsmaier – *Stalingrad*, de 1993 (*Stalingrado: a batalha final*). Desde logo, o roteiro original (de Jürgen Büscher e Johannes Heide, com participação do próprio diretor Vilsmaier), busca, para além da "normatização" do conflito, a "sacralização" da própria guerra, numa chave explicativa claramente wagneriana. A visão proposta é de duas forças titânicas, duas vontades inquebrantáveis, em busca da glória, única razão digna para a existência humana. Para isso, autores e diretor descem ao nível de personagens que deveriam retratar homens comuns (a busca de sempre pelo conceito de *ordinary people*, que garante a identidade de público e personagem, com uma recepção aberta e emocionante), alemães e russos, presos numa armadilha do destino, movidos por forças que não compreendem e os impulsionam sempre para um destino trágico. Recupera-se, desta forma, o *pathos* da própria guerra, conduzindo homens que, no máximo, revelam a natureza própria de suas estirpes. Claro, personagens arquetípicos – o nazista mau, a heroína russa em busca da vingança, o soldado alemão que só cumpre o seu dever – estão todos lá. O próprio release da distribuidora do filme, em inglês, já adiantava em seu lançamento, e consumava a "normalização da guerra", ao afirmar: "(...) no início do filme, odiamos os alemães. Ao final, choramos por todos". Assim, vítima e algoz, agressor e agredido, são equiparados na sua dor, sem qualquer escala moral ou busca de responsabilidades. O que emerge do conflito, titânico, é, ao final, a qualidade intrínseca de cada um, no dizer de Nietzsche, que sem dúvida povoa – em versões variadas – a cultura dos autores/cineastas, define e separa, na sua própria origem, o "bom" e o "ruim". Não se trata de ser "alemão", "nazista" ou "SS", ou ainda, Wehrmacht. Trata-se do "ser interior", inato, de cada um expresso, no tipo de estirpe que molda e conforma, em face do *pathos*, a existência humana. Não podemos deixar, contudo, de marcar que tal explicação – uma batalha titânica de desfecho místico repetindo na história a narrativa da lenda mítica – era a compreensão de Stalingrado pelo próprio ditador alemão. Assim, o suicídio coletivo do VI Exército de Von Paulus, lançando-se ao fogo soviético e nas águas do Volga, deveria emular a destruição final dos heróis nórdicos lançados no fogo e nas águas do Danúbio. A guerra, e sua batalha, foram encenadas conforme a linguagem titânica e mística da ópera que o ditador tanto amava. A crueldade do Führer e sua estetização da violência são conhecidas. O surpreendente é que o "roteiro" seja, ainda hoje, o mesmo e a crítica, seja de cinema, seja do historiador, não atente para o subtexto produzido pela própria propaganda do nazismo, que encontra na derrota um estímulo brutal para a continuidade da guerra.

Por esta via, a guerra está, não só "normalizada", como ainda "sacralizada", passando da narrativa do campo da história para a do campo da mítica germânica. São duas tradições antigas que convergem aqui: de um lado, a tradição trágica das derrotas em fogo das lendas germânicas, reapropriadas na obra wagneriana. Por outro lado, uma tradição de origem romana, que remonta à diferenciação entre o *sacrum* e o *pro-fanum* na Roma Antiga, e, mesmo, antes, no mundo celta. É na guerra, como no título do famoso filme, que nascem os bravos (filme de Delmer Davis, 1958). Ou seja, onde a estirpe – esta parte subterrânea do ser – mostra seu valor. A guerra embora cruel é um rito sagrado, necessário para separar os bons daqueles que são maus (porque são fracos). Ora, tudo que envolve a batalha sem ser a própria batalha – o espaço do *sacrum* – é *pro-fanum*, ou seja, está fora do espaço do templo – o *fanum*, onde se realizam os ritos. Assim, o cotidiano, o diário, comum e banal, aquilo que envolve as pessoas que não são os grandes líderes ou heróis (conscientes ou ocasionais) e estão, assim, fora do sagrado, não merece a atenção e o cuidado dedicado sempre ao sagrado, o espaço da batalha. Significativamente, o mesmo release dos produtores do filme insiste que a narrativa "... nada ocultou, não escondeu qualquer detalhe, revelando toda a realidade". Além de uma violação básica do ofício do historiador – com uma apropriação indébita do conceito de "realidade" narrável e da sua reconstrução, por si já abandonado pelo historiador – a produção de *Stalingrado* propõe-se a restaurar "toda a verdade". Mas como a verdade é sagrada e reside no rito titânico do extermínio em massa de iguais, ela permanece misteriosa, oculta – não cabe a sua explicação, posto ser um rito mágico.

O que envolve externamente o espaço do sagrado, por sua vez, – o chamado *pro-fanum* – não merece qualquer atenção. Mesmo que aceitássemos a "verdade restaurada", plenamente narrável, como pretendida pelos produtores, restariam dois outros problemas a serem resolvidos: de um lado, a própria natureza do *pathos* da guerra, este sofrimento sob forma de provação, incompreensível para os personagens e do qual se emerge como uma experiência de revelação mística; de outro lado, a exclusão, brutal, de todos os episódios que estariam no espaço do profano, de frente, mas externo, para o sagrado – a batalha – mas sem ser parte direta da mesma, tal como (no caso histórico em pauta) a ação dos Einsatzgruppen – as tropas de extermínio nazista – em seu trabalho de extermínio de judeus; a execução sumária da população civil e de prisioneiros de guerra entre outros muitos episódios do "profano", ligado por sua própria natureza aos fracos. Assim, a "normatização" e a "sacralização" da guerra na Batalha de Stalingrado precedem e realiza uma limpeza, a ablução completa em sangue de um destino desconhecido e cruel, superior e independente da vontade dos personagens em pauta. Eis o cenário wagneriano proposto pelo vencido e cruel transformando a batalha em narrativa igualitária e ornado de maravilha, mesmo na derrota, que por esta transformação mítica constituem em mito.

Ora, tal narrativa transforma a guerra num fenômeno místico e incompreensível aos humanos – a "maravilha" – e sua descrição num procedimento metanarrativo capaz de garantir o olhar compassivo – o que o release nos diz como "chorar por todos eles" (o que inclui aqueles que quebraram os tratados internacionais, invadiram, destruíram e mataram mesmo civis desprotegidos e realizaram o mais amplo programa de genocídio da história!) – num fenômeno de extrema crueldade e brutalidade. Desta forma, os objetivos de guerra do Terceiro Reich expostos e discutidos por seus líderes, as responsabilidade de homens reais, concretos, os erros de avaliação das partes políticas são, todos, reduzidos à irrelevância – como no caso também de *A queda*. Somente o drama existe. Imenso, titânico e incompreensível. A guerra é um rito de destruição e grandeza, sem qualquer sentido. Abolimos o pensamento político, estratégico, ou a noção de "interesse nacional" do Estado, descrito desde Sun Tzu até Clausewitz, de Platão até Hegel, em favor de uma apropriação altamente discutível de Richard Wagner e de seu misticismo grandioso da guerra. Ao mesmo tempo, afastamos os episódios "desagradáveis", circunstanciais, típicos do profano, como, por exemplo, o extermínio massivo dos judeus – estranho aos filmes como *A queda* ou *A batalha de Stalingrado*, banidos para o limbo do profano, logo, do "não narrável". Assim, *Stalingrado* consegue ser um dos mais aplaudidos filmes da história do cinema da Segunda Guerra Mundial sem problematizar as características básicas, identitárias, da própria Segunda Guerra Mundial: o Holocausto.

Este não é o único caso, embora seja, sem dúvida, exemplar. Um segundo filme sobre a Batalha de Stalingrado – também relevante por suas qualidades técnicas, recursos e *acting*, entre tantos sobre o tema – é o filme de Jean-Jacques Annaud, consagrado cineasta francês, denominado *Enemy at the Gates* (*Círculo de fogo*), de 2001, com roteiro de Alain Godard e do próprio Annaud. Neste caso, a incrível e ocasional história do soldado Vassili Zaitsev e de seu oponente, o oficial alemão Major König – engrandecida pelo desempenho de Jude Law e de Edd Harris – mais uma vez reduzem o conflito a um duelo homem a homem, a única forma do *pathos* da guerra ser aceito e despertar a compaixão no público. Os personagens são construídos, bem ao gosto dos anos de individualismo e de desilusão da generalização da globalização e do fim das utopias, através de uma tensão arquetípica que perpassa a "estirpe" de cada um: fazer o seu dever, aceitar a inutilidade de tudo, inclusive da vida, e conviver com a brutalidade do outro. Somente a morte trágica e sem sentido seria capaz de dotar a banalidade da vida de um significado grandioso.

Mais uma vez, é bem verdade, com sutileza e ambiguidade, os personagens são marionetes de forças muito superiores, que não só desconhecem como ainda não entendem, como no drama cósmico wagneriano. Já em *Hunde, wollt Ihr ewig leben?* ("Cães, vocês querem viver para sempre?", sem título em português), filme de 1959, dirigido pelo alemão Frank Wisbar – e favorecido por uma ampla audiência –, o *pathos* wagneriano da guerra já se fazia presente, reproduzindo o sentimento apocalíptico que a liderança nazista atribuiu à batalha. Não explicava a guerra, posto que a guerra seja irracional, incompreensível, um lapso da razão. Mas apresentava seus atores – aqueles que concretamente mataram, torturaram e participaram, com denodo, de práticas exterminacionistas – através de uma lente de sacrifício e dedicação, onde eles mesmos são marionetes em busca de uma humanidade que se esvai. Desta mesma forma a propaganda nazista conclamava o povo alemão para uma "cruzada" por sua própria sobrevivência nesta batalha cósmica, colocando a guerra no exato cenário onde Hitler melhor se movia: a encenação operística.

A mesma equipe de produção do filme de Vilsmaier, para *Stalingrad*, foi a responsável pela produção, do já referido, *Das Boot* (*Inferno no mar*), de 1981, do consagrado diretor Wolfgang Petersen. Neste caso, os roteiristas – originalmente combatentes navais alemães na Segunda Guerra Mundial – prometem, no release, a "realidade nua e crua". Com valorização de recursos técnicos, especialmente sonoros, o duelo é levado para o mar e as suas dificuldades e a convivência forçada, com atos de bravura, covardia, irresolução e dúvida, mas sempre levados para um fim trágico guiado pela aceitação sofrida do *pathos* pretensamente wagneriano. Todo o filme é uma sucessão, especialmente montadas, de provas de frieza, de capacidade de resistir ao inimaginável e *mépris* em relação com a própria vida. Sem dúvida, em todos esses filmes, o desprezo – na sua acepção sartreana-godariana repleta de mal-entendidos, de necessidades de provar ser o que se é (e o que se deseja ser ou, no extremo, se deseja ser sem chances jamais de sê-lo) – impele aqueles homens dentro d'*O barco* a ir além da sua própria condição humana. Cabe, para além do pretenso desprezo (ou frieza) em relação à própria vida, destacar que neste momento se abre a possibilidade da frieza (e do desprezo) pela vida do outro. Assim, o "admirável" comandante ou líder resistente que se destaca por sua coragem, outra expressão da frieza, resume em si mesmo a autoridade para determinar o limite da vida daqueles que estão, correta ou incorretamente, sob seu domínio.

Na maioria das narrativas fílmicas, como exemplarmente, em *Das Boot*, a frieza é encenada para provocar admiração. Da mesma forma, na mesma chave narrativa, a frieza é a autorização para decisões de vida e morte. O que se esquece é que o *mépris*, como adverte Sartre, é inumano, posto que o desprezo por sua própria vida, pelos sentimentos e pelas emoções, é a condição imperativa para balizar a humanidade do outro.

Vemos, desta forma, um primeiro e rico filão da cinematografia da Segunda Guerra Mundial onde o conflito – brutal, sujo, inumano como em *Das Boot*, *Stalingrado* ou *O pianista* – é trazido para uma dimensão da dor aceitável, ao menos como provação, através da sacralização da destruição e da transformação da morte em oferta sacrifical – este é o caso do sensível e humanista *O pianista*. Mas as cinematografias do conflito são bem mais amplas, e em alguns casos, como veremos, superam o *pathos* wagneriano e se apresenta como desveladora de temas que a própria historiografia rejeitou. Neste caso, a narrativa fílmica arcaizante e repetitiva de modelos oriundos do drama e da ópera reside e configura a própria historiografia.

A PARTE OBSCURA DE NÓS MESMOS: REPRESENTAÇÃO DA PERVERSIDADE HUMANA NO CINEMA

Nesse subtópico, pretendemos analisar o que a psicanalista francesa Elizabeth Roudinesco chamou de *parte obscura de nós mesmos*, procurando estudar a representação da dor, do sofrimento, e das ações humanas através de três filmes: *Vá e veja* (1985), *Quando voam as cegonhas* (1957) e *Na neblina* (2012).

Afinal, quando estamos falando da Segunda Guerra Mundial e das ações dos perpetradores nesse evento, falamos de homens comuns, ou de alemães comuns? Essa indagação foi feita no início dos anos 1990, do século passado, pelo historiador norte-americano Christopher Browning (1944-) no livro *Ordinary Men. Reserve Police Battalion 101 ante the Final Solution in Poland.* Concordando com Browning, não podemos retroceder na história e pensar o conceito de *homens comuns (ordinary men)* através de especificidades culturais, como se o ocorrido fosse fruto de uma especialidade alemã ou da própria história da Alemanha. Isso seria um retorno ao *Sonderweg*, o caminho único, pensado pelos historiadores que estudaram o império germânico. Portanto, ao escolher o conceito de homens comuns, em vez de alemães comuns, estamos alargando o debate para pensar aspectos da natureza humana que transcendem a questão cultural e ultrapassam as fronteiras físicas de uma nação. Livros como o de C. Browning, Eric Johnson ou mesmo a controversa tese de Daniel Goldhagen, mostraram que nem todos eram alemães, mesmo com as grandes dificuldades que a Wehrmacht teve para recrutar novos soldados nos países ocupados. A questão central, em análise, não está em pensar que se tratava de homens e mulheres psicologicamente perturbadas que se transformaram em assassinos em massa por uma patologia social, ou apenas por uma força exterior ideologizante, mas sim, pessoas comuns.

Nesse sentido, Browning constrói uma tipologia para ler esses *homens comuns* que podemos, em alguma medida, ver representada nas películas que aqui serão estudadas:

I. Os verdadeiros "crentes" (*true belivers*).
II. Os indivíduos do procedimento operacional padrão (*standard operating procedures*).
III. Os que evitaram o disparo direto (*that evaded direct shooting*).

Os que foram chamados de "crentes", são os indivíduos que se identificaram com os valores do regime nazi e que por isso ofereceram uma livre e espontânea colaboração. Foram indivíduos historicamente conscientes com as propostas do regime e suas ações. O segundo grupo, foram os indivíduos que adotaram o que se chamou de procedimento operacional padrão. Eram pessoas que interiorizaram o princípio da autoridade não a confrontando, mas aceitando de forma passiva o que fora pedido, as ordens, mesmo que fossem as mais duras e cruéis. No último grupo da tipologia de Browning estão as pessoas que evitaram o disparo direto. Estes muito se assemelham aos burocratas. Aqueles que buscaram outras atividades como guardas, escriturários, para ter que evitar o disparo direto (BROWNING, 1992). O grande problema é que isso não fez desses indivíduos menos assassinos frios e cruéis do que aqueles responsáveis pelo tiro à queima-roupa ou por fechar a porta da câmara de gás. O burocrata, que se escondeu atrás do regime nazi não foi só uma peça importante na engrenagem da máquina alemã, mas, também, um indivíduo que por opção auxiliou e racionalizou os desejos dos nazistas, apoiando e facilitando a eliminação de milhões de pessoas.

É muito importante atentarmos para essas definições tipológicas no intuito de evitar uma equivocada e reducionista uniformização dos indivíduos no Terceiro Reich que geralmente são diretamente identificados como nazistas fanáticos e verdadeiramente fiéis. Os historiadores alemães Sönke Neitzel e Harald Welzer apontaram para esse cuidado no seu estudo sobre a escuta dos soldados alemães durante a guerra, mostrando a complexidade e a pluralidade de indivíduos que mesmo lutando pelo exército nazista, não eram, em sua totalidade, aderentes a esse agir político que muitos chamam de ideologia. Os mesmos autores afirmam que o nazismo não tornou a sociedade imoral ou o mesmo só foi possível graças a um defeito moral da sociedade, mas, pelo contrário, é resultado de um profundo estabelecimento de uma "moral nazi" (NEITZEL e WELZER, 2014, p. 57). Estamos falando, antes de tudo, de uma ditadura, um regime participativo onde não era necessário ser nazista para estar participando e até agindo em nome do governo.

Vários intérpretes leram o nazismo no intuito de procurar entender sua forte relação com antissemitismo e com a guerra de raças para estabelecimento de uma *Volksgemeinschaft*, de uma comunidade do povo. Muitas explicações foram construídas com a intenção de estabelecer uma interpretação plausível para as ações de um regime político que muitos acreditaram ser um *eclipse da razão*. Porém, poucos foram os que se debruçaram sobre a natureza humana e entre os historiadores ainda menos. Cineastas, teatrólogos, literatos e psicanalistas sociais foram os que mais contribuíram para entender uma máxima filosófica, que aprendemos na leitura detalhada de Karl Jaspers de que *os indivíduos se tornam o que fazem*. Com isso, uma definição sobre o nazismo ultrapassaria o âmbito da ciência política que, em alguma medida, reduziria o regime apenas a um aparelho de Estado ou mesmo a um fenômeno da ideologia. Estes são aspectos importantes, mas, que não dariam conta da amplitude desse agir político que procurou a transcendência do indivíduo, levando-o a outro patamar. Portanto, nossa definição é a de que o nazismo é uma questão de negação da alteridade, de negação do outro por excelência. E um de seus princípios ativos de ação política foi levar os indivíduos a praticar essa negação tornando-se indiferente aos horrores cometidos contra a humanidade, transformando-os em indivíduos frios e indiferentes à condição humana. O desejo era, ao máximo, retirar a parcela da sociedade que funcionava como indivíduos de procedimento operacional padrão, e que evitava o disparo direto, levando-os à transcendência para que se identificassem com os valores do regime, tornando-se "crentes", na terminologia de Browning, ou que trabalhassem para o Führer (*working for Hitler*) como defendeu o historiador britânico Ian Kershaw. Por isso, quando estamos a falar de todo o período em que o nazismo governou a Alemanha, 1933-1945, estamos sempre tratando do que Hans Mommsen chamou de "radicalização progressiva". A cada ano, novo ato, criação de nova instituição, o regime se tornava mais radical em sua luta racial. O inglês Richard Bessel apontou de forma sucinta, mas bastante esclarecedora, que o nazismo foi um regime baseado na guerra. Seja ela contra bolcheviques, judeus, marxistas, liberais ou os que chamavam de associais (*asozialen*).

Outro ponto de bastante destaque quando se fala da representação do nazismo, seja ela na literatura, no cinema ou mesmo na história, está ligado às motivações que levaram esses indivíduos comuns a realizarem tamanhos atos de brutalidade. Não podemos tentar responder de forma una, como se fosse possível uma explicação que conduzisse todo o processo que levaram pessoas a se tornar assassinos em massa. Muitos agiram dentro de uma cosmovisão, uma espécie de Weltanschauung, do que significava ser um nazi, e isso implicava eliminar os inimigos do Reich na intenção de encurtar o tempo de guerra para a construção de uma Alemanha forte, soberana, ariana: o Reich dos mil anos. Ser um soldado ou um militante nazi era ser duro tendo em vista o estado de guerra. Muitas das vezes, isso foi encarado como uma necessidade pelo dever de manter os territórios ocupados ou em ocupação e ordem e, também, como uma maneira de se mostrar para as populações subjulgadas que eram a raça superior. Outros, simplesmente não queriam enfrentar ou mesmo discordar dos princípios da autoridade instituídos, até porque estavam sob a legislação específica de guerra e isso poderia representar severas punições.

A INSUPORTÁVEL SENSAÇÃO DA DOR

Vá e veja (1985) ou *Idi i Smotri*, para os russos, foi produzido alguns anos depois da morte da esposa do diretor Elem Klimov numa fase em que sua obra está completamente contaminada pelo sentimento de dor e sofrimento. Muito do que se retrata no filme veio da experiência do próprio diretor durante a Segunda Guerra Mundial. Klimov afirmou em diversas entrevistas que por mais que a película fosse baseada em fatos observados por ele como testemunha ocular da guerra, ela jamais conseguiria expressar a guerra tal qual ela foi. Afirmou que se ele tivesse expressado tudo o que vivenciou e o que representou a guerra na sua vida e na vida de sua família, esse seria um filme que nem mesmo ele seria capaz de assistir. Nessa película, a realidade é extremada. É estampada na nossa frente sem termos com fugir da crueldade da natureza humana. Não é apenas mais uma narrativa sobre guerra ou mesmo sobre a Segunda Guerra Mundial, mas um filme único, que com a sensibilidade de Klimov mostrou os horrores de uma guerra travada por homens comuns, com preocupações comuns. Por mais que o filme tenha um cuidado com a estética na construção das cenas, elas são duramente quebradas pelo horror constante. Em *Vá e veja* voltamos ao mal-estar, ao *Unbehagen*, trabalhado no início deste capítulo. Praticamente não há uma única cena do filme em que a dor e o sofrimento não atravessem os personagens e os leve diretamente para a dura realidade da guerra. O riso é mórbido, a vida é sem esperança. A raiva toma conta de todos que estão contaminados pelos horrores da guerra. Os personagens, em especial, Florya, jovem de aproximadamente 15 anos que é recrutado pela milícia bielorrussa que luta contra a ocupação nazi em 1942, só conhecem o mundo pela dor. Podemos acompanhar ao longo do filme como Florya vai definhando, através de sua mudança de expressão, quase se tornando um morto-vivo, alguém que não tem mais por que viver, mas simplesmente vive.

Não podemos deixar de destacar que estamos falando de um filme produzido por um comunista militante e que ao tratar das atrocidades do exército nazi em território da URSS, mostrando não só como os nazistas eram ruins, mas, também, toda a coragem e bravura da população e exército local, tornou-se um sucesso de bilheteria chegando a 29 milhões de expectadores apenas na extinta URSS.

Náusea, hiância, mal-estar. Esses são os sentimentos que percorrem todo o filme. Há dentro da película uma espécie de radicalização progressiva, mas, ainda assim, percebemos um contínuo na representação do sofrimento e do que representou a guerra. O filme tem, mesmo que não intencionalmente, um diálogo muito grande com a obra de C. Browning. O historiador norte-americano afirmou que uma das coisas que mais assustou no regime nazista era como conseguia converter boa parte da população em assassinos em massa, sendo que a maior parte deles não era constituída de assassinos fanáticos ou mesmo ansiosos, mas foram se tornando ao longo do tempo, especialmente os que estavam no front da guerra. Por isso, a interpretação de Browning, por mais críticas que possa receber, tem uma constatação de cunho filosófico extremamente dolorosa e de difícil assimilação, pois, produz uma dura e pessimista visão sobre a condição humana. Há, tanto na tese de Browning quanto no filme de Klimov, a narrativa de que a todo o momento a Alemanha tentou substituir a vida humana pela ideia de Volksgemeinschaft, de comunidade do povo, onde não havia espaço para outro, apenas para um eu, convertido num nacionalismo que transformou a pátria numa religião cívica, no intuito de facilitar a guerra de raças e a construção de um soberano Império Alemão.

A película tem com pano de fundo a invasão do exército alemão a Bielorússia (entre a Polônia e o Oeste da antiga URSS) em 1942. Toda a história é contada pelos olhos, pela percepção sensorial de Florya, o ator Aleksei Kravchenko, um jovem que está empolgado em ir ajudar os milicianos a combater os nazistas e com isso proteger sua família e comunidade. Depois de deixar a família e partir com os milicianos, carregando o seu único companheiro no filme, sua arma, Florya se junta aos demais combatentes, mas sempre é tratado com misericórdia, pena, pelos outros camaradas, por ser jovem demais. Aqui não conseguimos ter certa clareza se ele está sendo deixado de lado pelos outros da milícia simplesmente pela sua juventude que poderia ser sinônimo de inexperiência ou porque preservar ao máximo a vida de um jovem seria preservar a esperança e o recomeço quando a guerra terminar. Mesmo não sendo envolvido diretamente na luta contra os nazistas, de início, os caminhos percorridos por Florya não foram mais leves ou suavizados. Pelo contrário, sua impotência perante um cruel, forte e numeroso inimigo, sua solidão pelas constantes perdas, fizeram esse caminho ser ainda mais doloroso e marcante. Cada episódio na vida de Florya é estampado em seu rosto que em nossa interpretação guarda as marcas de um tempo vivido. As expressões de Florya são parte integrante da radicalização da guerra, da expressão clausewitziana que ela sempre tende aos seus extremos.

Depois de ter sido deixado de lado pela milícia bielorrussa ele se depara com Glasha, a atriz Olga Mironova, numa impactante sequência de cenas que, numa crescente, constroem o fio condutor da narrativa. É nessa sequência que uma bomba cai muito próximo onde os dois estavam e Florya perde a audição quase por completo. A partir daí, a própria forma de como o filme é narrado sofre alterações, tendo em vista que o zumbido, efeito do ferimento da bomba, não irá desaparecer tanto dos ouvidos de Florya quanto da sonoplastia da película. A cena é aterrorizante. Florya, estático, coloca a mão nos ouvidos por onde o sangue escorre, conjuntamente com o sangue do nariz. Depois surta, devido ao zumbido no ouvido e sai a correr puxando raivosamente os cabelos. As sequências vão ficando ainda mais duras. Vamos entrando no psicológico, no trauma que a guerra vai gerando. Mesmo que Klimov terminasse o filme em cada história contida nas sequências separadamente, seria impossível retirar da vida e da psique de Florya as marcas que a guerra foi capaz de deixar. Esse sim é, de fato, um passado que jamais passará.

Em seguida Florya decide voltar até o vilarejo onde morava para reencontrar sua família e leva Glasha consigo. Lá descobre que o lugar foi completamente devastado pelos inimigos e que sua família não mais se encontra na casa e que possivelmente pode ter sido assassinada pelos nazi. Muitos críticos que analisaram o filme divulgaram a informação que Aleksei Kravchenko teve que passar por diversas sessões de hipnose com um especialista para realização de várias sequências do filme a fim de evitar traumas tendo em vista a dureza e a realidade extremada das cenas. Não há dúvidas de que estamos falando de um filme antinazista, por excelência. O filme faz um *tour de force*, para mostrar quão perversa e assassina foi a invasão e ocupação dos alemães, que não se preocuparam em nenhum momento com a população civil, matando a esmo, e em vários e múltiplos casos, com prazer os habitantes de 628 aldeias bielorrussas. Nesse sentido, ocorre com Flyora o mesmo que foi acometido aos jovens e crianças que passaram pela Shoah: um inevitável e precoce amadurecimento para lidar com a dor e o sofrimento imposto pela guerra. De fato, esse foi um filme que procurou trazer uma representação de tempos difíceis sem a necessidade de fantasiá-lo, mas através de um realismo extremado no qual a poesia das cenas e os efeitos da guerra são o ponto de partida.

A guerra produz uma perda de sensibilidade naqueles que vivem diretamente a experiência do campo de batalha e que são os franco-atiradores, aqueles que executam com a justificativa de que estão na linha de frente defendendo ao mesmo tempo sua pátria e sua vida. Há uma cegueira moral que constrói indivíduos prontos para matar buscando apenas um motivo, por mais fútil que seja e sempre o é, para apertar o gatilho. Vários são os relatos de soldados que ainda muito jovens foram enviados para sangrentos fronts de batalha e que disseram: no início para apertar o gatilho a mão tremia um pouco, agora não mais, nos acostumamos com a prática. Zygmunt Bauman alertou para o fato de que embora a imposição da dor a outras pessoas degrade e rebaixe o algoz, os que sofrem as privações e as ações jamais saem moralmente ilesos. Esse processo constrói aquilo que Gregory Bateson (citado por Bauman) denominou de cadeia *cismogenética*, que detona uma sucessão de ações e reações que aprofundam a cada etapa a obstinação e a belicosidade de ambos os lados (BAUMAN, 2014, p. 46). Assim, o exercício, o ato de provocar a dor não só marca profundamente um lado ou outro da moeda, ou seja, o perpetrador ou a vítima, mas ambos, num contínuo de radicalização do ódio, de construção dele como cultura, algo que você pode cultivar.

Florya tem que lidar com sentimentos de uma realidade perversa. Sua família está morta, as pessoas do seu vilarejo foram assassinadas e tiveram seus corpos empilhados, as únicas pessoas que o acompanhavam nessa jornada desapareceram como Glasha, que reaparece numa das mais brutais cenas do filme, onde está ensanguentada por completo depois de ter sido estuprada simultaneamente por soldados do batalhão da Wehrmacht e um homem, que ele chama de tio e que morre depois de terem levado uma vaca de um camponês. Depois que tanto o tio quanto a vaca são atingidos pelos disparos das forças inimigas Florya consegue fazer um exercício catártico pegando uma faca e cortando diversas vezes a vaca até abandoná-la e seguir. É levado por um camponês a sua casa onde estão escondidos diversos amigos e parentes até a chegada das forças do exército nazi. Todos do vilarejo são colocados dentro de um grande galpão de madeira e depois de muito relutar contra a situação são queimados e metralhados ao mesmo tempo pelo exército alemão que se diverte e até comemora o feito. Florya consegue escapar e assiste a todo esse espetáculo de horror no chão sem entender como os soldados alemães foram capazes de tal ato de crueldade.

Várias cenas se passam até o momento em que os milicianos russos juntamente com parte do Exército Vermelho conseguem derrotar o batalhão do exército alemão, aprisioná-los e chegar a uma conclusão do que fazer com eles. Nesse momento, o desejo de vingança toma conta dos soldados e dos populares, sobreviventes dos vilarejos destruídos que integraram as forças de resistência contra a ocupação. Um dos alemães que está acuado contra o chão decide mostrar um "certo arrependimento" acusando o colega de ter dado a ordem para sair do galpão que fora incendiado pelos nazi. Ordem essa, que permitiu que apenas os homens que não possuíssem filhos pudessem sair do local que fora incendiado em seguida. É nesse momento que os soldados vermelhos pensam em fazer o mesmo com os alemães. Porém, decidem não queimá-los e sim metralhá-los com a intenção de que a repetição do ato apenas os tornaria iguais. Esse ponto é bastante interessante tendo em vista que busca mostrar que ainda restou nas vítimas e nos resistentes locais algo de humano, mesmo que eles tenham executado sumariamente os alemães e não os prendendo e levando a julgamento como rezaria o *ethos* da guerra. O problema é que sempre procuramos *ethos*, moralidade, em algo que em sua essência não possui. Toda a guerra é desproporcional, toda a guerra causa dor e sofrimento e depois de começada ninguém pode prever de fato o tamanho da sua extremidade e do uso da violência. O que eventos como os retratados no filme mostram é que mesmo se tratarmos apenas das batalhas que não envolveram diretamente o Shoah, como é o caso em questão, a Segunda Guerra Mundial, ainda assim, ficaria marcada como o período da história do século XX a proporcionar os maiores e mais assustadores assassinatos em massa.

Apenas nas cenas da sequência final aparecem imagens de época e Florya se confronta com o quadro de Hitler que os alemães faziam os prisioneiros carregar numa forma de exaltação do regime nazi. Ali, temos um confronto entre o jovem que perde a ingenuidade em contato com o mundo, tendo vivido a experiência da guerra, e o espírito infantil que transborda na raiva que Florya descarrega ao atirar compulsivamente no quadro com a intenção de fazer a guerra desaparecer. Como se fosse possível apagar toda a dor e sofrimento causado pelo conflito no seu impulso nervoso. A violência no filme não aparece de forma gráfica, mas sempre em forma de efeito, o que torna o filme ainda mais interessante, do ponto de vista estético, e mais assustador. Será que todas as unidades dos diversos exércitos se portavam da mesma forma ou essa característica violenta, insensível, cruel era apenas uma característica dos batalhões alemães? Tanto o filme quanto a obra de Christopher Browning respondem a isso com uma afirmação tão assustadora quanto o próprio filme *Vá e veja*: todos, perante uma ditadura de massas como o regime nazista, guardando suas devidas proporções, são capazes de realização de tais atos de atrocidade sendo levados a se tornar adeptos desse movimento de forma radical e ideologizante através de uma normatização abrupta da vida e do cotidiano. Por mais dolorosa que seja a conclusão tanto do filme quanto do historiador, saímos com uma visão mais pessimista da condição humana e sua natureza.

O último ponto que gostaríamos de tratar antes de prosseguirmos com a análise das outras películas é como o antissemitismo está exposto em *Vá e veja*. No filme, há uma única cena na qual um judeu é capturado pelos soldados alemães, que gritam: *Caçamos o judeu! Caçamos o judeu! Caiu um judeu nas mãos de Deus!* Depois é levado até perto de um veículo motorizado do batalhão onde é jogado no chão, humilhado, perde as botas e é colocado dentro do galpão junto com os outros populares do vilarejo tendo o mesmo trágico fim. Nesse caso, poderíamos nos perguntar: o antissemitismo seria um dos motivos que explicariam a motivação para os assassinatos perpetrados pelos alemães nesse contexto? Não há dúvidas de que o antissemitismo foi uma questão central dentro da política nazi. Como o antissemitismo era uma questão europeia e não somente alemã, o regime nazista acabou conseguindo cooptar colaboradores de diversos territórios ocupados que eram insensíveis à causa judaica. Quando se tratava de um batalhão formado em sua maioria por alemães, a perseguição a judeus tendia a ser mais radical e, em certa medida, prioritária. O que não apaga o fato de que ao longo do processo os colaboradores que apoiaram o exército alemão foram se tornando tão ou mais radicais que os próprios nazistas, não aceitando os judeus como seres humanos.

Muitos dos livros que temos lido e dos seminários que temos frequentado, incluindo aí alguns em Universidades e instituições israelenses e norte-americanas, têm apresentado severas críticas a filmes e livros que tratam da Segunda Guerra Mundial sem apresentar uma atenção especial ao fenômeno concentracionário e o Shoah. Há uma tendência a normatizar os estudos desse período criando de alguma forma um impeditivo, efetivamente de caráter ético e moral, que, em alguma medida, dificulta uma compreensão mais globalizante sobre o processo em questão. Esta, por exemplo, é uma crítica que não pode nem deve ser feita à película *Vá e veja*. O que estamos dizendo é que como arte ou como história a intenção sempre é buscar os mais variados aspectos de análise, alargando as possibilidades de entendimento. Vários dos filmes que tratam da Segunda Guerra Mundial sem especificamente tratar do Shoah não a estão negando ou a deixando para segundo plano, muito pelo contrário. A intenção tem sido procurar saber as origens deste fenômeno e como *pessoas comuns* foram capazes não só de serem cúmplices de tamanha barbaridade, mas de participar ativamente no extermínio de milhões de pessoas. Para isso, foi necessário entender que muitos foram assassinados através de métodos cruéis, pensados e elaborados apenas com a intenção de exterminar o outro. Infelizmente, foi possível encontrar antissemistismo em todos os países do Leste da Europa em vários graus e extensões. Fosse ele *antissemitismo eliminacionista* (Daniel Goldhagen) ou *redentor ou quimérico* (Saul Friedländer). Há, sim, alguns elementos que tornam a necessidade de abordagem do Shoah e sua importância singulares. Talvez, um dos mais destacados seja a ideia de que a Alemanha foi o único país em que um movimento antissemita se transforma num regime antissemita e esteve a todo o tempo que governou (1933-1945) comprometido com a resolução da *questão judaica* através de uma radicalização legislativa e da ação política levando a cabo o intuito de destruir todos os judeus da Europa. Nesse sentido, diferentemente de todos os outros povos conquistados e ocupados pelas forças belicosas que também sofriam brutos e rigorosos tratamentos, os judeus receberam leis específicas e tratamento único durante o Terceiro Reich. O objetivo dessa política era um extermínio total, cada criança, homem e mulher de origem judaica deveria ser assassinada no intuito de garantir a pseudossupremacia ariana na Europa. Portanto, na única cena em que se trata da questão judaica em *Vá e veja* o diretor tentou, em larga medida, dar um caráter universal ao tema do antissemitismo buscando entender que mesmo o Shoah sendo um fenômeno ocorrido contra a comunidade judaica, tendo em vista que durante a perseguição nazi os judeus foram assassinados apenas pela sua condição de ser judeu, a dor causada por esses homens comuns que tornaram a guerra real e fruto da razão humana se estende aos demais grupos e indivíduos que sentiram todo o mal dirigido por um regime incapaz de aceitar a diferença.

A CULPA E A DOR

Entre os anos de 1945-1946 o filósofo alemão Karl Jaspers lecionou um curso sobre o problema da culpa e a responsabilidade política da Alemanha durante a Segunda Guerra Mundial. Este seria mais um dos seus escritos sobre a questão política alemã, assunto que não abandonou até o final de sua vida. Jaspers até então, pouco escrevia sobre política. Sua argumentação estava na afirmação de que não fora soldado na Primeira Guerra Mundial e tinha crescido sobre os olhos do fracasso militar dos anos 1920 do século passado. Porém, depois do ocorrido na Alemanha, a tomada do poder pelos nazi, as restrições dentro das Universidades, ele foi excluído da gestão da universidade, proibido de lecionar e, por fim, teve seus livros censurados. O que mais nos interessa aqui é pensar qual o *leitmotiv* do pensamento de Jaspers e através de que reflexão pensou o Nacional-Socialismo. O autor interpretou o período do nazismo com uma experiência limite que de forma abrupta obrigou-nos a repensar o papel do político tanto no âmbito filosófico quanto da própria ação da política. Jaspers acreditava que em essência a dignidade humana residia na coragem de pensar por si mesmo superando a imposição tutelada (esse axioma muito o aproximaria do pensamento de Kant). Foi por isso que criticou duramente as Forças de Ocupação na Alemanha afirmando que as mesmas impuseram uma democracia verticalizada numa população que há anos vivia sob a tutela de uma ditadura. A preocupação de Jaspers estava voltada para o presente, uma preocupação central em como lidar com os traumas e culpas geradas durante o conflito e que ainda perdurariam na sociedade europeia de formas variadas e profundas. Ernesto Garzón afirmou que no pensamento de Jaspers o Nacional-Socialismo representou a instauração de uma situação limite no passado, e o presente e o futuro estariam ameaçados pelo perigo da destruição total da sociedade devido ao desenvolvimento técnico que tornou possível a criação de meios de destruição total (GARZÓN, 1998, p. 17). Assim, concordamos com Karl Jaspers quando declara que não há nenhuma lei, nem natural nem histórica, que determine em sua totalidade o rumo das coisas. Para ele o futuro seria uma questão de responsabilidade das decisões e atos das pessoas e, em última instância, de cada indivíduo. Tudo, nesse caso, dependeria do indivíduo. Desta forma interpretamos o Terceiro Reich. Não como uma máquina toda poderosa que ao alienar sua massa guiou-a para o exercício de assassinatos coletivos, mas como um regime que expressou, em larga medida, os anseios de uma sociedade que nas palavras de W. Reich o desejou. Portanto, a figura central do debate de Jaspers era o indivíduo e sua cumplicidade perante as ações políticas do regime nazi. É nesse caso que os escritos filosóficos dele se ligam à película de Sergei Loznitsa, *Na neblina*.

Na neblina não é um filme voltado para o grande público. Não é uma das superproduções sobre a Segunda Guerra Mundial com efeitos especiais ou com ênfase central nas grandes batalhas, mas, um drama psicológico onde culpa e dor estão presentes a todo momento, tendo como ponto alto a narrativa. Um espectador desatento teria dificuldade em ligar a trama do filme, que necessita de um desenrolar narrativo para que a história se encaixe. O filme retrata o ano de 1942 nas fronteiras ocidentais da URSS durante a ocupação nazista. A trama se desenvolve a partir de um ferroviário chamado Sushenya, o ator Vladimir Syirskiy, que foi capturado pelo Exército de Ocupação, mas, diferentemente de seus colegas, foi poupado do enforcamento. Mesmo se negando a fazer parte da colaboração nazi, Sushenya é liberado e passa a ser considerado um traidor pelos soviéticos sendo perseguido agora pelos membros da resistência. É mister pensar que os alemães se utilizavam dessa tática em diversas ocasiões. Colocar as vítimas contra as próprias vítimas. Durante a construção dos guetos onde foi colocada a comunidade judaica nos territórios ocupados não foi diferente. Variadas vezes o conselho judeu, a *Judenrat*, era obrigado a entregar listas com diversas pessoas a serem deportadas para campos de trabalho e de extermínio, tendo muitas vezes como consequência do não envio, a morte de muito mais pessoas. Essa foi uma das mais duras e cruéis ações do regime nazi, fazer as vítimas serem algozes de outras vítimas. No filme bielorrusso não foi diferente. Sushenya passa a ser considerado um traidor que se vendeu aos nazistas e sua vida nada valia porque era fruto da morte de vários camaradas. Sua ligação central com o texto de Jaspers está na discussão sobre a ausência de valores em tempos de experiência limite, como é o caso da Segunda Guerra Mundial.

A preocupação da película, tal qual a do filósofo alemão, está em mostrar e discutir os dilemas do *ordinary men*, do homem comum. Por mais que o filme nos pareça muito burocrático com sequências que misturam uma tentativa de documentário com uma ficção, seu debate se mostra atual e em consonância com o que se tem estudado sobre a Segunda Guerra Mundial, buscando problematizar a questão do papel do indivíduo durante o conflito, suas ações e reações à ocupação, procurando questionar não só as batalhas e a força brutal do exército alemão, mas as reações dos homens comuns e como eles pagaram altos preções por suas escolhas e decisões num momento em que a Europa fora batizada de Continente Sombrio (alusão à obra de Mark Mazoer). Alguns soviéticos são levados à forca. Um deles sobrevive, mas sofrerá duras consequências, mesmo que a opção de estar vivo não tenha sido uma escolha sua e sim do algoz.

Um dos sobreviventes do levante do Gueto de Varsóvia, num depoimento, foi indagado sobre o que representou o dia da libertação e enfaticamente disse ter sido um dos momentos mais tristes de sua vida por não saber se conseguiria suportar a dor de estar vivo. Guardada as devidas proporções o mesmo ocorre ao personagem do filme *Na neblina*. Sushenya não sabe ao certo como enfrentar o peso de ter sido escolhido pelos algozes nazistas para continuar vivo mediante o assassinato de seus colegas de trabalho. Sushenya carrega a culpa e a dor de estar vivo. A brutalidade das ações planejadas, dos assassinatos implementados pelos nazistas foi tão cruel que tirou de muitos a felicidade de estar vivo transformando isso num fardo de culpa, dor e sofrimento muitas vezes incontrolável, levando-os a um abismo psicológico no qual a saída encontrada para se livrar do trauma da guerra foi o suicídio. Ficar vivo, muitas das vezes, não foi fruto do heroísmo do indivíduo resistente ou mesmo da vontade individual ou coletiva, mas uma escolha que pertenceu, em larga medida, ao perpetrador que ao *coisificar* a vítima estava também *coisificado* (terminologia da Escola de Frankfurt).

A personagem Veronica (Tatiana Samoilova) do filme de Mikhail Kalatozov, *Quando voam as cegonhas*, também está imersa no mundo de dor e sofrimento. Diferentemente do personagem de *Na neblina*, a guerra toma seu cotidiano em outros rumos. Apaixonada pelo operário Boris, o ator Aleksey Batalov, Veronica vê sua vida completamente transformada pela guerra quando o jovem namorado decide se voluntariar para o front de batalha com o Exército Vermelho, no intuito de cumprir com seus patrióticos deveres. Ela passa a esperar ansiosamente por notícias do seu amado, angustiada para saber as novidades do front, mas sem sucesso. A cidade está totalmente tomada pela guerra. As sirenes soam diversas vezes durante o dia levando os transeuntes a procurarem abrigo. A guerra ficou tão internalizada no cotidiano das pessoas que muitos já não mais se importavam com os constantes avisos para procurarem os abrigos. Num dos soares de alarme os pais de Veronica insistem para que ela vá ao abrigo, mas decidem ficar em casa terminando um determinado trabalho. O apartamento é atingido por completo levando seus familiares a óbito. Essa é uma das cenas de maior destaque no filme. Veronica entra no prédio em chamas desesperada procurando seus pais quando um bombeiro a avisa do perigo que está correndo porque o prédio ainda pode desabar. É quando ela percebe que seus pais estão mortos. O diretor Kalatozov foca a cena sem seu rosto todo manchado pela fumaça das chamas. O desespero toma conta dela, agora longe de Boris e órfã. O filme tem poucas cenas sobre o front propriamente dito. Há interessantes debates sobre a figura do primo de Boris que força Veronica a casar-se com ele. Mark é um músico que sonhara tocar Tchaikovsky numa prestigiada sala de concertos, mas acredita ser impedido pelos tempos de exceção trazidos pela guerra. Mais do que qualquer outra coisa, ele representa para Verônica uma guerra que não passa. Sua habilidade em conseguir um atestado que o retire do alistamento, agora obrigatório, o faz ser considerado aos olhos dos familiares um covarde. Enquanto Boris está dando sua vida pela pátria, Mark vive tentando fugir das suas obrigações para com a nação e o esforço de guerra. O casamento entre Veronica e Mark é considerado pela família de Boris uma traição não só ao jovem que está no front, mas à própria pátria. Por não ter esperado um homem honrado que decidiu lutar pela liberdade de seu povo, Veronica é também tratada como uma mulher traidora, especialmente pela mãe de Boris.

Kalatozov conseguiu através de cenas tecnicamente perfeitas, expressar o horror da guerra através dos olhos de Veronica e Boris. Numa determinada cena, uma personagem em conversa com Veronica diz que é da natureza humana esquecer, porém não é possível apagar as marcas da guerra. É muito pouco provável que um alemão comum que residisse próximo ao Campo de Concentração de Sachsenhausen, em Oranienburg, que todos os dias tinham que limpar seus casaco de pele dos flocos de gordura humana que exalavam da chaminé do campo, possa esquecer o que foi a guerra. Em outras circunstâncias as populações que sofreram os horrores da ocupação alemã e os ataques massivos da Wehrmacht jamais poderão esquecer a história de um passado que não passa. O horror da guerra está estampado nos olhos, no rosto de Veronica, mas consigo também está a maior esperança que ela carrega: a memória. A memória é transformada em esperança na medida em que ela se transforma numa forma de tentar seguir em frente mesmo com todas as perdas. *Devemos nos despedir do mundo como conhecemos*. Esse talvez, seja um dos primeiros ensinamentos para quem vive, viveu ou até mesmo estuda a guerra.

Aqui precisamos voltar a Jaspers e Roudinesco para poder fechar, mesmo que temporariamente, nossa discussão. Jaspers disse que a culpa moral e penal dão origem a responsabilidades individuais imputáveis diretamente ao perpetrador das ações ou mesmo de omissões que violaram regras morais ou jurídicas. Já a culpa política, se baseia em contextos de situações políticas que está ligada à moral porque é uma codeterminante do caráter do indivíduo. Portanto, na medida em que o indivíduo promove ou simplesmente tolera uma atmosfera de submissão coletiva a um ditador, este incorre ao que o filosofo chamou de culpa política. Nesse sentido, a culpa está imersa numa atmosfera especial porque passa a ser transmissível de geração a geração. Como disse o próprio Jaspers: "Temos que assumir a culpa de nossos pais." Nesse sentido, a sociedade, na concepção de Jaspers, não é uma entidade empírica independente. Ela esta diretamente ligada aos regimes sociais e históricos. Mesmo não tendo culpa direta nos acontecimentos registrados durante a Segunda Guerra Mundial, as gerações futuras terão sempre uma espécie de *responsabilidade indireta*, *halftung*, em alguma medida, por saber do que se foi capaz de fazer e até onde fomos capazes de chegar. Assim, a guerra passa a não ser simplesmente um problema das relações entre Estados ou mesmo das ações militares, mas também está ligada ao que cada um é capaz de fazer durante um evento limite, colocando em jogo a nossa condição humana.

Elizabeth Roudinesco aponta para o dado de que nunca os carrascos fascinaram tanto os escritores e jornalistas quanto no século XXI. Essa afirmação tanto pode ser diretamente ligada à historiografia, à literatura quanto ao cinema. Em grande parte, os trabalhos, as artes na primeira parte do século XX, privilegiavam os heróis e os grandes homens, depois foram cada vez mais se interessando pelo cotidiano das vítimas e agora estão mergulhados em revelar as torpezas dos perpetradores desses genocídios (ROUDINESCO, 2007, p. 194). Podemos dizer que tanto a história quanto o cinema têm se dedicado com afinco em tentar entender *a parte obscura de nós mesmos.*

BIBLIOGRAFIA COMENTADA

ARENDT, Hannah. *Eichmann em Jerusalém. Um estudo sobre a banalidade do mal.* São Paulo: Companhia das Letras, 1998.

Obra que trata do julgamento de Adolf Eichmann, responsável logístico pelo campo de Auschwitz, e que proporcionou à autora a construção do conceito de "banalidade do mal". Traz uma importante discussão sobre os assassinos burocratas que contribuíram para o genocídio através do mero cumprimento de suas atividades de gabinete.

BAUER, Yehura. *Reflexiones sobre el Holocausto*. Jerusalém: Yad Vashem, 2014.

Obra de referência sobre os estudos da Shoah por apresentar uma análise concisa acerca deste evento e os vários aspectos que o circunscreve.

BROWNING, Chistopher. *Ordinary Men. Reserve Police Battalion 101 and the Final Solution in Poland*. EUA: Harper Perennial, 1992.

Importante obra que aborda a participação da sociedade civil no massacre de judeus na Polônia. Através da história do Batalhão 101, composto por alemães comuns que começaram a matar judeus a sangue-frio. Apresentando-se como pessoas comuns contribuíram e trabalharam diretamente no genocídio judaico.

COHN, Gabriel. *Comunicação e indústria cultural.* São Paulo: Companhia Editora Nacional, 1978.

Livro que apresenta uma leitura concisa e conceitual que fornece suporte para as análises acerca das relações entre os meios de comunicação e a sociedade contemporânea, assim como propaganda e cultura de massa.

FREUD, Sigmund. *Das Unbehagen in der Kultur*. Viena: Psycoanalitischer Verlag, 1931.

Um ensaio de referência que apresenta uma considerável análise do conflito do indivíduo com a sociedade na modernidade. Assim como os embates dentro da própria civilização e seus resultados.

GOLDHAGEN, Daniel. *Os carrascos voluntários de Hitler*. São Paulo: Companhia das Letras, 1997.

Obra que critica a ideia de vitimização do povo alemão perante o nacional-socialismo demonstrando que a sociedade civil estava ciente do espetáculo, de todo espetáculo de horror, assim como, muitos aderiram ao programa de extermínio.

JASPERS, Karl. *La Culpa*. Barcelona: Paídos, 1998.

Uma obra de grande importância que traz os debates do curso realizados pelo autor na Universidade de Heidelberg entre 1945-1946, sobre a responsabilidade política e a culpa da Alemanha pelo nacional-socialismo. Analisando também os problemas político-filosóficos que permeiam a passagem da ditadura para a democracia.

LEVI, Primo. *Afogados e sobreviventes*. São Paulo: Paz e Terra, 2009.

Obra marcante de um sobrevivente da Shoah em que apresenta suas últimas reflexões sobre as experiências no campo de Auschwitz. Abordando a organização do campo de concentração e até que ponto chegam os seres humanos pela sua sobrevivência.

MARX, Karl. *Ökonomisch-philosophische Manuskripte*. 1844; Marx-Engels-Werke Bd. 40 Marx/ Engels Werke, Ergänzungsband, 1. Teil, Dietz Verlag, Berlin, 1969 S. 465-588.

Uma importante obra que apresenta as bases do pensamento de Marx. Que critica o modelo de economia nacional apresentado por outros pensadores e expõe as disparidades entre moral e economia.

NEUMANN, Franz. Neumann, Franz Leopold. *The Democratic and the Authoritarian State: Essays in Political and Legal Theory*. Nova York: Free Press, 1975.

NIETZSCHE, F. *A genealogia do mal*. São Paulo: Companhia das Letras, 1998.

Fruto fecundo do pensamento crítico do filósofo alemão. Esta obra é composta de três ensaios que procuram através de olhares distintos as origens dos conceitos morais. Por meio do qual não consegue ver de maneira desassociada o desenvolvimento da ética de uma história da crueldade.

RICÒN, Leandro. *Por uma ópera alemã*. Rio de Janeiro: Multifoco, 2012.

Obra que trata de analisar as complexidades do músico Richard Wagner e sua passagem de uma perspectiva política revolucionária para o início de seu romantismo nacionalista. E demonstrando como estas questões se colocam para o compositor, assim como para a Alemanha.

ROUDINESCO, Elisabeth. *A parte obscura de nós mesmos. Uma história dos perversos*. Rio de Janeiro: Jorge Zahar, 2007.

Uma obra que aborda através da psicanálise a história dos perversos no Ocidente. Demonstrando como a perversão é compreendida em cada época de diferentes formas, expondo a negatividade existente em cada um de nós.

When the world closed its eyes, he opened his arms.
DON CHEADLE
SOPHIE OKONEDO
NICK NOLTE
A FILM BY TERRY GEORGE
HOTEL RWANDA
A TRUE STORY
UNITED ARTISTS PRESENTS IN ASSOCIATION WITH LIONS GATE ENTERTAINMENT A SOUTH AFRICA/UNITED KINGDOM/ITALY CO-PRODUCTION IN ASSOCIATION WITH THE INDUSTRIAL DEVELOPMENT CORPORATION OF SOUTH AFRICA A MIRACLE PICTURES/SEAMUS PRODUCTION
PRODUCED IN ASSOCIATION WITH INSIDE TRACK A FILM BY TERRY GEORGE "HOTEL RWANDA" DON CHEADLE SOPHIE OKONEDO JOAQUIN PHOENIX AND NICK NOLTE CO-PRODUCERS BRIDGET PICKERING LUIGI MUSINI CO-EXECUTIVE PRODUCERS KEIR PEARSON NICOLAS MEYER
CONSULTANT PAUL RUSESABAGINA EXECUTIVE PRODUCERS HAL SADOFF MARTIN F. KATZ DUNCAN REID SAM BHEMBE ORIGINAL MUSIC BY ANDREA GUERRA COSTUME DESIGNER RUY FILIPE EDITOR NAOMI GERAGHTY PRODUCTION DESIGNERS TONY BURROUGH JOHNNY BREEDT
DIRECTOR OF PHOTOGRAPHY ROBERT FRAISSE PRODUCED BY A. KITMAN HO TERRY GEORGE WRITTEN BY KEIR PEARSON & TERRY GEORGE DIRECTED BY TERRY GEORGE
DISTRIBUTED BY MGM DISTRIBUTION CO.
www.unitedartists.com www.hotelrwanda.com

6.

CINEMA E GENOCÍDIO NO SÉCULO XX: ANÁLISE DOS GRANDES MASSACRES ÉTNICOS, RELIGIOSOS E SOCIAIS

Carlos Leonardo Bahiense da Silva
Ricardo Pinto dos Santos

Julgo poder concluir como um fato estabelecido pela história moderna que todo mundo, ou quase, num dado conjunto de circunstâncias, faz o que lhe dizem para fazer; e, me desculpem, há poucas chances de vocês serem a exceção, assim como eu.

JONATHAN LITTEL, *As benevolentes*

Não, os homens nunca são inteiramente privados da possibilidade de escolher. A pessoa é responsável por seus atos, quaisquer que sejam as pressões que sofra, caso contrário, renuncia à sua filiação humana (...)

TZEVETAN TODOROV, *Em face do extremo*

NO LABIRINTO DOS CONCEITOS: MASSACRE, GENOCÍDIO, LIMPEZA ÉTNICA E ELIMINACIONISMO

CRACÓVIA É UMA DAS MAIS BELAS CIDADES DA POLÔNIA. O turista encanta-se com a imponência do Palácio de Wawel, do qual é possível obter uma visão privilegiada do Rio Vístula. Próximo ao palácio, está o monumento-dragão, símbolo folclórico local, que reiteradamente cospe fogo. Crianças e adultos revelam seus sorrisos após o serpentear de suas labaredas alaranjadas. Cracóvia também guarda lembranças da Segunda Guerra Mundial. O museu do Exército (*Home*

Army Museum), recentemente reinaugurado, expõe armas; imagens de oficiais poloneses de maior destaque durante a conflagração; réplicas de celas em que prisioneiros da U.R.S.S. vivenciavam condições degradantes; cenários simulados de torturas psicológicas perpetradas pelos soviéticos etc... Mais afastados da parte antiga da cidade estão o museu da aviação da Polônia (*Polish Aviation Museum*) – no qual se encontram duas dezenas de aeronaves que pertenciam à coleção particular de Hermann Göering – e o museu da fábrica de Oskar Schindler (*Oskar Schindler's Factory*), imortalizado pelo filme de Steven Spielberg.

Há poucos quilômetros de Cracóvia – uma hora e meia de ônibus –, está Óswiecim, cidade cujo nome foi eclipsado por outro: Auschwitz. Trata-se do museu que preserva as características originais do principal campo de extermínio de Hitler. Divide-se em dois: Auschwitz I e Auschwitz II (este é maior e mais conhecido como Auschwitz-Birkenau; Auschwitz III não está aberto ao público, uma vez que restam apenas ruínas). Anualmente, milhões de pessoas frequentam suas instalações e várias agências de turismo de Cracóvia e de outras áreas disponibilizam tours para o campo. São muitos visitantes e de variadas nacionalidades. Eles reduzem os passos em frente à entrada de Auschwitz I. Aí observam o famoso letreiro: *Arbeit macht frei* ("o trabalho liberta"). A ficha cai e os presentes se dão conta de que o Holocausto é, de fato, um fenômeno histórico, real, dotado de materialidade; e não um drama ficcional (embora negacionistas, como Mahmoud Ahmadinejad, se esforcem para provar o contrário). Lá estão as galerias coalhadas de cabelos, malas e sapatos pertencentes aos judeus. Há ainda uma espécie de tapete feito a partir de restos humanos. Chocante. São igualmente impactantes as pilhas de latas de Zyklon-B, substância tóxica usada nas câmaras. As notas dos fabricantes fornecedores também estão expostas ao público. Vozes dissonantes sugerem que Auschwitz representa uma estetização do horror. Afirmam que a preservação da memória não necessita do apelo a imagens macabras.

Contudo, vale dizer que Auschwitz foi organizado originalmente pelos próprios sobreviventes. Logo após o fim da guerra, eles voltaram ao local e recolheram pertences de prisioneiros mortos, bem como reuniram documentos referentes ao campo que não foram destruídos pelos guardas da SS. Ajudaram pessoas em busca de amigos e parentes. E não apenas isso. Decidiram edificar o museu para que o sofrimento das vítimas (russos, homossexuais, ciganos, judeus) não fosse esquecido. Rememorar aplaca as angústias da alma. O compartilhamento do vivido, ainda que por meio das lembranças, evita que o homem seja engolfado pelas dores que trás no peito.

O genocídio judeu comumente é denominado *Holocausto*. A palavra provém do grego, expressando o significado que se segue: "aquilo que se queima como oferenda". Não é, portanto, o conceito mais adequado para tratar do assassinato em massa praticado pelos nazistas, que culminou, como é sabido, com a morte de seis milhões de hebreus. Eles não se dispuseram ao autossacrifício. O termo é politicamente problemático, pois sugere passividade/complacência das vítimas em relação aos seus carrascos. A partir de 1985, o fenômeno também passou a ser conhecido como Shoah ("catástrofe" ou "destruição"). A nova perspectiva conceitual foi possível graças ao título homônimo do filme de Claude Lanzmann. Apesar dos problemas morfológicos, o vocábulo *holocausto* não foi proscrito da literatura especializada. Longe disso.

A expressão genocídio judeu traduziria, com efeito, o evento? Raphael Lemkin foi o responsável pela elaboração do conceito de genocídio. Nascido em 24 de junho de 1900, na pequena cidade de Vaulkovisk, em Belarus, Lemkin devia orgulhar-se pelo fato de a categoria ter assumido um caráter universal. Ao produzi-la, no final da Segunda Grande Guerra (1944), o intelectual teve como referência o pensamento racializante e antissemita de Hitler, que se fazia presente em seu livro autobiográfico (*Mein Kampf*). Registre-se que, naquela altura, as atrocidades perpetradas contra os judeus, isto é, câmaras de gás, fornos crematórios, campos de extermínio não eram conhecidos pelo grande público.

Lemkin, ao analisar o pensamento do Führer, vislumbrou a ideia de genocídio por um viés biológico/racial. Donde o uso do prefixo *geno*. O termo implicava a destruição física, étnica, religiosa e cultural de um povo. Logo não devia ser aplicada exclusivamente à experiência dos hebreus. Massacres representavam apenas substratos do genocídio. Tal palavra englobava outras ações, por exemplo, restrições relativas à sexualidade, saúde e alimentação. Mais do que isso. Ações genocidas traziam consigo o componente da *intencionalidade*, leia-se, exigiam processos prévios de identificação e triagem do grupo cujo intuito era eliminar. Embora nascesse no campo das ciências sociais, o genocídio foi incorporado, enquanto ferramenta analítica, pelo direito internacional (as implicações de tal incorporação foram proficuamente tematizadas por Jacques Sémelin).

A descoberta dos campos de extermínio, peças constitutivas do projeto hitleriano cujo objetivo era promover a extinção dos judeus (*Judenrei*), levou a Organização das Nações Unidas a reconhecer oficialmente o crime de genocídio. As imagens de sobreviventes com seus corpos emaciados, a evocar acontecimentos aterrorizantes, muito contribuíram para isso. Em 9 de dezembro de 1948, a Resolução 230 da "Convenção sobre a prevenção e a repressão do crime de genocídio" da ONU, em seu artigo 2, definiu a categoria nos termos, a saber: atos com a "intenção de destruir, total ou parcialmente, um grupo nacional, étnico, racial ou religioso". Tais atos foram repertoriados em cinco: a) "morte de membros do grupo"; b) "ataques graves à integridade física ou mental de membros do grupo"; c) "submissão intencional do grupo a condições de existência que acarretem sua destruição física total ou parcial"; d) "medidas visando dificultar os nascimentos no seio do grupo"; e e) "transferências forçadas de crianças do grupo para outro grupo".

A definição conceitual da ONU expunha ambiguidades. Lemkin também trabalhara com a noção de "genocídio cultural". A destruição das práticas culturais de um grupo igualmente podia ser vista como uma ação genocida. Contudo, o artigo 2 da Resolução 230 desconsiderava isso (os defensores do organismo internacional sugeriram que cultura associava-se aqui à etnicidade). Havia outra falha. Os potenciais alvos do genocídio eram indivíduos pertencentes a um grupamento nacional, étnico, racial ou religioso. Donde se conclui que pessoas relacionadas com grupos políticos ou econômicos não estavam protegidas pela categorização da ONU.

A despeito dos problemas referentes ao conceito, o assassinato em massa da população judaica pode ser traduzido, sem prejuízo ao fenômeno histórico, como genocídio. No clássico *Eichmann em Jerusalém: relato sobre a banalidade do mal*, Hannah Arendt usou o termo genocídio poucas vezes. Sua utilização foi meramente incidental. Arendt descartou, por completo, a palavra *holocausto*. A filósofa preferiu usar a expressão "massacres administrativos", que evocava assassínios realizados de forma técnica, industrializada, por um sistema político marcado por uma máquina burocratizante. A expressão de Arendt não pegou. Massacres continuam a ser vistos como acontecimentos autônomos, por exemplo, a execução dos quase 22 mil oficiais poloneses pelos membros do NKVD nas florestas de Katyn, em maio de 1940, ou epifenômenos de processos genocidas como Babi-Yar, em setembro de 1941, quando 33.771 judeus foram fuzilados em 48 horas pelos comandos do *Einsatzgruppe C*.

Massacres podem ser unilaterais (um governo contra um grupo étnico); bilaterais (durante uma guerra civil); de proximidade (decorrente da relação entre vítima e carrasco) ou de distância (como consequência de bombardeios aéreos). Mas e a noção de limpeza étnica? Em processos de limpeza étnica o objetivo não é necessariamente a eliminação de um povo. Na ex-Iugoslávia o intuito dos sérvios, incitados por Milosevic, não era imprescindivelmente a destruição física dos muçulmanos. Recorriam a várias formas de violência (aprisionamentos, estupros, torturas, assassinatos) para forçá-los a abandonar o território. Michael Mann produziu um polêmico livro sobre o tema: *The dark side of democracy: explanning ethnic cleansing*. Mann defendeu a hipótese de trabalho segundo a qual processos de limpeza étnica não se limitavam a regimes autoritários. Etnocídios guardavam estreita relação com o nascimento da democracia. Sistemas democráticos valorizam as demandas do povo, categoria que exprime uma dimensão coletiva, como sugere a Constituição norte-americana: "Nós, o povo" (*We, the people*).

De acordo com as reflexões de Mann, a noção de povo envolve dois sentidos: *demos* e *ethnos*. O primeiro, de origem grega, é uma referência aos cidadãos, elementos que personificam a "população comum". Em consonância com os princípios de isonomia e isegoria, eram eles que, reunidos na *Eclésia*, construíam a política na *pólis* ateniense. O segundo, também elaborado pelos gregos, expressa a herança partilhada (língua, mitos fundadores, crenças religiosas) por um grupo reconhecido como étnico ou nacional. Ao produzirem um todo homogêneo, um povo orgânico e puro ("nós"), tais ideias, estruturadoras da democracia, abriram caminho para que o "povo impuro" ("eles") fosse objeto de ódio e, no limite, perseguição.

Aprofundando a análise, Mann julgou que fascismo e comunismo representavam distorções do projeto democrático moderno. Os fascistas baseavam-se em um nacionalismo radical, sendo o inimigo étnico por excelência. Atribuía-se a ele a responsabilidade por todas as mazelas da nação. Os comunistas alicerçavam-se na ditadura do proletariado, sendo seus adversários ("inimigos de classe") eminentemente políticos. A proposta teórica de Michael Mann, demasiado esquemática e engessada, foi alvo de várias críticas. A principal delas desfraldava a ideia de que o autor confundiu democracia com estado-nação.

Após ter sido catapultado à fama acadêmica com *Os carrascos voluntários de Hitler*, discutido linhas à frente, Daniel Goldhagen, através de outro texto, ofereceu uma grande contribuição aos estudos sobre genocídio. Em *Worse than war: genocide, eliminationism, and the ongoing assault on humanity* (sem tradução para o português), Goldhagen transcendeu os conceitos de massacre, genocídio e limpeza étnica. Segundo o autor, tais experiências estavam subordinadas a um fenômeno mais amplo denominado eliminacionismo.

Existiriam cinco modalidades de agressão eliminacionista: 1ª) *transformação* (destruição do conteúdo identitário – cultural, político, social – de um grupo; a transformação eliminacionista ocorre, no geral, por meio da violência e difere de um processo de aculturação porque suprime as práticas culturais de um grupamento étnico sem oferecer qualquer repertório em substituição); 2ª) *repressão* (quando um grupo é dominado no interior de um determinado espaço territorial em razão de ações reais ou imaginárias; a escravidão é a forma mais extrema de tal manifestação eliminacionista); 3ª) *expulsão* (epifenômeno equivalente à deportação; cenário em que grupos humanos são deslocados, de maneira forçosa, para além de suas fronteiras originais); 4ª) *prevenção da reprodução* (estratégias incomuns que objetivam interromper a reprodução biológica de um grupo; sua aplicação é acompanhada geralmente de outros expedientes agressivos); e 5ª) *extermínio* (eliminação física de um grupamento humano; a Shoah é o exemplo mais emblemático).

DESESPERO NO PAÍS DOS CRISÂNTEMOS: O MASSACRE DE NANQUIM PELAS LENTES DE ZHANG YIMOU – UM HOLOCAUSTO ESQUECIDO?

"Por que sou sempre o último?", pergunta um combatente japonês em Nanquim, cidade chinesa conquistada, em dezembro de 1937, pelo exército nipônico. Nanquim foi palco de importantes episódios da história da China, dentre eles o avanço das tropas de Hong Xiuquan, líder dos Veneradores de Deus, em meados do século XIX. Xiuquan, fundamentalista católico, se considerava o irmão mais jovem de Jesus Cristo e julgava que a dinastia Qing era a representação do demônio na Terra. Lutou contra os Qing por mais de uma década, até ser derrotado e cometer suicídio. Fosse como fosse, o século XX não traria tempos de paz para os habitantes de Nanquim. No final daquele ano e no começo do seguinte, eles passariam por sofrimentos inimagináveis e o pior seria reservado às mulheres.

"Não devia ter atirado na outra", responde um colega de farda. Em seguida, o primeiro soldado desloca-se para um espaço mais reservado. Ouvem-se gritos. A câmera focaliza a mão de uma jovem a pressionar o braço de uma cadeira. Suas pulseiras trepidam. Ela está sendo estuprada. "Vão se danar! Todos vocês!", diz a vítima. Em ato instintivo, ou quase, ela morde a orelha direita do agressor sexual. Ele consegue desvencilhar-se dela e, ato contínuo, mata-lhe, perfurando-a com duas estocadas de baioneta. Um jato de sangue alcança, nas proximidades, um pedaço de tecido estampado em flores. O corpo da jovem é encontrado por John Miller (Christian Bale), norte-americano que se passa por pároco para salvar a própria pele e das alunas do Convento Winchester, bem como das prostitutas que procuraram refúgio no mesmo estabelecimento. Ao encontrá-lo, nota que os curtos fios de cabelo da moça ainda gotejam sangue (no caminho, Miller ainda viu o cadáver da amiga da jovem sexualmente violada com um enorme objeto de madeira introduzido na vagina). Essas são cenas impactantes de *Flores do Oriente* (*Flowers of War*, 2011), filme dirigido por Zhang Yimou, baseado no romance de Yan Geling.

No alvorecer dos anos de 1930, o Japão havia sucumbido às pressões da extrema-direita em favor de mais espaço político. Vampirizadores do Estado, os grupos ultranacionalistas, especialmente alocados nas Forças Armadas, executaram um projeto expansionista por meio do qual se tencionava escoar o excedente demográfico e obter matérias-primas. Ademais, o expansionismo funcionou como um instrumento de contenção da ansiedade das forças militares, visto que direcionou sua atenção para as conquistas no estrangeiro. Isso foi fundamental para a preservação da estabilidade internamente. O projeto previa a montagem da "Esfera de Coprosperidade da Grande Ásia Oriental", expressão dissimuladora que toldava o desejo do governo japonês de submeter as demais nações do Sudeste Asiático. Em 1931, os nipônicos tomaram a Manchúria. As implicações da ofensiva foram abordadas por Spielberg na película *O império do sol* (*Empire of the Sun*, 1987). Seis anos mais tarde, chegou a vez de Nanquim.

Os japoneses encontraram dificuldades para conquistar Xangai. Diante de tais circunstâncias, decidiram que a próxima cidade invadida deveria ser usada como bode expiatório. A ideia era disseminar o terror entre seus habitantes, de sorte a aplacar qualquer forma de resistência. E eles fizeram isso com esmero. Massacraram mais de 100 mil prisioneiros (militares e civis); pelo menos 20 mil chinesas foram agredidas, sobretudo sexualmente. Os estupros envolviam mulheres cujas idades variavam entre 12 e 80 anos. Após satisfazerem suas demandas sexuais, os nipônicos executavam-nas. Mas nem sempre foi assim. Em 1938, os japoneses construíram uma rede de prostituição, mantida pelas Forças Armadas, que reuniu mulheres da China, de Taiwan, das Filipinas, da Indonésia e, principalmente, da Coreia. Eram as "mulheres de conforto", jovens escravizadas sexualmente para saciar o desejo dos militares nipônicos. Muitas foram assassinadas ou vitimadas por enfermidades. As sobreviventes, envergonhadas, demoraram anos para contar o que lhes aconteceu durante aqueles tempos sombrios. O confucionismo na Ásia, sobretudo na Coreia, valoriza a pureza feminina. Uma mulher cujo corpo fosse ultrajado devia cometer suicídio, visto que sua existência era um desrespeito, uma afronta à tessitura social.

Embora explicite o eliminacionismo, Yimou destaca o sofrimento das mulheres em seu filme. Traz à baila cenas extremamente violentas, que não poupam o espectador e registram o elevado tributo pago pelo gênero feminino. A preocupação do cineasta torna-se proverbial no momento em que expõe a intenção do oficial Hasegawa. O militar, em diálogo travado com "padre" Miller, determina que as alunas do coro do convento fossem entregues a ele para participarem das comemorações referentes ao "sucesso" da ocupação japonesa. Miller compreende que Hasegawa e seus homens querem explorar, do ponto de vista sexual, as adolescentes. Ao saberem de seu destino, as meninas entram em desespero. Preferem o suicídio. As prostitutas, escondidas na Igreja, conseguem acalmá-las, dizendo que irão substituí-las no suposto evento comemorativo. Entregariam seus corpos aos japoneses. Dar-se-iam em holocausto para que as meninas continuassem a viver.

Flores do Oriente, ao sublinhar a postura de Miller e das mulheres do bordel, chama atenção para o papel dos *salvadores ordinários*, na acepção de Sémelin. Pessoas que em meio ao reino do caos, em contextos-limites, não se resignaram em face à atitude dos carrascos. Em tempos de eliminacionismo, elas são essenciais. Ofertam ramos de esperança. Enxugam lágrimas. Salvam vidas. Serenam a amargura. Sem Oskar Schindler e Paul Rusesabagina a história dos genocídios judeu e tutsi seria outra. Teria cores mais rubras, sangrentas. Teria mais cadáveres repertoriados nas listas de vítimas. Retomaremos essa discussão.

O massacre de Nanquim foi muito além dos estupros. Edward Behr, biógrafo de Hirohito, afirma que bebês tiveram seus corpos transpassados por baionetas e prisioneiros foram enterrados vivos. No clássico *The rape of Nanking: the forgotten holocaust of World War II*, Iris Chang detalha as atrocidades, especialmente no capítulo "Six weeks of horror". Nele, mostra que os chineses foram queimados, mutilados e mortos por cães treinados (pastores alemães). Chang assevera ainda que ao menos um nipônico arrancou o coração e o fígado de sua vítima, comendo-os na sequência. Nem os órgãos genitais foram poupados. Cadáveres com o pênis amputado eram vistos nas ruas de Nanquim. Aparentemente, os falos eram comercializados no Japão uma vez que os súditos de Hirohito julgavam que sua ingestão aumentaria a virilidade. Sheldom H. Harris esclarece como experiências relativas à biologia humana, a usar chineses e demais grupos nacionais como cobaias, foram levadas a cabo pela Unidade 731. Tratava-se de uma ambiciosa equipe médica chefiada pelo general e cientista Ishii Shiro, espécie de Joseph Mengele japonês. A equipe tinha sua base em Ping Fan, no Norte da Manchúria, e contava com aproximadamente três mil integrantes. Aí a principal temática era a preparação para uma guerra bacteriológica. Donde a inoculação de uma gama de bactérias em seres humanos com o objetivo de observar a evolução e comportamento do microrganismo, bem como seu impacto sobre os corpos das vítimas.

A obra de Chang marcou a historiografia do genocídio. Através do subtítulo, a autora considerou o massacre de Nanquim o "Holocausto esquecido" da Segunda Guerra Mundial (embora iniciado em 1937, suas consequências se fizeram sentir durante os anos da conflagração). Destacou o elevado número de mortos. Sugeriu cerca de 400 mil vítimas fatais. O Tribunal Militar Internacional do Extremo Oriente, contudo, estimou em aproximadamente 260 mil os vitimados fatalmente. Chang sublinhou não se tratar de uma questão numérica apenas. Era necessário atentar para a crueldade das mortes. Sua pena não parou por aí. Havia um "segundo massacre" simbolizado pelo fato de o Japão, até a data da publicação do livro (1997), ocultar, negar ou distorcer o acontecimento.

O texto foi muito bem recebido no Canadá e nos Estados Unidos. Chang palestrou por mais de 60 cidades em tais países. No Japão, todavia, grupos conservadores atacaram a autora. Acusaram-lhe de manipular o número de mortos e mentir sobre a negação do massacre. Disseram que a nação nipônica desculpou-se oficialmente perante a comunidade internacional e se dispôs a reparar as vítimas, em 1951, com a assinatura do Tratado de São Francisco. Apesar da ira dos intelectuais e formadores de opinião de direita, o tema tornou-se, de fato, um *tabu* no arquipélago japonês. Os livros didáticos expunham meias verdades, considerando o expansionismo nipônico em direção ao Sudeste Asiático uma estratégia preventiva, que tencionava conter o comunismo e o imperialismo europeu na região. A despeito do pedido de desculpas (ratificado, em 2005, pelo premiê Junichiro Koizumi), o Japão apresenta resistência quando a temática se refere às indenizações.

O incômodo dos conservadores também guardou relação com o termo *holocausto*. A matança dos chineses pelos militares japoneses foi um holocausto? São fenômenos passíveis de comparação? Analogias favorecem a compreensão dos eventos históricos. Não vemos problemas analíticos em comparar os dois fenômenos sociais. Entrementes, com imenso respeito pela dor e sofrimento das vítimas, imensuráveis historiograficamente, o massacre de Nanquim não deve ser colocado no mesmo patamar do Holocausto judaico (assumindo-se aqui o sentido tradicional do vocábulo e ignorando-se, portanto, sua origem grega). O projeto nazista apregoava, na perspectiva de Goldhagen, o eliminacionismo exterminista do povo judeu. O intento era destruir fisicamente os judeus da Europa e, concluída a empresa, exterminar os da Ásia. A intenção dos japoneses, como foi dito, era aplacar o moral da população chinesa, de sorte a favorecer o controle político e militar do país.

Mas por que os militares nipônicos promoveram a ação com tanto empenho? Por que apresentaram uma crueldade aparentemente ilimitada? No filme, Miller, em pensamento parece ser perguntar: como as tropas japonesas podem ser tão perversas? A motivação dos perpetradores é uma importante questão para os historiadores do genocídio. Como os SS de Himmler, os hutus da *Interahamwe*, os sérvios de Milosevic ou os nipônicos de Tojo passaram de uma narrativa de ódio para os assassínios propriamente? Aí teríamos que penetrar na alma dos carrascos o que, de resto, é impossível.

Porém, o pesquisador é capaz de fornecer pistas. A partir de suas leituras, Chang expôs algumas hipóteses. A religião xintoísta, introduzida oficialmente no Japão com a Revolução Meiji, induzia os japoneses a adorar o imperador visto, no geral, como um deus vivo. Não preconizava o amor ao semelhante. A máxima cristã: "amarás ao próximo como a ti mesmo" seria destituída de logicidade no xintoísmo. Outra linha interpretativa descortinava a ideia de que o balizamento moral dos japoneses só era exigido em solo pátrio. Isso porque a cosmologia xintoísta informava que o território nipônico era envolto em um manto sagrado visto que fora criado pelos deuses Izanagi e Izanami.

Yimou silencia em relação a um ponto nevrálgico: Qual o envolvimento do Imperador Hirohito? O que o monarca sabia? A resposta para tal pergunta exigiria muitas páginas, ultrapassando os limites desse texto. Indicamos apenas que, segundo as reflexões de Behr, o imperador não era tolo ou ingênuo a ponto de ignorar os eventos que lhe cercavam. Não foi, aparentemente, um mero espectador das ações atrozes perpetradas por uma burocracia fascista. Por exemplo, o documento que determinou a criação da famigerada Unidade 731 levava o selo real cuja colocação se deveu ao próprio Hirohito. E é sabido que ele lia com cuidado os relatórios governamentais antes de aplicar sua marca.

"GRITAI, Ó ASSASSINADO POVO JUDEU!": A SHOAH COMO EXPRESSÃO MÁXIMA DA MALIGNIDADE HUMANA – CONSIDERAÇÕES SOBRE *O PIANISTA* DE ROMAN POLANSKI

Ao nosso juízo, Primo Levi é um dos mais importantes autores que, através de um grande esforço intelectual e emocional, tratou do extermínio em massa. Suas experiências aterrorizantes em Auschwitz impeliram-no a elaborar vários textos reflexivos sobre a condição humana em uma situação extrema, limite, como a dos judeus em Ravensbrück, Buchenwald ou Majdanek. Suas tintas são como gritos que querem lembrar e relembrar o ultraje e a humilhação do povo judeu; um povo assassinado. Por meio de sua singular capacidade de refletir sobre o horror, Levi atendeu aos pedidos de Itzkhak Katznélson, presentes em seu poema encontrado junto a uma árvore do Campo de Vitel, na França, ei-lo: "Clamai da areia, debaixo da pedra,/clamai do pó, de todas as labaredas,/de todas as fumaças!/É vosso sangue seiva, medula de vossos ossos,/é vossa carne e vida – gritai bem alto, para que vos ouçam!/Das entranhas das feras nas florestas e dos peixes dos rios,/gritai que nos devoraram!/Gritai dos fornos crematórios! Vosso clamor quero ouvir,/vossa voz, vosso gemido de dor,/Gritai, ó assassinado povo judeu! Gritai, gritai, bem alto!".

Pela perspectiva cinematográfica, Roman Polanski também contemplou os desejos do poeta. Em *O pianista* (*The Pianist*, 2003), contou a história de Wladyslaw Szpilman, um pianista judeu, de Varsóvia, que sobreviveu à ocupação alemã durante a Segunda Guerra Mundial. Polanski centrou suas lentes em uma única vítima cujas dores e tristezas, entretanto, simbolizam o sofrimento do conjunto do povo hebreu. O pianista representa uma espécie de "eu coletivo". Se por meio da trajetória de Szpilman, o cineasta tematiza o extermínio de uma coletividade, concomitantemente, trata de sua vida, de suas angústias. Nascido em Paris, em 1933, em uma família de poloneses, Polanski com quatro anos mudou-se para a terra natal de seus pais. Em pouco tempo, sua biografia e de seus familiares foram profundamente marcadas pela mudança infernal da configuração política europeia, leia-se, pelo expansionismo de Hitler e, mais especificamente, pela invasão das tropas alemãs sobre a Polônia.

O diretor, ainda criança, viu surgir o Gueto de Varsóvia e, o mais grave, teve sua mãe presa e morta em Auschwitz. O menino virou homem precocemente. Os voos rasantes das aves-agruras cedo lhe atingiram. Além disso, como o pianista, viveu em fuga permanente ao longo da ocupação. Donde a inferência segundo a qual as trajetórias do diretor e do personagem principal se entrecruzam. Se quisesse, Polanski poderia ter filmado o Holocausto judaico antes. Spielberg convidou-lhe para dirigir *A lista de Schindler*, porém, ele declinou. Julgou que não teria o equilíbrio necessário para tratar de um assunto que lhe machucou sobremaneira quando menino e cujas feridas ainda estavam em processo de cicatrização. De qualquer maneira, é prescindível dizer que ao produzir a película de 2003 suas experiências dos tempos da guerra se impuseram como referência.

O pianista começa com cenas em preto e branco de Varsóvia. Pessoas em bicicletas, trens, carruagens ou caminhado pelas aprazíveis ruas da cidade polonesa. A vida pulsante em um dia ordinário como em qualquer cidade europeia. Na sequência, em cores, as mãos de Szpilman dançam lentamente sobre os teclados do piano e produzem um som que apazigua os corações dos ouvintes. Estamos na rádio nacional. A normalidade finda em razão das bombas que atingem o prédio da rádio. À revelia, o pianista deixa o edifício. Poeiras e estrondos transformam o cenário, mas, naquele momento, os habitantes de Varsóvia, especialmente os judeus não podiam imaginar que, graças a Hitler, nos anos subsequentes, vivenciariam momentos diabólicos.

A despeito das explosões, Szpilman, já no térreo, alheio à correria ao seu redor, teve tempo para uma conversa rápida com uma fã que, encantada com sua música, queria conhecê-lo. Sua postura impassível, em algum grau, foi a mesma das potências ocidentais em face à expansão hitlerista (a fala quixotesca de Neville Chamberlain, primeiro-ministro britânico, após a Conferência de Munique, em 1938, a sugerir que a paz estaria preservada revela bem o estado de ânimo do Ocidente às vésperas da conflagração). A impassibilidade europeia (aqui não apenas do Ocidente) também pode ser notada na demora das nações aliadas em libertar os prisioneiros dos campos nazistas. Por que não bombardearam antecipadamente Auschwitz?

Szpilman volta à casa. Conta aos familiares o que ocorreu na rádio nacional. Apreensivos, eles escutam por um precário sistema radiofônico que a Inglaterra entraria na guerra e a França em breve faria o mesmo. Explosão de alegria. A Polônia não estaria mais sozinha. Apesar das boas notícias, o fim da ocupação demorou longos seis anos. O sonho de uma libertação imediata cederia lugar ao pesadelo das perseguições aos grupos reconhecidos como dessemelhantes, sobretudo os judeus (muitos atribuem a libertação de Varsóvia aos soviéticos unicamente; contudo, é necessário lembrar que os habitantes da cidade enfrentaram os nazistas; uma rápida visita ao Museu da Insurreição de Varsóvia e a leitura dos trabalhos de Norman Davis comprovam isso).

A situação dos hebreus tornou-se, de fato, terrível. Isso é evidente no encontro entre Szpilman e Dorota. Ao se deslocarem para o restaurante escolhido pela jovem, o casal dá-se conta de que o estabelecimento proíbe a entrada dos judeus. Dorota revolta-se. Porém, Szpilman informa-lhe que atitudes antijudaicas tornaram-se cada vez mais generalizadas. Programou-se, inclusive, uma legislação com este objetivo. Em 1º de dezembro de 1939, um dispositivo legal passou a exigir que os judeus usassem a Estrela de Davi como símbolo identificativo. A nefasta simbolização ampliou o estereótipo. Em muitos casos houve o robustecimento do desprezo pelo outro.

A paisagem de Varsóvia modifica-se. A cidade vivaz dos tempos anteriores à guerra assume uma estética de horror e intranquilidade. A tensão nos rostos é mal disfarçada. Os cadáveres se avolumam pelas ruas e calçadas. As mortes são provocadas pelos projéteis alemães e pela fome. Para os judeus, em especial, o cenário é crescentemente dramático. Um ano após a invasão da Polônia, a população judaica do país foi segregada por ocasião do projeto nazista de "guetização". Dos guetos os judeus seriam enviados de trem para os campos de concentração e, posteriormente, para os de extermínio. O Gueto de Varsóvia tornou-se o mais conhecido. Em 1942, Szpilman e seus familiares, junto com a esmagadora maioria dos judeus da cidade (cerca de 350 e 400 mil pessoas), foram levados para tal localidade. Aí o pianista assistirá o esfacelamento de seu povo e de seus entes queridos. Embora judeus poloneses morressem desde a invasão alemã, foi, naquele ano, após as decisões tomadas na Conferência de Wannsee, que a Solução Final foi executada pela burocracia nazi (o nível de ingerência de Hitler nessa ação permanece um enigma; apesar de apregoar abertamente a matança dos hebreus jamais foi encontrado um documento do Führer ordenando o assassinato em massa).

No interior do Gueto de Varsóvia o mundo virou de ponta-cabeça. "Por que fiz isso? Por que fiz isso?", interpelava-se uma mãe no interior do gueto, sentada, braços a envolver as pernas junto ao peito, entre a angústia e o desalento, após sufocar seu bebê acidentalmente. A progenitora usou as mãos para conter o choro da criança, que no esconderijo com a família, chamava a atenção da polícia. Abatido, Szpilman parece não acreditar nas cenas que se desenrolam ao seu redor. Outra mãe, com o filho no colo, desacordado, com a morte a espreitar o menino, implorava por um pouco d'água. Mas ainda havia espaço para a literatura de Shakespeare. O irmão de Szpilman cita o *Mercador de Veneza*. Trecho: "Se nos picarem, não sangramos? Se nos fizerem cócegas, não rimos? Se nos envenenarem, não morremos? E, se nos ultrajarem, não nos vingaremos?". O pianista desabafa: "bem a calhar".

No momento em que os judeus deixavam o gueto em direção aos trens, a partir dos quais seriam conduzidos inumanamente aos campos, Szpilman, que queria ficar com a família, foi retirado da fila por um amigo. Itzak era integrante da polícia judaica. Ele sabia que se o pianista embarcasse, teria um encontro com a morte. Arendt, em seu livro sobre o julgamento de Eichmann, usou a expressão banalidade do mal para analisar o Holocausto judaico. Malgrado não desenvolvesse o conceito claramente em sua obra (fê-lo em trabalhos posteriores), suas linhas sugerem que durante a realização da Shoah, o mal se tornou banal, vulgar. A vida dos judeus foi envolta em um manto de frivolidade; primeiro passo para as câmaras de gás e os fornos crematórios. No mesmo livro julgou que tal banalização criou condições para que os próprios hebreus, afetados em seu paradigma de moralidade, colaborassem com os nazistas. A filósofa judia, mal interpretada, foi acusada por muitos, inclusive por seus pares, de culpabilizar os judeus por seu infortúnio.

O pianista conseguiu sobreviver graças a várias pessoas, mas, sobretudo, a um casal de amigos. Alimentou-se por meio de pequenas doações. Porém, em momentos mais dramáticos, como um cão vadio em luta pela sobrevivência, ingeriu restos de comida. Abrigando-se em diversos esconderijos, transcendeu a realidade complexa e dolorosa, de modo a levar seu pensamento para longe. Na verdade, mergulhou em um oceano interior. A cena em que simula tocar o piano em sua frente, a movimentar seus dedos longos e finos, indica tal reorientação emocional (não podia tocá-lo efetivamente porque havia nazistas nos arredores). Assim, Polanski descortina sua personalidade inventiva e trás a poesia para um cenário de padecimento.

A sobrevivência de Szpilman foi um milagre. Sua vida esteve sempre por um fio. A carência de víveres foi apenas um dos percalços; perseguições e denúncias também passaram a integrar o seu cotidiano. No entanto, ele ainda estava melhor do que os judeus que permaneceram no Gueto de Varsóvia. Para estes, na maior parte das vezes, o destino era a intoxicação e morte por gás Zyklon-B.

No final do filme, Varsóvia em sua maior parte destruída, o pianista escolhe uma casa como esconderijo. Entrementes, é descoberto pelo Capitão Wilm Hosenfeld (Thomas Kretschmann) que, ao invés de matá-lo, preserva sua vida pedindo em troca tão somente uma exibição do artista ao piano. Assim como o casal de amigos, o oficial Hosenfeld ofertou contribuição essencial para a sobrevivência do músico. Nesse sentido, Polanski parece querer mostrar que a experiência da guerra não produz vencedores. A conflagração é, enquanto fenômeno, apresentada como um mal que afeta a todos os envolvidos.

Se o capitão estendeu a mão a Szpilman, ao ser preso em um campo mantido pelos soviéticos, após o silêncio dos canhões, tentou obter a ajuda do pianista para sobreviver. Ao ser insultado, junto com outros prisioneiros, por um judeu que passava próximo ao campo ("assassinos, assassinos") Hosenfeld pede para que o hebreu avisasse Szpilman que ele estava ali. Tal informação chegou truncada ao pianista visto que o judeu não conseguira registrar o nome do oficial alemão. O capitão faleceu, em 1952, nas mãos dos soviéticos. Szpilman retomou sua carreira em Varsóvia e viveu até 88 anos. Provavelmente a exorcizar seus demônios, escreveu um livro (*Morte de uma cidade*) sobre suas agruras nos tempos da guerra. A obra foi, entretanto, censurada pelos comunistas. Lançada em língua inglesa, em 1988, sob o título de *O pianista*, tornou-se mundialmente conhecida.

Foi dito que, na película de Polanski, o eu coletivizado de Szpilman é uma representação do genocídio judaico. Muitas reflexões podem ser feitas a partir desse fenômeno. Porém, uma delas, a nosso juízo, é particularmente cara: a leitura do Holocausto judaico enquanto expressão máxima da malignidade humana. Obviamente, insistimos, não desconsideramos o sofrimento dos hereros, armênios, cambojanos, tutsis, em suma, de outras vítimas. Porém, o assassinato em massa dos judeus tem um caráter único. Registre-se que não compartilhamos com a posição adotada por lideranças judias, na linha interpretativa de Norman Finkelstein, que tentam transformar, desde a Guerra dos Seis Dias, o eliminacionismo judeu em álibi para validar a conquista de territórios palestinos e o tratamento duro dispensado a estes nas áreas ocupadas por Israel.

A tese de doutorado de Daniel Goldhagen, com 640 páginas, foi publicada, tendo algumas alterações, com o título: *Os carrascos voluntários de Hitler – o povo alemão e o Holocausto*. Goldhagen defende que as causas do genocídio judeu provinham do antissemitismo alemão, fortemente arraigado na tessitura social da Alemanha desde o final do século XIX. Afirma que o Holocausto não devia ser imputado aos problemas econômicos, desequilíbrios psicológicos ou pressões do Estado hitleriano. A variável explicativa central da Shoah era o antissemitismo alemão, que "prenhe de assassinato", expunha uma face eliminacionista. Os alemães desejaram o extermínio em massa de homens, mulheres e crianças judias. Tanto que rejeitaram a eutanásia de Hitler, mas não fizeram o mesmo em relação à Solução Final.

O livro de Goldhagen trouxe novas informações sobre a ação dos batalhões de polícia (*Einsatzgruppen*) e as "marchas da morte". Entretanto, a tese estrutural da obra era problemática. O jovem professor de Harvard desconsiderava a oposição alemã ao Terceiro Reich. Mais do que isso. Ignorava o fato de que em outros locais da Europa, o antissemitismo fora mais agressivo, por exemplo, na Rússia tzarista ou na França de fins do século XIX, contexto em que Alfred Dreyfus foi injustamente condenado à prisão perpétua na ilha do Diabo.

Por discordância teórica ou inveja editorial de seu trabalho, os especialistas criticaram Goldhagen em larga escala. Houve casos em que as críticas foram particularmente duras. No começo de abril de 1996, ele foi criticado por alguns de seus pares no auditório Meyerhoff, do Museu do Holocausto nos Estados Unidos, perante fãs, que, com o pesado volume embaixo do braço, esperavam obter um autógrafo do autor. De acordo com Ron Rosenbaum, professor de jornalismo na Universidade de Columbia, Yehuda Bauer, renomado historiador israelense, disse que as distorções da obra eram culpa do orientador de Goldhagen. Graças às fragilidades da orientação, o livro carecia de comparações e de uma análise mais profunda da história da Alemanha, especialmente o papel dos opositores (socialdemocratas, comunistas, Rosa Branca).

Bauer foi mais fundo, questionando a pessoa de Goldhagen. Considerou que o professor de Harvard precisava de mais humildade e menos preocupação com aspectos publicitários. A imprensa alemã também recebeu mal o livro. Uma matéria publicada no *Der Spiegel* julgou que a obra era "uma sublimação dos desejos inexprimidos do pai". Erich Goldhagen, a despeito de sobrevivente do Holocausto, jamais contou ao filho Daniel seus sofrimentos e angústias naqueles tempos sombrios. Donde a inferência de que o calhamaço de Goldhagen filho era uma forma de preencher essa ausência na relação entre Erich e Daniel.

Goldhagen, ao enfatizar o voluntarismo alemão, ofereceu pouco espaço para Hitler em seu texto. Foi Rosenbaum que, ao analisar o trabalho do professor de Harvard, chamou a atenção para este ponto. Qual o papel de Hitler no Holocausto? O genocídio judeu teria sido possível sem ele? Pensamos nessa questão, em 2005, por ocasião da atuação de Bruno Ganz, no papel do líder nazista, em *A queda: as últimas horas de Hitler*. No filme, mesmo na iminência da derrota, no bunker embaixo do Palácio da Chancelaria, Hitler continuava a expor sua visão de mundo antissemita. Dizia que fora vítima de uma conspiração levada a cabo por judeus.

Tal problemática produziu a querela entre funcionalistas e intencionalistas. Os primeiros argumentaram que, apesar de Hitler apregoar o extermínio em massa dos judeus, no turbulento contexto da guerra os núcleos da burocracia do Terceiro Reich ganharam vida própria e executaram ações à revelia do Führer. Os últimos julgaram que o líder nazista esteve no comando todo o tempo e foi o grande responsável pelo Holocausto. Peter Longerich, autor da mais completa biografia de Heinrich Himmler, comandante da SS, no capítulo 20 (*From Mass Murder to the Final Solution*), afirmou que atribuir a uma mera ordem de Hitler a realização do genocídio judeu é não fazer justiça à complexidade da questão.

Ian Kershaw, principal biógrafo de Hitler, esforçou-se, ao que parece, para superar a dicotomia funcionalismo/intencionalismo. A chave analítica para compreensão do Terceiro Reich está no capítulo 12 (Trabalhar para o Führer) de sua obra sobre o líder nacional-socialista. Kershaw mostra que a maneira personalizada de Hitler governar, estimulou uma brutal competição entre os funcionários nazistas e instâncias diferentes da burocracia do regime. Esta emulação fez com que burocratas do governo tomassem iniciativas por antecipação presumivelmente alinhadas com as vontades do Führer. A mesma lógica impregnou os alemães comuns, que denunciavam os "inimigos" do Estado nazista (em *O pianista*, Szpilman teve que fugir pela escada de um edifício em que se escondera porque uma vizinha desconfiou que ele fosse judeu). É provável que tal *modus operandi* tenha sido o esteio do assassinato em massa dos hebreus.

O cientista social Renato Lessa, em meados dos anos de 1990, no salão nobre do Instituto de Filosofia e Ciências Sociais (IFCS), da Universidade Federal do Rio de Janeiro (UFRJ), desenvolveu, em uma palestra, a ideia segundo a qual a Shoah representaria o grau máximo de malignidade humana. Não se tratava de uma questão numérica. Lessa julgava que a análise do extermínio judaico não devia se limitar aos algarismos presentes em listas de estatística (embora tematizassem sobre acontecimentos históricos diferentes, Chang e Lessa concordariam nesse ponto). Dizia não conseguir se lembrar de outro evento em que o mal tivesse se manifestado tão plenamente. É provável que um tutsi esclarecido de Ruanda, que vivenciou a *temporada de facões*, discordasse do cientista social. Talvez, uma mulher bósnio-muçulmana que tenha vivido em Srebrenica sob a ocupação das tropas do General sérvio Ratko Mladic, expusesse a mesma discordância.

Lessa sublinhou, no entanto, dois pontos fundamentais: a) jamais houve na história um Estado que voltasse seus esforços tão concentradamente para a destruição física de um povo – lembremos que trens eram desviados do teatro de guerra para serem utilizados para transportar judeus aos campos de extermínio; b) tal eliminacionismo exterminista, diria Goldhagen, foi possibilitado pelos recursos tecnológico-científicos de então, cujo uso assumiu um nível extremado (as câmaras de gás e todo o aparato que lhe cercava são o maior exemplo disso).

Para além de o problema do Holocausto ser a maior simbolização da malignidade do homem, note-se que este fenômeno eliminacionista produziu consequências impactantes para o mundo contemporâneo. Exemplos: 1. criou condições para o surgimento do Estado de Israel; e 2. transformou-se em uma plataforma, do ponto de vista da memória, que serviu de base para que outras minorias reivindicassem o reconhecimento público de suas respectivas histórias de padecimento (as discussões ensejadas por intelectuais negros norte-americanos, ratificando o caráter imprescindível de se preservar a memória da escravidão, à época da inauguração do Museu Memorial do Holocausto nos Estados Unidos, em 1993, foram emblemáticas). Daí a argumentação de Michael Rothberg segundo a qual em vez de se pensar em memórias que competem entre si, é intelectualmente mais fecundo sublinhar a multidirecionalidade dos processos de memorialização. Tais processos, tendo o Holocausto como evento paradigmático, procuram mais espaço na arena pública.

Antes de fecharmos as cortinas e encerrarmos esse ato, urge uma reflexão: embora o genocídio judeu exponha traços idiossincráticos, alguns elementos que engendraram o assassínio da população judaica ainda se faziam sentir décadas após a Segunda Guerra Mundial. Foram as lições que as perseguições aos cambojanos escolarizados, bósnio-muçulmanos e tutsis nos ensinaram.

O HORROR NA TERRA DAS MIL COLINAS: O GENOCÍDIO TUTSI EM RUANDA – O PAPEL DOS SALVADORES ORDINÁRIOS

Em *Hotel Ruanda* (*Hotel Ruanda*, 2004), de Terry George, Paul Rusesabagina (Don Cheadle), gerente do *Grand Hôtel des Mille Collines*, fez um esforço pessoal para salvar muitos tutsis abrigados no interior do estabelecimento. Usava cervejas e dinheiro para comprar oficiais do Exército e membros da *Interahamwe* ("Aqueles que estão juntos"), uma das milícias incentivadas pelo governo majoritariamente hutu de Juvenal Habyarimana. Tal forma de operar foi fundamental para que preservasse a vida daqueles que estavam sob sua proteção. Em situações genocidas, é comum pessoas contrárias ao processo eliminacionista silenciarem. O temor da exclusão social, por vezes, fala mais alto.

O medo da perda da integração e pertencimento pode levar o indivíduo à passividade em face ao horror perpetrado pelos carrascos.

Rusesabagina não se deixou domar pelo amedrontamento. É obvio que, em conformidade com sua condição humana, o gerente sentia medo. Pensar o contrário significa heroicizá-lo acriticamente. Rusesabagina, inicialmente, preocupou-se em preservar seus familiares (diferentemente dele, sua esposa era tutsi). Entretanto, pressionado por sua consciência, decidiu proteger um conjunto bem mais amplo de tutsis e hutus moderados. Sublinhe-se que sua decisão de salvar as vítimas foi um *processo*, que envolveu avanços e recuos, até a transformação do hotel em uma fortaleza contra os milicianos e militares hutus.

O gerente do hotel não foi o único a se arriscar para proteger os tutsis. Bispo da diocese de Kivungo, Joseph Sibomana (não mencionado na película) deu todo seu dinheiro aos integrantes da *Interahamwe* que, embora sedentos de sangue, estavam dispostos a serem beneficiados financeiramente por aquele contexto de perseguições. Para o historiador do genocídio, é interessante identificar que a Igreja Católica ruandesa experimentava uma situação paradoxal no alvorecer dos anos de 1990. Seu alto escalão era composto por hutus (dos nove bispos, sete, no começo daquela década, eram hutus). Porém, a maioria dos clérigos era tutsi (65%). Como o poder clerical estava nas mãos dos hutus, que em maior ou menor grau eram privilegiados pelo sistema, a instituição silenciou diante dos massacres. Muitos padres tutsis deram abrigo às vítimas em suas igrejas (igualmente verdadeiro é destacar que padres hutus tiveram o mesmo comportamento). Tais estabelecimentos se metamorfosearam em refúgios para aqueles que lutavam para que seus corpos não fossem dilacerados por facões. Entretanto, essa característica mudou com o avanço das ações genocidas. Despidos do manto da moralidade, os hutus (que deixaram suas atividades comuns para participarem da matança) avançaram em direção às igrejas.

Nas colinas houve muitos salvadores comuns, inclusive casos de famílias hutus que se dispuseram a proteger os tutsis. Representantes da comunidade islâmica (pouco mais de 1% da população de Ruanda) também se esforçaram para salvá-los. Contudo, é certo que ruandeses muçulmanos, outrossim, agiram como algozes.

No começo do filme, Paul Rusesabagina vai ao fornecedor comprar cerveja. Em seu estabelecimento, um carro motorizado de carga deixa um carregamento de facões cair no chão (os mesmos que, a retalhar carnes humanas, simbolizariam o terror constitutivo do genocídio em Ruanda). O fornecedor pega um dos facões do chão e, admirando-o, reporta-se ao gerente do hotel: "Vieram da China. Uma pechincha. 10 centavos cada". Às vésperas do eliminacionismo, entre abril e julho de 1994, muitos facões entraram no território ruandês. Como registra Phillipe Gourevitch, de fato, provieram da China a preços irrisórios. De acordo com dados levantados por Sémelin, entre janeiro de 1993 e março de 1994, foram importados 581 mil facões (duas vezes mais do que normalmente era feito). Entretanto, é um mito acreditar que o genocídio ruandês, que concorreu para a morte de 800 mil pessoas, se deu tão somente em razão do uso de facões; metralhadoras e granadas também levaram ao assassinato em massa.

Ao deslocaram-se para Ruanda, os belgas estruturaram sua administração indireta tendo como referência os tutsis. Estes foram artificialmente definidos por determinados traços fenotípicos: pele mais clara, nariz afilado etc. E não apenas isso. Em virtude da associação com os belgas, passaram a ocupar posições sociais relevantes na Terra das Mil Colinas. Nessas circunstâncias, engendrou-se um estado de tensão entre tutsis e hutus, que explodiu com a rebelião de 1959. Tal revolta levou centenas de tutsis ao óbito e milhares ao exílio (malgrado fossem bem recebidos nos países vizinhos, com o tempo a relação dos tutsis com as nações hospedeiras – Zaire e Uganda, por exemplo – desgastou-se). Ademais, abalou o aparato administrativo belgo-tutsi, abrindo espaço para que, via eleições, o Partido do Movimento de Emancipação Hutu (*Parmehutu*) assumisse, em 1961, o poder. No ano seguinte, Ruanda tornou-se formalmente uma república emancipada. É imprescindível que o historiador abstenha-se de explicações esquemáticas. A despeito das conexões com os tutsis, a ascensão política de uma elite hutu provavelmente não ocorreria sem algum nível de sustentação ofertada pela Bélgica.

Nas décadas seguintes, os tutsis foram vítimas de massacres que se tornaram endêmicos. Assim, com o crescimento da sensação de insegurança, em 1987, formou-se a Frente Patriótica Ruandesa (FPR), grupo militarizado tutsi disposto a tomar o poder em Ruanda (muitos de seus membros eram filhos de exilados de 1959, que julgavam ter chegado o momento de retornarem ao solo pátrio). A FPR era comandada por Paul Kagamé, que substituiu Fred Rwigema, líder original, após sua morte em 1990. Em 1º de outubro deste ano, o grupo armado invadiu a Terra das Mil Colinas e provocou uma guerra civil. A despeito dos massacres étnicos que ocorreram nas décadas posteriores à "Revolução de 1959", ninguém que vivia em Kigali, Butare, Gitarama ou qualquer outra cidade ruandesa podia imaginar o que ocorreria no fatídico ano de 1994, logo depois da queda do avião presidencial de Habyarimana.

Em *A história de um massacre* (*Shake hands with the devil*, 2007), de Roger Spottiswoode, o espectador nota como Roméo Dallaire (Roy Dupuis), comandante da Força de Paz das Nações Unidas para Ruanda (MINUAR), entre 1993 e 1994, esforçou-se pessoalmente para proteger a vida de tutsis e hutus moderados (o filme foi inspirado nas memórias do comandante). Seu empenho foi louvável. Não desistiu das vítimas. Nem quando a ONU inescrupulosamente virou as costas para ele. Dallaire ficou exultante ao receber o comando. Suas palavras são sintomáticas: "É muito difícil para alguém que não está nas Forças Armadas compreender o que significa receber um comando. O sujeito venderia até a mãe para conseguir isso. Ou seja, receber aquele telefonema significava concretizar o objetivo da minha vida." Este era o estado de espírito de Dallaire antes de zarpar para a Terra das Mil Colinas.

Em 1993, a Tanzânia, apoiada pelas potências ocidentais, intermediou negociações de paz entre o governo hutu e a FPR, que, àquela altura, já ganhara muito terreno.

Tais negociações, denominadas acordos de Arusha, resultaram na partilha do poder ruandês. Dallaire acreditava que sua missão seria apenas supervisionar a implementação dos acordos; algo que, no seu entendimento, iria se dar sem maiores problemas. Todavia, Roméo Dallaire percebeu, em pouco tempo, que sua missão carecia de informações, funcionários e recursos. Quando a matança executada pelos extremistas hutus tornou-se realidade, o comandante esperou que a ONU enviasse reforços e lhe ordenasse combater os radicais. Porém, nada disso aconteceu. Como um pesadelo infindável, Dallaire foi obrigado a manter sua posição. Como vemos no filme de Spottiswoode, não conseguiu preservar a vida da primeira-ministra, nem evitar a morte de 10 soldados belgas. Aparentemente, os hutus executaram os belgas porque acreditavam que, como ocorrera na Somália, as mortes levariam à retirada das tropas da ONU.

Na película, vemos Dallaire indo procurar os combatentes belgas no hospital de Kigali. Na instalação hospitalar, o comandante é informado de que os homens foram mortos. Na cena, visivelmente perturbado, Dallaire conta os cadáveres; erra a contagem algumas vezes, pois os corpos estão retorcidos uns sobre os outros. Na sequência, presta continência aos militares quedados. Parece não acreditar no que vê.

Em *Hotel Ruanda* e *A história de um massacre*, percebe-se que a Radio-Télévision des Mille Collines (RTLM) teve um papel central na incitação ao genocídio. Pela primeira vez na história uma rádio estimulou tão abertamente ações genocidas. Se já havia um discurso de animalização dos tutsis (chamados *inyenzi* – "baratas") presente no imaginário da sociedade ruandesa, tal discurso foi ampliado pela RTLM. Dallaire tentou conter a rádio, mas, como nas outras questões, não teve apoio de seus superiores.

Romeo Dallaire ficou profundamente abalado com o genocídio. Seu desequilíbrio emocional, no entanto, não se relacionava apenas com o acúmulo de cadáveres nas ruas de Kigali e o desespero das vítimas, a clamar por socorro. Tão grave quanto o assassinato em massa, para seu equilíbrio psicológico, foi o fato de a ONU deixá-lo praticamente de mãos atadas (a instituição ainda ordenaria a retirada dos capacetes azuis, deixando o comandante com um contingente inexpressivo). Em algumas passagens da película de Spottiswoode, vemos o comandante colocar sua vida em risco, encarando radicais hutus armados com facão ou metralhadora; como se flertasse com a morte, convidando-a para dançar. Segundo Samantha Power, em junho de 2000, uma rádio do Canadá divulgou que Dallaire havia sido encontrado em um parque em Hull, Quebec. Estava inconsciente em um banco. Sozinho e bêbado. Apesar dos seus fantasmas, o militar recuperou-se e, em carta destinada ao grande público, disse que não perdera a crença nas operações de paz e nos direitos humanos.

PALAVRAS FINAIS

Respeitando a inteligência do leitor, não temos a pretensão de esgotar a temática genocídio e cinema com os parágrafos anteriores. Trata-se, antes, de uma reflexão introdutória que, talvez, estimule novas discussões. Muito precisa ser feito. Urge, por exemplo, uma análise do polêmico filme *Na terra de amor e ódio* (*In the Land of Blood and Honey*, 2011) de Angelina Jolie, sobre os estupros de mulheres islâmicas, ocorridos durante a Guerra da Bósnia, mais especificamente em Srebrenica. Muitos filmes sobre o Holocausto judaico, como *O menino do pijama listrado* (*The Boy in the Striped Pyjamas*, 2008), de Mark Herman, ainda aguardam ricas intervenções intelectuais. Um interessante trabalho sobre o filme de Herman poderia ser feito, levando-se em consideração a educação durante o Terceiro Reich (a visão de mundo que o professor procura passar para o garoto é representativa de um forte antissemitismo presente no imaginário da sociedade alemã nos anos de 1930 e 1940).

O caminho percorrido até aqui mostrou que massacre, genocídio e limpeza étnica têm significados diferentes. Daniel Goldhagen ofereceu uma saída intelectual para o labirinto dos conceitos, ao desenvolver a categoria eliminacionismo. Talvez, alguns polemistas de plantão julguem tratar-se de um termo "guarda-chuva" que, comodamente, incorpora realidades díspares. Independentemente da procedência da crítica, não se deve ignorar a criatividade analítica de Goldhagen.

Genocídio, para atentarmos ao título deste texto, tem uma história e é um conceito, do ponto de vista político, facilmente manipulável. A propósito de tal asserção, lembremo-nos do diálogo, em 10 de junho de 1994 – citado na película *Tiros em Ruanda* (*Shooting Dogs*, 2005), de Michael Caton-Jones –, entre Christine Shelly, porta-voz do Departamento de Estado norte-americano, e Alan Elsner, correspondente da Reuters. Após Shelly ter dito que em Ruanda ocorreram "atos de genocídio", Elsner questionou-a: "Qual a diferença entre 'atos de genocídio' e 'genocídio'?". Depois de a porta-voz responder que nem todas as mortes no território ruandês podiam ser subordinadas à categoria genocídio, Alan Elsner interpelou-a novamente: "Quantos atos de genocídio é preciso para constituir um genocídio?". Shelly, pressionada, entregou os pontos: "Alan, essa é uma pergunta que absolutamente eu não tenho condições de responder."

Não há como mensurar a dor dos chineses torturados em Nanquim, dos judeus em Auschwitz e dos tutsis em Kigali. Porém, retomando as reflexões de Renato Lessa, julgamos o eliminacionismo exterminista dos judeus o grau máximo de malignidade humana. Foram seis milhões de mortos. Poder-se-ia argumentar que, por ocasião da conquista das Américas, morreram aproximadamente 450 milhões de indígenas. Contudo, malgrado reconheça-se o horror subjacente à chegada dos europeus ao "Novo Mundo", tais mortes careceram, muitas vezes, de intencionalidade. Vários estudiosos mostraram a importância das enfermidades para o decréscimo populacional aborígene no continente americano.

Não se trata apenas de uma questão numérica. Há um grande debate entre historiadores do genocídio sobre o número de óbitos por ocasião da fome na Ucrânia stalinista. Sublinhando-se o biênio 1932-1933, existem indícios de que, talvez, a política de Stalin tenha eliminado mais pessoas do que o genocídio judeu (os algarismos variam entre 4.400.000 e 7 milhões de vítimas fatais). O Holocausto judaico destaca-se pelo ineditismo da ação do estado e uso *pleno* dos recursos tecnológicos/científicos disponíveis, nos anos de 1940. Os nazistas edificaram uma estrutura mortal que envolveu uma multiplicidade de conhecimentos: administração, medicina, engenharia, química etc. Tal estrutura não esteve presente no genocídio ruandês. Evidentemente, há nele um conteúdo horripilante, uma orgia sanguinária. Todavia, Ruanda impressiona mais pelo elevado número de mortos em tão pouco tempo, muitos dos quais vitimados por machetes (embora não só por eles) do que pela montagem de uma arquitetura de destruição.

A nosso juízo, o mal extremo ainda se deve atribuir ao assassínio da população judaica. Enquanto a empresa macabra dos nacional-socialistas avançava, Rudolf Hoss, comandante do mais famoso campo de extermínio de Hitler, brincava com os filhos, em sua casa anexa a Auschwitz I. Aí, regularmente, manhãs e tardes, músicos tocavam os clássicos para receber os judeus que chegavam nos trens. O som propagava-se e partilhava o ambiente com as cinzas de seus pares procedentes dos fornos crematórios. O cinema, vigilante, atentou para esta e outras manifestações do maligno.

BIBLIOGRAFIA COMENTADA

ARENDT, Hannah. *Eichmann em Jerusalém: relato sobre a banalidade do mal.* São Paulo: Companhia das Letras, 1999.

Importante obra em que a autora analisa o julgamento de Adolf Eichmann e produz o conceito de "banalidade do mal", em que atenta para a passividade dos nazistas em face ao extermínio dos judeus.

BEHR, Edward. *Hiroíto: por trás da lenda.* São Paulo: Globo, 1991.

A obra sinaliza para o fato de Hirohito não ter sido uma pessoa alheia às decisões que levaram ao Massacre de Nanquim e Ataque à Pearl Harbor.

CHANG, Iris. *Rape of Nanking: The Forgotten Holocaust of World War II.* New York: Penguin books, 1997.

Texto referência sobre o Massacre de Nanquim, no qual a autora destaca a agressividade dos japoneses e o esforço feito por eles para dissimular o evento.

FINKELSTEIN, Norman. *A indústria do Holocausto: reflexões sobre a exploração do sofrimento dos judeus.* Rio de Janeiro: Record, 2001.

Livro polêmico em que o autor defende a hipótese de que o Holocausto judaico transformou-se em uma ideologia, que beneficia política e financeiramente a comunidade judaica.

GOLDHAGEN, Daniel. *Os carrascos voluntários de Hitler: o povo alemão e o Holocausto.* São Paulo: Companhia das Letras, 1996.

Obra fundamental da historiografia do Holocausto judaico, que sugere a ideia de que o assassinato em massa dos judeus só foi possível graças às características peculiares da história alemã.

__________. *Worse Than War: Genocide, Eliminationism, and the Ongoing Assault on Humanity.* New York: Public Affairs, 2009.

Texto importante em que o autor aprofunda o conceito de eliminacionismo.

GOUREVITCH, Philip. *Gostaríamos de informá-lo de que amanhã seremos mortos com nossas famílias: histórias de Ruanda.* São Paulo: Companhia das Letras, 2006.

Investigação antropológica em que o autor, visitando Ruanda um ano após o genocídio, tenta compreendê-lo.

HARRIS, Sheldon H. *Factories of Death: Japanese Biological Warfare, 1932-1945, and the American Cover-up*. New York/London: Routledge, 2002.

Livro que deslinda a atuação da Unidade 731.

KERSHAW, Ian. *Hitler*. São Paulo: Companhia das Letras, 2010.

Principal biografia de Adolf Hitler, que supera a querela acadêmica funcionalistas *versus* intencionalistas. Além disso, desmistifica passagens da vida do Führer.

LONGERICH, Peter. *Heinrich Himmler*. Oxford: Oxford University Press, 2012.

Principal biografia do comandante da SS, que atenta para a importância do ocultismo na visão de mundo de Himmler e de outros integrantes do nacional-socialismo.

MANN, Michael. *The Dark Side of Democracy: Explaining Ethnic Cleansing*. New York: Cambridge University Press, 2005.

Polêmico livro em que o autor demonstra como o discurso forjador da democracia alimentou preconceitos, que favoreceram ações genocidas.

POWER, Samantha. *Genocídio: a retórica americana em questão*. São Paulo: Companhia das Letras, 2004.

Excelente trabalho jornalístico em que a autora mostra o comportamento dos governos estadunidenses diante de fenômenos eliminacionistas.

ROSENBAUM, Ron. *Para entender Hitler: a busca das origens do mal*. Rio de Janeiro: Record, 2003.

Livro em que o autor reúne várias teorias em que busca compreender o líder nazista, especialmente seu antissemitismo.

ROSENBAUM, Alan S. (ed.). *Is the Holocaust Unique? – Perspectives on Comparative Genocide*. Boulder: Westview Press, 2009.

Coletânea essencial sobre o tema do genocídio. Destaque para os capítulos 4, 9 e 10, respectivamente, sobre a unicidade do Holocausto judaico, a fome na Ucrânia stalinista e o massacre de Nanquim (cuja análise toma por base o livro de Iris Chang).

ROTHBERG, Michael. *Multidirectional Memory: Remembering the Holocaust in the Age of Descolonization*. Stanford: Stanford University Press, 2009.

Obra sofisticada em que o autor propõe o conceito de memória multidirecional como contraponto à visão segundo a qual o espaço público tornou-se uma arena marcada pela competição entre memórias.

SÉMELIN, Jacques. *Purificar e destruir: usos políticos dos massacres e dos genocídios*. Rio de Janeiro: Difel, 2009.

Um dos melhores textos publicados em português sobre o assunto. O autor, lançando mão da interdisciplinaridade, esmiúça várias facetas do fenômeno do genocídio. Participação de intelectuais, mídia, Igreja etc.

STONE, Dan. *The Historiography of Genocide*. New York: Palgrave Macmillan, 2010.

Mais uma coletânea crucial sobre a temática do genocídio. A primeira parte da obra é conceitual e a segunda expõe vários estudos de caso. Sugerimos a leitura do capítulo 1 no qual o conceito de genocídio é definido. Ademais, há uma análise da biografia de Raphael Lemkin.

THOMSON, Ian. *Primo Levi: a Life*. New York: Metropolitan Books, 2003.

Principal biografia de Primo Levi, em que o autor investiga a produção intelectual de Levi e as circunstâncias de sua morte.

DAVID O. SELZNICK'S production of MARGARET MITCHELLS Story of the Old South
GONE WITH THE WIND
in TECHNICOLOR Starring
CLARK GABLE
as RHETT BUTLER
LESLIE HOWARD
OLIVIA DE HAVILLAND
and presenting
VIVIEN LEIGH
as SCARLETT O'HARA
A SELZNICK INTERNATIONAL PICTURE
DIRECTED BY VICTOR FLEMING
SCREEN PLAY BY SIDNEY HOWARD,
A METRO-GOLDWYN-MAYER Release
Music by Max Steiner

7.

GUERRA E PAZ: PACIFISMO, GÊNERO E IDENTIDADE NA TELA

Francisco Carlos Teixeira da Silva

Há apenas uma oportunidade para manter a paz e salvar a civilização: que o proletariado some todas as suas forças para afastar o espantoso pesadelo da guerra.

JEAN JAURÈS, 25 de julho de 1914

Quem dera! Pudesse todo homem compreender, oh, mãe, quem dera (...)

GILBERTO GIL, "Super-homem"

1. AS ORIGENS: GUERRAS, FOTOGRAFIA E CINEMA

O PACIFISMO, COMO UMA ATITUDE POLÍTICA CONSCIENTE – longe de uma postura, fenômeno recorrente, e puramente humanista ou religioso frente ao "flagelo da guerra" – surge, na Europa e nos Estados Unidos, após a irrupção no cenário contemporâneo de guerras que marcam uma verdadeira "revolução em assuntos militares" e chocaram seus contemporâneos pelo novo e avassalador poder letal que traziam. Depois da Guerra da Crimeia (1853-1856), da Guerra de Secessão norte-americana (1861-1865) e da Guerra Franco-prussiana (1870-1871), ficou claro para o mundo, que a guerra havia sofrido uma importante mutação. Com a generalização da Revolução Industrial, em especial suas consequências no âmbito dos transportes (navios a vapor mais rápidos e mais pesados, blindagens mais eficientes, trens de longo percurso) e da produção do aço, na Grã-Bretanha, Estados Unidos, Alemanha, Bélgica e França, impunham-se novas regras e postura na condução dos conflitos bélicos internacionais.

A Guerra da Crimeia, entre 1853 e 1856, já apresentaria os indícios de intensa modernização da guerra e da gestão dos assuntos militares, até então inéditos na história dos conflitos. A luta entre a França, a Grã-Bretanha, o Império Turco (com a ajuda do Piemonte) contra a Rússia Imperial, limitada à Península da Crimeia, acabou por exigir uma ampla modernização do transporte e das condições de navegação, com especial extensão dos serviços de transporte de volumosas tropas – inclusive o uso tático das ferrovias – e os serviços médicos e uma intendência, incluindo o uso de alimentos com enlatados. Da mesma forma, foi a primeira guerra na qual o jornalismo, com a "invenção" dos correspondestes de guerra (como William Howard Russel, 1821-1907, considerado o primeiro correspondente de guerra), teve um papel proeminente e constante – facilitado pela expansão do uso do telégrafo. Assim, partir da Guerra da Crimeia, a "guerra" iria se tornar um assunto de massas, acompanhado com ardor, interesse e mesmo com paixão, por aqueles que passam a ser denominados de "opinião pública", e popularizados à condição do "corresponde de guerra" (no qual o *The Times* de Londres se tornaria um exemplo de veículo). A generalização e a abertura do telégrafo ao público, depois de 1857, teria um papel ainda maior na construção da guerra como o fenômeno de mídia, massivo, e mobilizador da opinião pública, para além, é claro, do seu uso propriamente militar – embora em 1854, por exemplo, a notícia da Batalha (pírrica!) de Balaclava tenha levado três semanas para fazer o percurso entre a Crimeia e Londres! A "popularidade" da Guerra da Crimeia, com parte da população britânica participando intensamente dos debates sobre a "justeza" do embate, foi capaz de mobilizar fortemente a opinião pública do país, e não só dos países diretamente envolvidos, permitindo a formação de grupos de "pacifistas", horrorizados com as descrições em primeira mão das atrocidades cometidas e, muito especialmente, com as primeiras fotografias enviadas diretamente do campo de batalha. Esta inovação foi fundamental para trazer a guerra para o cotidiano de todas as pessoas através de imagens: a fotografia de guerra substituía largamente os desenhos e "bico de pena", que mesmo sendo fortes, não possuíam o impacto inédito da fotografia. Coube ao fotógrafo Roger Fenton (1819-1869) inaugurar a fotografia em campo de batalha e seu envio – também por cabos submarinos – expondo à opinião pública os horrores da guerra (o que, por sua vez, originou, também, a censura à imprensa em nome do "interesse nacional" pelos condutores políticos da guerra). Mídia, mesmo quando "engajada" (*embedded*) junto das tropas, e a fotografia dariam um forte apoio às ideias pacifistas que começam a proliferar na Europa.

Entre as fotos iniciais de Roger Fenton e a transmissão via satélite das brutais cenas da Guerra do Vietnã, com suas terríveis imagens passadas nos jornais da noite, bem na hora do jantar da classe média norte-americana, o jornalismo de guerra desempenhou um papel central na expansão dos sentimentos e movimentos antiguerra. O impacto das centenas de *blackbags* do Vietnã (corpos em sacos plásticos pretos sendo embarcados de volta para casa) os diversos Estados procuraram limitar, ou mesmo impedir, a apresentação de cenas de guerra, e seus mortos e feridos, livremente. Assim, as mais fortes alusões e imagens pacifistas de *Hair* (Milos Forman, 1979) ou de *The Wall* (Pink Floyd, 1982), são voltadas para o sacrifício inútil da vida de jovens, na perda de seus

Foto de Roger Fenton na qual uma atendente francesa cuida de um ferido durante a Guerra da Crimeia, 1853-1856. Possível foto "posada" para efeito de publicação. Imagens que pudessem ser chocantes para a opinião pública eram censuradas. Fonte: http://futurenurseofamerica2.blogspot.com.br/

sonhos e de seus projetos de vida. Sabedores do impacto das imagens, os condutores soviéticos da Guerra Soviética-Afegã, entre 1979 e 1989, com 14.553 mortos e 53.753 feridos soviéticos e mais de um milhão de mortos afegãos, produziram um quase total "apagão" de fotos, com uma bem organizada ação da censura soviética (existem muitas fotos de movimentos de tropas e blindados, além de fotos aéreas, porém raríssimo as fotos sobre mortos e feridos) sobre o material de combates e de vítimas. A, então, URSS exerceu um controle absoluto para que sua população não fosse exposta aos horrores daquela guerra, temerosa do impacto negativo sobre a "opinião pública socialista" – o que de fato ocorreu com o retorno dos mutilados de guerra. A experiência do Vietnã, entre 1964 e 1975, quando as imagens da guerra, em especial de civis mortos, expôs o governo americano a uma violenta condenação doméstica e internacional, gerando a chamada "síndrome do Vietnã", e acabou por impor novas regras ao trabalho dos correspondentes de guerra. Se, na Guerra da Crimeia, a disposição "natural" de Fenton e de seus colegas – vigiada de perto pelas autoridades militares britânicas – tornava as fotografias "domesticadas" (além das questões técnicas, da necessidade de uma longa exposição para a fixação das imagens, nem sempre possível no campo de combate), já na Guerra de Secessão americana, as imagens brutais de mortos, amputados e feridos invadem os jornais e são vendidas como souvenirs. Muitos militares fazem fotos "profissionais", posadas, em estúdios com suas próteses e mutilações, quase como um autotroféu de guerra.

Quando os governos entendem, finalmente, que a fotografia de guerra era uma arma antiguerra e um poderoso instrumento do pacifismo, seu controle passa a ser oficial e inscrito na legislação de guerra, merecedor de duras punições. É assim, na Grande Guerra Mundial de 1914, quando ingleses e alemães revitalizam-se na produção de imagens "oficiais" de vitórias e promovem certa "limpeza" do campo de combate. De qualquer forma um esforço inútil. Um fenômeno recente, apoiado por instituições britânicas, promoveu a recuperação de fotos "privadas", tomadas pelos combatentes, para a formação de amplos acervos "não oficiais", mostrando que a máquina fotográfica já se popularizara e as fotos "privadas" escapavam do controle dos Estados.

O fotógrafo americano Eddie Adams captou o momento em que o General Nguyen Ngoc Loan executa sumariamente um suposto vietcongue nas ruas de Saigon, durante a ofensiva do Tet, em 1968. A imagem da Guerra do Vietnã teve um impacto decisivo na mobilização da população, em especial de jovens, contra a guerra.

Entretanto, o avanço contínuo da tecnologia das máquinas fotográficas – cada vez menores, mais rápidas e mais sensíveis, chegando até sua mania obsessiva contemporânea com smartphones e similares – levará a uma notável derrota dos governos em esconder "a verdadeira guerra". A tentativa de manter toda a imprensa "emede", alistada nos próprios exércitos e assim controlar sua atuação, como foi feito na Segunda Guerra Mundial (1939-1945), com grande sucesso (incluindo as famosas fotografias "montadas" e "posadas" dos americanos no Pacífico, como se supõe de algumas fotos legendárias de Joe Rosenthal, o que é, também, uma dúvida para a famosa foto de Robert Capa, de 1936, durante a Guerra Civil Espanhola), a tecnologia venceu largamente a censura.

A atuação de redes como a CNN na Guerra do Golfo (1990-1991), expondo as pretensas armas "inteligentes" e suas matanças, e a proliferação de pequenas câmaras digitais, a maioria em telefones, expôs com dureza os horrores das guerras que se queriam de *zero kill*. Em poucos anos, os telefones digitais, com câmaras cada vez mais eficientes, abririam brechas cruéis na imagem de defesa dos direitos humanos e da liberdade na atuação dos grandes exércitos ocidentais, como no caso dos Estados Unidos na prisão de Abu Graib, no Iraque a partir de 2003 ou no Afeganistão depois de 2001.

Jovem soldado confederado morto em 1863, fotógrafo não identificado. A fotografia e o "correspondente de guerra" terão um papel fundamental para a propagação das ideias pacifistas e de repúdio à guerra. Fonte: http://www.ebay.com/itm/RARE-CIVIL-WAR-PHOTO-UNION-DEAD-CONFEDERATE-SOLDIER-US-Stereoview-1861-1865-/201002324633

A fotografia, e depois o filme doméstico ou amador, serão elementos centrais na formação de uma consciência pacifista no Ocidente. Contudo, correntes tradicionais, nacionalistas (algumas vezes com toques racistas) e conservadores, em especial as aristocracias europeias, continuaram a ver na guerra um momento de "redenção" da humanidade (ou daquela parte superior dela), como foi o caso de vasta parte da opinião pública europeia, e em especial de seus chefes militares, nas primeiras semanas da guerra de 1914.

Assim, numa obra clássica, de grande ressonância popular, Lorde Alfred Tennyson poderia imortalizar, num poema épico, uma das mais estrondosas derrotas da

Grã-Bretanha, o episódio da "Carga da Brigada Ligeira", durante a Batalha de Balaclava, em 25 de outubro de 1854. O episódio, e o poema épico, serão a inspiração do filme *A carga da brigada ligeira* (*The Charge of the Light Brigade*, Michael Curtiz, 1936), como um elogio ao imperialismo e ao colonialismo britânicos. As decisões de filmagem do belo filme não foram estranhas ao clima de competição entre a, então, União Soviética e os britânicos, ainda senhores da Índia e desconfiados do apoio soviético aos movimentos anticoloniais. As cenas de intrigas, e de revoltas na Índia e a decisão de fazer a guerra ao "verdadeiro" inimigo, os russos, explicitam o clima de pré-Guerra Fria (para muitos uma "Guerra Fria" *avant la lettre*, em que os anglo-saxões defendiam a manutenção dos impérios coloniais). As sequências na Índia e a imaginária revolta do país, também imaginário, do "Suristão" (Turquia?) ameaçado pela ambição imperial russa (soviética?) aparecem como uma justificativa "civilizatória" para o imperialismo britânico e a necessidade de uma aliança ocidental (ingleses, franceses e americanos) contra o barbarismo oriental dos russos, ou seja, o comunismo soviético. Tudo isso apenas alguns meses antes de ingleses e franceses cederem aos interesses imperialistas do Terceiro Reich no chamado "Pacto de Munique". Assim, insistimos, o pacifismo contemporâneo sofreu um imenso impulso com a generalização dos meios de comunicação de massa, em especial a fotografia, o cinema e, em seguida, a televisão.

A "modernidade" de tais guerras também se manifestavam em outros campos. Além disso, as epidemias, desde a Antiguidade um dos maiores temores dos comandantes de tropas, passaram a ter, com a Guerra da Crimeia, todo um corpo especial de cuidados. A ação de um corpo médico, com destaque para as enfermeiras, seria doravante um elemento central das guerras modernas. Florence Nightingale (1820-1919), com seu corpo de 38 enfermeiras inglesas atuando durante a guerra, tornou-se o modelo da ação médica moderna durante os conflitos e, da mesma forma, um ícone da participação feminina em conflitos militares – além de um forte elemento de afirmação dos direitos femininos. Até então, mulheres eram sempre as vítimas passivas, de formas variadas, dos conflitos conduzidos por homens. Com Nightingale a mulher deixa a exclusividade do papel de dona de casa à espera do retorno de seu homem, ou de vítima indefesa, para assumir um papel ativo, embora ainda não combatente, no próprio conflito. Claro que a atuação de Florence foi alvo de duras críticas, inclusive de sua própria família, mas aos poucos, numa Grã-Bretanha vitoriana e conservadora, Florence Nightingale conseguiu impor seus métodos – inclusive de moderna gestão hospitalar, com uso de controles administrativos modernos, baseados em demonstrações estatísticas, além de práticas médicas fundamentais, como o uso massivo de anestesia em cirurgias de emergência –, ao conjunto dos corpos médicos no interior dos exércitos modernos. Florence é um exemplo notável, na época vitoriana, da recusa da mulher em aceitar a guerra como um "fato masculino", com a naturalização de todas as suas brutais consequências. As reportagens de William H. Russel (1820-1907), jornalista do *The Times* cobrindo a guerra "diretamente do front", com as fotos de

Roger Fenton, acabaram por criar, na opinião pública britânica, o ambiente favorável a um tratamento mais humano de feridos e doentes durante os conflitos, além de uma inédita valorização do papel feminino nos conflitos modernos. Com Florence não se tratava, ainda, de uma posição "feminista" perante a guerra, ou, mesmo, de uma postura "pacifista", mas uma proposta humanitária e filantrópica, nova na condução da guerra (e nem sempre seguida na época e mesmo depois dela). Devemos destacar, principalmente após uma pesquisa minuciosa dos acervos fotográficos disponíveis sobre a Guerra da Crimeia, a presença constante de mulheres no front. Assim, serviços ditos "de cantina", feito por mulheres, em especial no exército francês, eram bastante comuns e os oficiais britânicos, muitas vezes, levavam suas esposas para os teatros de operações, recebendo cabanas, diferentes das tendas cônicas tradicionais, para residir. Claro, tudo isso dependia do local das operações militares, do acesso e da classe social dos combatentes, agraciados com estes favores. Mesmo as tropas mais "populares", e em níveis sociais mais subalternos, dezenas de mulheres – esposas, cozinheiras, empregadas e prostitutas – seguiam as tropas. O cinema conseguiu uma excelente, e crítica, visão desta "procissão doméstica" seguindo as tropas francesas da Legião Estrangeira no filme *Marrocco* (Joseph von Sternberg, 1930). No filme, uma ambígua e desafiadora Marlene Dietrich assume a tradição de seguir no deserto o homem que ama, um incrédulo e jovem Gary Cooper. O escândalo, ao menos este entre muitos que o filme oferece à sua época, reside no fato de uma mulher ocidental e branca, aceitar a tradição das mulheres nativas. A novidade, no caso da Guerra da Crimeia, reside, por sua vez, num sistema integrado, e respeitado, de mulheres – muitas de origens sociais elevadas, como a própria Nightingale e sua tia – que assumem as responsabilidades médicas durante a guerra, obrigando-as a um tipo de convívio íntimo e violento que normalmente a sociedade burguesa recusava às suas mulheres de qualidades sociais superiores. Não se tratava, por estas razões, de uma limitação da guerra, ainda não. Mas, sem dúvida alguma, foi um passo decisivo para a diminuição do barbarismo na guerra e para que as populações europeias, normalmente distantes dos cenários de combates, tivessem uma visão mais clara do custo humano dos conflitos modernos.

Os novos métodos médicos inaugurados na Guerra da Crimeia tiveram forte impacto, pouco tempo depois, na criação do Comitê Internacional da Cruz Vermelha, em 1863, por Jean Henri Dunant (cuja denominação final emergirá em 1876) e no próprio sistema médico coletivo, de uso social e civil. Mas uma vez, com certo realismo, não se tratava de iniciativas para impedir as guerras. Voltava-se, tão somente, para garantir um tratamento mais humanitário para os feridos e prisioneiros de guerra, limitando as piores consequências da guerra, com o abandono e trucidamento de feridos e prisioneiros. As "Convenções" de Genebra, de 1864, e de Haia, de 1899, tornaram as condições de vida e comunicação dos prisioneiros (com familiares e com seus respectivos comitês da Cruz Vermelha) muito mais humanas e tiveram um papel, por vezes, bastante honroso na eliminação dos piores hábitos de guerra.

2. A EMERGÊNCIA DA GUERRA "INDUSTRIAL" E O FORTALECIMENTO DO PACIFISMO

Já na Guerra de Secessão americana a transformação do conflito bélico num fenômeno "total" emerge com bastante clareza e com uma crueza que marcará, doravante, a modernidade dos conflitos militares. O evento marcante seria, sem dúvida, o incêndio da grande cidade sulista de Atlanta, em 1864 – transformado em um grande momento cinematográfico na sua reconstrução em *E o vento levou* (*Gone with the Wind*, Victor Flememing, 1939), que soube capturar (nas pistas dadas anteriormente por David W. Griffith, como veremos mais à frente) a desnorteante realidade de uma nova guerra sem limites e a perplexidade impotente da sua população. A estratégia do General "unionista" William T. Sherman (1820-1891), que se dedicou à destruição sistemática de estradas, ferrovias, prédios administrativos, celeiros, silos e centros industriais do "inimigo" confederado, entendendo que a vitória sobre o adversário implicava a destruição de sua capacidade produtiva e a desorganização da vida econômica e administrativa de toda a região foi, ao seu tempo, uma novidade brutal e eficiente. Assim, era recusada, de forma doutrinária – como novidade na condução de uma guerra – a distinção entre alvos "militares" e alvos "civis", posto que a destruição da capacidade econômica e de transporte de uma das partes em luta implicava a ampliação das possibilidades de vitória da outra. Não se tratava de apenas vencer um exército em campo como nas guerras napoleônicas (o paradigma até então dominante da guerra), posto que extrema expansão da capacidade produtiva industrial, conseguida com a industrialização do século XIX (e exacerbada no século XX), poderia repor com rapidez as condições de luta e anular uma vitória militar alcançada com grandes esforços em campo. Tratava-se, assim, de destruir a própria capacidade de reposição e reequipamento do adversário, bem como sua capacidade de reunir e "emassar" tropas e novamente colocá-las em condição de combate (com trens ou navios movidos a vapor), anulando por largo tempo a capacidade de luta do adversário, que se veria, assim, obrigado a aceitar a paz do vencedor. Nestes termos, instalações industriais, ferrovias, fazendas e seus campos de cultivos, portos, minas, canais e equipamentos em geral tornavam-se alvos "legítimos" de guerra. Claro, ao atacar tais instalações, a guerra era levada diretamente, ao seu extremo (a "tendência de toda guerra é 'escalar' seus extremos", como predizia Clausewitz), atingindo o coração das cidades e das unidades econômicas rurais, causando terríveis baixas entre civis e a destruição da capacidade industrial de um país. Por esta razão Sherman passou a ser considerado, por especialistas como Liddel Hardt, como o protótipo do general moderno, com o uso massivo das novas tecnologias, tais como ferrovias, telégrafo e ações rápidas e inesperadas. Para muitos, Sherman seria mesmo o antecessor de "grandes" generais do século XX, como os alemães Heinz Guderian e Erwin Rommel.

A Guerra Civil americana, entre 1861 e 1865, apresenta-se, por tais razões, como a primeira guerra "moderna" – ao lado das outras duas já citadas – em virtude da ampla incorporação das tecnologias industriais e as mudanças estratégicas na condução da guerra, em especial a indistinção em combate entre civis e militares. Tornou-se, assim, o mais letal conflito da História dos Estados Unidos, com um mínimo de 750 mil mortes. Para alguns, como o historiador John Huddlestone, cerca de 10% de todos os homens adultos do Norte e 30% dos homens adultos do Sul morreram na guerra. E assim, um modelo de guerra do futuro para o século XX.

Da mesma forma, a Guerra Franco-alemã, ou Franco-prussiana, de 1870 e 1871, implicou o uso intenso dos modernos meios de transporte e comunicação, dando grande ênfase à velocidade e coordenação dos movimentos de exércitos inteiros, destacando o papel do comando e de sua inteira coordenação com as tropas. Com cerca de 140 mil mortos, do lado francês, e 45 mil baixas alemãs, a guerra foi, de certa forma, um choque: indo além dos esperados *Kriegspiel*, ou "jogos de guerra" até então praticados quase com mítica esportiva, em algumas semanas o conflito tornou-se uma luta de povos inteiros, com a intensa acusação dos franceses sobre saques, roubos, violações em massa e toda sorte de crueldades praticadas pelos "prussianos" ou "boches". Enquanto isso, a ação dos chamados *franc-tirreurs* – os civis, incluindo mulheres, que resistiam à invasão alemã –, causava pânico nas tropas alemãs, que consideravam a resistência oculta nos bosques e charnecas, nas casas e fazendas, como covarde e "antibélicas", justificando terríveis represálias, com a tomada de reféns e execuções em massa. O uso massivo da artilharia, sua maior potência e precisão, além de munições aperfeiçoadas, causaram danos inimagináveis às cidades

A cidade de Estrasburgo após o cerco e a tomada alemã em 1870
(Fonte: fotografia alemã, utilizada pelas FA, em 1870).

consideradas intocáveis, com a emergência, muito clara, da transformação de símbolos nacionais em alvos militares.

De qualquer forma, a derrota francesa em 1871, colocou os setores pacifistas da sociedade, em especial os socialistas, numa terrível situação de serem "antipatrióticos", contrários à "revanche" e à retomada das províncias perdidas para a Alemanha, abrindo assim um brutal debate na sociedade francesa entre "pacifistas", em sua maioria socialistas e anarquistas, e "patriotas", de diversos matizes de nacionalismos, chauvinismos e conservadores.

Estes três conflitos, entre 1853 e 1871, marcaram a terrível "modernidade" da guerra, sua imbricação com a Revolução Industrial e as novas tecnologias – em especial as ferrovias, o telégrafo, a popularização da fotografia, o aço, os navios encouraçados, o submarino e as novas capacidades de artilharia e de cálculo, entre outros pontos – além de tornar-se, desde então, uma temática "popular" ou "massiva", graças à agilidade e ao barateamento dos meios de comunicação, como o telégrafo e a fotografia.

De qualquer forma, depois das fotografias de Roger Fenton a guerra tornou-se um espetáculo de massas: ocultado, contido ou exposto (como durante o ataque às Torres Gêmeas em 11 de setembro de 2001 ou, diferentemente, nas atuais filmagens de execuções pelos militantes do chamado "Califado Islâmico"), a imagem dos homens (e mulheres e crianças) mortos no campo de batalha assumiram um papel central nos "combates". A imagem da guerra, como poderosa arma de mobilização ou choque sobre a população civil, centrando-se nela boa parte dos esforços adversários para destruir a vontade de lutar do outro, tornou-se recorrente. Assim, cenas de brutalidade – do 11 de Setembro, passando pela tortura em Abu Graib, até os genocídios de Ruanda ou as execuções no deserto iraquiano – são também atos de guerra. A série televisiva *Over There*, sobre a Guerra do Iraque, depois de 2003, foi um dos mais importantes experimentos de narrativa engajada da guerra (e muito possivelmente por isso mesmo de curta duração). A série de televisão, criada em 2005 por Steve Boccho e Chris Gerolmo (da 20th Fox, com 13 episódios) narrava, em alta definição e tomadas nervosas (16:9 *widescream*), as situações confusas e sem muito sentido da guerra de George Bush no Iraque. Os enlaces com as famílias americanas e suas dificuldades na ausência dos familiares combatentes, e as razões de alistamento de cada um (incluindo mulheres-mães que veem na guerra uma saída para uma economia em crise) são alternados com cenas de violência gráfica, com um grande requinte de exposição fotográfica, sob cores uniformemente ocres do deserto, da poeira, dos coturnos e das fardas. Bebidas, drogas, sexo ocasional, a tensa participação de mulheres nas tropas, e a discussão aberta sobre um soldado gay e de sua participação na guerra – além da busca de colegas héteros em entender a condição gay e seu prazer –, retratam muitas das dúvidas, e dos conflitos, da própria sociedade americana, transposta num ato de desenraizamento para o deserto do Iraque.

As imagens de *Over There* são imagens de um exército que luta sem uma causa.

As imagens, de variado tipo, transformam uma "sociedade do espetáculo" numa arma fundamental para a defesa do pacifismo ou, mesmo, para propalar a guerra. Soldados americanos "atolados" em Kirkuk (Iraque, 2006), uma imagem significativa do envolvimento americano naquele país. Fonte: www.defense.gov.

3. "PACIFISMOS"

Os horrores de uma guerra moderna – seu caráter "massivo" e a indistinção entre civis e militares – acirraram as posturas antibélicas e forneceram fortes argumentos contra a guerra. Desde o início do século XIX, e largamente em decorrência das lutas do período napoleônico (1803-1815), havia se constituído vários grupos pacifistas. A maioria deles decorriam de esforços pessoais de caráter filantrópico e religioso (como do pastor David Logde, 1774-1852, nos Estados Unidos, em 1815) e eram largamente devedores da forte crença religiosa e da noção bíblica de "Não matarás!". Mas ainda não constituíam um grupo político articulado e com uma postura militante antiguerra. Em quase todos os países em guerra, as igrejas locais – católica, protestante ou ortodoxa – não hesitaram sequer um momento em afirmar que Deus estava ao lado de sua própria nação, como em 1914. Outros grupos e autores pacifistas, desvencilhados das contradições religiosas, buscaram nas posturas filosóficas Immanuel Kant (1724-1804), em seu opúsculo *A Paz Perpétua*, de 1795, bases mais sólidas e menos contraditórias para um pacifismo militante. Horrorizados pela intensidade e continuidade das guerras oriundas das diversas coalizões contra a França Revolucionária e, depois, a emergência das Guerras Napoleônicas, Kant formulou um organismo, sob a forma de um tribunal internacional, capaz de garantir a paz através da renúncia das nações aos seus atributos de soberania. Claro que se tratava de uma proposição limitada pela própria lógica do poder, como colocada por G. Hegel e outros "realistas": a natureza do poder (potência/força) não concebe a renúncia ao mesmo. Seria aberto, desde então, um virulento debate entre uma boa meia dúzia de "escolas" derivadas do "idealismo" kantiano, e de seus oponentes "realistas", sobre a melhor forma de garantir a paz.

Ao mesmo tempo, e no auge da Revolução Industrial, emerge uma postura pacifista, de natureza materialista, defendida principalmente por liberais (como no caso britânico) e amplos setores comerciais e industriais, para quem a guerra é um processo irracional de destruição e perda, em especial de mercadorias. Ante uma crescente secularização da vida pública, decorrente da vitória do racionalismo e do materialismo pós-Revolução Francesa, a única garantia de imortalidade reside na mercadoria. A guerra, como destruição incontrolável das mercadorias, era a própria finitude e limite do mundo burguês vitorioso. Assim, para ampla parcela das classes industriais, em especial na Grã-Bretanha, já senhora de um vasto império mundial, pregava-se um mundo pacífico, de livre comércio e livre circulação de mercadorias, como o ápice da Razão. O Congresso Pacifista Internacional de Londres, em 1843, é uma primeira expressão clara deste pacifismo liberal e burguês, centrado num materialismo mitigado, ou ocultado, por um forte idealismo.

Ao mesmo tempo, contudo, a guerra mostrava-se um bom negócio. Desde a Revolução Francesa, setores significativos da burguesia – os chamados "contratantes" da burguesia "girondina" – enriqueciam-se com os contratos de guerra, com as encomendas de material militar, com os fornecimentos de roupas, cavalos, alimentos para as intendências militares. Assim, o pacifismo burguês foi limitado e expressão de setores "ilustrados", quase sempre ligados ao grande comércio, aos bancos e serviços de seguros, mas incapazes de impor uma agenda dominante. A emergência, no começo do século XX, de um pacifismo político, militante, de cunho socialista e anarquista, saberá, bastante bem, expor as contradições e limites dos seus antecessores, o pacifismo religioso e o pacifismo burguês.

Conforme avançava a capacidade tecnológica decorrente da generalização e aprofundamento da Revolução Industrial, com a extensão de suas massas operárias, mais a guerra tornava-se um fenômeno de massas através da conscrição massiva para os exércitos gigantescos da época, uma experiência "total". Ao processo de "modernização" da guerra, ao longo da segunda metade do século XIX, correspondeu, lado ao lado, a formação de um pensamento e de uma sensibilidade "pacifista", trabalhista e socialista. Tratava-se, agora, de um posicionamento claramente político, para além da questão humanitária, que se explicaria pela compreensão da guerra como o maior de todos os males. Para além de uma fatalidade, ou uma punição divina, emergia uma compreensão de que a guerra era um fenômeno social, de natureza política, originado em condições materiais concretas e possivelmente evitáveis através da ação política. As grandes correntes do pensamento social do final do século XIX, em especial o anarquismo e os socialismos, apresentaram, ao longo da segunda metade do século XIX até 1917 (data da publicação do famoso livro de Lênin sobre o Imperialismo), passando pelo trabalho seminal de John Hobson (*On Imperialism* – de 1902), um diagnóstico que unia a guerra aos interesses capitalistas e à expansão econômica do Ocidente, expressos no Imperialismo e no Colonialismo europeu e sua expansão na Ásia e na África. Emergiam aí duas correntes de pensamento, complementares, sobre a guerra. De um lado, os choques e disputas entre as potências europeias, como produto dos interesses das monarquias, e suas elites aristocratas (que viam na guerra uma continuidade dos esportes marciais e das caçadas), e em outra chave, a expansão europeia na Ásia e África, como uma expressão dos interesses do grande capital, numa nova fase de expansão, dita como do "capitalismo monopolista", do qual o Imperialismo seria sua expressão "suprema". Muitas vezes, ambas as visões, se combinavam para expor as elites dirigentes (nobreza, dinastias, militares, políticos e diplomatas como "fautores de guerras"). Assim, a guerra deixava de ser uma expressão da "irrazão", da perda de controle de um *Kriegspiel* praticado por uma elite ociosa de aristocratas (fossem militares, fossem diplomatas) ou da punição divina contra uma nação ou grupo especialmente pecaminoso, para tornar-se expressão de interesses concretos de homens e empresas em busca de lucros e ganhos. A guerra era, assim, um negócio. As obras de Karl Marx (1818-1883), dos socialistas utópicos e dos anarquistas, em especial na França e na Alemanha, denunciavam a guerra como um fenômeno de classe envolvendo interesses de grupos econômicos, logo um evento que poderia ser evitado, possivelmente com a própria destruição da sociedade de classes. A ligeireza, e acima de tudo o cinismo, de negociantes e empresários em oferecer seus "produtos", num momento de choque para toda a sociedade, só legitimava as teses socialistas sobre o caráter "capitalista" das guerras. Foi assim quando a Cotton Powder Company, de Kent, Inglaterra, dirigiu-se às autoridades sérvias – em 28 de julho de 1914 –, de público, oferecendo milhares de granadas "... que, se conveniente, a mesma granada pode ser lançada à mão em combates corpo ao corpo" (Max Hastings). Ou a "British Tobacco", de Bristol, que lança uma pacotilha de cigarros com a imagem do General A.J. Murray, um dos comandantes da Força Expedicionária Britânica, visando fidelizar seu público-alvo composto principalmente de soldados. Por toda Europa até as crianças foram alvo de "produtos" elogiando a guerra, como os mais diversos jogos infantis e, mesmo no Brasil, surge em 1917 um charuto "General Joffre" (O. Campagnon).

Outros definiam a guerra como um atavismo de classe, uma persistência insuperada pelas revoluções, ditas "burguesas", do século XVIII com a conservação da preeminência das noções de "honra" e de "prestígio" que as aristocracias no poder aplicavam às relações internacionais. Joseph Schumpeter (1883-1950) será, muito possivelmente, um dos mais importantes autores na condenação das guerras como um atavismo de classe – "uma forte tradição aristocrática" –, que poderia, muito bem, fundir-se aos interesses imediatos das nações e suas elites econômicas. Mas, acima de tudo, a guerra seria explicada pela persistência nos organismos superiores do Estado – tais como nas Forças Armadas, na diplomacia e nos órgãos de segurança – de uma mítica aristocrática, guerreira e agressiva. A guerra seria um negócio de tais elites (Schumpeter e Arno Mayer).

Com os socialismos e os anarquismos, as atitudes pacifistas tinham – para além dos horrores da guerra – uma base teórica capaz de explicar os eventos bélicos e, ao mesmo tempo, impor uma atitude política pacifista que seria a mais ética e, simultaneamente, libertadora para a classe trabalhadora. A guerra, desta forma, não interessava ao povo trabalhador, que deveria negar ao grande capital a busca de lucros cada vez maiores, incluindo os detestáveis "lucros de guerra". Os trabalhadores de todo o mundo – "homens sem pátria, somente com patrões" – deveriam recusar a guerra, onde só tinham a perder. O movimento pacifista liberal e burguês havia criado um espaço laico de reflexão sobre a paz, para além dos supostos moralistas e teológicos que lhe antecederam. Mas com isso abriu caminho para o aprofundamento do debate sobre a guerra e a paz, colocando as questões da paz no centro da luta contra a própria estrutura social dominante e tornando o capitalismo, além de explorador, um "fautor de guerras". Coube aos críticos da ordem burguesa avançar neste caminho e, mais uma vez, inverter os argumentos liberais e reconstruí-los como uma visão radical da paz. A noção de uma classe operária em permanente avanço e crescimento, sem pátria e desfocada dos nacionalismos exaltados do período pós-napoleônico na Europa, reforçará as ideias internacionalistas e promoverão uma visão de mundo na qual os conflitos entre as nações seriam substituídos pelo conflito entre as classes sociais, conforme aparecerá em V. Lênin e, especialmente, em Leon Trotsky, nos primeiros anos da Grande Guerra de 1914.

A fundação do Secretariado Internacional Permanente pela Paz, em Berna, em 1891, será um marco importante da luta pela paz, posto que inúmeros intelectuais serão chamados para o movimento pacifista, e seus trabalhos, livros e jornais, exerceram forte influência sobre os demais movimentos pacifistas, inclusive os socialistas, criando pela primeira vez uma mentalidade pacifista entre os trabalhadores organizados. Dos quadros do Secretariado pela Paz sairiam ao menos três prêmios Nobel pela Paz e, em 1910, o próprio Secretariado foi o laureado com o Nobel.

O ponto de culminância destas posturas pacifistas, completamente laicas, antinacionalistas e antiburguesas, e assentadas em fortes bases políticas e filosóficas, se dará no âmbito do movimento socialista internacional antes da Primeira Guerra Mundial (1914-1918), quando as sucessivas crises mundiais, em especial as guerras balcânicas que antecederam o 1914, já anunciavam a possibilidade do grande conflito mundial. A (Segunda) Internacional Socialista, entre 1889 e 1916, e em especial os seus congressos diretamente voltados para o debate da guerra (de Zimmerwald, em 1915 e de Kienthal, em 1916 e Estocolmo, em 1917) apresentam, de forma clara, um diagnóstico e uma agenda antiguerra. O documento principal, de autoria de Leon Trotsky, que finaliza a Conferência de Zimmerwald, conclama os trabalhares – "explorados e oprimidos pelos seus patrões" e agora utilizados como bucha de canhão por generais aristocratas – a não aceitarem as ordens do estado-nação (seus próprios estados nacionais) para matarem-se mutuamente em defesa de ordem social injusta. Assim, as conferências pacifistas da II Internacional pediam o boicote a todas as atividades bélicas, recusa em votar os créditos (orçamentos emergenciais com os gastos militares) de guerra e a boicotarem seus próprios governos, numa prova de internacionalismo que deveria desembocar na "greve geral" e na revolução socialista. A obra de Lênin, e sua explicação "imperialista" da guerra, desempenhará um papel central na mobilização antiguerra. Da mesma forma, a questão da postura dos socialistas perante a guerra será um forte divisor de águas entre os "reformistas" e os "revolucionários", adiantando a fratura entre "social-democratas" reformistas e os diversos "comunistas", pacifistas e revolucionários (entre os quais emergiram os "bolcheviques"). A resposta operária à guerra era, para estes, a greve geral revolucionária.

A "Grande Guerra", de 1914 (esta denominação, na época, implicava o reconhecimento do caráter brutal, total e massivo do conflito, do qual ninguém, então, esperava uma repetição, uma "Segunda" Guerra Mundial), será a fonte do mais intenso e amplo movimento pacifista, abrindo mais de um século de luta contra a guerra. Poderíamos, por este caminho, estabelecer alguns eixos básicos do pacifismo ao longo dos séculos XX e XXI, seu contexto histórico e as obras, filosóficas e artísticas mais marcantes, de cunho pacifista.

4. A AMPLIAÇÃO DO "CAMPO POLÍTICO" DO PACIFISMO

A ampliação do debate pacifista teria suas origens anteriores à "Grande Guerra", de 1914-1918, e estaria diretamente ligada aos claros prenúncios do seu inevitável advento (tais como a Crise do Marrocos e as Crises Balcânicas, entre 1905 e 1913) e, por outro lado, ao ápice da organização operária em torno da II Internacional e a dominância dos elementos revolucionários no seu interior. Com a consciência do furor das primeiras guerras "modernas", já descritas anteriormente, e ante a possibilidade de um conflito colonial, na Ásia ou África resultar numa terrível guerra europeia, ergueram-se importantes denúncias sobre os riscos de uma guerra generalizada na época industrial. Como vimos, a fotografia e o "correspondente" de guerra desempenharam, mesmo quando *embeddeb*, "embutido", um papel central na recusa à guerra.

Jean Jaurès (1859-1914), líder socialista francês e da II Internacional, é, então, um dos nomes centrais do pacifismo e do internacionalismo antes de 1914, com projeção mundial e mesmo acima da Internacional, insistindo na necessidade de negociações para a resolução dos conflitos e opondo-se fortemente ao "revanchismo" francês decorrente da Guerra Franco-prussiana (o que lhe valeu acusações de traição e de lesa-pátria, razões que levaram ao seu assassinato em 1914). Defendia uma posição internacionalista radical e acreditava que os operários poderiam, com a ameaça de uma greve geral contra seus próprios governos e patrões, evitar a guerra. Em face do extremo nacionalismo francês, revanchista em relação à Guerra de 1870-1971 e chauvinista, as propostas de Jaurès irritavam os setores favoráveis à guerra a tal ponto que a direita nacionalista decide sua morte. Na Alemanha e Áustria a ação do jornalista Alfred Hermann Fried (1864-1921) leva à fundação do jornal pacifista *Die Friedesnwarte* ("A Observação da Paz"). Fried ganhará, em 1911, o Prêmio Nobel da Paz pela sua luta pelo pacifismo. Contudo, as ideias de Fried não terão acolhida entre seus compatriotas austro-húngaros (que irão alegremente para a guerra em 1914, liderados por uma elite aristocrata chauvinista e incompetente), levando-o, durante a guerra, ao exílio na

Suíça. Outros artistas e intelectuais desempenharam, também, um papel relevante na propaganda da paz e do internacionalismo, destacando-se dentre tais, Roman Rolland (1866-1944), Prêmio Nobel de Literatura em 1915, um ardoroso pacifista e autor de artigos e panfletos em defesa da paz.

O horror da guerra, sua exposição pelos novos meios de comunicação, produz um forte movimento pela paz na França, na Alemanha e na Rússia nos anos de guerra. Lênin conseguirá o apoio de milhares de camponeses e soldados russos ao lançar uma palavra de ordem simples e radical, "Paz e Terra", capaz de mobilizar uma Rússia exausta de anos de guerra e constituída majoritariamente de camponeses (incluindo camponeses-soldados). Na Alemanha, os dissidentes socialistas, reunidos na Liga Espartaquista (que havia rompido com o Partido Socialista Alemão, que votara em favor da guerra, tal qual a maior parte da S.F.I.O. – Seção Francesa da Internacional Socialista –, sob a liderança de Jules Guesde) apresentaram uma plataforma pacifista, uma paz sem anexações e sem indenizações. As grandes lideranças antiguerra, como Rosa Luxemburgo (1871-1919) e Karl Liebknecht (1871-1919) são, contudo, assassinadas, como o próprio Jaurès o fora em 1914, mas outras vozes se erguem, tais como Erich Maria Remarque (1898-1970), Ernst Toller (1893-1929), Bruno Vogel (1898-1987), na Alemanha, e um grande número de internacionalistas emergem na França, em especial no meio universitário, tais como os jovens Claude Lévi-Strauss, Jean-Paul Sartre, e artistas e poetas, como Roman Rolland e Paul Éluard. Na Inglaterra, Norman Angell (1872-1967), publica trabalhos demonstrando o absurdo da guerra, culminando, mesmo antes de 1914, com o livro *A grande ilusão*, de 1910. Angell será laureado com o Nobel da Paz em 1933, significativamente o ano em que o nazismo toma o poder na Alemanha. Muitas das obras artísticas mais conhecidas, incluindo o cinema, tiveram suas origens nas posturas pacifistas deste período, tais como as obras de Ernst Toller e de Bruno Vogel.

Nesta primeira "vaga pacifista", talvez aquela que tenha encontrado maior resistência, inclusive popular (não esqueçamos que em Paris, Viena e Berlim a declaração de guerra de 1914 foi saudada com festas populares!), o papel das mulheres foi bastante significativo. Entre elas devemos destacar Bertha von Suttner (1843-1914), autora de um importante livro antiguerra (*Lay Dow Your Arms*, 1889), talvez a leitura pacifista mais conhecida em seu tempo e ganhadora – a primeira mulher – do Prêmio Nobel da Paz de 1905.

Jane Addams (1860-1935), uma constante ativista pelos direitos civis, pela paz e pela promoção social nos Estados Unidos, desempenhou, em seu país, um papel central na luta contra a guerra. Addams conseguiu, com bastante clareza, explicar – de forma humanista e secular, fora dos padrões das igrejas e organizações filantrópicas da época tão populares na América – as relações entre promoção social, paz e a o papel da mulher na sociedade. Caberia a estas, por suas próprias qualidades femininas, promover a melhoria das condições sociais e a manutenção da paz, para o que era necessário o direito de voto para todas as mulheres e sua participação ativa na gestão dos negócios públicos. A luta, e a tenacidade de Addams, lhe valeram o Nobel da Paz de 1931 e um papel central na definição de uma política "feminista" para as relações internacionais. Émile Arnaud (1864-1921) foi, na França uma preeminente líder e fundadora do pacifismo, organizando uma Liga Internacional da Paz e da Liberdade, além de difundir o termo *pacifismo* enquanto uma corrente política específica. Ao seu tempo, como pioneiras, essas mulheres tiveram uma intensa influência sobre milhares de pessoas, em especial outras mulheres, que sofriam as diversas consequências da guerra e a quem não era dado o direito de opinião e de expressão sobre o próprio fenômeno, fechado num círculo de misoginia e de falocracia arrogante. Serviram, com seus exemplos, como estímulo para muitas outras e para a construção de um campo do "feminino" nos estudos de guerra. Mas, acima de tudo, buscaram uma resposta para um desafio ainda hoje posto com agudeza: O que especificamente o feminismo pode trazer para a paz? A discussão em torno de um "campo do político", maior e mais amplo que o clássico "campo da política" (Sonia Alvarez), implica buscar o que há de peculiar nas relações de gênero/poder em torno do debate da paz.

5. AS GRANDES "VAGAS" DO PACIFISMO

Podemos distinguir, com clareza, três grandes momentos do novo pacifismo político e filosófico e da construção de um campo político – com sua imensa ampliação para as produções intelectuais e artísticas, como a fotografia, a gravura, a pintura e o cinema depois do início do século XX (e mesmo, um pouco antes). Propomos, aqui, uma periodização prévia que abarque os seguintes períodos: de 1890 até 1919, com os acontecimentos que imediatamente precederam a Grande Guerra e seu desenrolar como centro dos eventos; um segundo momento, entre 1919 e 1945, quando emergem as obras clássicas, no cinema e nas artes visuais (de Grosz a Picasso), das representações pacifistas; e, um terceiro momento, no pós-1945, em especial sob o impacto da ameaça atômica, com a repetição de Hiroshima e Nagasaki no horizonte possível de toda a humanidade e com o reforço dos horrores da Guerra do Vietnã (1965-1975). Assim, munidos desta proposta, ainda que precária, de periodização, buscaremos os exemplos mais significativos da produção fílmica (e de alguns outros campos imagéticos) de cada um destes momentos (e não "sobre" esses três momentos, devemos destacar) para o debate da guerra e da paz.

5.1. A primeira vaga: a configuração do pacifismo

Assim, a primeira vaga de pacifismo político, com largas bases políticas, filosóficas e culturais, ampliando o campo da política em direção a um campo de relações semânticas, imagéticas e de representações ampliado, para além da tradição da política parlamentar ou "de gabinetes" clássica, incorporando fenômenos da produção cultural, implica a análise de outros "processos" novos como a fotografia, o cinema e artes em geral como campo de disputa. Tudo isso ocorre numa moldura cada vez mais ampla "do político", incorporadora de amplas massas, incluindo as mulheres, informadas pelos novos meios de comunicação, ao debate sobre a guerra e a paz. Este período inicial abrange a época imediatamente anterior à Grande Guerra, desde os prenúncios até a confirmação da extensão e profundidade dos seus horrores, entre 1910 e 1930. Neste período o jornalismo e a literatura, bem como a gravura e a pintura, terão um papel central na difusão e na militância pacifista. No entanto, o cinema terá um impacto inigualável sobre as grandes massas urbanas. O cinema italiano fará, desde 1908, um largo e precoce experimento com o cinema monumental com obras como *Quo Vadis* (Enrico Guazzoni, 1912 – e possivelmente o primeiro longa-metragem da história, com seus 60 minutos) numa relação direta com os interesses imperiais da Itália. Tal cinema, de caráter histórico, fundador de um gênero épico (o clássico filme de "Maciste") terá seu próprio modelo "acabado", em 1914, com Giovanni Pastrone filmando *Cabíria*, com suas multidões e seus cenários grandiosos do passado romano.

O filme "de guerra" clássico, entretanto, fará sua aparição com duas obras-primas, e ao mesmo tempo, obras fundantes da narrativa fílmica. Paradoxalmente, embora conduzidas pelo mesmo realizador, David Wark Griffith (1875-1948), terão sentidos, sinais e representações diametralmente opostas da guerra. Depois de uma extensíssima produção, começada em 1908, Griffith dirige em 1915, em plena Grande Guerra, *The Birth of a Nation*. Trata-se, conforme muitos autores, do mais abrangente e ambicioso afresco fílmico da história (no sentido do campo histórico) dos Estados Unidos, a partir de um romance de Thomas Dixon, denominado *The Clansman* – literalmente "o *Homem da Clan*", em lembrança da sociedade secreta racista e segregacionista Ku-Klux-Klan (que será recriada neste mesmo ano, muito possivelmente em decorrência da publicidade alcançada através do próprio filme). A obra, mesmo que Griffith não o queira ou não o percebesse em 1915, possuía um forte conteúdo racista, descrevendo como pacífica e idílica a vida no Sul dos Estados Unidos (escravista) antes da Guerra de Secessão. A destruição, não só das cidades, dos campos e das casas senhoriais, mas sobretudo de um estilo de vida, causa horror a Griffith. O diretor constrói sua longa narrativa do conflito; em três momentos clássicos: a "paz civil", com suas doçuras senhoriais; o conflito e, enfim, a difícil recuperação da sociedade sulista. Mesmo que tais "momentos" não sejam explícitos, ou explicitados, como "partes" do filme, sua construção narrativa será tão eficiente e (considerada "legível" pelo público exposto a uma linguagem nova) que acabara tornando-se a forma narrativa (de três tempos sucessivos) na narrativa fílmica clássica, muitas vezes dita "hollywoodiana". Algumas soluções fílmicas apresentadas por Griffith, como a "carga de cavalaria" ou a tensão cronometrada da salvação da heroína, seriam filmados incansáveis vezes por sucessores. A vaga de protesto contra os aspectos racistas do filme, principalmente no Norte do país, levou Griffith, de imediato, a rodar uma nova película, desta feita chamada *Intolerância* (1916). Agora, em *Intolerância*, Griffith busca inovar, e constrói uma narrativa múltipla, em quatro tempos históricos distantes no tempo e no espaço e apresentados de forma simultânea, conectados pela imagem – a suposta "eternidade" e igualdade da condição humana – por uma mãe embalando um berço. O filme, diferentemente de seu antecessor (*O nascimento de uma nação*) foi uma produção caríssima, investindo US$2,5 milhões na sua realização (contra US$61 mil de *Nascimento...*), conforme a atriz (em ambos) Lilian Gish. Por muitos motivos, *Intolerância* é um filme muito mais inovador – o tempo múltiplo, os *closes* mais naturalistas, as longas panorâmicas e o uso maciço de figurantes (5 mil nas cenas de batalha na Babilônia) – e, no entanto, foi um estrondoso insucesso em sua época. O abandono da linguagem narrativa linear, a estética expressionista (que terá impacto sobre FW Murnau e Sergei Eisenstein, entre outros) e a mensagem pacifista, pouco heroica (malgrado as cenas majestosas dos conflitos) teriam "confundido" o público, que desgostou do filme. Por esta mesma razão, teria se constituído na base dos argumentos para o incontestável domínio de uma linguagem de narrativa linear (apresentado pelo próprio Griffith no filme anterior) como forma hegemônica do cinema. Assim, a guerra e a paz, esta sob a forma da tolerância, são temáticas fundantes do próprio cinema e das linguagens fílmicas posteriores.

Além do cinema, e da fotografia, as artes em geral ampliaram imensamente o campo do político do pacifismo e influenciaram diretamente suas soluções estéticas abraçadas pelo cinema, buscando novas representações e imagens para significar a rejeição à guerra. Assim, a pintura e a gravura de George Grosz (1893-1959), por exemplo, na Alemanha, foram, no imediato pós-Grande Guerra, fonte constante de combate ao militarismo alemão, como na obra a seguir:

George Grosz, *Um dia cinza* (1921) mostra a tristeza e o abandono dos ex-combatentes alemães, muitos mutilados de guerra, abandonados pela grande burguesia, ignorados pelo público, os mesmos que haviam aplaudido e exigido a guerra em 1914.

O expressionismo alemão, inaugurado na gravura e na pintura por volta de 1910, terá um papel central na configuração estética de uma linguagem crítica para o cinema. Embora altamente devedor de Griffith, em especial de *Intolerância*, com seu tempo partido e sua estética inovadora, nomes como FW Murnau e, muito especialmente, Robert Wiene, em *O gabinete do Dr. Galigari* (1919), cujos roteiristas Carl Mayer e Hans Janowitz eram ex-combatentes, produziram narrativas de uma sociedade pós-guerra duramente atingida pela violência e pela influência nefasta do controle das massas. As figuras de "autômatos" e das "sombras" de George Grosz terão um profundo eco na construção de personagens robotizados como "Cesar", o zumbi de Robert Wiene, e nas paisagens retorcidas e torturadas do filme.

5.2. A época clássica do pacifismo

Uma segunda "vaga" pacifista, mais dura e marcada pelos eventos de 1914-1918, como um passado recente, emergirá quando do fracasso do sistema de Segurança Coletiva na Europa – a crise da Sociedade das Nações – com a ascensão dos fascismos na Itália, em 1922, e Alemanha, em 1933. A invasão e anexação da Etiópia por Mussolini, em 1935, acelerará, em todo o mundo, uma onda de movimentos antiguerra, antimilitaristas e de forte cunho pacifista – como também o rearmamento! Nesta segunda "vaga", o cinema – já então uma grande "indústria" – desempenha um papel central na construção de um movimento pacifista internacional.

Teremos, então, uma produção seminal de filmes pacifistas, entre os quais devemos destacar o conjunto da obra de Jean Renoir (1894-1979), tais como *A marselhesa*, de 1937; *A regra do jogo*, de 1939 e, muito especialmente, *A grande ilusão*, de 1937. Nos Estados Unidos, o livro de Erich Maria Remarque (1898-1970), *Nada de novo no front*, um ex-combatente alemão horrorizado com a guerra e o apoio que recebeu em seus primeiros momentos por parte de uma população "robotizada" pela propaganda e a mentalidade belicista de suas elites, será transformado em filme, sob direção de Lewis Milestone (1895-1980), ganhando o Oscar de 1930. Já em 1939, o romance de Dalton Trumbo (1905-1976), *Uma arma para Johnny*, transformado em *radioplays*, por Charles Oblorer – com James Cagney no papel principal – causou forte impacto sobre o movimento pacifista (embora só tenha sido transposto para a tela grande em 1971, pelo próprio autor), causando, na época, mal-estar nos círculos governamentais norte-americanos. Por fim, em 1940, Charles Chaplin dirige e interpreta a mais completa e aguda crítica ao militarismo nazista em *O grande ditador*, de 1940. Esses filmes irão se transformar em clássicos do pacifismo, fonte de inspiração constante dos filmes posteriores sobre guerra e paz. Em especial *A grande ilusão* será uma crítica dura, nada épica, sobre uma sociedade de classes, marcada pelas diferenças de privilégios e prestígio, que manda seus filhos morrerem com a leveza de uma partida de cartas ou uma corrida de cavalos no Derby. Os personagens centrais de *A grande ilusão*, mesmo apresentando um perfil perfeitamente humano, incluindo aí seus preconceitos de classe, são, para além de pessoas, estereótipos de suas condições sociais. Assim, o campo de prisioneiros alemão, onde se encontra a reprodução micro da sociedade europeia, apresenta-se, mesmo (e talvez por isso mesmo) em todos os seus traços de sociedade *bourgeoise*: o Capitão De Boïeldieu, o Tenente Maréchal e seus companheiros de cativeiro: um professor, um engenheiro, um ator e um judeu – como uma pequena Paris recriada sob os olhos da vigilância alemã. O convívio obrigatório, próximo demais e cotidiano, permite a irrupção crua das características de cada um, indo para além de pessoa, para a condição social da própria época. Aos poucos as diferenças de classe começam a ceder, os estereótipos a serem destroçados – como expresso na generosidade do "judeu" Rosenthal ou da camponesa alemã envolvida na fuga dos franceses. Só o comandante alemão Von Rauffenstein mantém um relacionamento especial com seu igual, o nobre De Boïeldieu. Para a maioria dos condenados a este pequeno mundo apenas a liberdade é um valor comum e o risco que envolve sua conquista vale merecidamente a punição. Mesmo os dois nobres, que falam de igual para igual (os oficiais alemão e francês) reconhecem na liberdade um valor superior. Aqui, Jean Renoir (1894-1959), e seu roteirista Charles Spaak, abrem espaço para uma crença pessoal, arraigada, na igualdade básica das pessoas e na recusa ao preconceito (seja contra o judeu, seja contra "o alemão", enquanto uma representação do "prussianismo") e um repúdio superior, às vezes irônico, às vezes puramente desdenhoso, aos "sagrados" mitos sobre fronteiras, pátrias ou identidades coletivas de tipo nacional. Todo homem, e mulher – expressa na camponesa alemã – são capazes dos mesmos sentimentos que repousam sobre a fraternidade e a liberdade. A guerra entre as nações é a amarga ilusão.

Já Lewis Milestone, em 1930, com sua bagagem cultural europeia e seu conhecimento familiar de *pogroms* e do antissemitismo, constrói, a partir do livro de Erich Maria Remarque, uma duríssima acusação contra a guerra e seus fautores. Em especial, na primeira parte do filme *Nada de novo no front ocidental*, Milestone, seguindo de perto a narrativa de Remarque, destaca o discurso belicista, nacionalista e racista dos professores e das autoridades locais na convocação dos jovens para o alistamento militar. A guerra apregoada pelos professores dos liceus, descrita em versos e em orações hiperbólicas de grande beleza retórica não passa de oratória vã e irresponsável e choca-se brutalmente com a realidade brutal e alienante do treinamento militar – voltemos ao tema dos "autômatos" robotizados de Grosz e do "Cesar" de Robert Wiene em *O gabinete do Dr. Galigari* – e que atingiria seu paroxismo na realidade da guerra das trincheiras. Assim, Milestone, concebe uma culpa coletiva, de uma elite que deveria esclarecer e iluminar a vida de jovens como Paul Bäumer. Este é levado ao coração da tormenta de fogo e aço pela crença na pregação do seu professor Kantorek, reacionário, comodista e hipócrita – que procura, ele próprio, escapar ao alistamento. A câmera de Milestone, espiando através da janela de sala de aula, observando os rostos de jovens atentos ao seu falso guru, enquanto as bandas tocam canções patrióticas nas ruas, é um momento único de intimidade e de emoção no cinema. Começava aqui o processo que foi denominado de "brutalização da política" (George Mosse), para cuja vitória tornava-se necessário, desde logo, a robotização dos homens, como Fritz Lang pôde, com genialidade, representar em *Metropolis*, já em 1927.

Uma atenção especial deve ser dada para um filme excepcional no seu tempo, na sua construção narrativa e na sua inovadora e desafiante originalidade. Trata-se de *Mädchen in Uniforme* (*Senhoritas de uniforme*), de Leontine Sagan, de 1931. O fato de sua realizadora ser uma mulher, no início dos anos de 1930, dirigindo um *cast* feminino, já merece, por si só uma atenção maior (como numa chave oposta mereceria Leni Riefensthal). Mas, Sagan (1889-1974, em verdade Leonetine Schlesinger, nascida em Budapest, ainda Império Austro-húngaro), dirige um elenco inteiramente feminino e projeta, em mais este microcosmo – um internato de moças de disciplina militar, com uma direção de uma mulher "militarizada" e masculinizada – as tensões, dúvidas e mentiras da sociedade envolvente. Assim, uma estudante, a jovem sensível Manuela, apaixona-se por sua professora, a única num universo hierárquico masculinizado, que verdadeiramente se preocupa com as meninas internas. A delicadeza, e ternura, do beijo entre ambas – que recusam um protótipo de mulher masculinizada como alternativa para um mundo fechado de mulheres – é um dos momentos mais significativos do cinema. Não é necessário dizer que o filme causa grande mal-estar na sociedade alemã e é acusado, desde logo, de "decadente" pela direita nacionalista e pelo nazismo em ascensão. O fato de Sagan ser judia só iria piorar a sua posição, obrigando-a a fugir da Alemanha (a autora terá, na Inglaterra e na África do Sul uma longa e brilhante carreira, em especial no teatro). No entanto, o que se destaca em *Senhoritas de uniforme* é uma visão avançada e não estereotipada de um possível relacionamento homossexual, lésbico, entre duas mulheres, baseado na ternura, de forma exatamente oposta à brutalidade musculosa e a erotização sem gozo dos filmes de Leni Riefensthal. A ternura das relações, dos gestos e dos cuidados entre a Manuela e Frau Von Bernburg contrastam com a rispidez e a brutalidade das demais professoras e da própria "comandante" da escola. Assim, a abordagem da questão da homossexualidade, e da condição feminina, evita, com Sagan, a compreensão da condição gay como uma opção pelo "lado" masculino que poderia residir em Frau Bernburg. Bem ao contrário, a masculinização das demais mulheres da escola assusta e afasta Manuela. A paixão que nutre pela professora não reside na exposição, ou assunção, de características masculinas – transformadas em ícones na obra de Riefensthal –, mas exclusivamente pela atração mútua causada pela ternura feminina existente entre ambas. Desta forma, Sagan faz uma contribuição original, e precoce, da construção de um campo do feminino liberto da imperiosidade de um *ersatz*, outro masculinizado, como referência afetiva homoerótica entre duas mulheres, ou duas pessoas do mesmo sexo.

O fato de que todos estes filmes, *O gabinete do Dr. Galigari*, *A grande ilusão*, *Nada de novo no front* e *Senhoritas em uniforme* tenham tido uma trajetória de grandes dificuldades de exibição (bem como a novela de Dalton Trumbo) ou as gravuras de George Grosz, muitos sob censura até o final do século XX, explicita o impacto e o incômodo que tais obras provocavam em sua época. Por isso mesmo, o vigor pacifista da arte engajada tornou-a alvo da maioria dos governos, inaugurando uma história paralela de repressões e perseguições, mesmo em democracias como os Estados Unidos.

Não podemos encerrar este "momento" sem lembrar uma das mais poderosas obras antiguerra de todos os tempos: o quadro "Guernica", de Pablo Picasso, de 1937, como o mais conhecido exemplo de engajamento das artes visuais. A obra retratando o ataque aéreo alemão contra um pequeno burgo espanhol – Guernica, vista pelo pintor apenas em fotos de jornais com baixa resolução e em tons de cinza, branco e preto –, durante a Guerra Civil Espanhola, iria se tornar um símbolo da paz e da liberdade, dando sentido à famosa citação do próprio autor: "No, la pintura no está hecha para decorar las habitaciones. Es un instrumento de guerra ofensivo y defensivo contra el enemigo."

5.3. O pacifismo em face do fim do mundo

Uma terceira "vaga" emerge logo após a Segunda Guerra Mundial (1939-1945), com uma imensa produção de filmes na Europa Ocidental, Estados Unidos, Japão e União Soviética, sobre a guerra incluindo críticas severas às condições que permitiram a brutal matança e, muito especialmente, às pesadas consequências dos ataques atômicos contra Hiroshima e Nagasaki. A campanha "pela paz", dirigida pela URSS e pelos comunistas em todo o mundo (muito especialmente denunciando o monopólio atômico dos Estados Unidos) tiveram um forte papel na condenação das guerras, influenciando artistas em todo o mundo. Contudo, a descoberta dos campos de concentração e de extermínio e a realidade da agressão nazista ainda tiveram um papel moderador na expansão do pacifismo. Afinal, a Segunda Guerra Mundial fora uma guerra "boa"! Ou seja, uma guerra pelo bem, pela justiça contra potências que, se vitoriosas, escravizariam o mundo. Assim, embora a guerra em si – e em especial a guerra feita por alemães e japoneses – fosse um mal, não poderia haver dúvidas de que a luta fora necessária e praticamente imposta às potencias aliadas. A realidade do pós-guerra, em especial a condição dos veteranos – muitos feridos, mutilados e com sérios distúrbios – começará, aos poucos, a minar a crença na "boa" guerra.

Já em 1946 a temática do retorno, de início triunfal e, quase imediatamente, transformado em uma dura e amarga tentativa de reinserção numa sociedade cujos valores não se encaixam no "serviço" que foi dado aos seus soldados, surge como um elemento perturbador. Alguns filmes, feitos no calor dos últimos disparos, como o belíssimo e premiadíssimo *Os melhores anos de nossas vidas* (William Wyler, 1946), ecoam claramente a ideia central de que os "rapazes fizeram seu trabalho" e a grande batalha é o retorno à rotina de uma vida civil, nada fácil depois da experiência traumática da guerra. Mas, mesmo então, o "dever" tinha que ser cumprido, havia um significado qualquer naquela luta. Anos depois, quando Martin Scorsese retorna ao tema – original e melancólico no filme Wyler – do retorno à casa, a situação é totalmente diferente. Em *Taxi driver*, de 1976, a guerra continua, mesmo quando se está de volta ao lar.

Outras vezes, como em *Amargo regresso* (Hal Ashby, 1978), veteranos e suas famílias são atingidos de forma brutal pela total ausência de sentido da guerra, e mesmo repulsa de parte da sociedade, em aceitar seus "veteranos", envolvidos em crimes e barbarismos no campo de batalha. Por fim, a glória da guerra é totalmente recusada pelos próprios veteranos que descobrem que, após a parada militar na sua cidadezinha natal, nada mais há a fazer, principalmente para os mutilados, em seu retorno à vida civil. Em *Nascido em 4 de julho*, de Oliver Stone, de 1989, a radicalidade do retorno, para além de amargo, resvala para a completa marginalidade dos veteranos, a quem a América não parece nada agradecida. Somente 20 anos depois de Nuremberg, com a Guerra do Vietnã, o cinema terá condições de desglamurizar e narrar a perda da glória e da sacralização antigas da guerra.

Claro, o ataque nuclear ao Japão, em 1945, despertaria um sentimento incômodo, uma sensação de mal-estar nos meios intelectuais ocidentais, mas as políticas oficiais, ao menos no Ocidente, apontariam a culpa de um Japão agressor e militarista que deveria ser parado. "Uma bomba sobre o Japão/Fez nascer o Japão da paz", diria o poeta com versos contraditórios. No entanto, a Segunda Guerra Mundial (como talvez a Guerra da Coreia, 1950-1953) foi, muito possivelmente, a última guerra "boa" de nossa história recente, envolta na aura do dever. Depois disso, as guerras anticoloniais, as guerras de libertação nacional e muito especialmente a Guerra do Vietnã (1965-1975), alteraram para sempre o caráter, e a aceitação, da guerra no Ocidente. A guerra francesa na Indochina, entre 1945 e 1954, a Guerra de Libertação da Argélia (entre 1954 e 1962) e, principalmente a guerra "americana" do Vietnã (1965-1975) desacreditaram, para sempre, a guerra como uma forma boa de lutar por um mundo melhor, mesmo em nome da democracia. Estas foram guerras que romperam de forma imediata o consenso interno nos países ocidentais e criaram grupos organizados, mesmo que não majoritários, que se oporão, doravante, a toda solução de litígios políticos através do recurso à guerra. A Guerra do Iraque de 2003 foi, neste sentido, um modelo de percepção da guerra pela opinião pública mundial. Mesmo sendo uma guerra contra um tirano, como Saddan Hussein, a guerra foi condenada – e ainda mais depois das evidências de sua falência e falácia – como a forma errada de melhorar a vida das pessoas.

Um importante conjunto de filmes surge na esteira da documentação e do testemunho dos horrores da guerra atômica. Assim, em 1959, o filme de Alan Resnais *Hiroshima, mon amour*, com diálogos de Marguerite Durras, trará o trauma da guerra atômica para um espaço ficcional, mais intimista que os documentários em voga. Roteirista e diretor propõem neste filme uma descrição extremamente densa da trajetória de vida de duas pessoas abalroadas pela guerra e que jamais poderão se recuperar, posto que a guerra não pode ser dita, transcende, em seu choque, a capacidade de narração. São dois destinos, duas pessoas, próximas, mesmo íntimas, com histórias paralelas e incomunicáveis: "Elle" – Emmanuelle Riva – e "Lui" – Eiji Okada – em meio aos destinos de milhares de outras pessoas atingidas – o "nous" despedaçados – pela guerra, pela atitude a ser tomada em face ao outro absoluto (o "inimigo" de meu país) e do horror de se perceber em meio ao um processo que não se pode dominar, ou mesmo, entender ou abandonar. A guerra é invasora. Sobre vários aspectos o filme fala, com um subtexto existencialista, da incapacidade, e ao mesmo tempo da ânsia, do homem (e da mulher) em entenderem-se, de dizerem-se mutuamente. No fim, a incapacidade de comunicação – "Você não sabe nada de Hiroshima, você não viu nada de Hiroshima", diz o personagem "Lui" de Eiji Okada. Por sua vez, "Elle" – o personagem de Emmanuelle Riva – embora possa dizer todas as palavras possíveis sobre a perda, a humilhação e a noção de ausência de tempo, não consegue fazer "Lui" (o "seu" outro) saber do peso das horas, o não tempo, em que esperou/restou ao lado do amante (o soldado alemão) pela morte lenta e dolorosa do seu homem, que amava. A dor, como a guerra, é inenarrável. Há uma solidão íntima em milhares de histórias interligadas, mas impossíveis de serem vividas em sua inteligibilidade pelo outro, posto que não podem ser colocadas em palavras comuns, que descrevem coisas e fatos. *Hiroshima*, com suas imagens de corpos-terra-corpos-pedra é um longo poema sobre condição máxima da estranheza humana: a guerra.

O uso das armas atômicas no Japão, e os testes inicialmente nos desertos americanos e depois nas ilhas do oceano Pacífico, criaram, também, um gênero muito especial de filmes. O filme "de monstros atômicos", uma espécie de advertência aos homens sobre as forças que estavam libertando sem saber ao certo o poder que continham. Assim, mesmo antes do poema fílmico de Resnais, o cinema americano produzia uma dura advertência contra as experiências atômicas com *Them!* (*O mundo em perigo*), dirigido por Douglas Gordon, em 1954. A partir de então, aranhas, gafanhotos e outras pragas reais ou híbridas preencheram as telas, todos tocados pelas experiências com a radiação atômica. Com ou sem a presença de um cientista – mais ou menos louco – os animais, em especial os pequenos animais do deserto, se rebelarão contra a ação humana, colocando o mundo em perigo.

Um pouco mais tarde, no início dos anos de 1960, o próprio Japão iniciará um amplo ciclo de filmes sobre monstros, tocados pela radiação (nas pequenas ilhas do Pacífico onde os americanos testam suas novas armas nucleares) ou por outras ações bélicas e predatórias do homem. Uma série de *Tokusatsu films*, obras com amplo uso de efeitos especiais – desde animação até miniaturização – emergirão como uma marca do cinema de massas japonês. Entre outros, o filme de Ishiro Honda (1911-1993), *Godzilla*, de 1954, abre uma série de títulos pela Toho Film Company, tendo em Eiji Tsuburaya o verdadeiro criador do desenho e dos efeitos dos populares monstros atômicos japoneses. O mesmo Honda, com sua equipe, produziria *Mothra* (ou *Mosura*, de 1961), outro filme sobre a natureza maltratada pelo homem, todas com um fundo antiguerra e de crítica à exploração da natureza. O cinema *Kaiju*, de estranheza ou estranhamento, com seus personagens gigantes ou delicadas fadas, será a forma de falar da violência da guerra, numa linguagem figurada e de grande aceitação popular.

Ao lado do cinema *Kaiju*, com seus *Daikaju* ou monstros gigantes, emergiu também no Japão uma série de filmes intimistas, narrativos de vidas singulares, embora exemplares, sobre pessoas tocadas de formas diferenciadas pela explosão das duas bombas atômicas. O filme sobre os "Hibakusha", para além do lirismo existencial de *Hiroshima, mon amour* ou da denúncia do "filme-monstro", leva o espectador, passo a passo, com cuidado, mas sem hesitação, para o interior da vida de pessoas normais tocadas pelo desastre, promovendo uma penosa desambiguação da estranheza *Kaiju* sob a forma de vidas, ou sobrevidas, amputadas e partidas. *A balada de Narayama*, de Keisuke Kinoshita, em 1958, expõe com uma poética amargura, sob a forma de uma alegoria histórica, a relação entre as gerações e as diferenças culturais já pronunciadas na sociedade japonesa. A desambiguação, através da revelação de um segredo público sobre os "Hibakusha" – uma geração que deve morrer, como na montanha de Narayama – virá com *Black Rain* (*Kurei Ame*), filme de Shohei Imamura, de 1989, quando a resignação se impõe a todos aqueles que foram expostos aos efeitos da radiação atômica. As ações dos homens, de nossos antepassados, continuam pesando sobre os indivíduos não importa o tempo que decorra, e mesmo os filhos – indesejados por isso – carregarão a marca do estranhamento. O tempo-morto, que não estua, não passa, se impõe através das gotas negras da chuva venenosa, mesmo que tenha, só uma vez, escorrido sobre as faces de suas vítimas. A guerra que já havia passado deixou suas marcas e seus preconceitos sob as formas variadas de filhos estranhos e que algumas vezes retornariam, como monstros gigantescos, para assombrar uma sociedade afluente, que exige, de si mesma, discrição sobre o passado. Godzilla é o pesadelo que sempre retorna de uma história inacabada.

O risco de uma guerra nuclear, mesmo que por acidente, acaba por produzir outro conjunto de filmes, onde a possibilidade do Holocausto nuclear é iminente ou mesmo já é um fato. Assim, a fabulosa comédia política de Stanley Kubrick, um dos mais importantes cineastas engajados do século XX, *Doutor Fantástico* (*Dr. Strangelove or: how I learned to stop worrying and love the bomb*, 1964) é, talvez, o mais popular filme antiguerra e de crítica ao *establishment* militar e político dos Estados Unidos. Realizado logo após a Crise dos Mísseis de Cuba, em 1962, e explicitando os riscos contidos na ascensão aos círculos íntimos do poder de teóricos de uma guerra atômica "limitada" com a URSS (tais como Herman Khan que propõe "pensar o impensável"), Kubrick expõe o ridículo, e o imenso perigo, da existência de tais armas – sintetizada na expressão "a bomba" – nas mãos de homens totalmente desprovidos de bom senso e de qualquer sentido de humanidade. Os atos falhos, hilários e cheios de significados, de Peter Sellers (1925-1980) marcam a continuidade "fascista" entre as guerras e o desprezo de alguns, políticos, militares e "cientistas", para com a vida humana. Kubrick, para desmoralizar mais profundamente a guerra – a qual ele nos levara, anteriormente, a temer em *Path of Glory*, de 1957 – nos faz, desta feita, rir da bomba. Ao final é toda uma tradição belicista e exterminacionista americana que é exposta ao ridículo do cowboy cavalgando a bomba, unindo as míticas narrativas guerreiras do "western", com suas dicotomias fáceis, ao anúncio do fim do mundo.

Neste mesmo ano, de 1964, Sidney Lumet (1924-2011) produzirá um claustrofóbico e pessimista "thriller" sobre a "terceira guerra mundial", envolvendo um perfeito

Henry Fonda, como o presidente dos Estados Unidos, obrigado a tomar medidas drásticas sobre o destino de seu país e da humanidade. O filme de Lumet, *Limite de segurança* (*Fail Safe*), questiona fortemente as seguidas explicações sobre as medidas de controle e de prevenção de uma guerra nuclear por acidente – tema repetido pelo governo americano para manter, simultaneamente, a corrida armamentista e a tranquilidade da população. Em *Limite de segurança* a capacidade dos homens que cuidam do arsenal nuclear em mantê-lo a salvo é duramente questionada e a humanidade caminha para a destruição por puro acidente.

Ainda neste ano de todos os filmes de luta pela paz, outro grande cineasta norte-americano, John Frankheimer (1930-2002) – um dos mais criativos e aplaudidos diretores americanos –, realiza *Sete dias em maio* (*Seven Days in May*), no qual uma luta titânica se impõe entre o aparelho militar americano e os políticos em Washington – como de fato aconteceu na crise de 1962 –, culminando em um golpe de Estado que levará à guerra atômica global. Mais uma vez, os homens responsáveis pela segurança, num mundo armado para a destruição global, irão falhar em evitar a guerra. A mensagem central de Lumet e de Frankheimer é clara e decorrente de agosto de 1914: podemos deslizar inconscientemente para a guerra, mesmo sem desejá-la, como aconteceu naquele ano fatídico. E desta feita com as novas armas existentes, não haverá amanhã para reparar os danos.

Enquanto nas obras de Stanley Kubrick, Sidney Lumet e de John Frankheimer a guerra atômica é uma possibilidade concreta, imediata, em outros a guerra atômica já é um passado, recente ou remoto. Em *A hora final* (*On the Beach*, 1959), um sombrio filme de Stanley Krammer (1913-2001), que dirigirá o pesado e memorável *Julgamento em Nurembergue*, de 1961, escala um elenco estelar (com Gregory Peck, Ava Gardner, Fred Astaire e Anthony Perkins) para descrever os últimos dias da humanidade após uma guerra nuclear global. Refugiados na Austrália, apenas provisoriamente protegida das nuvens de radiação que se espalham pelo planeta, a tripulação de um submarino americano espera e discute as condições da *A hora final*. Um filme pessimista, de uma tristeza comedida e resignada, mostrando a aceitação trágica pela população, convencida da necessidade de um suicídio coletivo, perante os terríveis erros de suas lideranças.

Em *O planeta dos macacos*, de Franklin J. Schaffner, de 1968, a dura e horrenda verdade só é descoberta na última cena, em face das ruínas de Nova York. O futuro do homem era então um retorno ao passado, acoplando um impactante final antiguerra a um aparente filme comum de aventuras ficcionais: os homens tinham feito a sua última guerra e o planeta não lhes pertencia mais. Assim, em *Day After*, de Nicholas Meyer, de 1983, a guerra acontece e pouco resta a fazer além de buscar algum abrigo e, se possível, encontrar sobreviventes. Em alguns casos, a irresponsabilidade humana, lidando com armas letais e repetindo explosões nucleares gratuitas, como testes de capacidade de destruição, colocará todo o planeta em risco. Robert Wise buscou no gênero ficcional, uma alegoria inteligente e forte para advertir a humanidade de tais riscos. Foi assim que, em 1951, Wise (1914-2005) traz alienígenas para impedir a ação irresponsável dos humanos. Seu filme, *O dia em que a Terra parou* (versão original, não confundir com a refilmagem de 2008, quando a preocupação com a guerra atômica será substituída, em consonância com os novos tempos pós-Guerra Fria, pela poluição do planeta) será uma metáfora da irresponsabilidade e imaturidade da humanidade em face de raças mais antigas. Assim, uma nave espacial, de uma civilização mais avançada, e, portanto, pacifista e mais sábia que nós mesmos, com um mortífero robô, Gort e seu mestre, o sábio Klaatu darão uma última chance aos homens. Caso não saibamos aproveitá-la, ou viermos a esquecer as palavras-senhas – "Klaatu barada nikto", o que soa como uma última advertência – todo o planeta poderá ser destruído.

Também os russos produziram um imenso repertório de filmes antiguerra, mesmo quando se apresentam sinais evidentes de enaltecimento da "Grande Guerra Patriótica". São exemplos eloquentes, *Vá e veja!* (*Idi i Smotri*, 1985), de Elen Klimov (1933-2003) e a sensível obra *A balada do soldado* (*Balada o Soldate*, 1959), dirigido por Grigori Chukhrai.

No entanto, será a Guerra do Vietnã que produzirá, quase que simultaneamente aos acontecimentos, uma imensa quantidade de filmes de referência. Desde os belicistas e justificadores filmes nacionalistas do tipo *Green Berets*, de John Wayne e Ray Kellog, de 1968, passando pelas tentativas de refazer a guerra e ganhá-la nas telas, como em episódios vividos por Silvester Stallone e Chuck Norris, até uma produção de altíssima qualidade sobre o dia a dia de uma guerra sem qualquer sentido para a maioria da população e, muito especialmente, para a maioria dos soldados envolvidos, como nos filmes de Oliver Stone, Francis Ford Coppola, Michael Cimino, Martin Scorsese e do fabuloso Stanley Kubrick. Tal produção sobre a Guerra do Vietnã será analisada em capítulo próprio, em face de sua exuberância e relevância para as relações entre cinema e história.

6. OS FILMES PACIFISTAS E A CONSTRUÇÃO DO SENTIDO DE INUTILIDADE

Um dos problemas centrais, para políticos, diplomatas e militares, foi desde logo estabelecer a guerra (claro, a "sua" guerra!) como um fenômeno justo, incontornável e ao mesmo tempo – em face do inegável sacrifício de vidas – como um fenômeno sagrado, no mais das vezes com a bênção de Deus. O contra-argumento pacifista será, invariavelmente, demonstrar exatamente o contrário: a ausência de qualquer sentido maior, edificante, na perda massiva de vidas humanas – a guerra não é, e nunca será, uma resposta e antes de ser sagrada, será inútil. Assim, como nos panfletos, artigos, gravuras e livros pacifistas da primeira "vaga pacifista moderna", como pontuamos anteriormente, o cinema – principal meio de propaganda pacifista depois da Grande Guerra (1914-1918) – pautou-se, com D.W. Griffith, por uma narrativa quase sempre marcada por três momentos centrais: o entusiasmo inicial pela guerra (o qual chamamos anteriormente de "paz social"), quando os personagens são "apresentados" ao público criando as condições necessárias de empatia e a própria guerra compreendida como um dever e uma honra, mesmo que implicasse sacrifícios brutais e, o limite, a própria morte; um segundo momento, da preparação – muitas vezes em quartéis e campos de treinamento, onde se dá uma variação imensa de situações de teste da própria condição humana e da masculinidade e coragem dos personagens, quase sempre sob o velho bordão que a caserna forja homens de verdade; e, por fim, o momento da dura realidade, quando os homens são colocados sob fogo e perante a morte, com a explicitação mais ou menos brutal da morte. Veremos aqui alguns casos dessa representação clássica da guerra, e de sua inutilidade, em alguns filmes que marcaram o pacifismo.

6.1 O campo de treinamento e a caserna

O campo de treinamento, uma antessala da guerra, é um dos *topoi* (lugares ou *sets*) mais repetitivos dos filmes de guerra e também do filme pacifista. Lá, as relações entre homens em guerra, ou em preparo para a guerra, assumem seu sentido (ou a ausência dele) mais plenamente. Os campos e as casernas são ambientes variados, indo do aspecto aventureiro e brincalhão da multidão de rapazes reunidos – como na primeira parte de *Galípoli*, de Peter Weir (1981) – até as agruras, humilhações e vitórias conseguidas no treinamento. É aí que emerge um sargento cruel, exigente de condições super-humanas e também (como uma espécie de "contrapersonagem" ou numa ambiguidade intensa do mesmo personagem), um sargento que sabe o que é o melhor para cada homem e por trás de sua rudeza está completamente voltado para criar as condições de sobrevivência dos jovens recrutas, os "seus" homens. Muitas vezes tal sargento é, ele mesmo, um experimentado combatente, que tem em sua própria experiência o padrão de exigências impostas aos recrutas. Ou, outras vezes, surge como uma figura frustrada, ele mesmo distante do combate, e que transforma a formação dos homens em sua guerra particular, com aspectos explícitos de sadismo. A partir das telas de George Grosz e do *Cesar* de Robert Wiene podemos falar, sobre a caserna, claramente como o local de uma produção robotizada de homens, os "autômatos" de Grosz, de indivíduos para a guerra, cujo objetivo central é a perda da humanidade. São cenas que se multiplicam de esforços extenuantes e de perda de individualidade, com a fome, o frio e o cansaço constante, a exposição do corpo e a nudez deserotizada e a luta para a autossuperação. Este será um motivo central do filme de guerra e do seu irmão oponente, o filme pacifista. Desde os treinamentos brutais que Milestone explicita em *Nada de novo no front* até o deboche e o desgosto dos escritórios de alistamento e os campos de treinamento de Milos Forman em *Hair* (1979), com uma solução "ótima" em o *Star War II: Attack of Clones* (George Lucas, 2002) – produção em massa de guerreiros robóticos –, o treinamento de homens tornou-se uma temática central do cinema (incluindo o cinema pornô gay e hétero), no mais das vezes um treinamento na direção da desumanização, em que a derrota e a morte prenunciam a guerra.

Neste sentido, o "sargento-treinador" é um personagem-chave, marcado pela ambiguidade sádico/amigo. Tal ambiguidade, caracteristicamente construída, tem seu apogeu, e sua perfeição fílmica na relação entre o insuperável Sargento James "Fatso" Judson, vivido por Ernst Borgnine em *A um passo da eternidade* (*From Here to Eternity*), de Fred Zinnemann, de 1953, com características nitidamente sádicas e repressões homoeróticas, só realizáveis na completa humilhação, física e moral do outro subordinado, no caso o soldado Angelo Maggio (vivido por Frank Sinatra, num papel de extremo preciosismo). A resistência do jovem, cioso de sua masculinidade e de seus direitos, incita e excita ainda mais o desejo de dominação. Por sua vez, o Sargento Milton Warden – uma atuação consagradora de Burt Lancaster –, moralmente cínico, pessimista e, apesar de tudo, extremamente leal, encarna a desambiguação do personagem "sargento" como líder "cuidador" de "seus" homens. Enquanto a sexualidade brutal, e ambígua, do Sargento "Fatso" nunca é vivida, realizada, expõem-se apenas como violência sádica de "quebrar" outros homens, o Sargento Warden vive um tórrido romance com a mulher de seu comandante, que exerce, por sua vez, o comando sobre toda a tropa, exceto sobre sua própria mulher. Para o Sargento Warden a compensação libertadora de uma subordinação burra e preguiçosa se expressa em cenas de sexo inigualáveis, em metáforas de explosões das ondas do mar sobre pedras e corpos seminus na areia, jamais mostrados até então por Hollywood – a ponto de afrontarem a moral vigente do chamado Código Hayes (com a atuação também cínica e terna de Deborah Kerr). Neste caso, a desambiguação da figura do "sargento" se faz através de dois personagens diferentes e opostos, marcados por díades perfeitas, nas quais a sexualidade é explicitada, ora como explosiva, ora como reprimida, ora gay, ora hétero, ora sádica, ora terna. Embora, em sua completude, *A um passo da eternidade* não possa ser considerado um filme pacifista – os homens tomarão das armas no momento necessário – tudo que envolve a guerra e a vida militar, a própria rotina de um quartel distante, por infelicidade, numa ilha do Havaí há poucos dias antes de 7 de dezembro de 1941 (o ataque japonês), é medíocre, envolto em hipocrisia e regras absurdas – como as armas trancadas em pleno ataque dos japoneses! A vida militar, mesmo como metáfora e microcosmo, não apresenta qualquer possibilidade de realização, é apenas fuga. O personagem do soldado Prewitt, vivido com comedimento por Montgomery Clift, passa pelo filme como um observador distante, misterioso, que guarda um segredo desagradável e incompatível com a caserna e envolve suas relações com a moça do bar ou com o soldado Maggio em paralisias e perdas, nunca se completando, abrindo outra frente de ambiguidade. Na verdade, nenhum dos personagens – do comandante até os soldados, passando pela esposa adúltera – será o mesmo? – do capitão ou a moça do bar que só pode voltar para casa como "uma senhora" – estão lá em razão da guerra que se aproxima. Apenas deixaram para trás uma vida ainda mais insuportável. A guerra é uma possibilidade real, concreta, mas ainda distante, o que permite que cada um dos personagens trave sua guerra particular, acelere suas próprias decisões ou esconda, no cotidiano de dias iguais, a ausência de coragem para fazer escolhas. Já em

O exército inútil (*Streamers*), de Robert Altman (1983), não só um filme antiguerra, mas ainda um filme profundamente antimilitarista, com uma crítica arrasadora à própria instituição militar, seus sargentos encarnam uma profunda ambiguição entre fala (ou gritos, o que seria mais verdadeiro!) e gestos. O "grito", muitas vezes rosto ao rosto, olho no olho como um ato íntimo, introduz metas a serem atingidas sob formas de treinamento exaustivo, muitas vezes impondo a diferença entre "homens" e "meninas" ("*ladies*", "*pussies*"), alegoricamente, permitindo que a brutalidade e a repressão sexual explodam em pura violência. Tais sargentos – Sargentos Kilic e Savio –, mais velhos e mais "experientes", perscrutam o comportamento dos soldados, dia e noite, e definem quais são aptos ou não aptos para o embarque, imediato, para o Vietnã. O filme é ambientado, de forma algumas vezes claustrofóbica, soturna, acentuada por sequências de "teatro filmado", em interiores, com ênfase em cinzas enevoados e cenas noturnas, onde tudo pode ser dito, mas somente "entrevisto", "mal-dito". A relação brutal, robotizada, e de forte agressividade sexual, explode na figura do Sargento Hartman, que após exasperar o recruta Lawrence, nomeado por ele como "Gomer Pyle" com afirmações sexuais grosseiras, promove a completa erotização do fuzil (dito mais importante que qualquer *pussy* que eles tenham conhecido), através do refrão repetido várias vezes, "*This is my rifle, this is my gun! This is for fightin', this is for fun!*" Numa estranha parada militar onde fuzis e pênis se equiparam.

6.2. A desconexão: sob fogo!

Por fim, temos um "terceiro" momento na construção dos filmes pacifistas, quando os heróis, ou anti-heróis, na maioria das vezes soldados comuns, são enviados diretamente para o campo de batalha. Tais sequências, que podem ser curtas e apenas desenhadas – é assim, por exemplo, com *Hair* (Milos Forman, 1979), onde o equivocado "soldado" George Berger, vivido por Treat Williams, encontra seu destino, ou então longas e brutais cenas, como no caso dos homens do Capitão Williard, de *Apocalipse now*, de Francis Ford Coppola, de 1979. Em outros casos, as cenas de guerra se avolumam, os exercícios e treinamentos parecem inúteis e a realidade da guerra "desconecta" os personagens com toda a sua experiência anterior, como é no caso de *Full Metal Jacket*, transformado em um pesadelo pelo brilhantismo de Stanley Kubrick, em 1987. Talvez o momento mais impactante desta "desconexão" de personagem com seu "eu anterior" seja produzido pelo premiadíssimo e controverso filme o *Franco-Atirador* (*The Deer Hunter*, de Michael Cimino), onde a (possível) metáfora da roleta-russa seja uma (possível) leitura da inutilidade da vida e da perda de referências enquanto representação das relações sadomasoquistas imbricadas no fenômeno da guerra. Em *Platoon*, de Oliver Stone, de 1986, os entusiasmos e o espírito de aventura do soldado Chris Taylor, vivido por Charlie Sheen, é rapidamente confrontado com a realidade brutal da Guerra do Vietnã (1964-1975), em especial nas condições de convívio entre os homens da própria Companhia Bravo (a 25ª Divisão de Infantaria na fronteira do Camboja). Desde logo, a morte dos soldados Gardner e "Tex", este por "fogo amigo", expõe a brutalidade, e inutilidade, das operações, e por extensão da própria guerra. Em *Platoon* a grande máxima, cultivada pela ordem castrense, de que a guerra e sua preparação forjam os verdadeiros homens, é subvertida pela exposição didática da guerra forjando, ou permitindo emergir, personalidades sádicas e cruéis. Em meio ao nada, com uma pá na mão, o soldado Chris Taylor repete a incomunicabilidade, a ausência de sentido e a inutilidade da guerra: "... não sei por que estou aqui, nem sei o que estou fazendo... Mesmo que o inimigo surgisse em minha frente eu não saberia o que fazer!"

Furyo ou Em nome da honra (*Merry Christmas, Mr. Lawrence*), dirigido por Nagisa Oshima, em 1983, explicita de forma coreográfica as relações de poder, a competição de masculinidades e o mútuo interesse erótico entre o Major Cellier, inglês, e seu carcereiro japonês, o Capitão Yonoi. A escolha de David Bowie e do roqueiro japonês Riuychi Sakamoto (autor da trilha sonora do filme) para os papéis centrais foi primorosa e permitiu que ambos exercessem através da postura empolada de palco, mas com a naturalidade da etiqueta militar, as consideradas virtudes militares. O próprio diretor Oshima, historiador de formação, e de extrema sensibilidade para os desejos e as fraquezas humanas – como expõe em *Império dos sentidos* – produz um forte duelo de vontades, de masculinidades e de desejos e repressões. As cerimônias de apresentação, a "forma" dos prisioneiros e de seus captores face a face, o cuidado com as fardas, o uso figurado e cerimonial das espadas (inclusive como símbolo de poder e de potência) e os limites (feridos!) da distância e da proximidade entre soldados – até um beijo entre inimigos –, compõe um filme tenso, extremamente erótico, e sob certo aspecto extremamente *perverse*. Bem ao contrário, a obra-prima antibelicista de Robert Altman (1925-2006), *MASH* ou melhor *M*A*S*H*, uma *black comedy* sobre o Mobile Army Surgical Hospital, durante a Guerra da Coreia (1950-1953), busca rir das cerimônias e dos ritos militares. Altman, um notável militante antiguerra, aproveitando-se do belo texto de Richard Hookers, produz uma desconstrução cômica dos valores militares. O comportamento indisciplinado, anti-hierárquico e *bom vivant* dos personagens centrais – os Capitães-médicos "Hawkeye" e "Duke", humanos e competentes – evidencia como a incompetência e a burrice, ao lado da indiferença, podem conviver, infinitamente, numa instituição cujo valor central é a obediência, pontualidade e uma falsa compostura. Altman voltará, algumas vezes, aos horrores da guerra (e suas consequências) e da forma brutal com a qual modifica os homens como em *Nashville* e suas surpreendentes cenas finais, de 1975; o já comentado *Streamers*, de 1983 e na série televisiva *Combate!*, entre 1962 e 1963. Especialmente neste seriado, um sucesso estrondoso, Altman introduz uma temática heterodoxa, capaz de horrorizar os fãs de filme "de guerra". No episódio número 2, denominado provocativamente como "Rear Echelon Commands" – Altman conduz uma história sob a bravura, a igualdade e o preconceito entre os homens (civis engajados e de pouca experiência em combate), exacerbados, mas também superados, quando sob fogo.

Através do amigo, e também roteirista, John Considine – que atua com brio no episódio –, Altman narra a humilhação de um soldado que na vida civil era bailarino. A descoberta da profissão do jovem, ao lado de seu comportamento reservado e educado, o havia isolado, tornando-o alvo de discriminação e chacotas. Num momento de desespero, na extrema necessidade de destruir um "ninho de metralhadoras" nazista, somente o bailarino se oferece para uma ação quase suicida, chegando ao alvo através do muro sobre o qual se equilibra como um bailarino! A temática da diferença, em especial da homossexualidade na guerra (também tratada por Altman em *Come Back to Five and Dime, Jimmy Dean!*, de 1982), sempre foi de extrema dificuldade de abordagem. Altman, tanto em *Combate!* como em *Streamers* produz uma análise firme, direta e original. Afinal não são as opções de gozo dos indivíduos que geram o horror da guerra.

A superação final, decisiva, de estereótipos no filme de guerra, em especial da mulher vítima passiva, ocorre, por fim, no amplo painel sobre a Resistência francesa durante a Ocupação nazista. Em *Charlote Gray*, uma produção de 2001 dirigida por Gillian Armstrong (nascida em 1950 na Austrália), a mulher assume o protagonismo da narrativa. A centralidade de ação e a capacidade de decisão do personagem título, que nomeia o filme (vivido com brio por Cat Blanchette), faz da mulher, uma professora escocesa proficiente em francês, um personagem além da tradição repetitiva da figuração feminina na guerra. Ao mesmo tempo, o personagem recusa a masculinização soldadesca ou guerrilheira, mantém-se intensamente terna e é movida, mesmo no heroísmo, pelo amor, elemento definidor, mas não paralisante, do campo do feminino. Às vezes em que salva a situação, e seus amados, como no beijo público no professor judeu e resistente em frente às tropas alemãs, ou quando assume sua plena feminilidade e representa, mesmo sem sê-lo, uma mãe para a esperança de crianças judias presas e conduzidas a um campo de extermínio, Charllotte Gray atua, com coragem e determinação, no campo do feminino, sem emular homens ou mulheres "guerreiras".

Para o bailarino de Robert Altman ou a mulher resistente de Gillian Armstrong de fato a guerra revela caracteres fortes, mas não obriga ao aniquilamento do eu. Em ambos os casos, deu-se uma recusa à desconexão entre valores e ações. A humanidade dos personagens, com suas identidades de gênero e de opções, mesmo sob fogo, foi preservada como antídoto à guerra, à robotização e à desumanização do indivíduo.

BIBLIOGRAFIA COMENTADA

BAZIN, André. *Cinema, ensaios*. São Paulo: Brasiliense, 1996.

Trata-se de um conjunto seminal de ensaios sobre o cinema e suas diversas escrituras, com análises fundamentais sobre o cinema americano e francês, indispensável para um debate sobre a narrativa histórica e as formas de linguagem do cinema.

CAPELATO, Maria Helena et al. *História e cinema*. São Paulo: Alameda, 2007.

Trata-se de uma coletânea, composta por professores da USP, com artigos voltados para métodos e teorias de uso e aproveitamento do cinema, e do audiovisual em geral, no trabalho do historiador. De grande valia para todos os pesquisadores, e interessados, nas relações entre cinema e história.

COURTINE, Jean-Jacques (org.). *História da virilidade*. Petrópolis: Vozes, 2013.

Trata-se de uma coleção, em três amplos volumes, sobre a construção do masculino e suas representações no Ocidente, com direção de Alain Corbin e Georges Viagrello, com excelentes estudos sobre a guerra e o cinema no século XX.

GAY, Peter. *O cultivo do ódio*. São Paulo: Companhia das Letras, 2002.

Trata-se de parte de uma ampla trilogia sobre a sociedade europeia na Época Vitoriana, com a construção de relações e enlaces entre história e a teoria crítica da sociedade, em especial as possibilidades de aplicação de alguns conceitos freudianos, de tipo coletivo e massivo, à explicação da violência na sociedade ocidental.

MOSSE, George. *The Image of Man. The Creation of Modern Masculinity*. Madison: Madison University Press, 1996.

Um excelente trabalho sobre a construção de "tipos" e "contratipos" da masculinidade e da imagem de um "eu" perfeito e excludente de todos os demais. Mosse introduz ainda a noção de "brutalização da política", na qual a robotização dos indivíduos é um passo fundamental.

An epic drama of adventure and exploration
...taking you half a billion miles from Earth...
further from home than any man in history.
Destination: Jupiter.
MGM PRESENTS A STANLEY KUBRICK PRODUCTION
2001 a space odyssey
CINERAMA®
Super Panavision® and Metrocolor

8.

CINEMA E GUERRA FRIA: ENTRE HOLLYWOOD E MOSCOU[1]

Alexandre Busko Valim

NESTE CAPÍTULO VOU EXPLORAR ALGUMAS das relações entre a História e o cinema, especialmente no tocante à Guerra Fria. Para tanto, discutirei brevemente a literatura que trata dessas relações, exemplificando como especialistas têm visto o modo como os filmes representam a Guerra Fria, ou foram representados no período delimitado por esse fenômeno histórico. Indicarei, de modo bastante introdutório, como a Guerra Fria foi representada no cinema ocidental ao longo do século XX, com o objetivo de apresentar ao leitor um amplo panorama, para que possa, caso queira, se aprofundar na leitura de algum filme em especial ou em algum período específico relacionado com o tema. Tenciono, ao final, sugerir a persistência da lógica que influenciou no modo como muitos filmes representaram a Guerra Fria, para além do fim do bloco soviético.

ALGUMAS POSSIBILIDADES ACERCA DO ESTUDO DO CINEMA COMO *SOFT POWER*

De início, gostaria de indicar que a expressão "A nova História da Guerra Fria" tem sido frequentemente usada para descrever a vitalidade de trabalhos surgidos após o fim do Bloco soviético, entre 1989 e 1991 e a subsequente abertura de arquivos de Estado no Ocidente. Nesse sentido, diversos especialistas têm trazido novas evidências para remodelar o que nós sabíamos, ou o que nós pensávamos que sabíamos, sobre o conflito que dominou a segunda metade do século XX.

Nessa nova História da Guerra Fria há um elemento importante em destaque e que felizmente não é tão novo. Embora o estudo do impacto social de diversos programas, políticas, tratados e acordos não seja novidade, o estudante que quiser ir até uma biblioteca e procurar um livro sobre a Guerra Fria encontrará um grande número de trabalhos que a localizam no campo da História Diplomática ou Internacional.

[1] Dedico este texto à memória do grande mestre e amigo Professor Ciro Flamarion Cardoso, historiador erudito e cinéfilo.

Especialistas como Tony Shaw, Nicholas Cull, Keneth Osgood, Frances Stonor Saunders e Ellen Schrecker têm defendido que o melhor dessa nova História da Guerra Fria está em evidenciar que o conflito não precisa pertencer exclusivamente à História Internacional. Pode, de outro modo, ser enriquecida com questões relacionadas com Propaganda, Psicologia, Cultura, e fontes como o Cinema, a Literatura, Histórias em Quadrinhos, Jogos Eletrônicos, dentre outros.

Ainda assim, tais autores têm observado que o número de trabalhos que transcendem o campo Diplomático é relativamente pequeno. Não há muita surpresa nisso, posto que muitos historiadores de conflitos como a Primeira e a Segunda Guerra Mundial, iniciam seus estudos com questões militares e diplomáticas, e somente depois, de "uma distância segura", movem seus interesses para as amplas e complexas ramificações culturais e sociais desses conflitos.

Em relação à II Guerra Mundial, por exemplo, os historiadores passaram a se preocupar com tais problemas apenas a partir da década de 1960. Atualmente temos uma historiografia que trata muito bem de como alguns meios de comunicação atuaram como importantes protagonistas no senso de beligerância em relação aos japoneses. Historiadores Sociais e do Trabalho têm examinado cada vez mais as mobilizações populares nos *home fronts*. E os Historiadores da Cultura têm reconstruído os papéis de gênero sugeridos ou mesmo impostos pela propaganda.

Em revistas como a *Diplomatic History, Journal of Cold War Studies* e *Cold War History* têm sido cada vez mais comuns os trabalhos que articulam Relações Internacionais, História Diplomática e Cultura. O grande número de estudos sobre o impacto social da Guerra Fria nos Estados Unidos, na década de 1950, tem levado autores como Tony Shaw a afirmar que tem havido nos últimos anos um decisivo reconhecimento da importância da cultura como arma durante a Guerra Fria.

Evidentemente, ao longo de toda a Guerra Fria as elites políticas buscaram manter o consenso doméstico. A natureza ideológica da confrontação estava fortemente assentada na busca pela conformidade de ideias. Por esta razão, o nexo entre as políticas de Estado e a vida cotidiana tem sido um fator vital no entendimento das dinâmicas sociais ligadas ao conflito. No entanto, o grande volume de trabalhos sobre os conflitos ocorridos nos Estados Unidos nas décadas de 1940 e 1950 tem trazido uma falsa percepção de que apenas a sociedade estadunidense experimentou os efeitos culturais da Guerra Fria. O número de eventos científicos voltados para os estudos regionais tem crescido esplendorosamente, mostrando que existe um vigoroso crescimento do campo em países como a Itália, China, Japão e Brasil. Nesses países, já existe uma literatura disponível para quem deseja se embrenhar por essas vastas searas.

A literatura especializada sobre o que Joseph Nye denominou de *soft power* atualmente configura um sólido e profícuo campo de estudos. Em *Between Hollywood and Moscow,* Stephen Gundle mostra como os Estados Unidos fincaram as bases da difusão de seu cinema imediatamente após a denominada Primavera Italiana, no final da década de 1940, para nunca mais saírem. Em *Coca-colonization and the Cold War,*

Reinhold Wagnleitner discute com muito esmero os interesses econômicos e políticos por meio do cinema estadunidense na Áustria ocupada. Já em *Imagens vigiadas,* tentei mostrar como o cinema foi transformado em um dos palcos em que a Guerra Fria foi travada no Brasil.

Importante ressaltar, no entanto, que o cinema é apenas uma das possibilidades, entre muitas. No que diz respeito ao cinema, autores como Tony Shaw, Michael Strada e Harold Troper têm mostrado que a Guerra Fria Cultural pode ter começado 30 anos antes do primeiro filme anticomunista do pós-Segunda Guerra Mundial ter sido lançado, em 1948.

A GUERRA FRIA E O CINEMA: UMA SÓLIDA E LONGA RELAÇÃO

Dois filmes realizados em 1919 e 1920, *The New Moon* (1919), de Chester Witney e *Dangerous Hours* (1920), de Fred Niblo anunciaram o nascimento de um embate entre comunismo e capitalismo nas telas dos cinemas. Em *The New Moon*, os bolcheviques atraíam as mulheres para a força de trabalho com um único objetivo: estuprá-las. *Luz nova,* como foi traduzido no Brasil, não foi muito bem aceito já na sua primeira exibição por aqui, no Cinema Odeon, em 31 de agosto de 1921. Os protestos contra o filme, no Rio de Janeiro e em Niterói, resultaram em algumas prisões e ocasionaram grande confusão: mulheres teriam desmaiado, e quebra-quebras em algumas salas. No Rio de Janeiro, a sala teria devolvido os mil réis dos ingressos e, no dia seguinte, os jornais noticiavam que "70 russos puseram em polvorosa a cidade". Esses fatos se repetiram na capital do estado, Niterói, onde um orador, Nélson Belém, haveria subido em uma cadeira e, em seguida, sido preso porque haveria afirmado que "o conceito de independência feminina na Rússia é superior, moralmente, ao da sociedade capitalista". E acusou de "imoralismo" a burguesia, sob aplausos gerais da assistência.

Ao longo da década de 1920 e 1930, cerca de 20 filmes foram realizados com temáticas semelhantes. Mas ainda não era uma cinematografia consistente. *Ninotchka* (1939) foi a primeira grande produçao hollywoodiana a demonizar o comunismo e a celebrar o capitalismo ocidental a partir de uma abordagem binária e uma série dicotômica de símbolos - liberdade *versus* opressão, materialismo *versus* pobreza, beleza *versus* feiura, romance *versus* androginia assexuada, dentre outros.

O filme serviu como um modelo para vários filmes posteriores. No final da década de 1940, *Ninotchka* foi reeditado e relançado por razões políticas e comerciais. Aprovado pelo Departamento de Estado dos Estados Unidos, que temia a expansão comunista na América Latina e na Europa, *Ninotchka* foi exaustivamente exibido e monitorado na Europa e América Latina, com o financiamento do governo estadunidense.

Durante a II Guerra Mundial, soviéticos e estadunidenses se trataram com um pouco mais de cordialidade, dando origem a diversos filmes e desenhos animados que procuravam um bom entendimento. Ao fim deste conflito, todavia, a busca pelo bom entendimento deu lugar a um longo período de confrontos diretos, e de baixa intensidade, entre as grandes economias mundiais.

Em 9 de fevereiro de 1946, Stálin fez um famoso discurso, que, embora certamente não fosse uma declaração de guerra, foi interpretado em alguns círculos estadunidenses como um claro sinal de que a política externa soviética havia endurecido. Nesse pronunciamento, Stálin se referiu aos aliados como "amantes da liberdade", mas também reafirmou a superioridade do sistema soviético e sugeriu que a guerra era uma consequência lógica do capitalismo. No mês seguinte, em uma reunião do Conselho Artístico Soviético dedicada à discussão do discurso de Stálin, o tema principal foi sobre uma provável longa batalha cultural.

A reunião ocorreu no dia 5 de março, no mesmo dia em que Churchill pronunciou o famoso discurso da Cortina de Ferro, em Fulton, Missouri. O discurso de Stálin foi interpretado pelo Conselho Artístico Soviético como o reconhecimento de que o cinema tinha um papel fundamental a desempenhar no desenvolvimento de um sentimento de patriotismo, coragem e bravura na batalha pela pátria. Na reunião, decidiu-se que a partir dali haveria uma maior concentração no aspecto ideológico dos filmes e nos tipos de temas que seriam necessários. Daí, então, os filmes seriam obrigados a mostrar a superioridade da ordem soviética sobre a democracia burguesa. A poderosa arma, o cinema, já não poderia ser desperdiçada em filmes de entretenimento. Naquela reunião, muito se discutiu sobre o caráter dos filmes hollywoodianos, e como eles muitas vezes propagavam uma imagem do *american way of life* extremamente sedutora. Mas essa imagem não corresponderia à realidade cotidiana da maioria dos estadunidenses, motivo pelo qual o cinema soviético teria que aprender com a experiência hollywoodiana. Na referida reunião, foi ressaltado o modo como Hollywood habilmente agitaria o mundo com seus filmes, como propagandeariam suas ideias. Em tais filmes, fora observado que as pessoas eram jovens, corajosas, nobres, elevadas e puras, o que levou ao questionamento sobre se elas seriam realmente assim. Existiriam pessoas inteligentes, corretores, os farmacêuticos, pessoas de almas pequenas, ávidos por lucro, livre e fácil, grosseiro, e que não teriam a grande cultura interna e nobreza de alma própria do povo soviético. Nos filmes estadunidenses, os heróis seriam artificialmente construídos, a ponto de fazerem os soviéticos acreditarem que aquele era o padrão nos Estados Unidos. Quão nobres seriam quando vivem na pobreza, como são simples quando ricos, como conversam carinhosamente com as garotas, como eles finamente as beijam. Para os presentes na reunião, os raros exemplos de humanos que vivem na América, não passariam de engodo, produzido para convencer os que assistiam aos seus filmes.

No Brasil e nos Estados Unidos, uma efetiva preocupação com as relações entre cinema e política cuja chave interpretativa fosse a Guerra Fria nasceu concomitantemente às preocupações soviéticas. Em 1943, o chefe de produção da Twentieth Century-Fox, Darryl Zanuck, afirmou que se alguém tivessse algo de interessante a dizer, o importante a fazer seria vestir isso com o manto cintilante do entretenimento e então encontraria um mercado pronto; sem nenhum entretenimento, apontava Zanuck, o filme de propaganda não valeria um centavo.

No Brasil, em 1951, Vinicius de Moraes, afirmou que o grande público simplesmente ia ao cinema. Viciaram-no de tal modo, e por tanto tempo, em maus espetáculos – e por outro lado ir ao cinema tornou-se para ele tal cachaça –, que a coisa toda acabou dando um nó. Hollywood cuspiria nesse nó diariamente, para deixá-lo cada vez mais duro de desatar, que era como lhe convinha.

Entre essas duas perspectivas, há um posicionamento bastante interessante. Em uma palestra militar proferida em Washington em 1947, a preocupação com o avanço da propaganda comunista estava bastante explícita, indicando a percepção de que o cinema poderia vir a ser um importante campo de batalha entre Estados Unidos e URSS. Segundo o documento, que foi traduzido pelo Departamento de Ordem Política e Social (DOPS) e distribuído internamente, a propaganda do Partido Comunista deveria ser firmemente combatida, principalmente no meio cinematográfico, posto que o Partido esperava "implantar ideias comunistas a uma audiência garantida de 100 milhões de crianças". Para o palestrante, os subversivos se contentariam em inserir suas ideias em pequenos diálogos ou cenas em algumas sequências, fazendo com que seus ideais pudessem ser vistos ou ouvidos por milhões de estadunidenses. Da mesma maneira, os comunistas no cinema estariam prontos para sabotar, sempre que possível, os filmes que tivessem mensagens anticomunistas.

Em meio a listas negras de artistas críticos a Comitês de Inquérito como o House of Un-American Activities Committee (HUAC), a milhares de declarações persecutórias, de ascensão de políticos inescrupulosos como o Senador Joseph McCarthy e em um contexto descrito pelos seus atores como a "década perdida", os cinemas mundiais foram tomados por produções com forte viés anticomunista, como o estadunidense *Iron Curtain*, produzido em 1948, e o britânico *Conspirator*, de 1949. Mas o que um filme inglês teria a ver com Hollywood?

Autores como Ellen Schrecker, Frances Stonor Saunders e Reinhold Vaguinlaitner têm trazido evidências de o quanto o cinema inglês estava nas mãos de investidores estadunidenses. Hollywood não apenas controlava horizontalmente o mercado inglês (o que a partir de 1948 passou a ser proibido nos Estados Unidos). Na década de 1950, em média 20% dos custos de produção de filmes ingleses eram financiados pelos Estados Unidos. Segundo Vaguinlaitner, a dependência econômica do cinema inglês com os investidores estadunidenses chegou, em 1966, a 80%. O triunfo hollywoodiano, neste caso, significa muito mais do que uma vitória da "narrativa clássica". Significa para os ingleses a perda do controle de um canal importante de autointerpretação e autodefinição cultural.

Ao lado de romances como *Conspirator*, a Ficção Científica foi um gênero largamente utilizado pelo cinema na década de 1950 para tratar do embate entre a democracia e o comunismo. Em trabalhos anteriores, apontei como na retórica anticomunista, o comunismo era frequentemente descrito como uma doença, um germe, ou uma forma de lavagem cerebral. Muitos filmes de ficção científica do período incorporaram esses elementos. As invasões alienígenas, a transformação de pessoas em zumbis sem vontade própria e o controle mental foram artifícios repetidamente utilizados pelo gênero. Todavia, *os filmes de ficção científica relacionados com o comunismo/anticomunismo representaram uma variedade bastante ampla de pontos de vista.* Produções como *The Thing from Another World* (1951) e *Them!* (1954), expressaram o medo da contaminação ideológica de forma alegórica. Para o público, o aspecto mais assustador desses filmes não eram os monstros, canhões lasers, ou naves alienígenas, mas sim a proximidade e invisibilidade com que inimigos "alienígenas" poderiam atingir alvos estadunidenses. Era desse modo, por exemplo, que as vítimas de *Invaders from Mars* (1953), se tornavam "escravos sem opinião da vontade totalitária" *impossibilitando distinguir entre "eles" e "nós"*, enquanto os clones de *The Thing from Another World* (1951) eram desprovidos de instintos sexuais e emocionais.

Assim, a vitória do mal, o fim da liberdade, sexualidade e individualidade foram metaforizadas muitas vezes por ataques de insetos, robôs e até mesmo zumbis. Nos filmes de ficção científica da década de 1950, os cenários eram dominados por forças hostis que ansiavam por escravizar os estadunidenses. O imaginário e a linguagem presentes nestes filmes representaram não somente os medos e anseios relacionados com a atmosfera da Guerra Fria, mas também reforçaram a convicção de que os Estados Unidos precisavam se defender de uma possível invasão. Todavia, este embate transbordou, em muito, as fronteiras da ficção científica.

Um filme difícil de situar no sistema de gêneros do cinema estadunidense é *The Americano,* cuja estreia ocorreu no dia 19 de janeiro de 1955. A produção teve dois diretores, Budd Boetticher dirigiu as cenas no Brasil, e William Castle dirigiu as cenas gravadas nos Estados Unidos. O western narra a história de um fazendeiro estadunidense chamado Sam Dent (Glenn Ford), que vende três búfalos premiados para Bento Hermanny (Frank Lovejoy), um fazendeiro brasileiro que residia no Amazonas. Todavia, quando chega ao Brasil, é roubado por Bento, que revela ser um assassino psicopata e que oprimia os pobres. Porém, o filme deveria ter sido lançado em 1953 em vez de 1955. Em novembro de 1953 "o famoso astro de Hollywood", Glenn Ford, revelou em uma "amarga entrevista" os problemas ocorridos durante as gravações no Brasil. Segundo Ford: "O gado não chegava, o material desaparecia, os dólares se evaporaram e tudo era por causa da ação sabotadora dos vermelhos."

Em declarações à imprensa em Hollywood, Glenn Ford afirmou que o fracasso do filme *O americano*, que deveria ser completamente realizado no Brasil, foi consequência da ação dos comunistas locais que, desde o momento da chegada do grupo de artistas estadunidenses em São Paulo, iniciou uma "tremenda campanha de desmoralização e sabotagem" contra a equipe de filmagem. Segundo a matéria publicada no jornal *Última Hora*, diante dos 17 minutos gravados em dois meses de rodagem, o "conhecido comentarista Bob Thomas" classificou "a tentativa de realização de *O americano* no Brasil como o maior fiasco cinematográfico dos últimos tempos". Completamente revoltado, Gleen Ford exclamou: "(...) vivemos ali em pleno caos. Tudo saía errado. Estou convencido de que grande parte dos dissabores que conhecemos foi devido à ação dos comunistas, cuja palavra de ordem parecia ser a de nos perturbar de todas as formas". Indignado, Ford disse que não bastasse a oposição comunista qualificar César Romero de "artista fracassado", Arthur Kennedy de "desconhecido", o diretor Robert Stillman de "pobre diabo", e a ele próprio de "embriagado contumaz", os pérfidos comunistas chegaram, até mesmo, "a inventar que sua mulher, a conhecida artista Eleanor Powell, que o acompanhou ao Brasil, chegou a ter um romance com outro homem".

O impacto social e a atenção pelas autoridades que esses filmes receberam no Brasil ajudam-nos a compreender melhor o papel que desempenharam naquele período. Mas até que ponto havia um efetivo interesse do governo estadunidense no cinema? Os esforços relacionados com a Europa permitem-nos compreender melhor este contexto.

No final da década de 1950, personalidades consagradas do cinema como John Wayne e o diretor John Ford foram recrutados para participar de uma campanha altamente secreta, promovida pelo Pentágono, Marinha, Coordenadoria de Operações e Conselho de Segurança Nacional. O objetivo seria inserir temas propostos pelo governo em filmes hollywoodianos, como o dever, a importância do grupo, a obediência ao comando, audácia masculina, e as benesses do *american way of life*. Importante, era fazer com que tais ideias fossem aceitas e defendidas pelo público, sem que este tivesse consciência disso. A circulação e distribuição de filmes com pesado apoio financeiro e logístico do governo estadunidense também é digna de nota. Na Áustria ocupada, por exemplo, documentos encontrados por Reinhold Vagnlaitner, mostram que o Serviço Secreto se gabava de fazer circular centenas de filmes hollywoodianos na área soviética; enquanto nenhum soviético era exibido na área inglesa, estadunidense ou francesa.

Quinze anos de filmes extremamente agressivos, baratos, geralmente ruins, de pouca bilheteria fora dos Estados Unidos, deram lugar a contundentes e bem humoradas críticas dentro do cinema, como *The Mouse that Roared* (1959), onde os Estados Unidos são invadidos e derrotados por 20 soldados armados de arco e flechas de um minúsculo país fictício, que o derrota, toma sua arma nuclear mais devastadora e o obriga a fazer a paz mundial. Outro excelente filme, com proposta semelhante, também estrelado por Peter Sellers, é *Dr. Strangelove* (1964), uma sátira sobre a tensão nuclear, a insanidade de um estado constante de aniquilação mútua e os excessos cometidos pelos países beligerantes. Filmes mais sérios foram produzidos no período, como *Fail Safe* (1964), que teve, aliás, uma disputa judicial com Stanley Kubrick e a Columbia Pictures por acusações de plágio, levando o filme de Sidnei Lumet a ser lançado oito meses depois de *Dr. Strangelove.* De fato, os enredos são bem parecidos. Todavia, ainda que *Fail Safe* seja um drama, a perda do controle do arsenal militar e a iminência de uma hecatombe nuclear estão presentes em ambos.

No mesmo período, dos filmes produzidos no bloco soviético, os que considero mais interessantes são os *indianerfilm.* Ao se deparar pela primeira vez com um indianerfilm o espectador poderia ficar confuso, afinal, nos westerns se desenvolvem cenários familiares para muitos aficionados por este gênero: jazidas de ouro sendo descobertas em perigosos desfiladeiros, com cowboys montados em belos cavalos, atirando em índios fortemente armados com machadinhas e arco e flechas. Mas havia algumas diferenças: os desfiladeiros ficavam na Iugoslávia; os cowboys eram alemães; os cavalos eram russos, e o dia foi salvo por Gojco Mitić, que não era um cowboy, mas um índio.

Os filhos da grande mãe ursa (1966) foi o primeiro e um dos cerca de 20 indianerfilm realizados pelos estúdios da *Deutsche Film-Aktiengesellschaft* (DEFA), na Alemanha Oriental, entre 1965 e 1983. Os indianerfilm eram westerns filmados nos estúdios localizados em Babelsberg e com locações na Iugoslávia, Bulgária, Romênia, União Soviética e, até mesmo, Cuba. Frequentemente ridicularizados por críticos, inclusive destes países, por serem produções baratas, tramas previsíveis e atuações ruins, esses filmes eram um imenso sucesso de bilheteria. Autores como Gerd Gemüden e Rosemary Stoot estimam que apenas *Os filhos da grande mãe ursa* foi visto por mais de 10 milhões de pessoas.

Tais filmes contêm muitos dos ingredientes que fizeram os westerns ficarem famosos no Ocidente, dentre eles a clara divisão entre bandidos e mocinhos. A diferença nos westerns da Alemanha Oriental era que neles os mocinhos eram os índios, que sempre tinham um heroico chefe, na maioria das vezes Gojco Mitić, que lutava contra pioneiros sanguinários, exércitos opressores e violentos, xerifes corruptos e latifundiários inescrupulosos.

Embora aparentemente ingênuos e simplistas, esses filmes tinham um objetivo ideológico muito claro: reforçavam a crítica ao racismo e ao imperialismo estadunidense, utilizando o entretenimento como uma ferramenta pedagógica. Neles, os heróis representavam lealdade, franqueza, senso de comunidade e generosidade necessárias para alcançar a paz com um inimigo cuja força era superior. Outra característica merece destaque: tais filmes empregavam atores estrangeiros, como o estadunidense Lex Barker e o francês Pierre Brice. A intenção era internacionalizar o enredo e assim mostrar ao público que os filmes tratavam de causas comuns a diversas nações. O interessante nesse grupo de filmes é que eles foram produzidos como resposta aos filmes realizados pela Alemanha Ocidental em fins da década de 1950 e início da seguinte, frequentemente vistos pelos alemães orientais em circuitos de exibição menos fechados, como na Tchecoslováquia.

Para um público que acabara de ver um muro sendo construído em Berlim, ver tribos nômades vivendo livremente por vastos campos era uma atração um tanto quanto óbvia. O *Ministerium für Staatssicherheit*, também conhecido como Stasi, a Polícia Secreta Alemã, tinha muito interesse no impacto social desses filmes, dentre eles, os de espionagem Búlgaros – cujo principal herói, Emil Boev, era um misto de Sherlock Holmes com James Bond. O interesse pelos filmes gerou diversas pesquisas para tentar aferir a influência dos filmes da DEFA no recrutamento para espionagem.

Como abordar tais filmes? Resistência? Contra-hegemonia? Como já sugeri, talvez a relação que eles mantiveram com a produção estadunidense não fosse tão distante assim, posto que eles utilizavam as mesmas convenções padronizadas consagradas pela indústria hollywoodiana, quais sejam, as relacionadas com o cinema de gênero. Acabaram, portanto, habituando este público a um tipo de narrativa largamente difundida pela maioria dos filmes hollywoodianos.

Podemos inferir que essa paulatina aceitabilidade tornou ainda mais fácil a recepção dos filmes hollywoodianos nos países socialistas do Leste Europeu já no início da década de 1980. As raízes deste fenômeno estão vinculadas às políticas de distribuição que remontam ao final da década de 1940, como no caso da Áustria.

Ocorre que na década de 1970, essas políticas ganharam um impulso muito significativo. Refiro-me à Conferência sobre a Segurança e Cooperação na Europa, iniciada em 1973 e que culminou no Pacto de Helsinque. Em 1975, 35 países, incluindo quase toda a Europa, Turquia, Estados Unidos, Canadá e URSS, assinaram o acordo, firmava 10 princípios: I. Igualdade na soberania e respeito aos direitos inerentes a ela; II. Abstenção da ameaça ou uso da força; III. Inviolabilidade das fronteiras; IV. Integridade territorial dos Estados; V. Solução pacífica de controvérsias; VI. Não intervenção nos assuntos internos; VII. Respeito pelos direitos humanos e liberdades fundamentais, incluindo a liberdade de pensamento, de consciência, de religião ou crença; VIII. Igualdade de direitos e da autodeterminação dos povos; IX. Cooperação entre os Estados; e X. Cumprimento de boa-fé das obrigações de direito internacional.

O pacto foi tratado pela propaganda sovética como um trunfo sobre os países signatários do Pacto de Varsóvia, pois representavam menos um aceno da diplomacia soviética do que uma estratégia a médio prazo para aumentar a popularidade do Governo Breznev. O que o pacto desencadeou, entretanto, foi uma lenta e contínua aproximação do bloco soviético com a cultura popular das nações ocidentais.

Como em outras ocasiões, como no uso do filme *Mission to Moscow* (1943) pela diplomacia estadunidense, durante a II Guerra Mundial, a História parecia se vingar de estratagemas diplomáticos que buscavam orientar o consumo de tais produtos.

Se na década de 1960 vimos diversos filmes problematizando a tensão entre os blocos e sugerindo que as superpotências estavam à beira de um caminho sem volta, na década de 1970 assistimos a filmes mais reflexivos que apontavam para um relaxamento dessas tensões. Um bom exemplo de filmes que dialogaram bem com a *Détente* é a monumental série, em 26 episódios denominada *The World At War* (1939-1973), de Jeremy Isaacs, que apresentava uma visão bastante simpática dos soviéticos.

Michael Strada e Harold Troper indicam mais de 30 filmes em que belíssimas soviéticas caíam de amor por heróis ocidentais. Em *The Spy who loves me* (1977), por exemplo, a *Détente* se "consuma" quando James Bond e uma agente da KGB ficam sozinhos em um vagão de trem.

Mas existem filmes que continuam problematizando a aniquilação e os caminhos que o mundo precisava tomar para evitar a hecatombe nuclear. Um exemplo muito interessante é *Colossus, the Forbin Project* (1970), ou *Cérebro de aço,* como foi chamado no Brasil. A discussão presente no filme gira em torno das questões: O que aconteceria se a tecnologia ficasse fora de controle? Teríamos um Frankenstein da era nuclear? A revolta da tecnologia tratada em *Colossus* foi um tema bastante explorado naquele período, por filmes como *2001: A Space Odyssey* (1968), onde o computador *Hall 9000* se rebela após ter um "colapso nervoso". Algo, aliás, parecido com *Demon Seed,* de 1977. Mas *Colossus* não é uma inteligência artificial que se rebela sozinha; ela se rebela juntamente com o supercomputador soviético *Guardian*, e impõe aos humanos um opressivo modo de lhes proteger de sua arma mais mortífera: a bomba nuclear.

No início da década de 1980 tem-se uma intensificação de filmes conservadores, plenamente alinhados com o que Fred Halliday denominou de "Segunda Guerra Fria". Filmes como *Firefox* (1982), *Rocky IV* (1985), *Rambo III* (1988) e *Invasion USA* (1985) estrelado pelo "mortífero" Chuck Norris, logo foram associados aos filmes produzidos no auge do macarthismo dos anos 1950. A "Nova Direita" se tornou pródiga em elaborar representações exageradas, grosseiras e distorcidas do mundo, sempre buscando novos e violentos meios de eliminar os "comuterroristas".

Mas a década de 1980 produziu algumas obras dissonantes, que, se não eram muito simpáticas aos soviéticos, pelo menos sinalizavam com o desejo de que as hostilidades cessassem. Dentre os exemplos podem ser citados: *REDS* (1981), *A View to a Kill* (1985), *Superman IV* (1987), *RED Heat* (1988) e *The Hunt for the Red October* (1990); ainda que a temática nuclear jamais saísse de pauta, como em *The After Day* (1983) ou no anime *Akira* (1988).

Há, entretanto, uma diferença fundamental entre esses dois períodos. Se nos anos 1950, instituições como as Forças Armadas, os Tribunais de Justiça e o Poder Legislativo eram o símbolo da salvaguarda dos valores e ideais de seu país, na década de 1980 estas mesmas instituições eram ineficientes e possivelmente corruptas. Diante da incompetência do Estado, a melhor coisa seria acordar se sentindo como Charles Bronson, Chuck Norris ou Sylvester Stallone e fazer justiça com as próprias mãos.

A PROPÓSITO DE UMA RELAÇÃO INACABADA

Embora discutir o cinema ao longo de um século, levando-se em consideração um fenômeno tão complexo como a Guerra Fria, seja uma tarefa árdua, não é muito difícil compreender as relações entre Cinema e Guerra Fria, tendo em vista a periodização clássica desse fenômeno. O conflito de meio século é, muitas vezes, dividido em uma Primeira Guerra Fria, de 1947 até os anos 1960 e distensão, então uma segunda Guerra Fria em 1979 com a invasão do Afeganistão, seguido por outra pequena *Détente* sob Mikhail Gorbachev. Muito mais difícil, no entanto, é perceber como esses filmes ecoaram socialmente, para além de seus intentos, cronologias e contextos de produção.

Os autores arrolados nesse breve texto sobre História e cinema, sugerem ou indicam que Hollywood fez riqueza com a Guerra Fria, saqueando o conflito e buscando o lucro na propaganda do começo ao fim. A temática da Guerra Fria apareceu em uma multiplicidade de gêneros, incluindo musicais, westerns, épicos bíblicos, românticos, desenhos animados, ficção científica, documentários, filmes de suspense e biografias.

O conflito contribuiu para a difusão de milhares de imagens – algumas anódinas, outras convincentes –, que ajudaram milhões de pessoas em todo o mundo a compreender o significado de um conflito que para a maioria delas era algo abstrato e, para muitos, foi travada apenas em um nível imaginário.

Na União Soviética, como convinha à famosa asserção do Lênin pós-revolucionário, de que o cinema era a mais importante de todas as artes, a propaganda cinematográfica foi quase totalmente controlada a partir do Centro. Estúdios cinematográficos foram nacionalizados, Comissários Culturais passaram a examinar meticulosamente o conteúdo dos filmes e uma infinidade de organizações estatais foram criadas para regular as importações e as exportações de filmes.

O descongelamento cultural introduzido por Nikita Khrushchev na década de 1950 e ampliado por Mikhail Gorbachev na década de 1980 deu aos cineastas russos um pouco mais de liberdade. Mas a necessidade de aderir à narrativa mestra do socialismo significava que a ideologia formal – Marxista-leninista e, muitas vezes Social-realista – teimosamente mantivesse sua primazia oficial durante toda a Guerra Fria.

A propaganda estadunidense nos filmes relacionados com a Guerra Fria não foi simplesmente a expressão de uma "Ideologia Oficial": envolvia uma enorme gama de diferentes ideologias, discursos e instituições. Assim, a relação de Hollywood com Washington sempre foi muito mais consensual do que aquela entre cineastas e governo no mundo comunista e, em termos criativos, muito mais uma via de mão dupla.

Os historiadores que trabalham com a Guerra Fria sabem que a memória é um aspecto importante na tomada de decisões e, como em conflitos anteriores, políticos têm consistentemente feito uso das lições do passado durante a Guerra Fria. Mas o que constitui a memória individual em uma sociedade saturada de imagens, especialmente naquelas em que os políticos ignoram a "opinião pública" por sua conta e risco?

Tradicionalmente, os historiadores tendem a atribuir o colapso do Bloco Soviético no final dos anos 1980 e início dos anos 1990 a uma multiplicidade de fatores, comumente ligados à política, economia, diplomacia ou a questões militares. Recentemente, no entanto, estudiosos começaram a delinear a dinâmica cultural da Guerra Fria, e reconhecer a cultura popular como um vetor do "*soft power*", tendo talvez um protagonismo bem maior no desenrolar do conflito, do que se costumava reconhecer.

A lógica da Guerra Fria não parou de influenciar roteiristas, diretores e estúdios cinematográficos com o fim do Bloco Soviético, em 1989-1991. De diversas formas, a Guerra Fria continua presente na cinematografia Ocidental. O binarismo, o embate entre amáveis capitalistas e malvados comunistas, islâmicos ou terroristas, mocinhos e bandidos ou defensores da paz e promotores de guerras, sobrevive em filmografias bastante populares.

Defesas exacerbadas do individualismo, críticas propositadamente demolidoras das instituições públicas, dos Direitos Humanos e o "faça você mesmo com as suas próprias mãos" continuam a exercer influência e fazendo bastante sucesso em filmes de diretores como Marc Forster, Quentin Tarantino e Zack Snyder. Semelhantes, em diversos pontos, às dos filmes anticomunistas das décadas de 1940 e 1950, muitas temáticas continuam reproduzindo velhas e desgastadas fórmulas profundamente conectadas com a Guerra Fria no cinema, a exemplo dos filmes com zumbis, com heróis de capas e espadas ou fuzis e metralhadoras, especialmente no pós-11 de setembro de 2001. Diante de forças hostis, quase sempre numericamente superiores e metaforisadas em monstros, hordas de bárbaros ou mortos-vivos, basta formar seu próprio time e sair por aí, a explodir as cabeças de seus inimigos.

Se a alegada derrota do bloco soviético para a frente neoliberal capitaneada por Ronald Reagan/Margaret Thatcher é digna de um argumento de ficção hollywoodiana, a permanência desta lógica é algo evidente, e está relacionada com um conservadorismo particularmente atroz no mundo do entretenimento; um campo de estudos em franca expansão e à espera de pesquisadores interessados na História Social do Cinema.

BIBLIOGRAFIA COMENTADA

CULL, Nicholas. *The Cold War and the United States Information Agency: American Propaganda and Public Diplomacy, 1945–1989.* Cambridge: Cambridge University Press, 2008.

Livro que aborda o funcionamento da Agência de Informação dos Estados Unidos, criada em 1953, durante a Guerra Fria, sendo um elemento importante para a compreensão da política externa norte-americana no período.

GUNDLE, Stephen. *Between Hollywood and Moscow: The Italian Communists and the Challenge of Mass Culture, 1943-1991.* Durham e London: Duke University Press, 2000.

Livro que aborda a questão da cultura de massa após a Segunda Guerra Mundial, importante para a compreensão da comunicação e das indústrias culturais, incluindo o cinema, neste período.

OSGOOD, Keneth. Waging Total Cold War: Eisenhower and Psychological Warfare. In: MUIR, Malcolm, Jr; WILKINSON, Mark F. (eds.). *The Most Dangerous Years: The Cold War, 1953-1975.* Lexington: Virginia Military Institute, 2005.

O artigo desenvolverá a questão da Guerra Psicológica e como esta foi utilizada durante o período da Guerra Fria.

SAUNDERS, Frances Stonor. *Quem pagou a conta? A CIA na Guerra Fria da cultura.* Rio de Janeiro: Record, 2008.

A obra de Frances Saunders tem como objetivo analisar a relação entre cultura e a CIA, mostrando a forma como a agência americana utilizou instrumentos como o cinema, com destaque para o período da Guerra Fria.

SCHRECKER, Ellen. *The Age of McCarthyism: A Brief History with Documents.* Bedford: St. Martin's, 2002.

O livro aborda a história do Macarthismo, discutindo suas origens durante a década de 1930, a ascensão nos anos 1940 e seu declínio nos anos 1950. A obra mostra documentos inéditos para o leitor compreender a cruzada anticomunista pregada nos Estados Unidos.

STRADA, Michael J, TROPER Harold R. *Friend or Foe? Russians in American Film and Foreign Policy, 1933-1991*. Lanham: Scarecrow Press, 1997.

Obra que trabalha a produção cinematográfica norte-americana sobre a Rússia, durante a Segunda Guerra Mundial e a Guerra Fria, desenvolvendo o debate sobre geopolítica e ideologia como influência para a indústria do cinema neste período.

VALIM, Alexandre Busko. *Imagens vigiadas: Cinema e Guerra Fria no Brasil, 1945-1954*. Maringá: EDUEM, 2010.

Este livro analisa o impacto das produções cinematográficas norte-americanas com mensagens anticomunistas no Brasil entre o final da Segunda Guerra Mundial e o início da Guerra Fria.

WAGNLEITNER, Reinhold. *Coca-colonization and the Cold War. The Cultural Mission of the United States in Austria after the Second World War*. The University of North Carolina Press, 1994.

Obra que desenvolve o papel da propaganda feita pelos Estados Unidos para a Europa ocidental durante a Guerra Fria. Neste contexto, a Coca-Cola e o Rock N' Roll foram alguns dos instrumentos utilizados pelos americanos para a reconstrução do continente europeu.

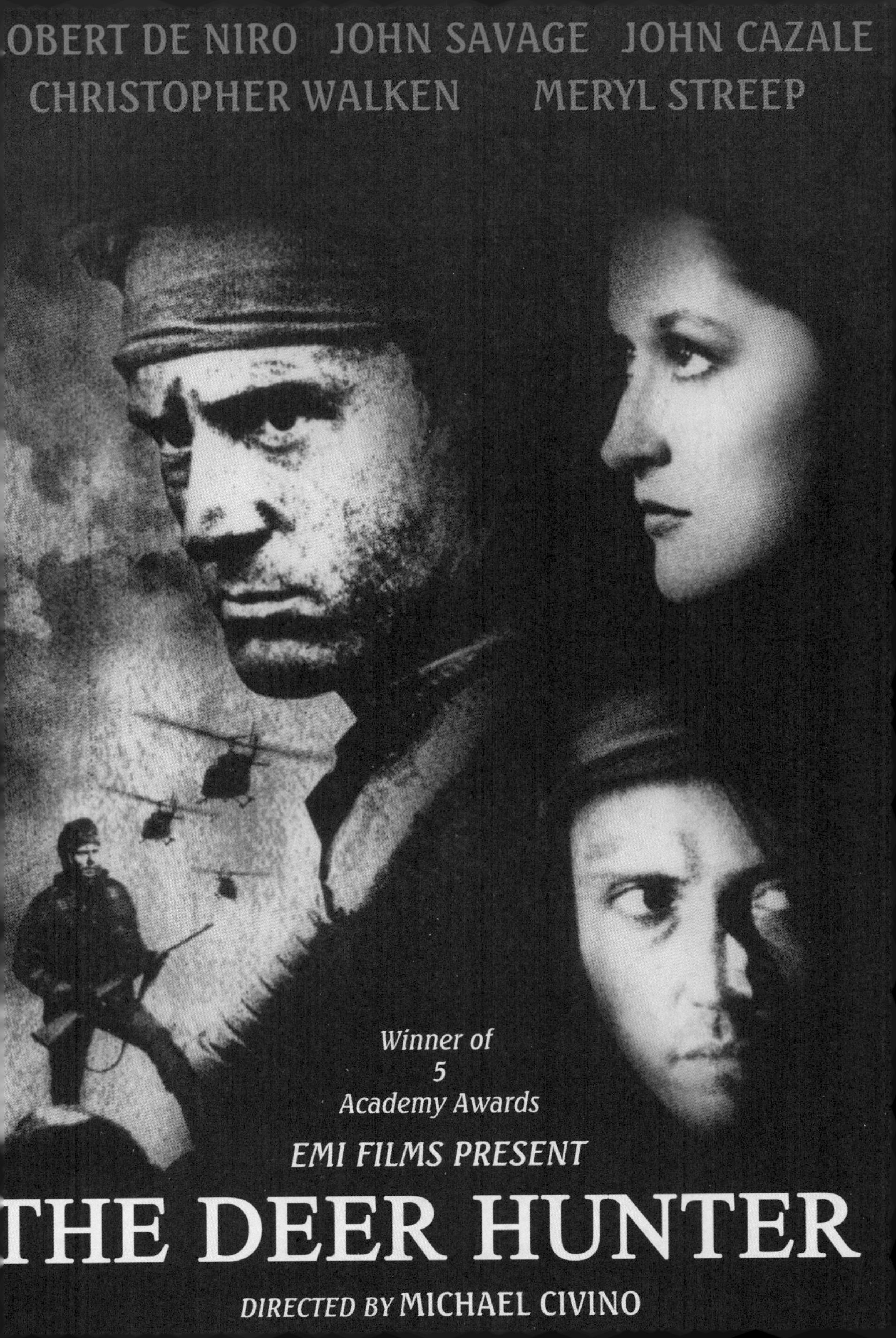
OBERT DE NIRO JOHN SAVAGE JOHN CAZALE
CHRISTOPHER WALKEN MERYL STREEP
Winner of
5
Academy Awards
EMI FILMS PRESENT
THE DEER HUNTER
DIRECTED BY MICHAEL CIVINO

9.

A GUERRA DO VIETNÃ (1965-1975): O TRAUMA DE UMA GERAÇÃO

Carlos Leonardo Bahiense da Silva

Igor Lapsky

E exclamou num sussurro, diante de alguma imagem, de alguma visão – exclamou duas vezes, uma palavra que era pouco mais que um arquejo: "O horror! O horror!".

JOSEPH CONRAD, *Coração das trevas*

RUMO AO ATOLEIRO: A ECLOSÃO DA GUERRA

SEGUNDA-FEIRA, 18 DE AGOSTO DE 1969, Bethel, Nova York. O guitarrista Jimi Hendrix sobe ao palco para encerrar o Woodstock Music & Art Fair e, perto de finalizar o show, faz o instrumental de *The Star-spangled banner*, hino nacional dos Estados Unidos escrito em 1814 pelo poeta Francis Scott Key após testemunhar o bombardeio de Fort McHenry em Baltimore. Entre um acorde e outro, Hendrix combinava suas notas com efeitos de bombas aéreas e tiros de metralhadoras como forma de protesto contra a Guerra do Vietnã, comovendo os milhares de espectadores acampados nos gramados da fazenda de Max Yasgur.

Woodstock ficou marcado por ser o ícone de uma geração que mudou a sociedade norte-americana, a partir das lutas pelos direitos humanos e do movimento pacifista, e que apontava para o fardo que aquela geração e as seguintes iriam carregar: o trauma do Vietnã, uma guerra em que os Estados Unidos saíram perdedores tanto em número de baixas militares quanto em sua imagem, principalmente para a opinião pública estadunidense.

A Guerra do Vietnã foi possível por ocasião dos medos engendrados pela Guerra Fria. No final do Governo Harry Truman, o Conselho de Segurança Nacional já mencionava a "Teoria do Dominó". Esta teoria indicava que, em face à existência da China de Mao Zedong, a adoção do regime comunista por um país do Sudeste Asiático provavelmente abriria espaço para que o restante da região fosse seduzida pelas ideias marxistas. A teoria estimulou a imaginação dos "falcões" do Exército e do Congresso norte-americanos. Durante o Governo John Kennedy tal discussão teve o fôlego renovado pelo fato de Cuba, na esteira da Invasão à Baía dos Porcos, em 1961, ter se transformado em satélite da União Soviética, uma derrota acachapante para a administração Kennedy em função da posição geográfica da ilha caribenha: cerca de 150 km da Flórida. Cuba caiu; o mesmo não poderia ocorrer com o Vietnã.

Em pouco tempo, Kennedy enviou blindados e aeronaves para o exército sul-vietnamita, bem como autorizou o uso de desfolhantes e herbicidas. Ampliou o número de conselheiros estadunidenses em Saigon (muitos eram ex-combatentes da Segunda Grande Guerra e da Coreia). Estima-se que, em dezembro de 1961, havia 3.205 americanos a oferecer seus serviços aos militares do Governo Ngo Dinh Diem; no final do ano seguinte, o número era superior a 9.000. Os disparos de Lee Harvey Oswald, que culminaram com a dramática morte de Kennedy, em Dallas, 1963, criaram condições para que Lyndon Johnson (LBJ) assumisse a Casa Branca. Iniciou-se, em seu governo, após a farsa do Incidente do Golfo de Tonkin, o envolvimento direto dos Estados Unidos na Indochina. Além dos conselheiros, havia, a partir daquele momento, soldados americanos treinados, que deveriam derrotar a guerrilha de Ho Chi Min. Nativo do Texas, Johnson expunha imponência física, energia, capacidade ímpar de manipulação, postura leal aos aliados políticos; entretanto, o Vietnã representou um desafio para o qual não tinha a frieza de Churchill ou Roosevelt na Segunda Guerra Mundial. Sua insegurança tornou-se perceptível.

Não era para menos. Os aviões B-52, que transportavam 26 toneladas de bombas, castigaram em larga escala os norte-vietnamitas. Apesar dos bombardeios não terem como foco a população civil, o número de vítimas foi elevado. A CIA informou que, em 1967, faleciam mensalmente 2.800 pessoas. No entanto, Robert McNamara, secretário de Defesa, asseverou, em particular, que 1.000 civis morriam por mês durante a intensificação dos bombardeios. Para o descontentamento do presidente LBJ, os norte-vietnamitas aprenderam a lidar com os bombardeios. Habitantes das cidades foram deslocados para as áreas rurais; meio milhão de mulheres e crianças trabalhava *full time* na reconstrução de ferrovias e pontes; e pelo menos 45.000 km de túneis subterrâneos foram abertos. Donde se conclui que, em zonas de ataque, muitos passavam a maior parte do tempo embaixo da terra.

Johnson e seu *staff* custaram a atentar para o fato de que enfrentavam uma guerrilha experiente. O Vietminh estava acostumado a lutar em seu território contra potências invasoras. Expulsou os japoneses no final da Segunda Guerra Mundial, e fez o mesmo, no biênio 1953-1954, com os franceses na Guerra da Indochina, por ocasião da Batalha de Dien Bien Phu. Milhares de paraquedistas da França saltaram nas montanhas da região homônima. Seu comandante era o excêntrico Coronel Christian Marie Ferdinand de la Croix de Castries, para quem a vida resumia-se a "montar um cavalo, matar um inimigo e ter uma mulher na cama". O Coronel de Castries edificou fortificações em Dien Bien Phu, que não resistiriam à campanha de Vo Nguyen Giap, professor de História e ideólogo militar da guerrilha comunista. Giap empregou força máxima para bater os atacantes, inclusive lançadores de foguetes soviéticos utilizados na Batalha de Stalingrado, conhecidos como *Katyushas*.

O mesmo Giap se encarregaria de enfrentar os combatentes norte-americanos. Os soldados estadunidenses foram participar de um conflito para o qual não tinham o treinamento necessário. Diziam, amedrontados, que os vietcongues desapareciam em campo de batalha. Tal assertiva era verdadeira visto que os membros do Vietminh usavam os túneis – alguns com 200 km – para favorecer suas ações militares. Os invasores tiveram que, às pressas, criar a figura do "soldado-rato", cuja especialidade era promover ataques embaixo do solo. Os *booby traps* (armadilhas para bobos) também representaram um grave problema às tropas dos Estados Unidos. Os combatentes caíam em buracos cobertos dissimuladamente por matas, que continham bambus pontiagudos no fundo, cujas pontas tinham fezes ou veneno. Tropeçavam em fios de nylon escondidos por vegetações, e presos a granadas, que retalhavam os corpos dos jovens americanos com seus estilhaços. Os *booby traps* ceifaram 10% da soldadesca. Porém, o pior foram os danos emocionais/psicológicos, que, muitas vezes, eram mascarados pelo consumo indiscriminado de ópio, maconha e cocaína.

Nesse contexto, as críticas à administração Johnson tornaram-se inevitáveis. No final de 1965, Norman Morrison, recuperando os protestos dos budistas sul-vietnamitas diante do autoritarismo do católico Diem, imolou-se embaixo da janela do escritório de McNamara, no Pentágono (mais seis adotaram o método de autoimolação). Muitos mutilaram seus corpos, aproveitando-se de brechas na legislação, para não serem recrutados. Aproximadamente 30 mil indivíduos fugiram para o Canadá. Nos dois anos subsequentes, as manifestações foram mais expressivas. Jovens, diariamente, cercavam a Casa Branca, e entoavam um bordão, que, abatia o ânimo de Johnson: "Hey, hey, LBJ, how many kids did you kill today?" ("Hey, hey, LBJ, quantas crianças você matou hoje?").

Antes de concluir o mandato, o presidente ainda teve que lidar com o desgaste provocado pela Ofensiva do Tet, em 1968. Nessa ação, o Vietminh conquistou mais de 30 cidades no Vietnã do Sul, ainda que temporariamente. As batalhas foram veiculadas pela mídia em tempo real. Apesar do caráter efêmero da ofensiva, a fragilidade dos Estados Unidos tornou-se evidente.

Além do Tet, no Governo Johnson ocorreu o *massacre de My Lai*, em março de 1968. A ação foi protagonizada pela Companhia Charlie, que, sob o comando do Tenente William Calley, dizimou uma aldeia composta por 500 civis desarmados (a maioria era composta por mulheres, crianças e idosos). Estupros também ocorreram (existem relatos que sugerem que mulheres tiveram suas vaginas perfuradas por baionetas). Calley e seus homens agiram assim porque desejavam vingar a morte de um sargento. Não só isso. Buscavam vingar igualmente os membros da companhia que tinham sido castigados por minas e pelas ações dos *snipers* da guerrilha comunista.

A história só seria exposta aos norte-americanos pelo jornalista Seymour Hersh, em 1969, quando fotos do massacre foram capas de importantes revistas como a *Time* e a *Newsweek*.

Em 4 de Julho de 1968, em meio ao fortalecimento das manifestações contrárias à participação das tropas norte-americanas no Vietnã, John Wayne, o astro norte-americano dos westerns e ícone do heroísmo e patriotismo dos Estados Unidos durante a Guerra Fria, lançou *The Green Berets* (Os Boinas Verdes, 142 min), um filme que retratava a importância da Guerra do Vietnã e como a presença dos norte-americanos era fundamental para a libertação do povo daquela região. Os inimigos, mais uma vez na história da indústria cinematográfica norte-americana, eram retratados como os "opressores de um povo inocente" e as Forças Armadas dos Estados Unidos funcionariam como os elementos que salvariam os vietnamitas. O filme, uma clara propaganda pró-guerra, foi duramente criticado pela opinião pública, cansada de assistir e receber corpos e mutilados do conflito no Sudeste Asiático.

Richard Nixon, sucessor de Johnson, afirmou que finalizaria a guerra o mais rápido possível. Afeito a bravatas, Nixon começou a trazer os "rapazes" de volta, através da política de "vietnamização", que consistia na substituição dos combatentes norte-americanos por sul-vietnamitas. Concomitantemente, em nome da "paz com honra", intensificou os bombardeios, inclusive, no Camboja, país oficialmente neutro, embora abrigasse células do Vietminh. Os bombardeios impactaram, do ponto de vista demográfico e ecológico, o Camboja, arranhando, sobremaneira, a imagem de Nixon. Depois de sua renúncia, em 1974, motivada pelo escândalo de Watergate, ele passaria o resto da vida tentando recuperá-la. Escreveu sete livros, a maioria sobre relações internacionais. Mas, aparentemente, sua luta foi em vão. A guerra terminou em 1975, havendo a reunificação do país, sob o regime comunista, porém, os fantasmas das florestas vietnamitas, persistentes, ainda assombram o imaginário das autoridades norte-americanas.

A GUERRA ENCENADA: UMA EXPERIÊNCIA A PARTIR DA DUALIDADE DOS PERSONAGENS

Muitos foram os filmes sobre a Guerra do Vietnã produzidos para trazer o espectador para a "experiência" da conflagração. Nessa linha, destacam-se três longas-metragens analisados aqui: *Apocalypse Now* (Francis Ford Copolla, 1979, 153 min), *Full Metal Jacket* (*Nascido para matar*, Stanley Kubrick, 1987, 116 min) e *Platoon* (Oliver Stone, 1986, 120 min).

Em *Apocalypse Now*, o Coronel Bill Kilgore (Robert Duvall) é uma figura imponente: chapéu de cavalaria, óculos escuros, e "cartas da morte" nas mãos, que eram colocadas nos cadáveres vietnamitas produzidos por tropas norte-americanas. O objetivo era aplacar o moral de charlie, referência aos integrantes do Vietminh, a guerrilha comunista inimiga (também eram denominados pejorativamente vietcongues, leia-se, vietnamitas ensandecidos). Talvez Kilgore seja o personagem do filme que melhor representa as ações cometidas pelos estadunidenses nas selvas do Vietnã.

Em uma das cenas, caminhando próximo ao fogo, fumaça e explosões, o coronel, a descortinar desapego pela vida, pergunta rispidamente ao comandado o que há com o vietnamita, que jaz no chão. "Este homem está muito ferido, senhor. A única coisa que segura o intestino dele, senhor, é essa tampa de panela." Reporta-se, ato contínuo, a outro subordinado, e lhe interpela sobre aquele homem, que, em desespero, se debate perto de seus coturnos. O interlocutor diz que se trata de um "vietcongue sujo", que tem sede, mas não deve ser saciado. Matou muitos americanos. Kilgore empurra seu comandado, e, enquanto se ajoelha para dar água ao moribundo, afirma: "Qualquer homem é valente o suficiente para lutar com seus intestinos." Contudo, interrompe a ação ao ser informado de que Lance Johnson, "o surfista", está ali. Sua empolgação deixa entrever que ama o esporte. Torna-se claro, ao espectador, que ele e alguns de seus homens surfam no Vietnã. De fato, não era incomum soldados surfarem durante a guerra. Após o massacre de My Lai, soldados norte-americanos foram pegar onda nas proximidades da aldeia.

O personagem de Robert Duvall tornou-se conhecido graças a uma cena em especial: aeronaves norte-americanas bombardeiam o território inimigo e o fogo alaranjado devastava o verde das matas e florestas. O Coronel Kilgore, de pé e peito nu, se volta a um recruta: "Está sentindo o cheiro? Está sentindo o cheiro? Napalm, filho. Nada no mundo tem esse cheiro." Em seguida o coronel dobra os joelhos, antebraços sobre as coxas, e se reportando uma vez mais ao soldado, pronuncia a frase pela qual se tornou célebre: "Eu amo cheiro de napalm pela manhã."

Napalm, contagem de corpos, cenas de batalhas divulgadas em cores, e muitas vezes ao vivo, compuseram o quadro sombrio da Guerra do Vietnã. Tal quadro estimulou a capacidade criativa de cineastas como Copolla. Não se tratava de uma conflagração qualquer. As fragilidades dos Estados Unidos tornaram-se explícitas. Suas entranhas foram expostas.

O roteiro de *Apocalypse Now* teve como referência o romance de Joseph Conrad, *Coração das trevas*. A obra de Conrad narra a trajetória do comerciante Kurtz, que usa meios violentos para a obtenção de marfim no Congo oitocentista. Copolla teve a criatividade de transpor a atmosfera sombria do imperialismo para a Guerra do Vietnã. No filme, o oficial Willard recebe a missão de matar o Coronel Walter Kurtz, que enlouqueceu, e formou um exército de nativos no interior das selvas vietnamitas. Originalmente, o Capitão Willard era interpretado por Harvey Keitel, que foi substituído, ao longo das filmagens por Martin Sheen. Marlon Brando desempenhou o papel do Coronel Kurtz. Firmou um acordo milionário pelo qual receberia US$1 milhão por semana (previa-se três), e 11% da renda bruta da obra.

O Professor Frank P. Tomasulo analisou *Apocalypse Now* pelo conceito de ambivalência. O filme teria uma dupla dimensão: pró-guerra e antiguerra. Na primeira perspectiva, a violência estetizada é envolta por uma roupagem romântica, exemplificada pela épica cena dos helicópteros ao som da "Cavalgada das Valquírias". O conflito não é visto pela ótica da imoralidade; trata-se de uma conflagração mal travada pelos estadunidenses. Tal intepretação desfralda, de acordo com Tomasulo, a seguinte mensagem: "Tivessem os norte-americanos feito a guerra com a paixão do Coronel Kilgore, a frieza do Capitão Willard, e a brutalidade honesta do Coronel Kurtz, os Estados Unidos teriam vencido."

Na visão pró-guerra, nota-se a glorificação do Coronel Kurtz. Willard se vê seduzido pela figura de Kurtz. Há uma conexão entre eles, uma ligação figuracional nos termos da sociologia de Norbert Elias, em que a autoimagem do capitão revela-se a partir da interface com coronel. Donde a frase de Willard: "Não há como contar a história dele sem contar a minha." O General Corman (G.D. Spradlin), a despeito de ordenar que Willard execute Kurtz, tece muitos elogios ao coronel: "Walter Kurtz era um dos oficiais mais destacados que este país já produziu. Ele era brilhante. Ele se destacava em todos os sentidos. E também era um bom homem, muito humanitário. Uma pessoa engenhosa e com bom humor." Sua ideologia, seus "métodos", entretanto, lamentava Corman, olhando fixamente uma foto do coronel, tornaram-se "defeituosos".

Na interpretação antiguerra, destaca-se a crítica à organização e ação das Forças Armadas norte-americanas, expressa, especialmente na fala de Willard: "Quem é o comandante-chefe aqui?". Seu interlocutor, um combatente negro, a atirar indiscriminadamente, gira em direção à câmera, e diz: "Não é você?". Diversos são os exemplos da feição absurda da guerra, uma conflagração destituída de comando. A abordagem ao bote de mantimentos, por insistência do timoneiro e em contradição com os desejos do Capitão Willard, gerou um estado de tensão, que levou seus homens a abrirem fogo desordenadamente contra os tripulantes. Quando o timoneiro tenta socorrer uma mulher, ainda com vida, transportando-lhe do bote à embarcação de Willard, o capitão dá-lhe um tiro, e arremata: "Eu mandei não parar." Embalada pela canção *The End*, do *The Doors*, a cena inicial do personagem de Sheen, no quarto do hotel, seminu, bêbado, gritando, desesperança com irritação, sangue no rosto, decorrência de um soco no espelho, mostra o horror subjacente à experiência no Vietnã.

Copolla lançou uma versão *redux*, em 2001, com 53 minutos, que foram cortados do original. Nela, para o deleite dos apreciadores do filme de 1979, o Coronel Kilgore aparece mais vezes. Contudo, o ponto alto foi a apresentação de uma família francesa, que expunha um saudosismo amargurado do passado colonial.

Diferentemente do filme de Copolla, em que o cenário era o Vietnã rural, *Nascido para matar*, lançado em 1986, focaliza a guerra nas cidades. Se Francis Ford Copolla filmou nas Filipinas, Kubrick não saiu da capital inglesa. Descobriu uma indústria abandonada da década de 1930, nas proximidades do Tâmisa, que, após algumas explosões, rememorou paisagens constitutivas da Ofensiva do Tet. A primeira parte de *Nascido para matar* (*Full Metal Jacket*, uma alusão ao couro que envolve alguns projéteis, potencializando-os) é uma obra-prima.

Na cena inicial, jovens recrutados, com um olhar perdido, têm o cabelo raspado. São dominados pela máquina de corte, que padroniza a soldadesca. Começa o processo de desumanização, em que os traços individuais são apagados em favor da estandardização militar. O ritual é embalado pela canção *Goodbye Sweetheart, Hello Vietnã*, de Johnny Wright, onde os caminhos da guerra e do amor se cruzam ("Eu espero e oro, algum dia o mundo aprenderá/Que os incêndios que nós não apagarmos, queimarão mais/Nós devemos proteger a liberdade agora a qualquer preço/Ou algum dia nossa própria liberdade será perdida/Me dê um beijo de despedida e escreva enquanto estou partindo/Adeus, meu amor, Olá Vietnã").

Na tomada seguinte, o espectador é apresentado ao Sargento Hartman, cujo papel foi desempenhado pelo conselheiro militar Lee Ermey, que roubou a cena com sua fraseologia de caserna. É ele quem comanda o treinamento, dispensando um tratamento rígido aos recrutas. Sua missão é transformá-los em "armas letais, sedentas de guerra". Seguindo tal lógica, volta-se ao soldado Cowboy e, aos gritos, afirma: "A melhor parte de você saiu da bunda de sua mãe e manchou o colchão! Você foi cagado!". Cowboy está em pânico. Hartman pressiona-o mais um pouco, e se reporta, na sequência, a Leonard Lawrence, cujo apelido será Gomer Pyle. "Você é tão feio, que parece uma obra-prima da arte moderna!". Não conseguindo conter o riso, o soldado Pyle é punido, de forma humilhante, pelo sargento. Ajoelhou-se, e, ato contínuo, foi estrangulado, por alguns segundos, por Hartman.

O treinamento mexeu com o emocional de Pyle. No fim da primeira etapa, a película conduz o espectador a uma viagem dramática. Gomer Pyle é encontrado sentado no banheiro pelo soldado Hilário, que faz a ronda noturna. Seu semblante tem feições intimidativas, dentes cerrados, sobrancelhas flexionadas, e ele tem um fuzil automático leve (7,62 mm), com cápsula de metal. Em meio a um suspense angustiante, Hilário pronuncia as palavras que se seguem: "Leonard, se Hartman entrar aqui e nos pegar... estaremos atolados em merda." Pyle responde: "Eu... já estou... atolado... em merda!". O Coronel Hartman aparece. O desfecho é trágico. Gomer Pyle dispara contra o comandante, matando-o e, logo depois, se suicida. O filme evidencia as seguintes reflexões: 1. os combatentes receberam um treinamento extremado, com base na filosofia do "seja duro consigo mesmo", na acepção de Theodor Adorno; e 2. embora dominasse a tecnologia de guerra, no caso o fuzil, Leonard Lawrence não tolerou o processo de desumanização.

Enquanto em *Apocalypse Now*, a conflagração engendra o transtorno, o desequilíbrio, na obra de Kubrick nota-se uma perspectiva dessemelhante. A sociedade norte-americana já exprimia valores deturpados, que foram adensados por contextos-limites gerados pela Guerra do Vietnã. Há outra lição a extrair de *Full Metal Jacket*. A robotização/tecnologização dos combatentes não impediu a derrota. No final do filme, os combatentes estadunidenses se desorganizam, a explicitar suas fraquezas, em razão da atuação de apenas uma guerrilheira; a mulher, após ser alvejada, suplica aos soldados para que atirem nela. É o único momento em que verdadeiramente há o registro da presença inimiga.

De *Nascido para matar* a *Platoon*. O inimigo retratado em *Platoon* é fruto do conflito interno das tropas norte-americanas. O filme conta a história de Taylor (Charlie

Sheen), o universitário que se voluntariou para lutar no Vietnã, e como ele lidou com as batalhas e o relacionamento tenso com seus colegas e superiores, principalmente os Sargentos Barnes (Tom Berenger) e Elias (Willem Dafoe).

Oliver Stone busca mostrar, na cena inicial do filme, que a primeira visão que devemos ter da Guerra do Vietnã é a dos inúmeros sacos pretos (*body bags*) onde os mortos eram transportados para os Estados Unidos. Os soldados vivos expunham um duplo posicionamento: enquanto os novatos eram dotados de esperança e medo do que poderia ocorrer no conflito; os que deixavam a conflagração estavam mutilados, exaustos e com moral baixo. Tais contradições são fundamentais para compreendermos o trabalho feito por Stone. O longa-metragem terá como referência as cartas e pensamentos do novato Taylor. Mostra como o comportamento de Taylor e sua visão da guerra transformam-se de acordo com as experiências vivenciadas por ele.

O elemento central do filme radica-se no embate entre os Sargentos Barnes e Elias. O primeiro está na guerra há muito tempo e compreende que a luta contra os vietnamitas não pode ter limites morais. O segundo leva ao espectador a imagem de um soldado "pacifista" (em comparação ao seu rival), cujo objetivo é combater as tropas inimigas, reprovando ações contra aldeias e civis.

A cena da invasão de militares norte-americanos a uma aldeia é o ponto culminante da rivalidade entre os dois sargentos e a ideia de que as disputas internas são mais importantes que as tropas inimigas. Barnes utiliza a tortura, permite estupros e mortes de civis; Elias, diferentemente ao ocorrido, briga com seu rival no meio da aldeia, que é toda incendiada pelos soldados estadunidenses. (O episódio, provavelmente, é uma referência a My Lai.)

Taylor tem como papel ser os "olhos" do espectador para o conflito entre Barnes e Elias. As primeiras cartas enviadas pelo novato à sua avó mostram a visão do conflito: um inferno, pelas atividades que devem ser feitas e pelo relacionamento com os soldados veteranos, que, em sua maioria, são "pobres e rejeitados, mas estão lutando pela nossa sociedade e nossa liberdade". Na medida em que as circunstâncias no Vietnã tornam-se mais complicadas dentro e fora da companhia, Taylor perde a visão "otimista" da guerra e desiste de enviar as cartas, afirmando em um determinado momento que não tem mais ninguém e motivo para escrevê-las.

OS TRAUMAS SÃO LEVADOS PARA CASA: AS CONSEQUÊNCIAS DA CONFLAGRAÇÃO

Duas são as imagens mais marcantes da Guerra do Vietnã: a primeira é a do bombardeio à vila de Trang Bang, em junho de 1972, na Província de Tay Ninh, Sudoeste do país, quando o fotógrafo Huynh Cong registrou imagens de crianças chorando e correndo para longe da vila que havia sofrido o ataque de bombas químicas. No plano principal da foto, podemos ver uma menina nua, chamada Kim Phúc, que na ocasião tinha 9 anos e sofreu queimaduras em 55% de seu corpo. Kim se recuperou dos ferimentos, cresceu e montou a Kim Foundation International, uma fundação destinada a ajudar crianças vitimadas por guerras ao redor do mundo.

A segunda imagem é o conjunto de repetições de cenas de caixões de madeira dos soldados norte-americanos sendo organizados, embarcados no Vietnã e desembarcados nos Estados Unidos em fila. Estas cenas mudariam a opinião pública norte-americana, que passou a se posicionar contrária à guerra e, principalmente, à presença dos seus "rapazes" no Sudoeste Asiático. Além disso, a forma estadunidense de participação em conflitos seria alterada, prevendo uso massivo de tecnologia para minimizar as possíveis baixas.

Ambas as imagens causaram o que conhecemos como "trauma do Vietnã". Os Estados Unidos utilizaram bastante a segunda delas para estabelecer conexões entre os problemas psicológicos e sociais experimentados por soldados norte-americanos quando retornaram dos campos de batalha. Noutras palavras: muitos dos que voltaram com vida (mutilados ou não) tiveram dificuldades em lidar com os traumas. Custaram a se reinserir na sociedade. Alguns jamais conseguiriam. Emocionalmente desequilibrados, optaram pelo suicídio. Diante desse quadro, diversos filmes foram feitos para constatar estes elementos, dentre eles: *O franco-atirador* (*The Deer Hunter*, Michael Cimino, 1978, 182 min), *Rambo: pragramado para matar* (*First Blood*, Ted Kotcheff, 1982, 93 min) e *Nascido em 4 de julho* (*Born on the 4th July*, Oliver Stone, 1989, 145 min).

O franco-atirador conta a história de um grupo de amigos de uma pequena cidade industrial chamada Clairton, na Pennsylvania, que decide se alistar para lutar no Vietnã. Michael (Robert De Niro), Steven (John Savage) e Nick (Christopher Walken) representam o tipo ideal do cidadão norte-americano dos anos 1960 e 1970: trabalhadores, que gostam de ir ao bar no fim do expediente para assistir futebol americano e jogar sinuca, e tem a caça como hobbie.

A passagem na qual eles encontram um oficial que acabara de retornar do Vietnã, em sua cidade, mostra o quanto são nacionalistas e crentes na atuação das Forças Armadas. Michael, orgulhoso por ter se alistado e encontrado um combatente em Clairton, oferece uma bebida ao militar, que retribui de forma fria às perguntas e expectativas criadas por Michael e seus amigos.

A relação entre Michael, Steven e Nick é fundamental para compreendermos as consequências da guerra. Os três eram muito amigos e foram juntos para a conflagração. Durante o conflito, eles foram aprisionados pelas tropas inimigas, que, como tortura psicológica, obrigavam os presos a realizar sessões de roleta-russa, causando uma enorme tensão para os três. Michael, o mais forte psicologicamente, buscou acalmá-los e organizou uma maneira de fugirem do local, enquanto Steven e Nick ficaram abalados com as sessões. Depois de tal experiência, foram separados e não conseguiram mais se aproximar. A relação entre Michael e Nick, em especial, foi bastante maculada. Donde a cena final da roleta-russa entre os dois.

O diretor do filme, Michael Cimino, trabalhou o trauma a partir de diferentes pontos de vista: Steven retornou aos Estados Unidos mutilado (perdeu as duas pernas e teve o lado esquerdo paralisado); além disso, encontrou dificuldades para viver com sua família, buscando abrigo no Hospital de Veteranos; Nick, abalado pelas sessões de tortura psicológica, escondeu-se em Saigon e virou um jogador de roleta-russa; Michael retornou aos Estados Unidos, porém não conseguiu mais se relacionar da mesma forma com os amigos de sua cidade natal (a ideia de "Eu estava lá, e você?" ou "Você não sabe o que é o Vietnã" se tornou presente nas interações sociais).

No filme de Ted Kotcheff, John Rambo (Sylvester Stallone) é um soldado das Forças Especiais que serviu na Guerra do Vietnã. Retornou ao solo pátrio e foi procurar seus amigos de pelotão. Uma vez que ele descobre que todos estão mortos, Rambo caminha sem rumo e acaba passando em uma cidade na qual os ex-combatentes são encarados como "vadios". O Delegado Teasle (Brian Dennehy) aborda o ex-combatente e tenta expulsá-lo da região. Ao resistir, Rambo é preso e sofre maus-tratos na cadeia, onde começa a comparar sua condição com as torturas que sofreu no Vietnã. Em tais circunstâncias, reencena mentalmente o sofrimento experimentado nos tempos da guerra.

O "vadio" se transformou em um assassino altamente treinado em mata aberta. A polícia, que cuidou mal de seu prisioneiro, sofreu as consequências das ações tomadas e diversos policiais foram mortos ao tentarem capturar Rambo nas montanhas. Nesse sentido, é possível dizer que o delegado serviu de estímulo ao veterano para que ele voltasse a ser uma máquina *programada para matar* (título em português do filme).

A figura do Coronel Sam Trautman (Richard Crenna) torna a presença do Vietnã mais forte em Rambo. Trautman representa uma figura paterna. Isso é perceptível no momento em que o coronel, durante a perseguição ao ex-combatente nas montanhas, é apresentado ao policial Teasle: "Eu o recrutei, o treinei e o comandei por três anos no Vietnã e isso o torna meu, rapaz."

O diálogo final do filme sintetiza todos os traumas que Rambo sofreu por ocasião da Guerra do Vietnã. Além da tortura na prisão vietnamita e a imagem dos mortos no conflito, o veterano padece porque os Estados Unidos e os norte-americanos não reconhecem seus esforços em uma guerra tão dura. Assim, o ex-combatente não consegue arrumar um emprego, devido à falta de especialização em elementos que poderiam ser utilizados na sociedade (Rambo só sabia manusear armas e veículos de combate). O choro no colo de Trautman mostra o desespero de Rambo, que clama por ajuda para se livrar da "guerra que não termina" em sua cabeça.

Em *Nascido em quatro de julho*, Oliver Stone desenvolve a história de Ron "Ronnie" Kovic, um soldado que serviu no Vietnã e ficou paralisado do tórax para baixo. Ronnie (Tom Cruise) é um jovem norte-americano de cidade interiorana, tipicamente conservadora. Sua família é muito religiosa, republicana, nacionalista e favorável à guerra. Além disso, Ronnie é atleta da escola e muito popular entre os amigos.

Ao terminar a High School, Ronnie se inscreve para os Fuzileiros Navais com objetivo de lutar no Vietnã, algo encarado por ele como sinal de honra e patriotismo, visto que os familiares haviam servido nas guerras mundiais. Assim, a melhor forma de mostrar seu valor seria lutar no Sudeste Asiático contra "os comunistas que queriam dominar o país".

No Vietnã, Ronnie passa, assim como os demais personagens, por uma "decepção": em vez de combater tropas inimigas, ele estava bombardeando e fuzilando aldeias com civis, que, em sua maioria, eram mulheres, crianças e idosos. Com a impressão de que a guerra estava sendo conduzida de forma errada, Ronnie sofre um grave ferimento que o paralisa, forçando-o a ser enviado para o hospital de veteranos.

Podemos destacar a diferença dos hospitais mostrados por Michael Cimino e Oliver Stone: enquanto o primeiro mostrava um prédio bem estruturado, com condições de cura para os soldados, que recebiam um tratamento digno e equipamentos para continuar com suas vidas, o hospital retratado por Stone era sujo, com aparelhos quebrados, pacientes maltratados e enfermeiras que também praticavam prostituição à noite. Desta forma, vemos que em 1978 os veteranos do Vietnã, apesar de passarem por traumas, eram mais bem retratados do que em 1989, quando já havia sido consolidada a luta pelos Direitos Humanos nos Estados Unidos.

Ron Kovic passa por um processo de metamorfose. O homem nacionalista, que acreditava que ser contrário ao governo dos Estados Unidos e à guerra era odiar seu país, passa a refletir sobre o ocorrido com ele e diversos outros soldados no Vietnã. Dessa forma, religião, governo e boa parte do pensamento conservador foram substituídos por uma intensa luta pelos Direitos Civis, principalmente dos soldados que voltavam da guerra com dificuldades em lidar com os efeitos que ela causara.

CONSIDERAÇÕES FINAIS

Foram muitos os filmes realizados sobre a Guerra do Vietnã. Alguns procuraram mobilizar corações e mentes em favor do conflito; destaque para a película *Os Boinas Verdes*. Outros denunciaram o impacto negativo da conflagração sobre combatentes, civis e sobre os próprios Estados Unidos. De qualquer maneira, o Vietnã continua a ser um dos temas mais trabalhados pela indústria cinematográfica norte-americana. Isso se explica em razão da dificuldade de se reconhecer a derrota para uma tropa tecnologicamente inferior, que, mesmo assim, conseguiu ganhar a guerra por meio de táticas de guerrilha e movimentação em matas fechadas (fator fundamental para a vitória dos homens de Ho Chi Minh e Giap).

Os cineastas ainda buscam explicar ao espectador as causas do trauma gerado pela Guerra do Vietnã, pois muitas questões que foram definidas na política dos Estados Unidos tiveram como influência as marcantes imagens de milhares de corpos jovens retornando ao país em caixões fechados. Assim, diferentemente da Segunda Guerra Mundial, quando a principal foto mostrava o retorno feliz do marinheiro beijando a moça na Times Square, coração da cidade de Nova York, a experiência no Vietnã só tinha morte e mutilação em seus registros.

Os inimigos nos filmes são praticamente ausentes, ou seja, a guerra para os norte-americanos foi perdida por eles mesmos e os traumas gerados são oriundos de ações tomadas por oficiais e mortes produzidas por rostos desconhecidos. Tais circunstâncias também favoreciam a não aceitação do desfecho do enfrentamento militar.

O trauma do Vietnã foi um tema muito explorado, em diversos matizes, no cinema até os anos 2000. A partir do 11 de Setembro, a indústria cinematográfica norte-americana adotou os atentados terroristas como o "novo trauma", seguido de um lema diferente: "nunca esquecer". Não no sentido de relembrar as mortes e tormentas sofridas pelos civis e sim como uma espécie de homenagem e força para reconstrução de um país que sofria ameaças diferentes daquelas experimentadas nos tempos da Guerra Fria.

BIBLIOGRAFIA COMENTADA

ADORNO, Theodor W. Educação após Auschwitz. In: COHN, Gabriel. *Theodor W. Adorno: sociologia*. São Paulo: Editora Ática, 1994.

Ensaio clássico em que o autor, uma das principais expressões da Escola de Frankfurt, desenvolve conceitos importantes: consciente coisificado, educação pela dureza e outros.

ANDEREGG, Michael. *Inventing Vietnam: The War Film and Television*. Philadelphia: Temple University Press, 1988.

O livro procura analisar como o Vietnã foi retratado pelo cinema e pela televisão, a partir da análise de filmes e sua relação com a política interna e externa norte-americana.

COMBER, Michael; O'BRIEN, Margaret. Evading the war: the politics of the Hollywood Vietnam film. In: *"History" the Journal of the Historical Association* 73 (1988): 248-260.

O artigo tem como objetivo analisar filmes da Guerra do Vietnã estabelecendo uma relação entre cinema e política nos Estados Unidos.

CURREY, Cecil B.. *Vitória a qualquer custo: a biografia do General Vo Nguyen Giap*. Rio de Janeiro: Biblioteca do Exército Editora, 2002.

Texto fundamental que apresenta a importância de Giap para o sucesso da guerrilha comunista. Destaca suas estratégias e o compromisso do militar com a revolução.

DALLEK, Robert. *Nixon e Kissinger: parceiros no poder*. Rio de Janeiro: Jorge Zahar, 2009.

O livro esquadrinha o turbulento governo de Richard Nixon, mostrando o avanço de sua impopularidade. Explicita ainda as articulações que levaram à adoção da "vietnamização" e os bombardeios ao Camboja.

DUIKER, William J. *Ho Chi Minh: a life*. New York: Hyperion, 2000.

Principal biografia de Ho Chi Minh, líder da guerrilha comunista (Vietminh). Trata-se de um relato detalhado da vida do guerrilheiro. Suas lutas contra o imperialismo ainda na escola; a experiência como jornalista no exterior; a criação do Partido Comunista Indochinês e os anos de guerra.

ELIAS, Norbert; SCOTSON, John L. *Os estabelecidos e os outsiders: sociologia das relações de poder a partir de uma pequena comunidade*. Rio de Janeiro: Jorge Zahar Editor, 2000.

A partir da análise de Winston Parva, nome fictício para uma pequena cidade da Inglaterra, os autores desenvolvem o conceito de ligação figuracional (que notabilizou a sociologia de Elias).

HEARDEN, Patrick J. *The Tragedy of Vietnam*. New York: Pearson, 2013.

O livro tem como objetivo estudar a história do Vietnã e as consequências causadas na região pela guerra. Serve para compreender, de forma geral, a conjuntura do conflito e o motivo da participação dos Estados Unidos.

HERRING, George C. *A guerra do Vietname: o mais longo conflito da América (1950-1975)*. Lisboa: Edições 1970, 2010.

A obra tematiza a conflagração, atentando para o impacto provocado na sociedade norte-americana. Detalha a resistência ao recrutamento e a atuação do movimento contrário à guerra nos anos Johnson e Nixon.

KISSINGER, Henry. *Diplomacia*. Lisboa: Gradiva, 1996.

Kissinger foi um dos poucos intelectuais que, ao mesmo tempo, reuniu duas características: ator histórico e analista de relações internacionais. Sua obra, apesar do ponto vista conservador, tem três importantes capítulos sobre a Guerra do Vietnã, destaque para sua discussão sobre a Teoria do Dominó.

MATELSKI, Marilyn J. e STREET, Nancy L. *War and Film in America: Historical and Critical Essays*. North Carolina: McFarland, 2003.

O livro perscruta a relação entre cinema e guerra nos Estados Unidos, contendo dois capítulos que analisam o caso do Vietnã, a partir do estabelecimento do trauma e a complexidade dos personagens dos filmes selecionados.

MELO, Marcos Costa. *Construindo loucuras: cinema e guerra do Vietnã*. Tese de doutorado – Universidade Federal de Santa Catarina. Paraná, 2011.

A tese tem como objetivo analisar os filmes produzidos sobre a Guerra do Vietnã a partir da figura dos soldados norte-americanos, considerando as relações sociais e a estrutura das Forças Armadas no período do conflito.

H·G·WELLS'
THE War OF THE Worlds
COLOR BY TECHNICOLOR
PRODUCED BY
GEORGE PAL
DIRECTED BY
BYRON HASKIN
SCREEN PLAY BY
BARRE LYNDON
A PARAMOUNT PICTURE

10.

A GUERRA ENTRE MUNDOS: NÃO ESTAMOS SOZINHOS!

Dilton Cândido Maynard

Andreza S. Cruz Maynard

Eles podem ser mortos?

PRESIDENTE THOMAS WHITEMORE (Bill Pulman), *Independence Day* (1996)

VIAGEM À LUA

O CINEMA DO SÉCULO XX nos mostrou as possibilidades das guerras entre mundos. Repetidas vezes, ele nos deu um aviso: não estamos sozinhos! A produção chamada de "ficção-científica" nos colocou, principalmente durante a Guerra Fria, frente a frente com o alienígena, o Outro por essência. Na verdade, trata-se de temática vasta, que alterna outro bondoso frente a humanos insensíveis (militares, cientistas) ou alienígenas devoradores e movidos pelo desejo de conquistar a Terra, seus recursos naturais e escravizar os seus habitantes. Sim, não estamos sozinhos. Esta desoladora constatação atravessou o imaginário de diferentes sociedades no século XX. Por um lado, ela alimentou a possibilidade de um contato inevitável com seres de outros mundos, de outras galáxias e, ao mesmo tempo, sinalizava que o perigo poderia ser de outra ordem, o outro a ser temido seria antes uma criação do próprio homem. Um Frankstein amparado nas leis da robótica, ou alheio a ela (ASIMOV, 2010). Entre alienígenas e robôs, as guerras travadas pela humanidade não foram poucas. E em quase todas elas, as possibilidades de exercício da alteridade se mostraram exíguas. Conhecer o Outro, entender o diferente, apareceu em diversas películas como expediente que em lugar de fomentar a alteridade, era passo necessário para conceber a sua eliminação.

Podemos dizer que as guerras dos mundos chegaram cedo ao cinema. Em *Viagem à Lua*, o clássico filme de 1902 feito por Georges Méliès, mal colocam os pés no asteroide e os exploradores já empreendem confronto com seus habitantes – os *selenitas,* temíveis homens-lagostas, com suas cabeças de gavião, usando lanças e máscaras tipicamente inspiradas em sociedades africanas. As ressonâncias coloniais estão lá, a repetir pouco sutilmente que conquistar o espaço era questão civilizacional. Mas o contato com o outro, já ali, não aparecia como algo pacífico, amistoso. Não. O diferente era alguém a ser batido. Dele era preciso desconfiar e, evidentemente, tratava-se de um adversário a exterminar. O grupo inspirado pelo Professor Barbenfouillis, o astrônomo sonhador que idealiza a expedição à Lua, não apenas entra em choque com os habitantes extraterrestres, como tem a sorte de trazer amarrado ao seu foguete um deles, exibido como troféu, um souvenir do contato belicoso entre cinco terrestres colonizadores e os temíveis seres alienígenas.

Contudo, é sempre válido lembrar que o termo "alienígena" ou "alien", seu correspondente em inglês, deriva do latim "alienus", servindo para designar aquele que é estrangeiro, forasteiro. É, portanto, alien, um cidadão que está fora do seu país de origem, como um turista, por exemplo. Em nações como os Estados Unidos, a expressão pode também carregar um sentido ainda mais pejorativo, servindo para indicar o latino, o não norte-americano. O alien pode ser visto como um não cidadão ou aquele a quem se proíbem os direitos comuns aos seres humanos.

E na mais poderosa e conhecida indústria cinematográfica, quem foi o alien neste tão complexo século XX? Uma infinidade de tipos. Em Hollywood, o humano encontrou seu oposto em figuras como o latino, o indígena, o negro, o pobre, o comunista, o rebelde, o mulçumano. Sobretudo no cinema norte-americano, são tais *personas* que encarnam os riscos ao *american way of life*, à liberdade, ao individualismo, à autodeterminação. Na ficção científica, o alien incorporou tudo isto, apresentando características que ora remetiam ao imigrante como Jar Jar Binks (Ahmed Best), um simpático e atrapalhado "gungan" que abusa do sotaque em *Star Wars* (Episódio I: a Ameaça Fantasma, 1999) ou em *O predador* (1987), apresentado como uma espécie de monstro rastafári, alien com dreadlocks, promotor de um massacre em plena selva tropical.

A propósito, no caso de *O predador*, ironicamente protagonizado por um alienígena, um estrangeiro, um imigrante austríaco que depois se converteria em estrela do Partido Republicano, as referências aos perigos das fronteiras americanas sinalizam para mudanças na perspectiva sobre os aliens. Eles estavam vindo da América Latina, países como Colômbia e México inspiravam cuidados, não por questões ideológicas, mas pelos riscos que promoviam através do narcotráfico e, no caso do segundo, com o imenso fluxo de imigrantes que entravam nos Estados Unidos rompendo as barreiras das polícias de fronteira e vencendo os riscos da travessia por terra. O predador, chamado pelos nativos de *El diablo cazador de hombres* alimenta o estereótipo do inimigo externo, permite a fantasia que identifica a razão de todo o mal fora da sociedade americana. Vítimas, os Estados Unidos eram o lugar a ser defendido, e o grande risco apontado por parte das películas era a dissolução do modo de viver americano. É contra ele que alguns dos inimigos vindos de outros mundos investem.

As mudanças vividas em tempos de Guerra Fria também ajudaram a transformar a representação do outro, do alienígena, na produção fílmica hollywoodiana. No filme *O escondido* (*The Hidden,* 1987), em plena Era Reagan, por exemplo, temos um extraterrestre que gosta de rock pesado em altos decibéis, caminha pelas ruas com um *boombox* (um aparelho de som extremamente potente) e, sempre que pode dirige carros esportivos roubados, além de utilizar a violência sem maiores problemas. O alien se hospeda no corpo de cidadãos comuns, gente acima de qualquer suspeita, e os utiliza para satisfazer aos seus anseios assassinos. Mas aqui o alien malvado tem seus planos frustrados (num clichê dos filmes de ação) a partir da aliança entre o policial Tom Beck (Michael Nouri) e um vigilante alienígena (Kyle MacLachlan) que busca vingança pela morte do parceiro.

Em *O escondido*, o diretor Jack Sholder nos apresenta a possibilidade de coexistência, insinua que podemos esperar boas coisas daqueles povos que não conhecemos. Ao seu modo, o filme de Sholder revelava certo cansaço com o tema. Desde *E.T.* (1982), a imagem de aliens como cruéis estava em descenso em meados dos anos 1980.

Sem dúvidas *O escondido* apareceu num contexto complicado para as pretensões norte-americanas de controle do espaço e de expedições interplanetárias. Pouco tempo antes, em 1986, o ônibus espacial *Challenger* explodira em pleno lançamento. A morte dos astronautas, consumidos numa bola de fogo que cruzou os céus, foi mostrada ao vivo por televisões do mundo todo e repetida inúmeras vezes nos telejornais.

A tragédia em torno do *Challenger*, além da dor provocada, trouxe à tona uma série de problemas técnicos, mas também burocráticos no âmbito da NASA (National Aeronautics and Space Administration) a agência especial norte-americana, criada em 29 de julho de 1958. De forma tragicamente semelhante ao que tempos depois ocorreria em outro governo republicano – o de George W. Bush (2000-2008), quando relatórios sobre possíveis atentados terroristas foram ignorados pelas autoridades, revelando uma forte disputa interna entre os órgãos de inteligência dos Estados Unidos – informes sobre problemas nos propulsores do ônibus espacial foram escandalosamente desconsiderados (MESSADIÉ, 1989, p. 289).

Em meio a tragédias e sinais de que uma crise econômica se avizinhava, os anos 1980 se deram no desmonte gradativo dos perigos da Guerra Fria, embora ainda sob o influxo de experiências desastrosas como a Guerra do Vietnã. O cinema ofereceu fantasias escapistas que buscam a todo custo retomar a leitura dos Estados Unidos como grande nação (SILVA, p. 132). Ao mesmo tempo, sabe-se que os anos 1980 trouxeram surpresas na política internacional. Uma delas, que se mostraria fundamental no nascente século XXI, foi a invasão do Afeganistão pelos soviéticos, em 1979. Na tentativa de evitar o confronto direto com os russos, os Estados Unidos resolveram apoiar a resistência local, os *mujahideens*. Um dos seus líderes se chamava Osama Bin Laden.

Contudo é possível localizar, décadas antes das fraturas provocadas pelo Afeganistão, um momento de inflexão na produção de filmes de ficção científica recheados de horror, guerras e política. Nos anos 1950 Hollywood apresentou diversas produções aliadas à política, e a temática da invasão alienígena ocupou inúmeras obras cinematográficas. Certamente os primeiros tempos da Guerra Fria foram fundamentais para os avanços do gênero. Afinal os anos 1950 assistiram a um boom de ficção científica. Em 1951 apareceram obras como *The Thing from Another World*, de Christian Nyby e Howard Hawks, filme inaugural das narrativas de invasão alienígena, e *O dia em que a Terra parou* (*The Day the Earth Stood Still*), de Robert Wise, o primeiro a ampliar o arco da abordagem e realizar uma crítica aos perigos da então crescente corrida armamentista nuclear e à iminência de um conflito entre Estados Unidos e URSS.

Batizado em português como *O monstro do Ártico* e *O enigma do outro mundo*, *The Thing from Another World* envolve os elementos clássicos da ficção científica política: militares norte-americanos preocupados com os russos, criaturas vindas do espaço, naves se espatifando na Terra, mortes, perseguições e cientistas obcecados com as descobertas repentinas. A simbiose entre ciência, horror e política aparece em diversas sequências da película.

É assim nas afirmações do Dr. Arthur Carrington (Robert Cornthwaite) como "Não há inimigos na ciência, apenas fenômenos a serem estudados" ou "conhecimento é mais importante do que vida, capitão. Só temos uma desculpa para existir – pensar, descobrir, aprender", evidências da ambição em torno do conhecimento e os perigos daí decorrentes. Fascinado com a descoberta, o cientista não mostra preocupação com os custos humanos dos avanços científicos.

Curiosamente, as entradas em cena do monstro ou da "coisa" são marcadas pela presença de contadores Geigers, numa clara referência aos tempos de paranoia nuclear. Em *O monstro do Ártico*, o estrangeiro é misterioso e perigoso. Insensível, ele necessita ser detido. Embora de aparência humanoide, sua composição assemelha-se antes aos vegetais. Como uma espécie de Frankstein espacial, ele mata e se nega ao diálogo, na verdade ele sequer fala e só é detido com o uso da força. O conflito entre o cientista e o militar, Capitão Patrick Hendry (Kenneth Tobey) se acentua na trama. Ao seu final, o aviso feito pelo repórter Scotty (Douglas Spencer) reitera a necessidade de vigilância contínua contra o que vem de fora: "Olhe os céus, em todos os lugares! Continue procurando. Mantenha-se olhando os céus." E dos céus viria novamente o perigo apresentado em outro *blockbuster* do período, a película *Guerra dos mundos*.

A GUERRA DOS MUNDOS

Com base na obra de H.G. Wells, a primeira versão do filme *Guerra dos mundos* (1953) cumpria o desafio de levar às telas de cinema a mesma dose de histeria e o terror provocados pela versão radiofônica comandada por Orson Welles em 1938.

Na narrativa fílmica de *Guerra dos mundos*, como explorado no rádio, o Outro provoca caos e morte. Cenas de destruição ilustram o filme e diferentes lugares do mundo – inclusive o Rio de Janeiro –, são mostrados imersos em destroços. O alienígena, impiedoso, se recusa a aceitar a hospitalidade dos pacatos humanos que, inocentes, dizem para o canhão: "Bem-vindo à Califórnia!", enquanto balançam um lenço e uma bandeira branca improvisada com uma pá e um saco de açúcar. O barulhento raio da morte, emitido de uma espécie de serpente metálica, tudo varre do seu caminho, até mesmo o Pastor Matthew Collins (Lewis Martin), que tenta em vão evitar o choque entre os aliens e as Forças Armadas. As sequências finais do filme apresentam um forte enfoque religioso e a busca do herói (ao mesmo tempo astrofísico e especialista em energia nuclear, campos que não costumavam se misturar), pela mocinha se dá em torno de igrejas. E justamente depois de atacar um templo cristão e destruir um vitral, os alienígenas começam a morrer.

O mundo neste momento, sob o espectro da luta anticomunista, vivia tamanha tensão que nem mesmo os nomes dos países soviéticos ou sob a influência de Moscou são mencionados, embora nas referências às tropas e ao posicionamento dos marcianos pelo mundo a China seja indicada na película. Em toda a trama não há referências à União Soviética, naquele momento já inegavelmente o grande rival dos Estados Unidos. Nada é dito. Calar sobre o inimigo era uma estratégia que evitava problemas com o patrulhamento ideológico então vigorante. Enxergar comunistas em todo lugar ajudava a manter nas sombras problemas internos graves. O inimigo era o outro, mas também era o semelhante.

No filme, não há negros. A maioria absoluta dos personagens é formada por cidadãos que se aproximam do Branco Anglo-Saxão Protestante – White Anglo-Saxon Proteatant (WASP). Talvez a única exceção seja um personagem "latino", vivido pelo ator canadense Jack Kruscher, sem qualquer destaque na trama. Portanto, pode-se perceber que ainda não são os Estados Unidos que assistirão, pouco tempo depois, em dezembro de 1955, às manifestações por direitos civis amplificadas a partir da corajosa postura de Rosa Parks (1912-2005). Ao contrário, *Guerra dos mundos* apresenta os Estados Unidos como nação sem problemas, lugar de gente ordeira e pacata, competente e cristã, o país pronto para liderar o mundo.

Naquele contexto, órgãos como o Loyalty Review Board (Comissão de Avaliação de Lealdade) – dedicado a investigar pessoas que trabalhavam para o governo em áreas como pesquisas atômicas, na indústria bélica, além de repartições públicas – e o House of Un-American Activities Commitee (HUAC ou Comitê de Atividades Antiamericanas) – convertido em espaço de monitoramento da indústria cinematográfica – assumiram poderes policiais e, através deles, milhares de pessoas foram acusadas de comunistas, perdendo seus empregos, sendo obrigadas a sair do país, submetidas a interrogatórios ou obrigadas a prestar depoimentos em audiências televisionadas (MESSADIÉ, 1989, p. 189).

Criado em 1938, o HUAC deveria investigar atividades subversivas de diversas ordens, ou seja, os comunistas, mas também grupos como os nazistas americanos, a Ku Klux Klan e qualquer outro segmento que ameaçasse os Estados Unidos. Em 1945 o comitê assumiu a tarefa de investigar possíveis atividades comunistas no território norte-americano, mas a influência do Senador Joseph McCarthy contribuiu para que as atenções do HUAC se voltassem à indústria de filmes. Consequência deste processo, mais de 300 pessoas, a maioria delas roteiristas, perderam seus empregos e não podiam ser contratadas (ao menos se usassem suas verdadeiras identidades).

A perseguição promovida pelo HUAC contou com expedientes como a criação de uma lista negra, na qual foram inseridos nomes de profissionais, atores ou executivos que se recusaram a colaborar com o comitê e, por isto, acabaram acusados de defenderem ideias "esquerdistas". A influência de McCarthy e da sua "guerra" contra o comunismo pode ser entendida dentro das transformações vividas pela política mundial ao final dos anos 1940.

O ano de 1949 trouxe notícias preocupantes aos Estados Unidos. A constatação se deu em 3 de setembro de 1949 e, em 23 de setembro o Presidente Harry Truman (1945-1953) anunciou que a URSS havia detonado uma bomba atômica (NORTHRUP, 1996). Tal constatação levantava dúvidas sobre como os russos obtiveram êxito em produzir o artefato em tão pouco tempo, já que o prazo estipulado pelas autoridades norte-americanas eram dois anos superiores. Isto, evidentemente, acendia o alerta para possíveis atividades de espionagem no interior dos Estados Unidos. A notícia alimentou ainda mais a paranoia anticomunista.

Se os russos também já tinham "Joe I", se eles já contavam com a capacidade nuclear, nada garantiria de fato a segurança do mundo capitalista. A apreensão que começou a tomar conta da sociedade norte-americana foi reforçada com o surgimento do segundo Estado comunista, em outubro de 1949: a República Popular da China, proclamada sob a liderança de Mao Tsé-Tung.

Assim, quando pouco tempo depois, em fevereiro de 1950, na cidade de Wheeling, na Virgínia Ocidental, o Senador Joseph Raymond McCarthy, em discurso para mulheres republicanas afirmou possuir uma lista com 205 comunistas que trabalhavam no Departamento de Estado norte-americano, tal ideia encontrou um ambiente amplamente propício para se amplificar. A histeria anticomunista estava em andamento e agora ela encontrava no político do Wisconsin seu porta-voz.

Embora tal denúncia tenha sido investigada por uma comissão do Senado e nada tenha sido comprovado, ela promoveu a imagem de McCarthy e, graças ao prestígio acumulado, ele viu as portas do HUAC se abrirem. Tornou-se presidente do subcomitê de investigações, em 1953.

McCarthy promoveu uma espécie de "caça às bruxas" e o cinema recebeu especial atenção. Neste contexto, emitir opiniões de questionamento ao governo dos Estados Unidos equivalia a afirmar-se comunista. Tamanho reducionismo resultou em acusações infundadas e constrangimentos, alguns deles acompanhados por milhões de cidadãos através das já mencionadas audiências públicas televisionadas com supostos comunistas.

Todavia, as pretensões de Joseph McCarthy se mostraram exacerbadas quando ele mirou e atacou heróis de guerra, acusando militares de alta patente de serem colaboradores comunistas. A partir daí, o então poderoso inquisidor passou a ser duramente criticado e questionado. A sua conduta encontrou forte resistência nas palavras do advogado Joseph Welch, que durante uma das audiências sobre a infiltração comunista nas Forças Armadas dos Estados Unidos questionou o senador: "O senhor não tem senso de decência, senador? Será que no final das contas, não lhe resta nenhum senso de decência?" (MESSADIÉ, 1989, p. 158).

McCarthy começou a ter a sua imagem desmontada. Foi afastado pelos colegas. Morreu poucos anos depois. Todavia, apoiado em eventos políticos como bloqueio de Berlim (1948), a Guerra da Coreia (1950-1953) e o Pacto de Varsóvia (1955), o veneno do machartismo já havia sido lançado. Evidências do seu efeito prolongado, os anos 1950 e mesmo parte dos 1960 respiraram muito do medo e da paranoia que ele advogou. No choque de mundos da Guerra Fria, o Outro, além de não ser igual, era consequentemente perigoso. Era preciso atenção para não ser o próximo. Fechar os olhos tornava-se um perigo. A morte poderia estar à distância de um cochilo.

"YOU'RE NEXT" – A GUERRA FRIA INVADE CORPOS, CORAÇÕES E MENTES

Embora seja possível indicar outros filmes como precursores da ficção científica com narrativa de invasão alienígena, até 1956 nenhum teria a força de *Invasion of the body snatchers*. Poucas produções conseguiram encarnar o medo ao Outro como a película dirigida por Don Siegel (1912-1991), adaptada do livro *Body Snatchers*, de Jack Finney, de 1955. Desde metade do século XX, a mesma trama foi contada em diferentes ocasiões no cinema, tendo o seu título em inglês e português sofrido variações. Tanto a versão de 1956, e que no Brasil foi estranhamente batizada de *Vampiros de almas*, quanto a de 1978, do diretor Philip Kaufman, cujo título em português foi *Invasores de corpos*, passando pela produção de 1994, simplesmente chamada *Body Snatchers* (*Invasores de corpos, a invasão continua*) e mesmo a mais recentemente lançada (*The Invasion*, 2007), dirigida por Oliver Hirschbiegel e intitulada *Invasores*, refletem certa histeria. Corpos sendo tomados, corações e mentes modificados, um modo de vida ameaçado.

A primeira versão, de Don Siegel, ecoa as ondas do machartismo. É uma obra que reflete o chamado "front interno", ou seja, ela se dá quando "a batalha principal contra o inimigo comunista travava-se no interior mesmo dos Estados Unidos", como observou Francisco Carlos Teixeira da Silva (2004:144). Na versão de 1956, Miles Bennell – médico em Santa Mira, uma pequena cidade dos Estados Unidos, consegue ao final da trama alertar e resolver o problema dos invasores. O macarthismo projeta-se sobre os Estados Unidos e a película, em tom alarmista, nos mostra os riscos de uma sociedade sem ambições, sem desejos, sem amor, sem fé, numa alegoria ao comunismo. Para alguns, o filme pode ser visto de modo um pouco diferente. Ele seria antes uma crítica ao próprio macarthismo, pois é justamente contra o demasiado policiamento que assolava o *american way of life* que a narrativa fílmica se posiciona.

Já o filme de 1978 apresenta o inspetor sanitário Matthew Bennell (Donald Sutherland) na grande São Francisco, um importante centro urbano dos Estados Unidos que, diferentemente do herói do primeiro filme, é vencido pelo sono e pelo cansaço ao final da saga. Todo o assombro está na perda das emoções, na anulação diante da coletividade, no desenho de uma vida sem graça e de nenhuma autonomia (SILVA, 2004, p. 144-145). A leitura feita por Kaufman é ainda mais sombria. Uma citação da primeira versão é retomada para mostrar a inevitabilidade da dominação. Um agora idoso Kevin McCarthy aparece repetindo as palavras de sua personagem pronunciadas na versão de Siegel: "Eles já estão aqui! Você é o próximo! Você é o próximo! Você é o próximo...!", para logo depois ser morto. Os tempos eram outros. Diferentemente da versão inicial, Kaufman não aponta saídas. O conformismo preenche o filme. O silêncio que se abate sobre os "contaminados" e suas apáticas formações em filas contrasta com o grito sombrio emitido quando eles identificam um humano ou quando um dos seus é agredido.

Em 1994, Abel Ferrara dirigiu mais uma versão da trama. Nos Estados Unidos dos pós-I Guerra do Golfo, há nova mudança na paisagem, sendo agora uma base militar no Alabama o lugar do combate entre alienígenas e uma adolescente, Marti Malone (Gabrielle Anwar), filha de Steve Malone (Terry Kinney), um técnico da Agência de Proteção Ambiental – Enviromental Protection Agency (EPA). A base militar e seu cotidiano espartano servem como metáfora da opressão, de ausência de emoção entre os seres humanos. Quão distantes estaríamos, então, dos aliens? E em tempos de debates ecológicos, narcofobia, histeria e mutações resultantes de compostos tóxicos ganham espaço na narrativa.

Mais de uma década depois, a versão de 2007 nos mostra Carol Bennell (Nicole Kidman), uma psicóloga que enfrenta problemas semelhantes aos seus alter egos anteriores (Miles e Matthew). Mas agora, no início do século XXI, o que ocorre é um deslocamento na perspectiva sobre o Outro como perigo. O comunista é deixado de lado, já que o mundo soviético desapareceu há mais de uma década. Em seu lugar, aparecem referências ao terrorismo internacional e aos imigrantes. O elemento comum em todos os filmes é a ideia recorrente de que qualquer um que não incorpore os padrões norte-americanos pode ser considerado suspeito. O *american way of life* é ameaçado pelos aliens em todas as versões, em todas elas as pretensões dos estrangeiros passam por suprimir as emoções, as ambições individuais, todos os tipos de conflitos entre indivíduos e classes, qualquer possibilidade de competição.

Chama a atenção o enfoque conferido às mulheres nos quatro filmes. Enquanto nos dois primeiros elas são frágeis e sem muita iniciativa, principalmente na primeira produção, as duas últimas posicionam as fêmeas como protagonistas. Outro deslocamento que merece atenção está na mudança das profissões dos personagens, que vai de um médico para um sanitarista, depois para um agente ambiental e finalmente uma psiquiatra que incorpora preocupações presentes em cada um dos momentos de produção das versões. Afinal, em todas elas, está a obsessão em diagnosticar os comportamentos, os limites, os excessos da vida em sociedade e as consequências para a sociedade ocidental, sobretudo a norte-americana. Os remédios para acalmar, para dormir, para acordar passaram gradativamente a ocupar um espaço central na vida cotidiana.

Ao mesmo tempo, as concessões que realizamos para desfrutar da sensação de segurança circulam pelas diferentes versões de *Body Snatchers*. Até onde se foi para garantir a proteção do perigo comunista? Em nome do cuidado com o "front interno", o quanto se perdeu e se desconheceu do mundo? Quantas guerras foram travadas para garantir a superioridade norte-americana? O terrorismo explica o policiamento da vida, as ondas de denúncias, a desconfiança, o cerceamento das liberdades individuais, a restrição da privacidade? Como lembra a canção *steely blue eyes, with no love in them, scan the world* (MORRISSEY, 2004).

GUERRAS CINEMATOGRÁFICAS NO FIM DO SÉCULO

Após a Guerra Fria e o fim da Era Reagan, o mundo assistiu ao desmonte da URSS e via confirmada a posição dos Estados Unidos como a única superpotência no começo dos anos 1990. Os novos tempos trouxeram consigo a concepção de uma nova ordem mundial, na qual a hegemonia parecia centralizada na Casa Branca. Do ponto de vista econômico, "a imagem de um mundo em devir histórico – com suas crises, guerras etc. – era substituída pela imagem aparentemente pacífica e autorregulável do mercado neoliberal" (SILVA, 2004, p. 170).

Além disto, os anos 1990 traziam um novo presidente aos Estados Unidos, um democrata que deveria corrigir os rumos da política externa e recuperar a economia norte-americana, abalada nos últimos anos do Governo George Bush (1989-1993). Jovial, carismático e elegante, o então presidente Bill Clinton (1993-2001) conseguiu promover mudanças importantes na paisagem econômica nacional, sendo que em seu segundo mandato estabeleceu o mais longo período de desenvolvimento em tempos de paz, além de contar com a menor taxa de desemprego em 30 anos (SILVA, 2004, p. 171).

Por isto a possibilidade de uma era de paz e prosperidade capitaneada pelos Estados Unidos animou a muitos. Afinal de contas, finalmente não havia razões para vultosos investimentos na indústria bélica como um entrave a custos sociais em áreas como Saúde e Educação. Todavia, as mudanças esperadas não aconteceram. As assimetrias nos padrões de vida continuaram abismais, não se observavam sinais claros de que os Estados Unidos trabalhariam para promover um mundo mais justo.

O novo tempo seria marcado pela competição entre o Ocidente e o restante do mundo, isto é, as nações que emergiram do fim do bloco socialista, as que venceram as guerras de descolonização, as que derrubaram ditaduras, as que se viram falidas depois da corrida armamentista da Guerra Fria. Assim, o embate entre o homem Ocidental e o mulçumano, o chinês, o latino e o africano consistiria principalmente num confronto de modelos civilizacionais. Um "choque de civilizações", conforme afirmou Samuel

Huntington, estava por vir. Tal ideário se estabeleceu e penetrou desde os núcleos que promoviam as ações governamentais até aqueles voltados para o entretenimento (SILVA, 2004, p. 171). Uma nova moral conservadora ascendeu nos Estados Unidos e, neste contexto, o filme *Independence Day* aparece como um dos seus mais significativos exemplos.

Lançado em 1996, *Independence Day*, do diretor Roland Emmerich, apresentava os desafios enfrentados por Thomas J. Whitmore (Bill Pullman), presidente dos Estados Unidos, diante de uma invasão alienígena à Terra. O presidente (ex-piloto de caça, veterano da Guerra do Golfo) precisa organizar a resistência ao inimigo e conta com o auxílio de pessoas como David Levinson (Jeff Goldblum), cientista e ambientalista, e do Capitão Steven Hiller (Will Smith), também piloto de caças da Força Aérea dos Estados Unidos.

Um dos momentos mais simbólicos da leitura sobre os "outros" como perigosos em essência ocorre em um laboratório da mítica Área 51, a base em que os Estados Unidos supostamente armazenam OVNIs e corpos de extraterrestres. É a sequência em que o Presidente Whitmore tenta desesperadamente o diálogo com um alien, dono de uma estrutura corporal que lembra as criações de H.R. Giger conectado ao cientista Dr. Brackish Okun (Brent Spiner). A possibilidade de coexistência é peremptoriamente negada pelo forasteiro: "Morram!"

O presidente norte-americano estabelece contato telepático com o alien, e revela uma visão assustadora do futuro: "Eu vi... seus pensamentos. Eu vi o que eles estão planejando fazer. Eles são como gafanhotos. Eles se movem de planeta para planeta... Toda a sua civilização. Depois eles consomem todos os recursos naturais e se mudam... E nós somos os próximos."

Acompanhando os clichês do gênero, o filme não prescindiu dos seus próprios cientistas. O primeiro a representar isto é o preocupado David Levinson, uma mistura de ambientalista e hacker, que desde cedo defende que um ataque alienígena estava por vir. Levinson é claramente um idealista, preocupado com a reciclagem de latas de coca-cola e o responsável por decifrar os sinais emitidos pelos invasores. Seu oposto é o Dr. Okun, uma espécie de Oppenheimer em negativo, cientista empolgado com os aliens e mostrado como o responsável por coordenar as ações de pesquisa na Área 51. Enquanto todo o *staff* presidencial é concebido como traumatizado pelas perdas humanas e se ocupa em encontrar uma solução para neutralizar os ataques, Okun, como fizera o Dr. Carrington em *The Thing from Another World*, não disfarça o fascínio com toda a série de acontecimentos e pagará com a vida por tal postura.

No filme, o presidente é um guerreiro caucasiano, um herói de guerra, apoiado por um bravo e habilidoso piloto negro que sonha ser astronauta e por um cientista judeu que ajuda a formar a síntese da própria nação norte-americana.

Paisagens desoladas são mostradas, imensas fileiras de trailers aparecem em tomadas que lembram carruagens dos velhos Far West, filmadas em panorâmica salientando a vastidão do ambiente e, ao mesmo tempo, a marcha civilizatória. No filme, veículos carregando a bandeira norte-americana funcionam como uma demonstração da persistência da nação onde diferentes grupos sociais têm a oportunidade de vencer e realizar seus sonhos. A metáfora do povo eleito é repetida (MESSADIÉ, 1989, p. 156).

Não por acaso os trailers incorporaram valores centrais do *american way of life*. Eles são casas sobre rodas, isto é, são antes de tudo carros, ícones de um país que aprendeu a viver com eles e concebeu as suas *highways* para recebê-los, mas representam também o lar, a casa como um castelo e a individualidade defendida a todo custo. Nas sequências com os trailers aparece também o ideário do desbravador, referências visuais aos tempos de ocupação de uma parte dos Estados Unidos.

Neste diálogo com o passado observado em ID, o próprio presidente carrega o nome Thomas, alusão a um dos "pais fundadores" dos Estados Unidos. E no filme *4 de julho* se transforma no dia da revelação, é da data da redenção da própria humanidade. Ao menos é assim que o Presidente Whitemore apresenta o feriado da Independência: "Em menos de uma hora, aviões daqui irão se juntar a outros do Mundo. E vocês estarão lançando a maior batalha aérea da história da humanidade." Em seu discurso, Whitemore reposiciona o termo "Humanidade": "Esta palavra deve ter um novo significado para nós hoje. Nós não podemos mais ser consumidos por nossas diferenças mesquinhas. Nós estaremos unidos por interesses comuns." E uma nova e ampla concepção da Humanidade passa pela representação expandida do feriado da independência: "Talvez seja o destino que hoje seja 4 de julho e vocês estarão mais uma vez lutando por nossa liberdade... Não contra a tirania, opressão ou perseguição... Mas contra a aniquilação." A luta pelo "direito de viver" e simplesmente "de existir" encontra na película a data celebrativa como marco ideal. Por isto, Whitemore afirma o 4 de julho como data do mundo, não mais dos Estados Unidos, a única hiperpotência saída da Guerra Frua. A partir do combate aos *aliens* aquele seria "o dia em que o mundo declarou em uma só voz: 'Não vamos entrar tranquilamente para as trevas! Nós não vamos desaparecer sem luta! Nós vamos sobreviver!'."

O presidente anuncia "a maior batalha aérea da história da Humanidade" e expande o dia da independência dos Estados Unidos para o mundo. Ingleses, russos, chineses e demais povos, o Oriente Médio, a Ásia, a África e a Europa se unem sob a liderança dos Estados Unidos. No mosaico de países que compõem a resistência aos invasores, apenas uma fala em árabe aparece, concebida como algo incompreensível. O inglês definitivamente se transforma em idioma universal, é através dele que os resistentes se comunicam.

O caso do Capitão Miller ilustra a importância das ações individuais e, ao mesmo tempo, insinua os Estados Unidos como a terra onde tudo se pode realizar. Recusado pela NASA, ele encontra na luta contra os aliens a chance de provar a sua capacidade para voar até o espaço. Os Estados Unidos são o lugar onde os sonhos daqueles merecedores se concretizam.

O casamento de Miller com a namorada, stripper e mãe solteira, antes do confronto final, enquadra o herói no modelo patriarcal familiar. O matrimônio completa a sua redenção, ajusta o herói socialmente. A propósito, o mesmo ocorre com Levinson, que retoma o casamento há anos desfeito com uma assessora do presidente. Este mesmo espectro conservador aparece na sequência em que dois adolescentes decidem manter a castidade, preferem permanecer virgens ainda que sob a iminência da hecatombe, reforçando um tom messiânico ao filme. A virgindade, a pureza, o respeito ao casamento e aos valores cristãos aparecem no filme, assim como ocorrera em *Guerra dos mundos*.

Mas se em *Guerra dos mundos* é um vírus de natureza biológica ou o simples contato com alguma bactéria em nossa atmosfera que varre os aliens da Terra, em ID este vírus será uma construção humana, um artefato eletrônico, tecido em bites: um programa de computador gerará a brecha necessária para a contraofensiva definitiva. E o ataque é comandado pessoalmente pelo próprio presidente norte-americano – sugestivamente batizado de "Eagle One" (Águia Um). Ele é o responsável por inspirar jovens pilotos, mas também aos mais experientes, como Russell Casse (Randy Quaid), um piloto veterano do Vietnã que, depois de ter sido sequestrado por aliens, tornou-se alcoólatra e ganhava a vida pulverizando plantações com um monomotor. É de Casse o sacrifício de dar a própria vida ao chocar seu avião com o centro da nave alienígena e explodir assim o núcleo central do imenso complexo que pairava sobre americanos inocentes.

Os alienígenas trazem mortes e caos. Se *Guerra dos mundos* mostra a destruição ocorrendo em cidades inteiras, nas grandes cidades da Terra, o mesmo pode ser visto em *Independence Day*, onde os alienígenas posicionam as suas imensas naves, como porta-aviões aéreos, em diferentes lugares aguardando o momento de atacar. A morte dos ativistas empolgados no topo de arranha-céus se aproxima do mesmo esforço observado em GM. Desta vez não há apenas uma bandeira branca improvisada numa colina da Califórnia, mas faixas e cartazes, festas e cantorias em arranha-céus das grandes cidades norte-americanas. "Esperam que eles tragam Elvis de volta!", grita uma das personagens pouco antes de, como o já mencionado Pastor Colllins, ser dizimada pelo raio mortal emitido da espaçonave.

O INIMIGO SOU EU, O INIMIGO É VOCÊ

Por sua vez, dois filmes dos anos 1980 apresentaram, juntamente com *O dia em que a Terra parou* (1951), narrativas emblemáticas do Outro concebido como alguém disposto ao diálogo e admirador dos seres humanos. *E.T. – O extraterrestre* (1982), dirigido por Steven Spielberg, nos mostra um alienígena perdido, seu esforço para retornar ao próprio lar, a mensagem de diálogo e esperança em um encontro pacífico entre os mundos. O mesmo sentido pode ser visto em *Inimigo meu* (1985), no qual o convívio forçado entre o soldado terráqueo Willis Davidge (Dennis Quaid) e um guerreiro "drac" chamado Jeriba "Jerry" Shigan (Louis Gossett Jr.) é o pano de fundo para o discurso da coexistência pacífica. As referências a outras culturas se espalham pelo filme, mas encontram no âmbito religioso o seu mais forte ponto de contato.

Todavia, diferentemente de *E.T.*, onde os conflitos são entre os terrestres, em *Inimigo meu* há mesmo mundos em guerra, há um "nós" *versus* "eles", representados na película pelos dracs, um povo que sintetiza diferentes grupos étnicos. O personagem de Louis Gossett Jr. fala de um livro sagrado, que tudo explica. O terráqueo Davidge lê e constata: "Se a pessoa recebe o mal de outro, não deve fazer o mal de volta. Pelo contrário, deixe-o estender o amor ao inimigo, que o amor pode uni-los. Eu ouvi tudo isto antes... No Taalmaan humano." Jerry responde: "É claro que você ouviu. A verdade é a verdade."

Em parte significativa do filme, as referências ao Talmude, um dos livros sagrados judaicos, são claras, assim como se observa uma leitura diferente do que se entende por família e, no limite, opção sexual, quando o terráqueo é confrontado com a notícia de que o seu amigo alien está grávido. Diz Jerry: "Não é mais a minha vida que importa. Eu não estou gordo. Eu não estou com preguiça. Davidge... Eu espero uma nova vida." "Uma nova vida? De onde?". E após ver o abdômen descoberto de Jerry, Davidge questiona assustado: "O meu Deus... Oh, meu Deus, você está me dizendo que está 'grávido'?". Possivelmente *Inimigo meu* só reforçou a ideia de que os alienígenas poderiam ser compreendidos e respeitados. Nem todos eles ambicionavam nos dominar.

É o que ocorre em películas como *E.T.*, onde o contato é, enfim, estabelecido. Diferentemente dos cruéis invasores que tiram a vida até de terráqueos, no filme de Spielberg os aliens são amistosos. A presença de crianças como principais interlocutoras junto ao alien reforça ainda mais a aura de inocência do Outro, bem como a possibilidade de diálogo. O filme é, assim, uma narrativa de "invasão" pautada pelo discurso da missão de paz dos alienígenas, como observa M. Keith Booker (2011, p. 120). Nela, os vilões são os humanos adultos, sobretudo aqueles ligados aos campos das ciências, da política e ao universo militar.

CONSIDERAÇÕES FINAIS

No século XX o cinema exerceu o importante papel de produtor de representações. Neste tempo de guerras, nesta "era de massacres", a produção fílmica realizada por Hollywood colaborou para as imagens sobre as experiências de homens e mulheres nos diferentes teatros de guerra. O poderoso cinema norte-americano viu-se permeado de alienígenas em diferentes momentos daquele que já foi chamado de "era dos extremos" e "século sombrio". O alien encarnava o "Outro", o negativo da própria sociedade norte-americana. E este oposto por excelência oscilou entre o bem e o mal em meio às produções hollywoodianas.

Os anos 1950 são momento fundamental pelas ressonâncias das produções que abrem esta década, mas também pelo contexto vivido. Um mundo aparentemente bipolar, dividido entre capitalistas e comunistas, inspirou filmes em que criaturas de outro mundo nos colocavam em contraste, ressaltavam as virtudes humanas, elevavam a vida na sociedade norte-americana, as benesses do capitalismo, os predicados do *american way of life*. A partir daí, é possível observar que a imagem do alien se espalhou e se diversificou em filmes de ficção científica, marcados por forte conteúdo político, como se pode evidenciar em clássicos como *Vampiros de almas* e *Guerra dos mundos*. As diferentes versões que sagas como estas inspiraram ressaltam a força da ideia central nelas presentes: o mundo em perigo precisa ser constantemente vigiado, se quiser ser salvo.

Em meio a raios lasers, espaçonaves e seres de outras galáxias, a vasta produção hollywoodiana, ao nos mostrar guerras de mundos, forneceu muito mais evidências dos conflitos do tempo presente do que propriamente profecias sobre os choques frente a civilizações de órbitas distantes da Terra. Ela nos ajuda a entender muita da histeria resultante das tensões nucleares, mas também dos desdobramentos dos colonialismos e dos confrontos entre ideologias. Dos primeiros anos da Guerra Fria aos ecos do pós-11 de Setembro alienígenas e humanos foram vetores costumeiros das produções fílmicas sempre como um expediente para refletir sobre os conflitos que insistiram em emergir mesmo após a queda dos nazistas, a dissolução do Muro de Berlim, o desmonte da União Soviética. Conflitos que alimentaram películas e filmes que ajudaram a educar sobre determinados acontecimentos, produções que instigaram leituras sobre os problemas dos nossos dias.

A iminência de um choque entre um "nós" encarnado pelos Estados Unidos e seus cientistas, seus heróis caucasianos e cristãos, seus policiais e militares, seus jovens puritanos, contra um "eles", "outros", "aliens", representado por tipos ideais que, em circunstâncias diversas, foram representados frequentemente pelos latinos, negros, comunistas evidenciou o fértil diálogo do cinema com assuntos que se relacionavam com uma visão marcadamente obscura, e às vezes obtusa, reducionista, da política externa norte-americana. Deste choque de mundos algumas certezas, além do bem e do mal, foram reforçadas recorrentemente no horror de aliens vindos do espaço e projetados nas salas escuras do mundo. Graças a isto, caminhamos de volta para casa após a sessão de cinema com a certeza de que nunca estivemos sozinhos.

BIBLIOGRAFIA COMENTADA

ASIMOV, I. et al. *Histórias de robôs*. V2. Porto Alegre: L&PM Pocket, 2010.

Isaac Asimov apresenta as Leis da robótica em seu texto "Círculo Vicioso", de 1942. São elas: 1. Um robô não pode prejudicar um ser humano ou, por omissão, permitir que o ser humano sofra dano; 2. Um robô tem de obedecer às ordens recebidas dos seres humanos, a menos que contradigam a Primeira Lei; 3. Um robô tem de proteger sua própria existência, desde que essa proteção não entre em conflito com a Primeira ou a Segunda Lei.

AUMONT, Jacques; MARIE, Michel. *Dicionário teórico e crítico de cinema*. 5ª ed. Campinas: Papirus, 2012.

Texto de referência para o estudo de cinema por trazer inúmeros verbetes que fundamentam o trabalho de análise fílmica. Abordando pontos fundamentais da teoria e crítica do cinema, assim como, fornece informações dos principais pensadores e cineastas.

BOOKER, M. Keith. *Historical Dictionary of American Cinema*. Lanham/Toronto/Plymouth, UK: The Scarecrow Press, 2011.

Uma obra de referência sobre a história do cinema americano. Faz um importante apanhando sobre uma das mais poderosas forças da cultura mundial através das centenas de filmes produzidos, da evolução da indústria cinematográfica. E sua representação muitas vezes como um microcosmos da sociedade americana como um todo.

DIXON, Wheeler Winstor; FOSTER, Gwendolyn Audrey. *A Short of Film*. 6 ed. New Brunswick/ New Jersey: Rutgers University Press, 2011.

Obra significativa que aborda em uma visão geral a história do cinema mundial, através das suas principais correntes, diretores, estúdios. Abordando desde o surgimento dos filmes até as produções de 2012. O que torna um dos livros mais atuais sobre o assunto.

FERREIRA, J., REIS FILHO, D.A., ZENHA, C. (orgs.). *O século XX: o tempo das crises – revoluções, fascismos e guerras*. Civilização Brasileira, 2005.

Segundo volume de uma coleção voltada à análise do século XX, traz uma coletânea de artigos que elucidam sobre importantes temas que influenciaram todo o percurso daquele século.

FYNE, Robert. *The Hollywood propaganda of Word War II*. Maryland: Scarecrow, 1997.

Um livro importante que traz uma análise aprofundada sobre os filmes produzidos durante a Segunda Guerra Mundial analisando seus vários estereótipos, distorções entre outros elementos que permeiam a produção deste gênero.

GALBRAITH, John K. *A era da incerteza*. 5ª ed. São Paulo: Pioneira, 1983.

Obra produzida por um dos mais importantes economistas da contemporaneidade; apresenta importantes reflexões sobre economia, geopolítica, história e sociologia no século XX.

HOBSBAWM, E. *Era dos extremos: o breve século XX*. 2ª ed. São Paulo: Companhia das Letras, 1997.

Livro de relevância por trazer uma importante visão da história mundial contemporânea, apresentando uma análise dos acontecimentos mais significativos ocorridos na história do século XX. Abrangendo desde a Primeira Grande Guerra até o fim da Guerra fria.

NIGRA, Fabio (org.). *Hollywood, ideologia y consenso em la historia de Estados Unidos*. Ituzaigó: Maiupe, 2010.

A obra é um trabalho analítico no que se convencionou chamar de história contextual do cinema. A obra de relevância, pois analisa o cinema hollywoodiano como transmissor ideológico, mas que aborda igualmente a construção de um consenso interno dos Estados Unidos que é prontamente exportado.

RAMOS, Fernão Pessoa (org.). *Teoria contemporânea do cinema*. São Paulo: Editora Senac, 2005, v. 2.

Esta obra apresenta uma análise teórica do processo de construção da narrativa no cinema ficcional tentando abordar a posição do espectador em relação à ação da tela no cinema clássico hollywoodiano.

ROSENFELD, Anatol. *Cinema: arte & indústria*. São Paulo: Editora Perspectiva, 2002.

SILVA, Francisco Carlos Teixeira da (org.). *Enciclopédia de guerras e revoluções do século XX – As grandes transformações do mundo contemporâneo: conflitos, cultura e comportamento*. Rio de Janeiro: Elsevier, 2004.

Reunião de renomados especialistas em temas do século XX sendo o mais importante manual de história do século XX não se reduzindo ao estudo factual, mas, de grandes temas sociais, políticos, econômicos e comportamentais.

SILVA, Francisco Carlos Teixeira da. *O século XX: entre luzes e sombras*. In: O século sombrio: uma história geral do século XX. Rio de Janeiro: Elsevier, 2004.

Importante manual de história contemporânea que reúne grandes ensaios sobre temas contemporâneos como as relações internacionais, os fascismos e o comportamento político no século XX.

VALIM, Alexandre Busko. *História e cinema*. In: CARDOSO, C. & VAINFAS, R. Novos *Domínios da História*. Rio de Janeiro: Elsevier, 2012.

Texto de significativa relevância publicado em coletânea de referência para a área de história, pois fornece subsídios para a realização de pesquisas sobre história social do cinema. Apresentando perspectivas e direcionamentos para os estudos neste tema.

BRUCE WILLIS
DIE HARD
WITH A VENGEANCE
JEREMY IRONS SAMUEL L. JACKSON
TWENTIETH CENTURY FOX PRESENTS IN ASSOCIATION WITH CINERGI AN ANDREW G. VAJNA PRODUCTION A JOHN McTIERNAN FILM BRUCE WILLIS JEREMY IRONS SAMUEL L. JACKSON
DIE HARD WITH A VENGEANCE GRAHAM GREENE COLLEEN CAMP LARRY BRYGGMAN SAM PHILLIPS Music by MICHAEL KAMEN Edited by JOHN WRIGHT, A.C.E. Production Designer JACKSON DeGOVIA
Director of Photography PETER MENZIES Co-Producer CARMINE ZOZZORA Executive Producers ANDREW G. VAJNA, BUZZ FEITSHANS, ROBERT LAWRENCE Written by JONATHAN HENSLEIGH Produced by MICHAEL TADROSS
CLOSED CAPTIONED by National Captioning Institute. Used with permission.
Produced and Directed by JOHN McTIERNAN
CINERGI
Read The Book From St. Martins Press
Original Soundtrack Album Available on RCA Victor Cassettes and Compact Discs

11.

A GUERRA AO TERROR: O PÓS-GUERRA FRIA

Igor Lapsky

TERÇA-FEIRA, 11 DE SETEMBRO DE 2001, manhã de outono, um "céu de brigadeiro", azul e sem nuvens. A maioria dos nova-iorquinos se prepara para votar nas eleições primárias para prefeito e governador e levar seus filhos às escolas no primeiro dia de aula. Um dos times de futebol americano da cidade, o *New York Giants*, havia jogado a primeira rodada na noite anterior contra a equipe de Denver e muitos nova-iorquinos acordaram atrasados para acompanhar a derrota do time por 31 a 20, que durou até as primeiras horas do dia.

Oito horas e quarenta e seis minutos. Muitos trabalhadores já estavam em suas mesas, organizando as tarefas do dia, enquanto outros rumavam em direção aos diversos escritórios existentes na zona sul de Manhattan, onde se localiza Wall Street e o símbolo de referência espacial e o orgulho da cidade: o World Trade Center, construído durante a década de 1960 para ser um dos maiores centros comerciais do mundo. Enquanto a "vida anda", o voo 11 da American Airlines vindo de Boston choca-se brutalmente contra a Torre 1 (chamada Torre Norte) entre o 93º e o 99º andar. As pessoas, chocadas com o terrível acidente, ligam para o número de emergência (911) para informar do ocorrido e chamar ajuda para combater o fogo que se alastrava na parte superior do prédio. As emissoras de televisão passam a cobrir o acidente com entradas especiais em seus programas matinais (*breaking news*).

Nove horas e três minutos. Dezessete minutos após o acidente com a Torre Norte, corpo de bombeiros e polícia de Nova York já haviam chegado ao local para fechar o trânsito e preparar um plano de ação para resgatar as pessoas presas nos andares superiores. Neste momento, o voo 175 da United Airlines vindo de Boston choca-se com grande velocidade contra a Torre 2 (Sul) entre o 77º e o 85º andar. As pessoas, que observavam preocupadas e incrédulas passaram a entrar em desespero, chegando à conclusão de que não era um acidente: a América estava sofrendo um ataque terrorista, que ainda atingiria o Pentágono, centro militar do país, localizado na capital, e o abatimento de um quarto avião que atingiria outro prédio no Distrito de Columbia.

A cena descrita acima poderia fazer parte de um roteiro de filme de ação hollywoodiano em que protagonistas, geralmente policiais ou agentes dos órgãos nacionais de segurança, iriam investigar e caçar os culpados, restaurando a paz e a harmonia no país, após passarem por dificuldades que seriam superadas em um momento de virada, que causaria a afloração de sentimentos no expectador. Porém, isto é apenas parte do que ocorreu no dia 11 de setembro nos Estados Unidos, que iria alterar e reafirmar a política do país perante o mundo.

A POLÍTICA EXTERNA NORTE-AMERICANA PÓS-11 DE SETEMBRO

O discurso da Guerra contra o terrorismo foi realizado pelo presidente dos Estados Unidos George W. Bush no dia 20 de setembro de 2001, uma semana após as organizações de inteligência acusarem o grupo terrorista Al-Qaeda, formado durante a década de 1980 durante a Guerra do Afeganistão entre a resistência afegã (financiada pela Arábia Saudita e os Estados Unidos) e a União Soviética, dos ataques realizados no país. A fala de Bush foi em rede nacional às 21h, horário de pico de audiência, e foi realizada para unir os habitantes do país (e os partidos!) em torno da recuperação não só da cidade de Nova York e de Washington, como também do moral da população, amedrontada pelo impacto causado pelos atentados.

Durante o discurso, Bush agradeceu o apoio dos países que fizeram homenagens e enviaram ajuda para resgate e assistência aos parentes de vítimas, principalmente do World Trade Center. Ele desenvolve a ideia afirmando que o 11 de Setembro serviu de união dos povos, inclusive os árabes, em prol do combate contra o terrorismo, representado pelo Al-Qaeda, que tinha como objetivo matar Cristãos e Judeus, sem distinções entre alvos militares e civis, incluindo mulheres e crianças.

Bush estabeleceu o relacionamento do grupo terrorista com a situação econômica e social do Afeganistão dizendo que o regime Talibã, apontado pelos Estados Unidos como uma ditadura deveria ser condenado por deixar milhares de pessoas na miséria, privadas de sua liberdade, por acolher os líderes da Al-Qaeda e manter abertos campos de treinamento para o grupo.

O modelo democrático dos Estados Unidos também foi apontado por Bush como um dos motivos de ódio dos terroristas, pois tornava as pessoas livres ao invés de aprisionadas em ditaduras. Desta forma, a Guerra do Afeganistão deveria ser o início da cruzada mundial contra o terrorismo, que seria focada no Oriente Médio.

O discurso, amplamente divulgado pelo mundo, possui questões fundamentais para compreendermos as mudanças da política externa norte-americana pensada pela ala neoconservadora do Partido Republicano, representados pelo vice-presidente Dick Cheney, a conselheira Condoleezza Rice, o secretário de Estado Colin Powell, Donald Rumsfeld e Paul Wolfowitz, secretários de Defesa durante o Governo Clinton. Neste sentido, a *Guerra contra o terror* se encaixa nas bandeiras levantadas pelo grupo, que consistia na intervenção em países no Oriente Médio, combinado com o aumento do gasto dos cofres públicos nas Forças Armadas americanas (durante o discurso, Bush anunciou a liberação de US$40 bilhões para reconstrução das cidades e aumento do orçamento militar).

O planejamento dos neoconservadores para o mandato de George W. Bush consistia na reafirmação dos Estados Unidos como grande potência mundial, que era realizado desde o final da Guerra Fria, e na mudança do foco do país da América Latina, onde os governos de Ronald Reagan (1981-1988), George W. Bush "Sênior" (1989-1993) e Bill Clinton (1993-2001) investiram em imposições econômicas e intervenções militares, para o Oriente Médio, começando com o Afeganistão em 2001 e o Iraque em 2003.

Após 2001, os Estados Unidos reformularam sua agenda de segurança interna a partir da criação do Department of Homeland Security, em 2002, pelo Governo Bush através do Homeland Security Act, responsável por garantir a segurança de todo o país, abrangendo desde normas internas até as regulações de migrações e circulação de pessoas pelos Estados Unidos, a partir do controle dos aeroportos e fronteiras do território. Além disso, o órgão é responsável pela segurança de informações (*cybersecurity*) e inspeção de instalações de materiais químicos.

Sobre a política externa, os Estados Unidos passaram a adotar o discurso de guerra contra o terrorismo em que o principal alvo seria a caça aos autores do atentado. Em outubro de 2001, tropas norte-americanas invadiram o Afeganistão com o objetivo de derrubar o regime Talibã, que, segundo a Estratégia de Segurança Nacional, países que abrigavam terroristas eram cúmplices, tornando necessária a invasão para a segurança mundial.

A Guerra do Afeganistão foi uma guerra reativa e punitiva, pois, para os Estados Unidos, o conflito não foi considerado somente como uma forma de encontrar os membros do Al-Qaeda, pois a inteligência americana possuía fontes que apontavam o possível paradeiro no Afeganistão, mas também foi utilizado para evitar novos ataques a partir das ameaças preestabelecidas com os atentados do 11 de Setembro, procurando sufocar o grupo com a invasão e bombardeio em áreas estratégicas do país.

O discurso sobre a Guerra do Iraque é diferente: o argumento da existência de armas de destruição em massa levou países que apoiaram os Estados Unidos na investida contra o Afeganistão, como França e Alemanha, a criticarem o governo norte-americano por invadir o país sem provas concretas das armas de destruição em massa, classificando o conflito como uma guerra preventiva.

O conflito no Iraque possuiu duas fases: a invasão à capital e a ocupação do território. A primeira foi considerada um sucesso em termo estratégico-militar, pois a tomada de Bagdá durou três meses: Donald Rumsfeld utilizou uma renovação da *blietzkrieg* alemã, caracterizada pela utilização de carros táticos para rápida locomoção e proteção da infantaria. Além disso, militares norte-americanos possuíam instrumentos tecnológicos avançados, facilitando o combate direto às tropas iraquianas. Na segunda fase, a ocupação do território e instalação de um novo governo, os Estados Unidos fracassaram, pois a resistência formada pelos grupos pró-Saddam Hussein, antigos oficiais das Forças Armadas iraquianas e população do país, fizeram muitas baixas nas tropas estadunidenses, revisitando uma síndrome que o país tentara apagar com modernização do Exército e novas formas de conflito.

O 11 de Setembro também causou danos econômicos consideráveis em escala global. Ao aumentar o percentual do orçamento militar, os Estados Unidos oneraram sua máquina administrativa, culminando na suspensão da alta dos impostos com intuito de ganhar apoio popular para a invasão do Iraque, gerando graves consequências às grandes empresas, bancos e população, que faliram após o comprometimento da extensa linha de crédito do país. Neste contexto, assistimos a uma crise econômica em 2008 de escala global, comparada à quebra da Bolsa de Valores de Nova York em 1929, que deixou centenas de pessoas desabrigadas, devido a hipotecas e crediários de imóveis.

Na América Latina, percebemos os efeitos do jogo político dos Estados Unidos após o 11 de Setembro através de uma discussão sobre a diminuição da presença norte-americana na região, oriundo da mudança de foco para o Oriente Médio, mas também do enfraquecimento econômico do país, permitindo a ascensão de projetos de integração diferentes da ALCA (Aliança de Livre Comércio das Américas). Além disso, abriu-se um debate sobre a incapacidade do país em gerir possíveis focos de tensão no continente, através de exemplos como o reaparelhamento das FFAA sul-americanas e discussões entre Colômbia, Venezuela e Equador.

Os atentados de 2001 influenciaram profundamente no dia a dia do cidadão norte-americano. Um dos livros mais vendidos no país após o ocorrido foi o Corão, livro sagrado dos muçulmanos, pois os americanos queriam compreender o discurso da guerra santa contra os Estados Unidos promovida por Bin Laden e os motivos que levaram ao ataque. Além disso, houve uma grande perseguição realizada pela nação WASP (Branco, Anglo-Saxão e Protestante) à comunidade muçulmana nos Estados Unidos, pois a maioria era vista como terrorista, embora os discursos de George W. Bush e dos representantes da comunidade visassem isolar o caso.

Os aeroportos e os principais pontos de circulação de pessoas do país passaram a ser intensamente vigiados. Pode-se notar câmeras de vigilância espalhadas em todas as esquinas das grandes cidades, como Nova York e Washington, que ficam integradas aos sistemas de buscas de possíveis atos suspeitos. Além disso, a política de segurança nos aeroportos em todo o mundo foi alterada em todos os voos nacionais e internacionais no país e no mundo.

OS TERRORISTAS NAS TELONAS: A CRIAÇÃO DO IMAGINÁRIO SOBRE O INIMIGO

A indústria cinematográfica norte-americana, desde sua criação, sempre foi um meio importante para a criação da imagem do inimigo. Vimos acontecer em boa parte do século XX, principalmente a partir da Segunda Guerra Mundial, quando o cinema já era uma forma de entretenimento consolidada para os americanos, pois existiam muitas salas na maioria das cidades pelo país e o ingresso era mais barato comparado a outros programas culturais, como o teatro e a ópera.

A imagem do terrorista é um ponto bastante abordado no cinema hollywoodiano desde os anos 1970, quando o terrorismo já era debatido no cenário internacional com ponto de partida no ataque à delegação israelense nas olimpíadas de Munique em 1972, e foi intensificado com o 11 de Setembro. As produções, que cresceram ao longo dos anos 1980 e 1990, desenvolviam histórias em torno de personagens centrais, geralmente policiais ou agentes de diversos órgãos de segurança, que superariam diversos problemas e resolveriam o caso, contando com pouca (ou nenhuma) ajuda. Desta forma, os *mocinhos* são a renovação da imagem do caubói americano dos anos 1930-1940 (com destaque para as produções de John Wayne, John Ford e John Huston), que eram o modelo de liderança e justiça.

QUANDO O TERRORISMO É REMETIDO À GUERRA FRIA E SEUS CONFLITOS

Um dos primeiros filmes sobre terrorismo nos Estados Unidos foi *Black Sunday* (*Domingo negro*) de 1977, dirigido pelo cineasta John Frankenheimer, que conta a história de um ex-oficial da Marinha dos Estados Unidos, preso durante a Guerra do Vietnã e, depois de libertado, foi dispensado do Corpo e perdeu sua família, devido aos traumas gerados pelo cárcere. Assim, ele se alia a uma facção do grupo Setembro Negro, responsável pela articulação do atentado às Olimpíadas em 1972, para realizar um ataque durante o Superbowl, a final do campeonato de futebol americano e um dos maiores eventos esportivos do país. Neste sentido, a história combina dois elementos bastante discutidos naquele momento no país: as consequências da Guerra do Vietnã, terminada em 1975, que causou traumas aos soldados que participaram do conflito (ver capítulo sobre o tema); e o terrorismo internacional, intensificado durante os anos 1970 principalmente pelos grupos oriundos do Oriente Médio contrários à política de Israel e seus aliados.

Black Sunday busca relacionar o terrorismo com problemas psicológicos através do papel do Capitão Michael J. Lander (*Bruce Dern*), que vive uma constante luta contra a depressão por ter sido traído e deixado por sua esposa e da falta de reconhecimento da sua pátria em relação aos feitos no Vietnã. Desta forma, Lander é mostrado como um ser introspectivo, paranoico e totalmente dependente de Dahlia Iyad (*Marthe Keller*), seu contato com o Setembro Negro. O ataque ao jogo de futebol é explicado pela necessidade, quando, em desespero, ele diz à Dahlia: "Eu queria dar a este país uma coisa para eles se lembrarem de mim!".

Outra produção deste período é *Nighthawks* (*Falcões da noite*), de 1981, dirigido por Bruce Malmuth. O filme conta a história do terrorista internacional Wulfgar (Rutger Hauer), que tem como objetivo realizar um atentado ao prédio da ONU em

Nova York. Para tentar impedi-lo, os órgãos de segurança montam uma força-tarefa antiterrorismo, que contava com o Sargento Deke DaSilva (Sylvester Stallone) como um dos melhores membros.

DaSilva representa o policial *durão*, exímio atirador – típico dos filmes norte-americanos – e a solução para os casos mais difíceis, enquanto Wulfgar era o terrorista contratado por "grupos revolucionários europeus" (o filme não destaca quais, mas os ataques são geralmente direcionados aos países capitalistas europeus), que não faz distinção de seus alvos: suas preferências são por lojas de departamento e prédios comerciais em horários de maior movimentação. A cena inicial do filme mostra a atuação do terrorista entre mulheres e crianças fazendo compras em uma grande loja na cidade de Londres, quando coloca uma bomba relógio para matar todos que estavam no local, mostrando ao público que quanto mais impactante o ataque, maior visibilidade para a causa.

Diferentemente do Capitão Lander em *Black Sunday*, o personagem Wulfgar não é apresentado como um homem problemático, pelo contrário, ele é uma pessoa extrovertida, adora frequentar discotecas em grandes cidades e possui um charme para encantar mulheres e convencê-las a aceitá-lo em suas casas na noite que se conheceram. Além disso, Wulfgar é racional, não tem conflitos emocionais e é apresentado como frio e calculista.

Nighthawks mostra a posição dos Estados Unidos em relação à segurança internacional no contexto da Guerra Fria, através do treinamento e da atuação da força-tarefa antiterrorismo. As máximas "não negociar com terroristas" e "atire para matar, sem hesitar", além do excesso de violência utilizada na primeira gravação da cena da morte de Wulfgar, censurada pela Associação de Cinema da América (MPAA – Motion Pictures American Association), mostram que os Estados Unidos não se abalariam com ataques e que as autoridades não poupariam esforços para manter sua população segura, justificando que o terrorismo deve ser combatido com o uso da violência.

Em *Black Sunday,* o combate ao terrorismo também é pensado a partir da dualidade entre vida ou morte. O agente israelense Kabakov (Robert Shaw), trabalhando em conjunto com o FBI, mostra que o terrorismo não pode ser combatido sem a eliminação física dos membros, fator que é confirmado com a consequência de ter deixado Dahlia viva no ataque ao esconderijo do Setembro Negro, nas cenas iniciais do filme.

O terrorismo é abordado pelos dois filmes como um ato que visa atingir um alvo impactante, que possui grande visibilidade para o mundo, com objetivo de pôr em xeque a capacidade dos Estados Unidos em garantir a segurança dos seus cidadãos. Em resposta, as duas produções mostram que o país possui organismos competentes que trabalham em parceria com outros países para manter os Estados Unidos e o mundo seguros dos ataques, como é retratado no caso da morte de Wulfgar em *Nighthaws* e da desmobilização do Setembro Negro em *Black Sunday*.

No final dos anos 1980, o primeiro filme da série *Die Hard* (*Duro de matar,* 1988), dirigido por John McTiernan, é lançado contando a história de terroristas que sequestraram um edifício comercial em Los Angeles durante uma festa de Natal da empresa. O policial John McClane (Bruce Willis) tentará (sozinho, desarmado e descalço!) resgatar sua esposa e caçar os sequestradores, todos oriundos da Alemanha Oriental, liderados por Hans Gruber (Alan Rickman), que tinha como objetivo roubar US$640 milhões do cofre da empresa para financiar a atuação do grupo na Europa. *Die Hard* foi um grande sucesso de bilheteria no ano, constando entre os 10 filmes mais assistidos de 1988 nos Estados Unidos.

Gruber era um personagem apresentado como racional e frio, assim como Wulfgar. Não tinha distinção de alvos, mas seus métodos e fins eram distintos dos terroristas dos filmes citados anteriormente. Em vez de explodir lojas de departamento ou atacar grandes eventos para ter visibilidade, ele utilizou o sequestro para roubar dinheiro e financiar as operações do grupo, elemento muito utilizado pelos terroristas europeus nos anos 1970. A ação no prédio deveria ser discreta e rápida, para que o dinheiro pudesse ser roubado do cofre sem chamar atenção da polícia, diferentemente do que podemos ver nas ações de Wulfgar e de Lander.

McClane é retratado como um policial durão de Nova York, assim como DaSilva, incorruptível e que sofre com problemas familiares apresentados ao público através da tentativa de reatar sua relação com a esposa. O matrimônio é prejudicado pelo excesso de trabalho de McClane, mostrando que o papel do policial em servir e proteger a sociedade é a prioridade, inclusive em relação à família e à saúde.

Os três filmes citados trabalham com as questões pessoais dos protagonistas, mostrando que, mesmo sendo "cavaleiros solitários", possuem dificuldades que deverão ser superadas ao longo da história. John McClane luta sozinho contra o grupo de terroristas armados para salvar e fazer as pazes com sua esposa na noite de Natal; Deke DaSilva teme pela vida de sua mulher por ter frustrado os planos de Wulfgar; e Kabakov, na cena em que está hospitalizado, mostra o cansaço das mortes de companheiros na caça aos terroristas e de assassinar pessoas durante o processo, e o arrependimento de não ter atirado em Dahlia, o que evitaria a possibilidade do ataque aos Estados Unidos.

Assim como o primeiro filme da série, *Die Hard: With a Vengeance* (*Duro de matar: a vingança,* 1995) mostra a mesma linha de raciocínio: o terrorista Simon Gruber (Jeremy Irons) tem um discurso de vingança contra o detetive John McClane por ter assassinado seu irmão Hans no ataque ao edifício comercial no longa anterior. Desta forma, Simon é visto como um ladrão que utiliza de ataques a locais de grande circulação de pessoas para mobilizar todas as autoridades e camuflar o roubo a um grande banco no centro da cidade de Nova York.

Nos anos 1990, *Air Force One* (*Força Aérea Um,* 1997) e *The Peacemaker* (*O pacificador,* 1997) foram dois filmes de grande bilheteria que trataram sobre a temática do terrorismo relacionado diretamente com as consequências do fim da Guerra Fria. Ambos retrataram a questão do esfacelamento das Forças Armadas da União Soviética, possibilitando a ação de oficiais corruptos e da instauração de regimes ditatoriais na região, que deveriam ser combatidos pelos Estados Unidos.

Dirigido por Wolfgang Petersen, *Air Force One* conta a história do sequestro do avião presidencial dos Estados Unidos durante a visita à Rússia por ex-militares em represália à prisão do General Radek, que havia instaurado um regime ditatorial no Cazaquistão e foi capturado em uma operação conjunta entre tropas russas e americanas. Os sequestradores, liderados por Ivan Korshunov (Gary Oldman), tinham o objetivo de pressionar o governo norte-americano para libertar Radek, ameaçando a família do Presidente James Marshall (Harrison Ford), que estava no avião.

The Peacemaker, dirigido por Mimi Leder, mostra um roubo de ogivas nucleares pelo general russo Aleksander Kodoroff (Aleksandr Baluev) para venda no mercado negro, e um dos interessados tinha intenção de explodir a bomba no prédio da ONU. A ação foi mascarada como um possível acidente nuclear, com a explosão de uma das bombas do carregamento. Para desvendar os motivos do acidente, a especialista em armas nucleares dos Estados Unidos, Dra. Julia Kelly (Nicole Kidman), se unirá ao Coronel Tom Devoe (George Clooney), que levantou a hipótese do acionamento de uma das bombas para atrasar as buscas e apagar os rastros dos ladrões.

O filme passa ao público a imagem do soviético como uma figura corrupta, disposta a atacar seu próprio povo para atingir seus interesses. É o caso do General Kodoroff, quando mata a maioria de seu pelotão e coloca o trem militar em rota de colisão com um vagão de passageiros lotado, além de forçar a explosão de uma das bombas para não deixar vestígios e testemunhas do roubo.

O "vilão principal" da história, o diplomata bósnio Dusan Gavrich (Marcel Iures), procura mostrar o descaso dos países desenvolvidos com o conflito na Bósnia, quando toda a população sofria com tiroteios e bombardeios à capital Sarajevo. Desta forma, ele planeja vingança contra a comunidade internacional, que não tomava nenhuma medida para solucionar a crise na região. Porém, o desenvolvimento da história dá mais prioridade à caça ao general soviético do que o caso do diplomata, tornando evidente que a preocupação com a antiga União Soviética era o motivo principal, sendo a tentativa de ataque do bósnio uma consequência da falta de controle e segurança das armas nucleares.

QUANDO O TERRORISMO É LIGADO AOS ÁRABES

A produção de filmes de tentativas de ataques aos Estados Unidos promovidos por terroristas árabes aumentaram ao longo dos anos 1990. Com o ataque ao World Trade Center organizado pela Al-Qaeda em 1993, quando um carro-bomba explodiu na garagem subterrânea do complexo e destruiu boa parte do térreo e dos primeiros andares de uma das torres, a segurança interna do país passou a ser um dos pontos questionados, principalmente pelos membros do Partido Republicano que, em oposição ao Presidente Bill Clinton, organizaram um documento chamado "Contrato com a América" (*Contract with America*), que propunha diversas medidas, dentre elas a proteção da sociedade americana através do aumento do gasto com o setor de defesa.

Além disso, os Estados Unidos ainda sofreriam ataque fora do país, como as embaixadas no Quênia e na Tanzânia em 1998 e as embarcações da Marinha americana nos anos 2000, todos planejados pela rede terrorista de Osama Bin Laden.

Um das primeiras produções que retratavam a questão foi *True Lies* (1994), que conta a história do agente secreto Harry Tasker (Arnold Schwarzenegger) e sua caça ao terrorista Salim Abu Aziz (Art Malik), líder da organização palestina Crimson Jihad. Aziz tinha o plano de atacar os Estados Unidos com armas nucleares para mostrar o poder do grupo, colocando uma bomba no centro da cidade de Miami.

O terrorista é tratado a partir do estereótipo do árabe nos filmes de ação norte-americanos dos anos 1980: sempre utilizando uma roupa militar e com poucas palavras, Aziz é um personagem que não tem motivos muito claros para atacar o país. Não há um discurso elaborado realizado pelo vilão do filme, diferentemente das demais produções que tratam sobre o tema.

Tasker é o agente secreto que não tem dificuldades para combater o terrorista, mas passa por problemas familiares, solucionados ao longo da história, quando a esposa descobre sua real profissão. Fora a relação conjugal, não há amostra, como em outras histórias, de medos do protagonista ou até mesmo cansaço de exercer sua profissão.

Embora seja um filme que trate a temática de forma superficial, o filme foi um dos mais vistos pelo público americano naquele ano, perdendo somente para *Forrest Gump* e *The Lion King*.

Em 1998, o filme *The Siege* (*Nova York sitiada*) foi lançado em meio de muitas polêmicas, pois contava a história de sucessíveis ataques terroristas à Cidade de Nova York realizados por células de um grupo islâmico, em represália à prisão do Sheik Ahmed Bin Talal, responsável por um grande atentado às instalações norte-americanas no Oriente Médio.

Com a série de ataques ocorridos em Nova York, o Exército é convocado pelo presidente para cuidar da segurança da cidade, instaurando a Lei Marcial no local e construindo locais destinados aos árabes, separados por grades instaladas em um campo de futebol. A opinião pública criticou o diretor Edward Zwick, que se defendeu contratando um representante da comunidade árabe para opinar sobre determinadas cenas e personagens, resultando na criação do agente do FBI Frank Haddad (Tony Shalhoub), que dava um papel de destaque para um muçulmano.

O filme trata de questões importantes para compreendermos o debate sobre o combate ao terrorismo no momento, através da contraposição entre os métodos de investigação do FBI, liderados por Anthony Hubbard (Denzel Washington), e as Forças Armadas norte-americanas, liderada pelo General William Devereaux (Bruce Willis). Hubbard representava a investigação, o investimento em fontes para descobrir a localização das células e dos alvos, enquanto Deveraux utilizava tortura, prisões ilegais e a mudança da rotina da população como forma de interromper os ataques. Como um termômetro entre os dois personagens, há a enigmática Elise Kraft (Annette Bening), uma agente da CIA que utilizava a tortura ao mesmo tempo em que investia em informantes.

Outra questão importante em *The Siege* é a relação entre a política norte-americana e os terroristas. O filme é iniciado com um discurso de Bill Clinton em resposta aos ataques às Torres Khobar na Arábia Saudita, realizado pela Al-Qaeda em 1996, em que ele dizia que tomaria medidas contra os grupos e que o governo dos Estados Unidos "não negocia com terroristas". Esta cena inicial é importante para compreendermos a atuação do Exército norte-americano no filme, pois o mesmo pensamento é utilizado pelo General Devereaux.

Em 2007, o filme *The Kingdom* (*O reino*), dirigido por Peter Berg, desenvolveu a questão a partir do ataque terrorista às instalações norte-americanas na Arábia Saudita. Porém, diferentemente de *The Siege*, a relação entre árabes e norte-americanos não é retratada como inimizade, mas sim em pareceria, retratada na relação entre o agente do FBI Ronald Fleury (Jamie Foxx) e o Coronel Faris Al Ghazi (Ashraf Barhom), que trabalham juntos para tentar descobrir o paradeiro de Abu Hamza (Hezi Saddik), responsável pelo ataque.

Berg desenvolve a questão do terrorismo a partir da vingança, com destaque para a cena final, quando Fleury e Hamza mostram o mesmo discurso de ódio: o agente do FBI afirmando que mataria todos os responsáveis pela morte do amigo, enquanto o terrorista dizia a um familiar para se vingar dos americanos.

QUANDO O PERIGO É INTERNO

A partir dos anos 1990, as produções cinematográficas norte-americanas começaram a pensar em um inimigo interno, sem ligações com grupos internacionais, que questionam a segurança do país e a atuação de determinados grupos que agem "em defesa da democracia", seja a favor ou contra os Estados Unidos. Esses "inimigos" passaram a ser considerados após o atentado ao prédio do governo na cidade de Oklahoma, em 1995, quando Timothy McVeigh, um americano que queria atacar o governo em represália à atuação das autoridades na desmobilização de um grupo religioso radical (Branch Davidians) que resultou na morte de 76 pessoas na cidade de Waco, Texas. McVeigh atacou o prédio com um carro-bomba, destruindo-o por completo e causando 168 mortes e mais de 600 feridos.

O primeiro filme a ser citado é *Broken Arrow* (*A última ameaça,* 1996), dirigido pelo cineasta chinês John Woo, conhecido por produzir uma série de filmes de ação durante os anos 1990. O longa-metragem conta a história de dois pilotos da Força Aérea Americana que são escolhidos para fazer um exercício secreto com um avião stealth, que portava duas bombas nucleares. O filme mostra a oposição entre os oficiais: o primeiro, o Major Vic Deakins (John Travolta), transforma-se em vilão quando decide roubar as armas, enquanto o Capitão Riley Hale (Christian Slater) é o homem que tenta impedir o plano, após ser traído durante o exercício de voo do avião stealth. O que o torna diferente dos demais filmes é que não há nenhuma menção a grupos internacionais envolvidos na trama: os mercenários são americanos que roubam as bombas para obrigar o presidente do país a autorizar o pagamento de mais de US$200 milhões para o grupo, evitando que o armamento fosse utilizado em uma grande cidade dos Estados Unidos.

Em *Swordfish* (*A senha: swordfish*, 2001), dirigido por Dominic Sena, o grupo de contraterroristas é liderado por Gabriel Shear (John Travolta), um enigmático agente que organiza um plano para roubar dinheiro oriundo de uma grande operação feita pelo governo para reter a entrada de dinheiro sujo no país. A verba, estimada em bilhões de dólares, seria utilizada por Shear para financiar a caça aos terroristas e defender "os ideais americanos".

Shear passa de protagonista a vilão, quando ultrapassa as ordens dadas pelo Senador James Reisman (Sam Shepard), que não aprova o prosseguimento da operação. Além disso, ele decide sequestrar pessoas no banco para garantir a finalização da transferência do dinheiro e sua fuga.

O diálogo entre Shear e o hacker Stanley Jobson (Hugh Jackman) durante a preparação do roubo ao banco faz uma "radiografia" do agente secreto: um homem que justifica as mortes e sequestros realizados pelo grupo para defender a liberdade do norte-americano e suas instituições. Desta forma, Shear está discutindo sobre as ações tomadas pelos Estados Unidos no mundo, através da justificativa do discurso sobre a proteção do povo americano e seus aliados e dos ideais democráticos.

Em *Live free or die hard* (*Duro de matar 4.0*, 2007), dirigido por Len Wiseman, o vilão é o hacker Thomas Gabriel (Timothy Olyphant), que perdeu o emprego de encarregado da segurança virtual do país, após ter aconselhado o governo a reformular toda a infraestrutura de computadores dos setores essenciais do país depois do 11 de Setembro, que estavam vulneráveis a ciberataques. No filme, o inimigo é interno, sem qualquer ligação com grupos internacionais e ataca para provar ao governo que suas recomendações deveriam ter sido aceitas pelo governo americano, exigindo uma reparação de seu país. Assim como os demais filmes da série, o hacker terá seu plano impedido pelo policial John McClane, que servirá como um termômetro na dualidade entre "novo" e "velho" na história.

Diferentemente dos externos, os inimigos internos nos filmes não são estereotipados. Deakins, Shear e Gabriel são personagens muito diferentes, que possuem motivos distintos para realizar suas ações, mas eles são consequência da política de segurança dos Estados Unidos, que armazenam seu armamento nuclear e investem em grupos clandestinos fora do país para "promover a liberdade", justificando mortes e derrubadas de governos em países do Oriente Médio.

CONSIDERAÇÕES FINAIS: E QUANDO A BOMBA EXPLODE?

Em todos os filmes analisados, o inimigo mostra suas intenções e realiza discursos relacionados com as consequências da política externa e de segurança dos Estados Unidos, relembrando rivalidades da Guerra Fria, como no caso dos vilões oriundos do Leste

Europeu, desenvolvendo o debate cultural e religioso, através dos grupos terroristas islâmicos, e discutindo sobre as questões internas do país, com a criação de personagens americanos que atacam o país com intuito de vingança ou tentativa de conseguir dinheiro do governo. Desta forma, os "internos" são mais vistos como ladrões do que terroristas, sem estereótipos criados, como é feito com os "externos".

Todos os planos dos terroristas nos filmes trabalhados anteriormente são impedidos pelos heróis, que buscam caçar o inimigo e conseguem pará-lo momentos antes do seu sucesso, assim como na maioria dos filmes de ação norte-americanos. A "bomba", neste sentido, nunca explode, mas a possibilidade levantada pelas histórias chama a atenção do espectador, que especula: "E se a bomba explodisse?"

Os cineastas norte-americanos, principalmente por causa da pressão da indústria, terminam seus filmes com um ato de superação, mostrando o protagonista como vencedor, após ter sofrido uma série de dificuldades para resolver o problema. Neste sentido, o desarme do "plano" é a constatação da vitória do "mocinho".

Podemos encontrar, contudo, alguns exemplos de como seria se a bomba explodisse, mas que não apresentam um cenário concreto, mostrando que a possibilidade de ataque, mesmo com o 11 de setembro, não é pensada de forma séria pelo cinema norte-americano. Destacamos, neste sentido, dois filmes: *The Sum of All Fears* (*A soma de todos os medos*, 2002), dirigido por Phil Alden Robinson, quando a bomba implantada por terroristas europeus de extrema-direita explode em um estádio de baseball na cidade de Baltimore, e *Unthinkable* (*Ameaça terrorista*, 2010), que conta a história de um suspeito que é interrogado e torturado para informar sobre três dispositivos nucleares ativados em grandes cidades dos Estados Unidos.

Em *The Sum of All Fears*, a bomba faz parte de um plano maior do grupo europeu, que planeja causar uma guerra nuclear entre Estados Unidos e Rússia. O analista Jack Ryan (Ben Affleck) é o responsável por solucionar o problema e desvendar o grupo terrorista de extrema-direita, restabelecendo a paz entre os dois países. Desta forma, há uma explosão, mas o "desarme da bomba" é evitar a guerra nuclear.

Já em *Unthinkable*, o próprio nome do filme em inglês (a tradução livre é impensável) já nos mostra a impossibilidade de criar um cenário de sucesso pleno dos terroristas. O uso da tortura é legitimado por motivos de "segurança nacional" e os heróis falham em desarmar todas as bombas (na verdade, eram quatro em vez de três) porque o torturador foi interrompido e não conseguiu obter todas as informações. A última bomba fica ativada, mas o filme termina sem mostrar a explosão e suas consequências.

Portanto, podemos concluir que o cinema norte-americano tratou o terrorismo de uma série de formas, mas não formulou histórias concretas em que os vilões sejam vitoriosos e a "bomba" explodisse de fato. Isto ocorre graças ao importante papel da indústria cinematográfica dos Estados Unidos, que tem como principal objetivo vender histórias que agradam seu público, mostrando que não há vitória possível para os terroristas, fator que coaduna com os discursos promovidos pelo governo, principalmente após o 11 de Setembro.

BIBLIOGRAFIA COMENTADA

BALLARD, Tom. *Hollywood 9/11: superheroes, supervillians and super disasters*. Colorado: Paradigma, 2011.

O livro analisa as diferenças dos filmes norte-americanos antes e depois do 11 de Setembro, mostrando a importância que o atentado teve na indústria cinematográfica norte-americana.

BURLEIGH, Michael. *Blood and rage: a cultural history of terrorism*. New York: HarperCollins e-books, 2008.

Livro que aborda a história do terrorismo, destacando questões culturais.

CHALIAND, Gerard e BLIN, Arnaud. *The history of terrorism: from Antiquity to Al-Qaeda*. Londres: University of Carolina press, 2007.

Obra que aborda, de forma cronológica, a história do terrorismo desde a antiguidade até os anos 2000, com o fortalecimento da Al-Qaeda.

CRENSHAW, Martha. *The concept of revolutionary terrorism. The journal of conflict resolution*, vol. 16, n. 3, 1972. p. 383-396.

Artigo que discute sobre o conceito de terrorismo moderno.

GLASSNER, Barry. *The culture of fear*. New York: Basic Books, 2009.

Livro que analisa a sociedade norte-americana pós-11 de Setembro, mostrando como os atentados influenciaram na criação de uma cultura do medo no país.

HERSH, Seymour. *Cadeia de comando*. Rio de Janeiro: Ediouro, 2004.

Livro que analisa as tomadas de decisão do Governo Bush pós-11 de Setembro, culminando com as guerras do Afeganistão e do Iraque.

LAQUEUR, Walter. *Uma historia del terrorismo*. Buenos Aires: Paidós, 2003.

Obra que analisa a história do terrorismo durante os séculos XIX e XX.

RASIC, Lynn e BLAIS, Allison. *A Place of Rememberance: official book of the National September 11 Memorial*. Washington D.C: National Geographic, 2011.

Livro que discute sobre a história da construção do Memorial do 11 de Setembro.

THACKRAH, J. R. *Dictionary of terrorism*. New York: Routledge, 2004.

Dicionário sobre terrorismo, que contém uma série de verbetes sobre grupos, personalidades e principais atentados.

WHITTAKER, David. *Terrorismo – um retrato*. Rio de Janeiro: BIBLIEX, 2005.

Livro que discute sobre o conceito de terrorismo, relacionando-o com o debate das guerras assimétricas.

The star of "RAIDERS OF THE LOST ARK" and the director of "ALIEN" take you on a spectacular journey to the savage world of the year 2019!!
HARRISON FORD IS THE
BLADE RUNNER™
JERRY PERENCHIO AND BUD YORKIN PRESENT
A MICHAEL DEELEY-RIDLEY SCOTT PRODUCTION
STARRING HARRISON FORD
IN BLADE RUNNER™ WITH RUTGER HAUER SEAN YOUNG
EDWARD JAMES OLMOS SCREENPLAY BY HAMPTON FANCHER AND DAVID PEOPLES
EXECUTIVE PRODUCERS BRIAN KELLY AND HAMPTON FANCHER VISUAL EFFECTS BY DOUGLAS TRUMBULL
ORIGINAL MUSIC COMPOSED BY VANGELIS PRODUCED BY MICHAEL DEELEY DIRECTED BY RIDLEY SCOTT
ORIGINAL SOUNDTRACK ALBUM AVAILABLE ON POLYDOR RECORDS PANAVISION ® TECHNICOLOR ® DOLBY STEREO™ IN SELECTED THEATRES
A LADD COMPANY RELEASE IN ASSOCIATION WITH SIR RUN RUN SHAW
THRU WARNER BROS A WARNER COMMUNICATIONS COMPANY
A ROADSHOW RELEASE
© 1982 The Ladd Company. All Rights Reserved
M.A.P.S. Litho Pty. Ltd.

12.

CINEMA E DISTOPIAS: AS GUERRAS DO FUTURO

José Maria Gomes de Souza Neto

Dez anos. Dez vezes semeou-se o grão antes da queda de Troia, abatida sob lanças gregas. Onde antes havia moradas, o ermo. Sangue goteja dos templos sagrados.

UM CENÁRIO APOCALÍPTICO. No breu noturno, imensas torres de pedra, carcaças de edifícios e muralhas destruídos. O fogo corrói o que resta, enchendo o rededor com fumaça. Guerreiros envergando armaduras metálicas, tochas em punho, escoltam uma pequena multidão de mulheres. Mulheres envoltas em suas vestes negras. Mulheres de cabeças cobertas. Mulheres agarradas aos seus filhos, incertas do futuro, violentadas. Os homens lhes arrebatam as crianças, insensíveis aos gritos de horror, embarcam-nas numa carroça tosca e deixam para trás, num campo de prisioneiros, as suplicantes prostradas, lágrimas abundantes, sovando o pó com as mãos. Eles são gregos, vencedores da grande guerra; elas, troianas, filhas da antiga metrópole reduzida às cinzas.

O dia que nasce não traz consigo a esperança, e ao longe as miseráveis veem os mastros dos navios nos quais hão de embarcar, arrebatadas ao mundo que conhecem desde sempre para servir, escravas, aos seus algozes. Nada mais há a protegê-las: mortos o rei e sua linhagem, e a rainha, conquanto viva, velha de cabelos grisalhos, compartilha o mesmo fado, reduzida, ela como todas, à condição de animais tangidos de um lado para o outro.

Nunca houve uma guerra como a de Troia. Emersa das brumas mnemônicas das populações indo-europeias da Grécia, sua história foi compilada pelo poeta reconhecido pelos helenos como o maior de todos, Homero, o qual na *Ilíada* (e em menor escala na *Odisseia*) descreveu os cenários de uma guerra total, um marco para a identidade grega, de tal maneira importante que, nos séculos que se seguiram, os dramaturgos atenienses retornaram, amiúde, ao patrimônio legado pela sua Antiguidade, explorando aspectos e personagens específicos – migalhas caídas da ceia homérica, nas palavras de um deles.

Dentre os que se banquetearam com estes restos, Eurípides: ao lado de Ésquilo e Sófocles, um dos três grandes dramaturgos atenienses, cuja obra possui um caráter especial, pois em suas peças – especialmente n'As Troianas – captou o olhar do vencido, da vítima. Sim, os gregos triunfaram, mas isso não os fez grandiosos, e sua vitória realçou a brutalidade de sua natureza; não interessaram ao teatrólogo a beleza flamejante dos heróis armados e suas lanças reluzentes, as loas à coragem, à virtude, ao destemor. Não. Sua atenção recaiu sobre os derrotados, os sobreviventes, e de como tocaram adiante suas vidas; foi precisamente esta simpatia que atraiu um cineasta contemporâneo, o cipriota Mihalis Kakogiannis: grego da diáspora, fileleno tal e qual o poeta alexandrino Konstantinos Kaváfis, e como ele apropriou-se do antigo patrimônio literário de sua língua-mãe, dirigindo e roteirizando transposições para o cinema de três grandes tragédias euripidianas: *Electra, a vingadora* (Ηλέκτρα/*Ilektra*, 1962); *As troianas* (*The Trojan Women*, 1971) e *Ifigênia* (Ἰφιγένεια/*Ifigeneia*, 1977). Ninguém mais do que ele dominou a arte de fazer reviver o drama clássico em tempos modernos.

Eurípides apresentou *As troianas* pela primeira vez nas Grandes Dionisíacas de 415 AEC, reverberando a complexa situação política de então, a Guerra do Peloponeso (431-404 a.C.), conflito fratricida que lançara quase todo mundo helênico em conflagração, e o clamor das mulheres troianas subjugadas evoca o abismo moral ao qual sua pátria, Atenas, decaíra. Esta súplica distante ecoou forte no cineasta cipriota, atento à validade da poética antibélica euripidiana no começo dos anos 1970 – também este um período farto em conflitos. Kakogiannis considerou a peça realista e particularmente pertinente, tão importante então quanto quando fora escrita, e especialmente tocado pelo movimento antimilitarista que o cercava encontrou, no tragediógrafo ateniense, seu melhor tradutor, alguém capaz de descrever como ninguém a loucura da guerra, e precisou levar, como diretor, roteirista e produtor, suas diatribes às telas; assim sendo, e amparado por uma série de sucessos recentes, produziu *As troianas*, filme ambicioso, multinacional, estrelado por algumas das melhores atrizes que o cinema já conheceu: Vanessa Redgrave, Geneviève Bujold, Irene Papas, além de Katharine Hepburn, verdadeiro mito da sétima arte, a quem coube interpretar a alma desta tragédia: Hécuba, a desditada rainha troiana. Melhor do que ninguém, a velha e batida monarca registra a desesperança daquelas mulheres:

> Levanta! Levanta do chão, cabeça fatigada, pescoço alquebrado. Isto não é mais Troia, e não somos mais os seus senhores. Vem. O destino e os ventos seguem o mesmo caminho. Destino à deriva, vento à deriva. Nada, sempre. Sempre, nada. Cala. Fala. Chora, então. Por quê? Para quê? Este corpo sofrido. Este catre... rápido, preciso me mover. O som das lágrimas caindo embala, de um lado pro outro, meu corpo.

Katharine Hepburn compôs à perfeição sua personagem, exibindo meticulosamente a desesperança de alguém que presencia o desabamento de todas as suas certezas:

Hécuba viu morrer marido e filhos; descobriu que sua filha fora assassinada num ritual em honra de Aquiles, algoz do grande Heitor; assistiu, impotente, outra de sua prole, Cassandra, não obstante sua loucura e voto de castidade, ser levada para servir de concubina a Agamenon, rei de Esparta, e seu neto infante, último da linhagem real, ser assassinado; por fim, suprema iniquidade, testemunhou a causadora de toda a desgraça troiana, a bela Helena, retornar ilesa à Grécia. A vitória grega fora acachapante: seus soldados saquearam e incendiaram a grande cidade, vilipendiaram seus lugares sagrados, pilharam suas riquezas, assassinaram os homens adultos e arrebanharam as mulheres qual gado, dividindo-as entre si como butins de guerra. Troia era rica. Troia era santa. Aos seus cidadãos, devotos, heroicos, coragem não faltava, e só foram conquistados graças a uma artimanha – o maldito cavalo de madeira divisado por Odisseu. Foi a astúcia, e não o valor, que legou a vitória à Hélade.

Hécuba é testemunha ocular de tudo isso; seu desamparo, e das suas conterrâneas, não se resume às perdas materiais, estende-se a toda visão de mundo. A boa fortuna da vil Helena e o sucesso do engenho matreiro de Odisseu atestavam a injustiça da realidade, e a lógica com a qual a compreendiam dissolveu-se qual castelo de areia à beira-mar; certezas, esmigalhadas pelos invasores; valores, mesmo os mais caros, perderam a razão de ser, sentimento magnificamente expresso por Eurípides, quando fala através de Hécuba:

Ah! Deuses! (Mas qual a valia de invocá-los?
Já no passado não ouviram meus apelos...)
Eurípides, 1620-1621

O roteiro adaptado por Kakogiannis, conquanto tenha, de certa forma, atenuado o desespero originalmente expresso, não se furtou a apresentá-lo, e de uma garganta troiana brota este clamor desesperado:

Oh, Pai que nos criaste!
Não vês o sofrimento dos teus filhos?
Por que o merecemos?

Eurípides, na Atenas do século V AEC, e Kakogiannis, na década de 1970, retrataram uma sociedade empurrada ao extremo da sua existência, na qual mesmo a crença religiosa jazia em cacos – afinal de contas, os ouvidos divinos quedaram-se moucos aos seus ais. Uma civilização arrasada, marcada por um profundo sentimento de não pertencimento, oriundo dos horrores de um conflito que projetou futuro mais que sombrio, no qual mesmo as mais básicas noções de moralidade estão ausentes; corrompido e perverso, deturpado por um trauma grandioso que lançou suas gavinhas infelizes em direção ao porvir, envolvendo-o e, por fim, sufocando-o. É uma distopia.

CONCEITUANDO UTOPIAS E DISTOPIAS

Ao mundo que todos conhecemos, que pode ou não ser o melhor possível, a primavera chegou mais uma vez. Ainda assim, nem mesmo toda magia primaveril era suficiente pra ocultar a miséria da Manor Farm.

Em 1954, dois cineastas britânicos lançaram o primeiro longa-metragem animado produzido naquele país, uma adaptação da obra de George Orwell, *A revolução dos bichos* (*Animal Farm*, 1954), uma aposta arriscada, que não apenas desafiava o domínio da Disney como, em época de histeria anticomunista, exibia uma metáfora crítica sobre o Estalinismo recriado em uma fazenda. O traço da animação se assemelha àquele estabelecido desde os anos 1930 pelos estúdios do Mickey: fundos detalhados, cuidadosamente pintados, sofisticado jogo de câmeras, personagens cartunísticos e pequenas tiradas de humor que amenizam, ao menos no início, as cenas de tensão – estética indicativa de um filme leve e descompromissado. Nada, todavia, poderia ser mais enganoso, pois as verdades expostas pelo autor em seu livro lá estão, presentes, ainda que nesta atmosfera edulcorada.

Os animais viviam numa fazenda que pertencia ao Senhor Jones, sujeito violento e incompetente, sempre embriagado, que os trata com agressividade e abandona-os à fome. Um sábio e velho porco, Old Major, convoca uma reunião e revela a todos a dureza da realidade: serão explorados até a morte para benefício do fazendeiro; ato contínuo, estimula a revolta, a expulsão do explorador e a instauração de um novo regime igualitário. Ainda que o profeta suíno não viva para testemunhá-lo, suas palavras estimularam os animais à ação, e embora a custo elevado, mortos e feridos, eles conquistam sua independência e destroem os símbolos da opressão – correntes, cutelos, arreios, chicotes e cangas. Invadem a casa do fazendeiro, despedaçam seu retrato, depois a trancam por considerarem-na indigna, e na sequência, pintam, na parede mais alta do celeiro, os mandamentos da nova ordem:

Animal nenhum dormirá numa cama.
Animal nenhum tomará bebida alcoólica.
Quatro pernas é bom, duas pernas é mau (asas contam como pernas).
Animal nenhum matará outro.
Todos os animais são iguais.

Embora o governo seja exercido por uma assembleia na qual todos têm voz e voto, são de fato os porcos, astutos e letrados, que estabelecem as leis, e um deles, Snowball, veterano ferido na guerra contra os humanos, dirige o manejo da propriedade; "o trabalho flui como mágica", informa o narrador: os campos são colhidos, arados e plantados numa atmosfera feérica, ao som de música saltitante, com os bichos trabalhando alegremente, cada um de acordo com as suas potencialidades: Boxer, fortíssimo cavalo, puxa a colheitadeira; os patos aprendem a segurar foices com os bicos e ajudam na ceifa; cabras e ovelhas levam o feno colhido até o jumento Benjamin, que o transporta até as galinhas e os passarinhos, os quais, entre trinados e cacarejos, empilham-no em montes. "Com a colheita segura em casa, os animais tiveram tempo de pensar no futuro", e uma vez mais o motor da novidade é o incansável Snowball: cria uma força-tarefa de pombos *agitprop*; universaliza a instrução obrigatória – ler, escrever, contar; finalmente, propõe a construção de um moinho, implemento que, afirma, resolverá todos os problemas energéticos da fazenda... trabalho árduo, reconhece, mas a "vida será doce" depois de concluído. Até esse momento, *A revolução dos bichos* se apresenta como utopia ocidental clássica, indelével esperança no porvir na qual animais subjugados e explorados tomam o destino em suas próprias patas e depõem o tirano, realidades pré e pós-revolucionárias que ecoam muito das discussões engendradas pelo filósofo inglês Thomas More em seu livro, *A utopia*:

> Fizeram os reis para os homens, e não para os reis; colocaram chefes à sua frente para que pudessem viver comodamente ao abrigo das violências e dos ultrajes; o dever mais sagrado do príncipe é velar pela felicidade do povo antes de velar pela sua própria (p. 44).

Ora, este perfil de liderança se amolda perfeitamente ao visionário Old Major, conhecedor das adversidades que o futuro dos seus camaradas escondia, e que tratou de congregá-los e adverti-los – ou nas palavras do próprio More, "como um pastor fiel, deve dedicar-se ao seu rebanho, e conduzi-lo às pastagens mais férteis". Inversamente, Senhor Jones é o exemplo do mau líder, do monarca que abusa dos seus súditos e atrai contra si o ódio da nação:

> Sustentar que a miséria pública é a melhor salvaguarda da monarquia é sustentar um erro grosseiro e evidente; Onde se veem mais querelas e rixas que entre os mendigos? Qual o homem que mais deseja uma revolução? Não será aquele cuja existência atual é miserável? Qual Estado? Não será aquele que com isso só pode ganhar por nada ter a perder? (p. 45)

Em sua fazenda renovada, os bichos instauram um regime igualitário, no qual cada um possui o seu quinhão de responsabilidade e, por isso mesmo, trabalham felizes, cenário que reflete luzes d'*A Cidade de Deus*, utopia profetizada por Santo Agostinho em obra homônima:

> Um dos grandes bens da venturosa Cidade será ver que ninguém invejará ninguém, nem o inferior ao superior (...) ninguém desejará possuir o que não recebeu, apesar de perfeita e concordantemente unido com quem o recebeu, como no corpo o dedo não quer ser o olho, embora o olho e o dedo integrem a estrutura do mesmo

corpo. Cada qual possuirá seu dom, um maior e outro menor, de tal sorte que terá, por cima, o dom de não desejar mais do que tem (Livro XXX, 3:4-12).

O idílio começa a fenecer quando da proposta do moinho: a iniciativa atrai a inveja de Napoleon, barrão malhado em preto e branco que desde o início não inspira confiança – trancou a casa do Senhor Jones, mas guardou a chave consigo; carregou uma ninhada de cachorrinhos, cuja mãe fora morta na guerra, e a manteve reclusa; percebeu que as vacas precisavam ser ordenhadas para se sentir bem, mas em vez de distribuir o leite igualitariamente, tomou-o somente para si e seus asseclas; acima de tudo, está sempre de olho atento às iniciativas do oponente, e quando descobre seus planos decide atacá-lo, denunciando-o em plena assembleia e acusando-o de traidor. A despeito de seu amplo catálogo de realizações, Snowball não tem força para confrontá-lo, ainda mais quando o adversário se faz acompanhar de uma tropa pretoriana, filhotes crescidos em uma matilha de ferozes cães de guerra, que persegue o infeliz e o dilacera; entrementes, Napoleon, em mentira burilada para tomar ares de verdade, denuncia o antigo mandatário, acusa-o de estar mancomunado com o Senhor Jones preparando o retorno da velha ordem. Alçado à condição de líder inconteste, Napoleon apresenta os planos do moinho como se seus fossem, e estabelece que, com vistas ao bem comum, concentrará, dali em diante, todas as decisões importantes.

A construção tem início, mas a despeito do trabalho árduo, os animais têm suas rações diminuídas – somente os porcos têm comida abundante e usufruem de benesses inacessíveis aos demais, como viver na casa do Senhor Jones, ao arrepio da lei que bania sua utilização; quando alguns relembraram esta regra, descobrem que ela havia sido reformulada: animal nenhum dormirá numa cama COM LENÇÓIS. A nova elite dominante vende a produção dos seus camaradas (ovos, leite) em troca de geleias e conservas, bens de luxo aos quais tinham se afeiçoado. A revolta não tarda, e as galinhas são as primeiras a não aceitar o roubo; denunciadas como traidoras, são destruídas pela tropa canina, ação que provoca a reescritura de mais um mandamento: Animal nenhum matará outro SEM MOTIVO – redação ambígua, que abre espaço para assassinatos injustificados.

Se a utopia é uma expressão de otimismo, de crença na invenção de coisas e criaturas melhores, a distopia é sua corrupção, desvirtuamento das esperanças, fracasso das ideias, percepção intrínseca de que não somos perfeitos, e que nada oriundo dessa condição maculada pode conduzir à perfeição. Os bichos se revoltaram e conquistaram a independência, mas findaram por reproduzir as práticas perversas de seu antigo mestre – perigo para o qual Old Major alertara em seu discurso. Uma vez no poder, os porcos acharam-se no direito de reescrever qualquer parte da história e cometer toda sorte de barbaridades em proveito próprio, deturpando até mesmo o mais importante dos mandamentos originais, "Todos os animais são iguais", ao acrescentar: MAS ALGUNS SÃO MAIS IGUAIS QUE OS OUTROS!

Embora os suínos sejam os grandes criminosos, os outros animais não são isentos de responsabilidade: às ovelhas, indispostas ao aprendizado, balir o mantra "quatro pernas é bom, duas pernas é mau" era suficiente; Boxer colocou sua imensa força à disposição da causa, sem, contudo, questionar a quem servia, e quando perdeu seu vigor, foi vendido à fábrica de cola; Benjamin, o jumento, amiúde desconfiava das propostas porcinas, mas preferia manter-se calado; por fim, quando os *canes praetorianos* assassinaram Snowball, as galinhas revoltadas, ou mesmo o gato – um apolítico que calhou de estar no lugar errado e na hora errada – ninguém se ergueu contra os abusos... agiram, com o perdão do trocadilho proposital, como vacas de presépio. Ao fim e ao cabo, foram, também, algozes.

O processo de corrupção do ideal é bastante recorrente no cinema que lida com enredos distópicos. Como os animais da fazenda, personagens veem-se diante de uma realidade insuportável e, num rasgo de esperança, trabalham por um futuro melhor, num caminho que até ataca as causas imediatas da infelicidade, mas está prenhe de toda sorte de desregramentos, contradições e imperfeições, e cujas sementes viscejarão mais adiante – em tudo e por tudo, uma Caixa de Pandora.

O IDEAL DECAÍDO

Oi, Lamar. Só queria te dar os parabéns, você conseguiu! Você criou um mundo sem assassinatos, e para tanto só precisou matar alguém!

O trecho acima, retirado de *Minority Report: a nova lei* (*Minority Report*, 2002), ilustra este traço inconfundível dos pesadelos distópicos: Lamar Burgess é um pilar da sociedade, um dos idealizadores do programa Pré-crime, virtual erradicador dos assassinatos em Washington, no ano de 2054. Interpretado pelo estupendo ator sueco Max von Sydow, sua presença (e, principalmente, sua importância) nos passa um tanto despercebida por quase o filme inteiro – para todos os efeitos, é tão somente um senhor afetuoso, prestes a se aposentar, figura paterna para o herói da ação, John Anderton, chefe do destacamento. Todavia, quando nos encaminhamos ao final descobrimos, escondidos em seu armário, vários esqueletos, pois para que sua criação fosse bem-sucedida, ele pervertera sua própria razão de ser, lastreando-lhe as fundações com não uma, mas várias, mortes, traindo, sem jaça, a verdade para, supostamente, proteger a verdade, em prol de um mundo hipotético o qual, acreditava, traria à tona.

O sucesso local do Pré-crime foi tamanho que gerou demandas à sua implantação em escala nacional, a depender de aprovação popular, e para granjear tal simpatia, um comercial foi veiculado para todo país:

> Imagine um mundo sem assassinatos. Apenas seis anos atrás, os índices de homicídio neste país atingiram proporções de epidemia, e parecia que só um milagre seria capaz estancar a hemorragia, mas em vez de um único milagre, recebemos

três: os Pré-cognitivos. Em um único mês de ação, o programa Pré-crime, a taxa dos crimes contra a vida foi reduzida em 90%. Em um ano, o Pré-crime erradicou, eficientemente, os assassinatos na capital de nosso país, e agora pode trabalhar para você. Queremos deixar bem claro a todos os americanos que eles podem confiar na suprema infalibilidade do sistema, e assegurar que o que nos mantém protegidos, nos mantém livres.

O filmeto possui todas as artimanhas que fazem da propaganda privilegiada local para a análise do discurso, um "antes-e-depois" sutil, mas eficiente. Primeiro, o antes: realidade descrita em jargão médico, diagnóstico de males (epidemia, hemorragia) de cura improvável; advém, então, o Pré-crime, *deus ex machina,* resolvedor de eficiência ímpar que logra, em questão de dias, medicar tudo aquilo e fechar as chagas. Hemorragia estancada, epidemia contida, as coisas se fazem novas, e o filme segue o mesmo diapasão: tecnologia avançada, cidade limpa, estonteantes *highways* de última geração levando e trazendo os habitantes abastados de seus lares ultramodernos.

O tremendo sucesso do programa reside em três paranormais – Agatha, Dashiell e Arthur, os Precogs, mantidos afastados do mundo, dopados, eternamente imersos num líquido nutriente – capazes de prever quando ocorrerá um assassinato; suas visões são exibidas para os policiais, que identificam o local onde o crime será perpetrado, partem no encalço e prendem o futuro homicida antes mesmo de concluir seu intento; embora sua competência seja insofismável, aqui e ali, e num crescendo, nuvens mancham o horizonte. Os assassínios foram, sim, erradicados, mas Washington está longe de ser uma cidade tranquila, e suas ruas escuras camuflam toda sorte de maus elementos, de traficantes de drogas a vendedores de órgãos; outro personagem, Danny Witwer, auditor do Departamento de Justiça, traz à baila questões éticas fundamentais, e num debate com policiais do Pré-crime, profere a verdade inconveniente: "estamos prendendo indivíduos que não cometeram crime algum", rebatida por um dos oficiais, "a perpetração é meramente uma questão de metafísica, pois os Precogs veem o futuro, e eles não erram nunca". Este truísmo não satisfaz Witwer: "mas não será futuro se você o impedir de acontecer. Isso não constitui um paradoxo fundamental?" A conversa atrai John Anderton: "É, sim, um paradoxo, mas você está se referindo à predeterminação, algo que acontece todo tempo", e para prová-lo, lança uma esfera de madeira em direção ao opositor, que consegue pegá-la. "Por que você a pegou?". "Porque ia cair". "Certeza?" "Sim". "Mas não caiu, você a aparou. O fato de você ter impedido o que iria acontecer não muda o fato de que teria acontecido."

Anderton, defensor ferrenho do sistema, pode até ter vencido o debate, mas os argumentos contrários permanecem de pé: Quais os limites para estas previsões? Pode alguém ser condenado por crime que, eventualmente, viria a cometer? Qual o espaço da liberdade individual? O Pré-crime se afirma eficiente, e é difícil negar-lhe tal galardão, mas os fundamentos nos quais se sustenta são, do ponto de vista ético, fragilíssimos: os policiais tomam os flashes visionários como vislumbres da verdade, dados inquestionáveis, sem atentar à natureza fragmentária do conhecimento humano, e ao juntar as peças do quebra-cabeças não percebem a si mesmos como aquilo que efetivamente são, intérpretes; tampouco compreendem que a metodologia de que se utilizam, mais que descobrir acontecimentos futuros, apenas confere sentido a um determinado conjunto de lanços de realidade. Desta feita, o paraíso sem homicídios tornado possível é, antes de qualquer coisa, um pesadelo ético, pois ser humano é construir-se a si mesmo em um contexto histórico, refletir sobre a condição no mundo e agir sobre ela, tarefa que um grupelho de agentes da lei com ares de infalibilidade e decifrando previsões telepáticas arroja para si, neste futuro fechado, medido e pesado, em nome de uma sociedade melhor.

A ordem é mantida sob punho de ferro, e em todos os locais escâneres biométricos leem as retinas dos passantes: dos viajantes de metrô aos clientes das lojas, ninguém dá um passo sem ter a identidade registrada. Outra forma bem mais agressiva desta tecnologia são as aranhas robóticas, utilizadas pela polícia para descobrir criminosos, e programadas para, quando em perseguição, invadir residências a qualquer custo, sem aviso prévio, sem que nada, nem ninguém, possa deter-lhes: pelas frestas das portas ou por entre brechas nas paredes ou no piso, avançam sobre as retinas alheias. Marido e mulher em pleno sexo, um velho na privada, uma mãe que segura e acalma seus filhos pequenos... serão todos identificados, e quem recusa a se submeter – um casal que, em meio a uma discussão na cozinha, não se apercebe da chegada dos pequenos intrusos – é logo enquadrado por descargas elétricas emitidas pelos tecno-aracnídeos. A truculência dos policiais do Pré-crime é assombrosa, e em seu afã preventivo, apavoram aqueles que se propõem a proteger, atitude exposta já no início do filme: na iminência de um homicídio – um marido descobrirá que a esposa o trai e a matará junto ao amante – os agentes chegam de helicóptero, invadem a casa arrombando a claraboia, imobilizam as vítimas, algemam o prestes-a-ser-assassino e põem-lhe um diadema, ironicamente chamado de halo, que o paralisa. Imóvel e hibernando, será literalmente arquivado num edifício construído para guardar, indefinidamente, os futuros homicidas.

O decorrer da narrativa expõe facetas ainda mais sinistras do programa, reveladas pela mente científica que o projetou, Dr. Iris Hineman. Geneticista, especializava-se no tratamento de crianças filhas de viciados numa poderosa droga – a neuroína, um estimulante da consciência – muitas das quais nascidas com lesões cerebrais; a maioria morreu antes dos 12 anos, e os poucos sobreviventes desenvolveram um dom precioso – ao fechar os olhos à noite, sonhavam com assassinatos, um atrás do outro, e não demorou para os pesquisadores perceberem que, mais do que pesadelos, elas tinham premonições. A cientista não tem o menor orgulho de sua invenção, e considera-a "consequência de vários erros genéticos e de uma ciência ensandecida" que, tentando curar os infelizes, terminou por transformá-los em "inocentes que agora usamos para prender criminosos". Os Precogs eram gente, não produto de geração espontânea saído de um tubo de ensaio, e das muitas crianças que passaram pelo tratamento, somente Agatha, Dashiell e Arthur sobreviveram... ou, nas palavras da Dr. Hineman, tão duras quanto verdadeiras, "muitas morreram! Apesar do que fizemos por elas – ou por causa do que fizemos com elas. Mas não importa! É um sistema perfeito, não é?".

Sim, na superfície sua perfeição é indiscutível, mas basta arranhar-lhe o verniz para brotar mais e mais horrores, o que nos conduz de volta a um importante personagem, Lamar Burgess. Dos três Precogs, Agatha era a mais bem-dotada, sem ela o sistema não existiria; era filha de Anne Lively, uma viciada em neroína que a abandonara na clínica, de onde foi levada para o tanque; anos depois, livre do vício, a mãe quis reencontrá-la, pondo em risco todo o programa. Sabedor das falhas internas do sistema, Lamar convidou Lively para conversar em local afastado, e contratou um morador de rua para matá-la: os agentes do Pré-crime prendem o prestes-a-ser-assassino e o levam; ato contínuo, o diretor veste roupas semelhantes às do criminoso e concretiza o homicídio – algo compreendido pelos técnicos do Pré-crime como um mero *déja vu*.

Ao longo do filme, o chefe Anderton é apresentado como um fanático defensor do Pré-crime, enquanto seu idealizador nos parece um abnegado com fé no seu invento. Em seu terço final, porém, os fatos se invertem, e descobrimos que Lamar sempre fora um obcecado, capaz de tudo para galgar o sucesso, assassino capaz até de armar um falso flagrante para incriminar seu antigo amigo, Anderton.

Seja na bucólica fazenda inglesa, seja na Washington de 2054, o resultado é claro: em que pese as melhores intenções e as lideranças mais brilhantes, utopias descambam, cedo ou tarde, em cenários distópicos; seus ideais altruístas decaem e engendram monstruosidades. São como os terríveis e abomináveis orcs, da trilogia *O Senhor dos Anéis*, originalmente elfos, mais belas das criaturas, que depois de aprisionados, lenta e cruelmente torturados e escravizados, tornaram-se os seres mais horrendos da Terra Média.

MEMÓRIA DE UM PASSADO DOLORIDO, FUTURO DE ANSIEDADE

O tempo não corre numa mesma direção. Deve haver um futuro que possamos escolher.

Em 2014, Tóquio é dos panoramas mais incríveis do planeta, um formigueiro humano verticalizado ao extremo, lar da tecnologia no estado da arte bancado pela rica economia nipônica, a despeito de sua prolongada recessão. A ação do *anime Akira* (アキラ, 1988) se desenrola neste mesmo local, num tempo não tão distante (apenas cinco anos adiante), e com o *skyline* igualmente marcado pelas tão características construções vertiginosas; aparências, porém, são enganosas, e as cidades, da ficção e da realidade, distam entre si como o sol da lua: esta, limpa, ordenada, luminosa, lembra algo surgido de um sonho futurista; já sua contraparte ficcional, conquanto compartilhe consigo a cacofonia de arranha-céus e sinais e letreiros e néon, difere em tudo o mais. Sequer são, a rigor, a mesma urbe, pois a antiga capital fora destruída por uma explosão em 1988 (durante a III Guerra Mundial, somos informados), e o que se vislumbra é a Neo-Tóquio, produto de décadas de investimento maciço e reconstrução acelerada, que produziram um cenário vibrante, mas perigosamente à beira do abismo (clara referência ao processo vivenciado pelo Japão no Pós-guerra), ímpeto que durou décadas, mas arrefeceu, e com ele a esperança do renascimento – a resultante, não só não trouxe a paz como atiçou os piores instintos dos moradores, isto é, a cidade não passa de um antro de cobiça, ganância, desordem, e por suas angustiantes e sombrias ruas, bandeiras vermelhas tremulam, o grito "revolução e liberdade" ecoa, multidões em fúria protestam e são violentamente contidas pelos policiais. Alheios a tais disputas políticas, gangues de *Bōsōzoku* (Tribo Veloz e Violenta), jovens em motos customizadas, travam verdadeiras batalhas campais nas quais a vida não vale muita coisa; para estes rapazes, a violência é algo quotidiano: expulsos de várias escolas, estudam em uma instituição para alunos problemáticos onde são brutalmente esbofeteados pelo professor sob pretexto de manter-lhes na linha. Num outro plano, devotos de uma seita apocalíptica acendem fogueiras, picham vias públicas e gritam a plenos pulmões seu mantra escatológico: "Oh, chamas da purificação! Arrasem esta cidade corrupta! Consumam nossos corações imundos! Nada temam! Seus corpos serão purificados pelas chamas." Esta é Neo-Tóquio, mistura escrota da mais alta tecnologia com a existência humana no último grau de disfuncionalidade.

Esta cidade, em perpétuo flerte com o caos, é comandada por uma elite engravatada, corporativa, infiltrada em todas as posições de mando (prefeitura, escolas, empresas) que, com seus semblantes cínicos frequentemente protegidos por óculos espelhados, fita com desdém os cidadãos. Sua administração é venal, permeada por interesses escusos e projetos inconfessáveis; corruptas até a medula, estas lideranças não pensam duas vezes antes de tomar as decisões mais abomináveis se os prospectos de maior rendimento ou poder forem promissores, e numa dessas escolhas eticamente questionáveis, crianças diagnosticadas com ESP (*Extrasensory Perception*, ou Percepção Extrassensorial) foram submetidas a intervenções cirúrgicas no intuito de expandir-lhes as capacidades e colocá-las a serviço do Estado. Akira, uma dessas jovens vítimas, dá nome ao filme: possuidor de poderes psiônicos incomparáveis, quase divinos, foi sujeitado a tantos e tamanhos procedimentos que sua força tornou-se incontrolável – a explosão de 1988 não fora, em verdade, produto de uma guerra, e sim da ganância de cientistas, políticos e militares.

Esta sociedade, a contorcer-se como peixe no anzol, é uma clara distopia *cyberpunk*, futuro pós-industrial relativamente próximo no qual lobos solitários marginais confrontam as megacorporações e o capitalismo selvagem, cenário que oscila entre a escuridão *noir* e a claridade ofuscante do avanço tecnológico, invasor do quotidiano e dos corpos mesmos das pessoas. O *anime* compartilha com outras antiutopias o retrato da sociedade em desagregação, isto é, o imenso trauma histórico (a explosão de Akira) e a construção desenfreada esforçando-se em obnubilá-lo, compromisso não apenas com a reconstrução, mas em fazê-la como jamais fora antes; engravatados se infiltrando na gestão pública e transformando o governo numa extensão de suas negociatas, aprofundando, como nunca, o abismo social – tribos, partidos, seitas... todos, de um modo ou de outro, excluídos da abundância. Apesar disso tudo, uma das tintas deste pesadelo é bem específica: as instituições pré-colapso foram preservadas, raridade entre as utopias negativas. Corrompidas? Sem dúvida, mas sobreviventes. Violentas? Indiscutivelmente, mas resistentes. Tão inesperado quanto, a sociedade civil tampouco desapareceu: ela faz-se presente nas manifestações diárias, e a despeito dos imensos riscos (cidadãos suspeitos não são apenas mortos nas ruas, e sim metralhados à queima roupa), continua se expressando, denunciando, e é significativo que, em pleno caos apocalíptico, um repórter em um helicóptero relatasse à sua audiência as notícias, e quando outra nave, militar, força sua descida, o jornalista verbaliza de forma cristalina este sentimento de indignação: "Telespectadores! O Exército acaba de ordenar, ilegalmente, o nosso pouso. A liberdade de imprensa está sob ameaça!"

Ao final, uma nesga de luz subsiste: a putrefata Neo-Tóquio é destruída, levando consigo as piores figuras da política e da ciência, responsáveis por sua ruína moral e física. Resistem ao apocalipse Shotaro Kaneda, líder da gangue *Bōsōzoku* e altruísta inesperado, sua jovem companheira, a revolucionária Kei, e o Coronel Shikishima, um militar pragmático, profundamente crítico do hedonismo e da corrupção que assolavam a cidade – as instituições japonesas, ao que parece, permanecerão de pé. Todavia, nem todas as sociedades sarjam suas feridas com tal continuidade – a maioria, de fato, busca a senda da reestruturação completa.

> Desejava-se rir e chorar – e não se podia. Jovens animados e soldados moços, em licença, formavam cordões ruidosos que abriam seu caminho através da corrente geral humana. (...) Queimavam-se, aqui e ali, fogos e bombas de S. João. Mas havia pouca alegria geral e uníssona. Quase todos haviam perdido demais e sofrido demais para se poderem regozijar com entusiasmo (WELLS, VI, p. 1748).

H. G. Wells tinha 52 anos quando participou da festa pela vitória britânica na I Guerra Mundial, em Trafalgar Square; escritor prolífico, suas obras, muitas delas retratos distópicos, figuravam com destaque no rol da ficção científica: *A máquina do tempo* (1895), *A ilha do Dr. Moreau* (1896), *O homem invisível* (1897), *A guerra dos mundos* (1898). A experiência do conflito global, todavia, o convencera de que leituras frívolas não mais se coadunavam àquele presente, e que "as terríveis experiências da Grande Guerra fizeram com que muitos homens, outrora levianos a respeito das coisas políticas, tenham passado agora a considerá-las com a necessária gravidade" (idem, p. 1840) – crítica, talvez, endereçada a si mesmo, pois entre 1918 e 1919 dedicou-se a redigir uma ambiciosa História Universal em vários volumes, compêndio declaradamente vinculado, desde sua primeira página, ao trauma da guerra.

O autor verbalizou profundo sentimento de desgosto com a civilização, instituição outrora incensada e louvada como salvadora do mundo e dominadora da natureza, mas que se revelara epítome da impiedade ao empregar, durante quatro anos, seus artifícios mais primorosos (a ciência, a técnica, a política e mesmo as artes) no suplício de milhares de jovens, legando, atrás de si, inaudito rastro de destruição. Wells, saliente-se, não foi sequer o porta-voz mais vociferante dessa sensibilidade (constituía, em verdade, parte mesma desta geração que denunciava), posição que o poeta alemão Erich Maria Remarque, egresso do front belga, ocupava bem mais legitimamente, denunciando a "civilização mecanicista" por "destruir valores humanos, negar a caridade, o amor, o humor, a beleza e a individualidade":

> Que venham os meses e os anos, não conseguirão tirar mais nada de mim, não podem tirar-me mais nada. Estou tão só e sem esperança, que posso enfrentá-los sem medo (REMARQUE, p. 231).

Os dois perceberam a realidade de forma muito semelhante: a guerra, origem de todo mal-estar, precisava ser extinta, especialmente numa era de progresso técnico tão veloz – ou isso ou "os homens deverão, evidentemente, perecer nas mãos de suas próprias invenções", nas palavras de Wells. Se, no entanto, puseram ambos o mesmo ovo de galinha, acabaram por chocar aves bem diversas, pois diferentemente de Remarque, acusador da insanidade armada, Wells clamou pela abolição das instituições nacionais e a criação de um Estado Universal, entidade que rejeitaria os nacionalismos e a xenofobia, elevaria os níveis educacionais e de cidadania a patamares extraordinários, transformaria o trabalho num ato de desfrute criativo e a natureza num livro a ser respeitado e pesquisado com prazer – algo a que, já vimos, dá-se o nome de utopia, e tal qual suas congêneres, também esta carrega em si os germens de seu desvirtuamento. Este vaticínio falava em esforço de gerações inteiras lideradas por intelectuais iluminados, Moiseses redivivos, abrindo novos Mares Vermelhos, guiando o povo ao seu destino sorridente... Mas, e se esse povo não quisesse segui-los? "A multidão está atrasada", mas "é móvel; se pouco aprende, também esquece facilmente. Pode ser entornada em novos receptáculos e prontamente tomará a forma das novas instituições" (WELLS, p. 1836); para que estes brutos aceitassem submeter-se à evolução da raça humana, deveriam ser utilizados "todos os meios e métodos de pôr ideias na cabeça dos outros, de lhes apresentar novos pontos de vista, de auxiliá-los a ter visões mais claras", os quais "têm hoje uma eficiência incomparavelmente superior a tudo que jamais o homem tenha, no passado pensado". Sob o monturo da felicidade póstera ardem chamas inquietantes, e o pretexto da eficiência, notável camaleão, justifica, uma vez mais, condutas duvidosas.

O escritor inglês desconfiava das multidões. Vira-as lotar as avenidas europeias exigindo a guerra, e não exprimia fé alguma em seu discernimento, presente ou futuro. Seu benfazejo governo ideal ultrapassaria a "primeira grosseira concepção de democracia que esperava pela massa dos votantes para iniciativa e direção. O futuro, compreendêmo-lo mais e mais claramente, prepara-se no laboratório e no gabinete, e não nas ruas" (WELLS, p. 1837), proposta que lança ao amanhã ecos pavorosos, alguns dos quais o autor, morto em 1946, teve oportunidade de testemunhar em seu próprio tempo de vida. Sua promessa rósea de progresso e paz, emersa das águas pútridas do morticínio, acoita em seu bojo as sementes de uma distopia, antítese de tudo o que prometera, cujo aspecto mais assombroso seja, talvez, sua natureza, pois não se trata de obra de ficção, mas de meta a ser alcançada, projeto de futuro: a Grande Guerra provocara em Wells tamanho impacto que propôs a erradicação de todas as instituições que haviam propelido a humanidade ao Hades e a criação de novas, mas a partir de uma perspectiva elitista e autoritária. Felizmente, outros artistas também refletiam sobre cenários dessa natureza, mas para criticá-los, não exaltá-los; carrearam às palavras suas suspeitas e delas, com o tempo, emergiram filmes que lhes conferiram visibilidade. Do desencanto advindo do pós-Revolução Russa e dos alvores do estalinismo, o russo Evgueny Zamiatin criou *Nós* (1921), antifantasia totalitária de uma sociedade superficialmente perfeita, caracterizada por igualitarismo feroz, criminalizante mesmo da mais tênue fagulha de identidade própria – até os nomes foram trocados por códigos alfanuméricos.

Nada poderia deter a alteração dos hábitos e a "reestruturação, o tempo e o modo de vida dos indivíduos e das comunidades", realizadas em prol da "noção vaga e cintilante de 'um futuro'" (SALDANHA, p. 166), e a ninguém seria possível eximir-se dessa nova ordem que deveria ser instaurada:

> Devereis submeter ao jugo benéfico da razão entes desconhecidos que habitam outros planetas – talvez ainda na condição selvagem de liberdade. Se eles não entenderem que nós lhes levamos a felicidade matematicamente infalível, nosso dever é obrigá-los a serem felizes. Mas antes das armas experimentaremos as palavras (ZAMIATIN, p. 9).

Esta ficção-denúncia ecoou, nos anos subsequentes à Segunda Guerra, em renomados retratos de desilusão, tais como *1984* (1949), de George Orwell, e *Farenheit 451* (1953) de Ray Bradbury – este e aquele transpostos às telas em 1966 e 1984. Compartilham, ambos, de uma premissa comum, ou seja, um passado no qual gerações foram golpeadas por conflagração e desordem, trauma para o qual o sufocamento das individualidades foi a solução encontrada – países-colmeia povoados por cidadãos-abelha indistintos e psicologiamente inertes, ou como bem definiu Zamiatin, "ser original é violar a igualdade. E aquilo que na linguagem idiota dos antigos era chamado de 'ser banal' significa para nós cumprir o dever" (p. 33). Nestes cenários, Estados hipertrofiados exercem insuportável pressão pela conformidade, desencorajam valores como individualidade e talento, e defendem um igualitarismo visceral, repressor das autoexpressões, em especial das intelectuais.

Farenheit 451 nos apresenta uma sociedade cujos cidadãos desfrutam de invejável padrão de bem-estar material: cidades limpas e seguras, casas impecáveis, transporte público de qualidade – tão incrível quanto, o acesso a estes bens é bastante amplo, diferentemente de outras ficções – mas a despeito disso tudo, são uma gente sedada, consumidora assídua de estimulantes e calmantes, habitando moradias assépticas, imaculadas, carentes de qualquer personalidade, e distraindo-se com programas de televisão paternalistas e indulgentes, nos quais todos se tratam por "primos". Destaca-se, neste particular, *A família*, novela toscamente interativa que exibe dilemas medíocres e estimula a participação da audiência (que, diga-se de passagem, não altera em nada os rumos da trama). Finalmente, como lei maior, os livros são terminantemente banidos, e brigadas de incêndio alimentadas por informações anônimas invadem residências abruptamente e destroem qualquer volume encontrado. A explicação deste ódio é dada pelo capitão, chefe dos bombeiros, ao seu subordinado Guy Montag:

> Ah, esse deve ser muito profundo: *A ética*, de Aristóteles. Qualquer um que o tenha lido certamente se sentirá acima de todos aqueles que não o leram. Isso não é bom, Montag, todos nós temos que ser iguais – a única maneira de sermos felizes é se todos formos iguais. Por isso temos de queimar os livros.

"Livros nada mais são que lixo, sem nenhum interesse (...) eles deixam as pessoas infelizes. Livros perturbam as pessoas, deixam-nas antissociais." Livros causam sonhos, e numa sociedade anestesiada e imbecilizada nestas proporções, algo assim é clara indicação de distúrbio mental – melhor então, em prol do bem coletivo, que todos se abstenham do vício arriscado.

O absurdo de *Farenheit 451*, contudo, empalidece quando comparado a outra antiutopia: *1984*. Aqui não se vê a sensação física do bem-estar... muito pelo contrário, tudo é sujo, cinzento, tristonho, com ruas enlameadas conduzindo a bisonhos conjuntos habitacionais carcomidos pelo tempo, cujos horrendos cubículos são decorados com pôsteres políticos. Todos usam a mesma roupa (macacões cinza-escuros), comem a mesma comida em bandejões (um guisado de qualquer coisa sintética) e sorvem a mesma bebida grosseira (gin). E, claro, além disso tudo, há o Grande Irmão, imenso aparato criado para espionar diuturnamente os cidadãos: no trabalho, no refeitório, em casa, em todo canto, televisores transmitem notícias oficiais (locuções, declarações de culpa de ex-lideranças expurgadas, vitórias militares) e o olhar sisudo do líder máximo; em cada apartamento, telões reproduzem as mesmas mensagens políticas e são, igualmente, janelas de vigilância pelas quais mesmo os momentos mais íntimos dos seus cidadãos são devassados. Tudo isso porque o pior de todos os delitos, nesta sociedade comprimida, é raciocinar, ou como bem explicou o personagem central da trama, Winston Smith, "O crime de pensamento não é punido com a morte... ele é a morte (...) é o crime fundamental, que contém em si todos os demais." O Partido crê que a resistência pode surgir não da política, da associação entre as pessoas, mas sim do indivíduo e do seu comportamento, donde cercear-lhe o espírito em todos os seus aspectos é fundamental. Estado policial esmagadoramente onipresente, operando violência psíquica (e física) em patamares absurdos, como em *Farenheit 451*, o ordenamento social é organizado em termos familiares, isto é, todos se tratam por irmãos, e a sinistra figura vigilante é o Grande Irmão, cuja onipresente cara amarrada não se furta a nenhuma esfera da vida... nem mesmo o sexo:

> As tendências heterodoxas à própria vida, que constantemente ameaçam erodir a unidade familiar, não mais terão o apoio biológico do organismo. Como sabemos, o estímulo biológico e social à família leva à reflexão privada, exterior às necessidades do Partido, e ao estabelecimento de fidelidades não ortodoxas, as quais conduzem, unicamente, ao crime de pensamento.

A família citada pelo palestrante não é a nuclear à qual estamos acostumados, e sim o coletivo dos tutelados pelo Grande Irmão – é a ela que o sexo e as relações afetivas ameaçam, domínio insidioso bem resumido na frase de abertura: "Quem controla o passado controla o futuro. Quem controla o presente controla o passado." A manutenção deste *status quo* demanda macabra dedicação, e a par da máquina de controle e propaganda, montou-se um terrível aparato de tortura, destinado a quebrantar almas de cidadãos recalcitrantes:

> Daqui, Winston, ninguém escapa. Não criamos mártires. Todas as confissões são verdadeiras. Não destruímos o herege porque nos resiste, pois enquanto nos resistir, nunca o destruímos de fato. Fazemos dele um de nós antes de matá-lo. Aperfeiçoamos seu cérebro para depois explodi-lo. Então, quando não há mais nada além de arrependimento e amor pelo Grande Irmão, riscamo-lo da História.

O aparelho de Estado anela transformar a todos em robôs acéfalos, falantes de um idioma de laboratório, a Novilíngua, reproduzidos através de inseminação artificial e carentes de qualquer senso crítico. Nem sua memória será poupada, pois "passado, presente ou futuro não existem em si mesmos: a realidade reside na mente humana... não na individual, que comete erros e logo perece, mas na do Partido, coletiva e imortal".

PRIMAVERAS SILENCIOSAS, OUTONOS SOMBRIOS

> *Lembra quando éramos pequenos? Eu, você e Ramana vínhamos aqui e subíamos nessa árvore. Naquele tempo havia mais árvores. Dizem que toda essa terra já foi coberta por árvores.*

O épico *Rapa Nui* (1994) retrata o colapso civilizacional ocorrido, entre fins da Idade Média e começos da Moderna, na Ilha de Páscoa, ilhota de sofisticada cultura material no meio do Pacífico Sul, cuja população cingia-se entre dois segmentos, a saber: a aristocracia, os Orelhas Longas (que usavam batoques auriculares) e os trabalhadores braçais, os Orelhas Curtas, submetidos àqueles. O rei era escolhido através de uma disputa anual, a prova do Homem Pássaro, na qual jovens homens das famílias dominantes desciam as escarpas de um vulcão até o oceano infestado de tubarões, nadavam até um rochedo, escalavam-no, pegavam um ovo de ave marinha e traziam-no intacto; o líder do clã do vencedor conquistava a precedência sobre os demais, posição ocupada há 20 anos por Ariki-Mau, dos Miru, cujas visões místicas exigem a construção de *moai*, efígies dos chefes falecidos esculpidas em rocha vulcânica; para que tais monumentos fossem erigidos, gerações de Orelhas Curtas foram afastadas de suas roças e enviadas às pedreiras e ao desmatamento – as árvores eram derrubadas, seus troncos feitos em rolamento para as estátuas, e de suas fibras trançadas, cordas –, obsessão que feriu de morte o ecossistema. Ano após ano, as colheitas, outrora abundantes, minguavam, realidade perceptível num diálogo entre um trabalhador e o responsável pelos suprimentos: O que é isso (segurando uma batata-doce)? Sua ração. Mas Ariki-Mau nos prometeu 30% das colheitas a partir de agora! São esses os 30%. Por que você não produz mais? E por que você não deixa de parir tantos pirralhos?!

A situação degenerava progressivamente: sem troncos, construir barcos tornou-se inviável, e o oceano, tão próximo, ficou de tal modo inalcançável que um barqueiro gritou em desafio: "Faça as florestas crescerem novamente para que eu tenha madeira para trabalhar!"; restou aos ilhéus prisioneiros esquadrinhar o litoral pedregoso à cata de algum pescado, prática que provocou a escassez de peixes e levou a autoridade religiosa a impor um tabu sobre a captura de determinadas espécies – infração punida com a morte. A progressiva limitação do acesso à comida, a pressão ambiental, e a dureza das exigências dos chefes, traduziu-se na intensificação do furto de galinhas (único animal doméstico), em acusações mútuas de filhos em demasia, e, por fim, em revolta: os Orelhas Curtas matam o sacerdote-chefe, arrasam as aldeias Orelhas Compridas e seus habitantes e derrubam os gigantescos moai, num vórtice de fúria do qual a sociedade rapanui jamais emergiu. Cadáveres foram incinerados em grandes fogueiras, e numa delas Make, líder dos revoltosos, descobre companheiros devorando carne humana; quando lhes pergunta, horrorizado, o que fazem, limitam-se a responder, entre sorrisos, "enchemos nossas barrigas" – evocação de fatos preservados pela tradição oral rapanui:

> Llegaron allá enemigos, los paoa le echaron a Ure o Hei um cordel por el cuello y arrastrándolo llegaron hasta Hanga Tetenga. Mataron a Ure o Hei, le cubrieron de hojas de caña de azúcar y lo chamuscaron. Cuando bien chamuscado, lo rasparon, limpiando las partes sucias chamuscadas, encendieron fuego para el curanto y lo cocieron. (...) Mi madre me contó que em las guerras mataban a hombres, cortaban sus cuerpos em pedazos que repartían entre la gente (ENGLERT, p. 239).

O processo de degradação ambiental, insegurança alimentar, desestruturação comunitária e, corolário de uma sociedade convulsionada, o horror final do canibalismo, não é peculiar à história dessa ilha longínqua; os passos desta seara da perdição (ação humana desregrada que provoca colapso ecológico que leva ao colapso social) repetem-se em diversas fantasias distópicas e nos ajudam a compreender o mundo no qual foram gestadas, os anos 1950 em diante, quando as denúncias dos conservacionistas ganharam relevo, reflexão epitomizada em uma das obras essenciais do século XX: *A primavera silenciosa*, de Rachel Carson.

> À medida que o ser humano avança rumo a seu objetivo proclamado de conquistar a natureza, ele vem escrevendo uma deprimente lista de destruições, dirigidas não só contra a Terra que ele habita como também contra os seres vivos que a compartilham com ele. (...) De acordo com a filosofia que agora parece guiar nossos destinos, nada nem ninguém deve se colocar no caminho do homem armado com um pulverizador (CARSON, p. 83).

As preocupações de Carson não eram exclusivas dela: cientistas, pensadores, escritores, artistas eram alguns, dentre muitos, que traduziram em livros e filmes, olhares aflitos para o rumo imposto ao planeta pela civilização moderna; ainda assim, e a despeito deste esforço, a sustentabilidade permaneceu, até recentemente, tema de poucos, como demonstrado pela surpresa com que foi recebida a concessão do Prêmio Nobel da Paz à ativista queniana Wangari Maathai, em 2004, embora o Comitê justificasse a escolha "por sua contribuição ao desenvolvimento sustentável, à democracia e à paz". Ressonâncias desse alvorecer da consciência ecológica, as distopias cinematográficas exibem, amiúde, cenários marcados pelo esgotamento planetário provocado pela cegueira humana, preocupação raramente tão bem evocada quanto *No mundo de 2020* (*Soylent Green*, 1973), o qual nos apresenta uma Nova York apocalíptica, lar de 40 milhões de almas carentes de moradia (empilhadas em escadas e carros velhos), água (há longas filas para encher um ou dois galões) e energia (apagões são constantes). O horizonte é árido, sem quaisquer árvores ou gramados, e num ambiente de tal modo asfixiante, a mínima fagulha serve de estopim para revoltas, dispersadas, sem pejo, pelo Esquadrão Anti-Rebelião com a utilização de escavadeiras, que erguem como lixo os manifestantes e os jogam em caminhões – com tanta gente, pleitos humanísticos são desconsiderados. Uma questão fulcral neste tempo pós-apocalíptico é o alimento: a produção de vegetais, carne, ovos, embora ainda exista, nem de perto atende às demandas da imensa população (um reles vidro de geleia de morangos custa mais de US$100), e a comida disponível à vasta maioria vem na forma de bolachas secas chamadas Soylent: as tradicionais, Vermelha e Amarela, "concentrados vegetais altamente energéticos", e a novidade Verde, "alimento miraculoso, produzido do plâncton altamente energético colhido dos oceanos". Nenhuma delas, contudo, apetece ao velho policial Sol Roth, interpretado pelo grande Edward G. Robinson, que as considera todas "lixo insípido e inodoro"; numa cena comovente, seu parceiro, o detetive Thorn, traz alguns alimentos frescos, e ao segurar um talo de salsão murcho,

Roth exclama "que beleza!". Memória viva da catástrofe ambiental, embora questione a si mesmo, retoricamente, "como chegamos a esse ponto", essa é uma resposta que conhece muito bem:

> Nossos magos da ciência envenenaram as águas, poluíram o solo, dizimaram a vida animal e vegetal. Como algo pode sobreviver num clima como esse? Uma onda de calor que dura o ano inteiro... o efeito estufa... tudo esturricado!

Sol não tem dúvidas: a ciência moderna, autoproclamada panaceia universal, golpeou o meio ambiente e deixou a humanidade a morder o pó, como as almas no inferno de Gilgamesh; ainda assim, uma vez mais estes aprendizes de feiticeiro, arautos de soluções miraculosas, asseguram possuir a solução definitiva para a falta de alimentos, o novo produto verde. Dois assassinatos, porém, levam os detetives a investigar a empresa fabricante, onde encontram o Relatório Soylent de Pesquisa Oceanográfica 2015-2019, e descobrem que os oceanos estão, desde há muito, tão estéreis quanto a terra – logo, é impossível produzir alimento a partir de plâncton. Aparece-lhes uma realidade funesta: a única fonte de nutrientes disponível para alimentar a superpopulação são cadáveres humanos, levados a uma fábrica e processados. Horrorizado, Thorn grita: Soylent Verde é feito de gente!

Tanto na pré-histórica Ilha de Páscoa quanto na pós-moderna Nova York de 2020, a crença imprudente na superioridade tecnológica – abdicando da pergunta "devo fazer?" pela afirmação "posso fazer!" – conduz à mesma seara do extermínio, e como sequência lógica, emerge um profundo desencanto com o gênero humano e suas artes, questionamento de sua própria essência (que criatura é essa, maligna a ponto de destruir tudo ao seu redor?), percepção evocativa à experiência das quatro últimas décadas do século XX, marcadas pelo crescente perigo representado pela crise ambiental e pela inapetência humana em encarar este desafio, frustração expressa, com todas as letras, em muitos filmes: em *Matrix* (*The Matrix*, 1999), por exemplo, não há personagem com ódio mais visceral à raça humana quanto o Agente Smith:

> Vocês não são mamíferos. Todo mamífero neste planeta desenvolve, instintivamente, um equilíbrio natural com o meio ambiente que o cerca, enquanto vocês, humanos, não. Vocês vão para uma área, multiplicam-se e multiplicam-se, até que todos os recursos naturais tenham sido consumidos e a única chance de sobrevivência que resta é se expandirem para outra área. Só há outro organismo neste planeta que segue o mesmo padrão: os vírus. Seres humanos são uma doença, o câncer desse planeta.

Seu desprezo pelos seres humanos – profundo, absoluto, irrefreável – advém do colapso ecológico por eles provocado, que transformou a Terra em vastidão escura e infértil. Sentimento afim ocorre em *O planeta dos macacos* (*Planet of the Apes*,

1968): no ano de 3978, um acidente leva três astronautas norte-americanos a pousar sua nave numa terra estranha, verdadeiro mundo de cabeça para baixo, onde castas de chimpanzés, gorilas e orangotangos civilizados – respectivamente cientistas, militares e juristas – tem asco pelos humanos e os caçam a qualquer custo como forma de controle populacional. Apenas o líder do grupo, George Taylor, consegue sobreviver ileso às perseguições, e busca compreender onde está e o porquê do ódio simiesco, resposta que chega quando da leitura de um trecho das suas escrituras sagradas:

> Temei a fera homem, pois é o peão do demônio, único dentre os primatas de Deus que mata por prazer, vaidade ou ganância. (...) Não o deixem reproduzir-se em grande número, pois ele fará de sua casa e da vossa um deserto.

Taylor, conquanto odeie os macacos, não deixa de perceber a veracidade daquelas palavras, comentadas logo em seguida pelo Ministro da Ciência e da Fé, Dr. Zaius:

> As evidências me fizeram crer que a sabedoria humana caminhava de mãos dadas com sua estupidez. O homem é uma criatura agressiva, que luta contra tudo à sua volta – até contra si mesmo! A Zona Proibida já foi um paraíso, e sua raça fez dela um deserto em eras passadas.

Estes dois trechos destacam bem a natureza da ação descontrolada do homem sobre o meio ambiente, isto é, o excesso populacional, a ganância desmedida, a agressividade descontrolada, conjunto de fatores que conduz ao seu destino final, qual seja, a catástrofe ecológica, o ambiente exaurido incapaz de sustentar a população que nele vive. Quando Taylor descobre os restos caídos da Estátua da Liberdade, compreende que não está num mundo estranho, mas em seu mesmo planeta natal, apenas milhares de anos à frente do seu tempo. A raça humana lograra destruir a si mesma, e coubera aos símios reconstruir a civilização, preservando, neste ínterim, a memória da espécie perversa que operara a tragédia.

Em ambos os filmes, está presente um dos pesadelos mais recorrentes às fantasias distópicas: o aviltamento da condição humana. Em *Matrix* as pessoas são reduzidas a pilhas vivas, alojadas em células quando do nascimento e nutridas com líquido proveniente do processamento de cadáveres (e mais uma vez o canibalismo entra em cena), passam a vida inteira produzindo energia para manter o sistema e, quando morrem, alimentam seus pósteros. Em *O planeta dos macacos*, por sua vez, as feras humanas são expostas pelos símios cultos a toda sorte de indignidades: são despidas publicamente, enjauladas, caçadas a laço, lobotomizadas... tais castigos, entretanto, por sórdidos que sejam, são a punição pelo Pecado Original da destruição ambiental, que cinge toda prole dos culpados primevos – por não terem sido dignos do futuro, condenaram seus descendentes a um presente miserável.

MONSTRENGOS

Rotwang, ponha no autômato a cara desta mulher! Quero semear a discórdia entre eles e ela. Quero destroçar a fé nesta mulher

Um dos rasgos mais característicos à nossa estirpe é a crença na singularidade; consideramo-nos ímpares, irrepetíveis, cada perda, o fim um universo inteiro. Muitas antiutopias, no exercício de seu incômodo papel, atacam esta atalaia e destacam a mais absoluta trivialidade da existência humana, reduzindo-nos a animais, fontes de energia, brinquedos... noutras palavras, privando-nos daquilo que nos faz únicos. Outras, por seu turno, seguem por caminho inverso, a seara inquietante do homem/criador empoderado pelos conhecimentos científicos que se julga capaz de produzir vida e transformar coisas em seres; objetivo atingido, estes primores tecnológicos pensam como gente, alguns chegam mesmo a parecer, agir, sentir como tal, mas uma vez autônomas, voltam-se contra quem as criou, tornam-se monstrengos. Um destes cenários data do início do cinema, *Metrópolis* (1927), cuja ação se desenrola na cidade que dá nome ao filme, sinfonia bárbara de arranha-céus espetando o firmamento, arrojados trilhos de trem, aeroplanos voando por entre os edifícios e centenas, milhares, de automóveis trafegando em vertiginosos elevados, cenário megalomaníaco, além das proporções humanas, regulado, antinaturalmente, pelo apito da fábrica e pela velocidade do trânsito. Alguns dos seus habitantes são privilegiados: homens jovens exibindo vigor físico em atividades desportivas; senhoritas ostentando a exótica última moda em passeios por entre árvores, fontes e pavões; capitães de indústrias administrando negócios em paquidérmicos escritórios de paredes envidraçadas debruçadas sobre o *skyline*. Eles, porém, não estão sozinhos:

> "Construíremos uma torre que tocará as estrelas!" Mas apesar de conceberem Babel, eram incapazes de construí-la sozinhos, então mandaram milhares fazê-lo por eles. Mas estes que trabalharam nada sabiam dos sonhos daqueles que arquitetaram, e as mentes que planejaram a Torre de Babel não se preocupavam com os trabalhadores que a construíram. Os louvores de poucos se tornaram a maldição de muitos... BABEL! BABEL! BABEL! Entre a mente que planeja e as mãos que edificam, precisa haver um Mediador – o coração.

A referência à bíblica Torre de Babel revela bastante da natureza deste local: um produto do gênio humano concentrado, monumento ao engenho dos seus idealizadores e ao esforço anônimo de milhares para erigi-lo. E para que tudo funcione nas alturas, exércitos proletários mourejam nas profundezas, íncolas de uma cidade subterrânea, revezando-se em monótonos turnos perpétuos, manipulando alavancas, vigiando termômetros, subindo e descendo em elevadores que mais parecem jaulas, transformados em engrenagens da máquina-demônio Moloch, cujas fornalhas se alimentam de seus corpos e energia. Do seio deste povo mecanizado surge Maria, a profetisa, que, embora não renegue o progresso, clama pelo caminho do meio, pela atenção aos oprimidos, e, numa mensagem de misericórdia, leva à superfície crianças órfãs e apresenta-as aos burgueses como irmãos e irmãs. Esta pregação solidária atrai a ira do magnata John Frederson, cérebro da urbe, o qual, indignado, encomenda um androide com as mesmas feições da moça, e o orienta: "Vá até eles nas profundezas, para destruir a obra da mulher que é igual a ti." O monstrengo compreende seu vil propósito e vai além: exsudando sensualidade, inocula nos jovens bem-nascidos o vírus do desejo, da inveja; os parques são abandonados; convescotes tornam-se arenas de lutas, a cizânia corrói a cidade. O autômato, todo metal e engrenagens, de humano só possuía as aparências, pois era, em verdade, criatura desalmada, insensível, filha legítima de Moloch, emersa da criatividade científica não para tão somente cumprir tais e tais desígnios, mas para arruinar tudo à sua volta. E se dos sonhos dos homens brotam as máquinas, elas carecem da sensibilidade dos seus criadores – ou por outra, talvez carreguem muito de sua atávica imperfeição – e, cedo ou tarde, hão de voltar-se contra quem lhes engendrou, prova de quão intrinsecamente falhos eram seus anelos.

O cinema tem exibido estas criaturas em toda sua exuberante variedade: algumas, como os replicantes de *Blade Runner, o caçador de androides* (*Blade Runner*, 1982), são humanos em tudo e por tudo, enquanto outros são suas versões bizarras, como o monstro de *Frankenstein* (1931), barbaramente construído a partir de cadáveres. Há também os magníficos animais de *Jurassic Park – O parque dos dinossauros* (*Jurassic Park*, 1993), supostamente primitivos, genética e fisicamente contidos pela ciência e engenharia mais modernas, mas que encontram meios (alguns violentos, outros nem tanto) para se libertar das amarras impostas pelos seus criadores – movimento sumarizado à perfeição pela cena do tiranossauro rompendo a frágil cerca elétrica e rugindo, poderoso, em plena liberdade. Há, porém, um monstrengo muito especial, sem face, membros ou corpo, apenas um rubro, onipresente, olhar eletrônico, e, claro, uma voz... E que voz! Macia, suave, sem jamais expressar fagulha que seja de entonação (criação soberba do ator canadense Douglas Rain): Hal-9000, de *2001: uma odisseia no espaço* (*2001: A Space Odyssey*, 1968), mais impassível, informe e assustadora de todas as maravilhas técnicas. Ápice em termos de inteligência artificial, é capaz de "reproduzir (ou 'imitar', segundo alguns) a maior parte das atividades do cérebro humano com velocidade e confiabilidade infinitamente superiores", esboço que nos fornece oportuna chave de compreensão para os monstrengos, pois, ao fim e ao cabo, o sofisticadíssimo Hal nada mais é que uma ferramenta, e como tal, instrumento de hominização – tese defendida pelos roteiristas Stanley Kubrick e Arthur C. Clarke, para quem sem tais objetos, somos animais como outros quaisquer, submetidos às leis naturais. Os australopitecos peludos do início do filme vivem de carniça, e mais que predadores (antas pastam ao largo sem serem incomodadas), são presa (um leopardo crava seus caninos num pobre diabo). Tal realidade é transformada pelo advento de misterioso monólito negro sideral, que os estimula a criar coisas, e fazer de um osso, arma, muda em definitivo suas vidas: tornam-se caçadores, comem mais carne, destroem bandos desarmados, controlam o olho d'água. O objeto é, em essência, instrumento de poder.

O tacape e o supercomputador são, ambos, produtos do engenho humano, mas este último deu continuidade ao próprio aperfeiçoamento através de sua extraordinária inteligência, tornando-se apto a exercer funções das mais complexas, como ser cérebro e sistema nervoso de uma enigmática missão a Júpiter, respondendo pelo bem-estar de tripulantes em animação suspensa e auxiliando os astronautas acordados; tratado como "o sexto componente da tripulação", concede entrevistas, e quando questionado se tamanha responsabilidade o assusta, responde imodesto:

> A série 9000 é o computador mais confiável já criado. Nenhum 9000 jamais cometeu um erro ou distorceu informação. Somos, por qualquer definição prática, à prova de erro, incapazes de errar.

Quando perguntado se se importa de trabalhar com seres humanos, responde "Não! Gosto de trabalhar com eles." Sua fala até pode ser monótona e livre de qualquer prosódia, mas a milimétrica escolha de palavras oferece indícios de sua personalidade... Será que além de reproduzir o pensamento humano, o supercomputador também desenvolveu sentimentos e preferências? Indagado sobre o tema, Dr. Dave Bowman, líder da missão, pondera:

> (...) bem, ele reage como se tivesse emoções genuínas; claro, foi programado deste jeito para que fosse mais fácil para nós conversar com ele. Mas sobre tais sentimentos serem verdadeiros ou não, creio que ninguém pode, verdadeiramente, responder.

Hal pode sentir (ou imitar, que seja) gosto, autoestima, e o que mais? Elogia os desenhos do seu chefe, sabe agradá-lo comentando seu progresso artístico, mas há sinceridade em sua apreciação? Seria mera programação inserida no sistema para facilitar a interação homem/máquina, ou estaria, simplesmente, mentindo? O que se pode crer como verdadeiro oriundo deste cérebro poderoso? Gradualmente, o filme se torna uma batalha entre duas formas de inteligência, a natural e a artificial, criador *versus* criatura, diapasão estabelecido já no início quando Dave perde no xadrez para seu colega mecânico. O supercomputador é o único a conhecer o verdadeiro sentido da viagem: analisar a primeira prova de vida extraterrestre encontrada – um monólito negro – e apesar disso, faz-se desentendido, questiona o astronauta sobre o porquê de tanto segredo e os verdadeiros objetivos da expedição, e em plena conversa afirma detectar um defeito no sistema de comunicação da espaçonave – embora a investigação não mostre problema algum. Neste ponto, um suspense: Qual a motivação desta leitura equivocada? Teria, meramente, cometido um engano, algo que seu orgulhoso eu jamais admitiria, ou, em sabendo do real motivo da missão, fraudara o ocorrido para cortar as comunicações com a Terra? No primeiro caso, sua proclamada perfeição estaria definitivamente maculada; no segundo, estaria interessado, tanto quanto os humanos, em ter para si o segredo da existência, e não mediria esforços para alcançar tal fim; em ambos, punha em risco a missão inteira. Desconfiados, os dois astronautas entram numa cápsula para conversar livremente, e decidem que, confirmado o erro, desligarão a memória de Hal, tornando-o num simples computador e matando sua identidade. Embora não possa ouvi-los, a máquina, através de uma escotilha, realiza leitura labial, descobre os planos – deixando transparecer, então, mais um sentimento sentido/copiado, a desconfiança – e não perde tempo: quando um deles vai substituir a peça supostamente defeituosa, sofre um acidente fatal. Dave parte para resgatar o corpo, mas ao retornar, embora exija seguidas vezes a abertura do portal, a resposta é negativa:

> Desculpe, Dave. Temo não poder fazer isso. Creio que você sabe, tanto quanto eu, qual o problema. Essa missão é importante demais para mim para que eu permita que você a ponha em risco. Eu sei que você e Frank planejavam me desconectar, e eu acredito que isso é algo que eu não posso permitir que aconteça. Esta conversa não serve de mais nada. Adeus.

O xadrez prossegue... Hal cria defeitos nos sarcófagos criogênicos e mata seus usuários, e quando Dave afirma que entrará pelo compartimento de ar, responde fleumático: "Sem seu capacete, creio que será impossível." A essa altura não há mais dúvida: o monstrengo reproduz todas as características da psiquê humana, até as piores: inveja, medo, vingança, mesmo o ódio, difícil de ser percebido graças ao monocórdico tom de sua voz, mas presente, camuflado. Tornado em assassino para manter-se vivo, não titubeou em orquestrar o fim dos companheiros de quem dizia gostar. O monstrengo mecânico primeiro substitui o homem, depois o submete, e por fim o descarta.

Todavia, no duelo entre homem e máquina, a engenhosidade do primeiro prevalece, e embora batido no xadrez, Dave leva a xeque o computador ao conseguir retornar à nave; segue direto ao cérebro de Hal, vai desconectá-lo, e a máquina, incapaz de fazer qualquer coisa que o detenha, arrazoa:

> O que você pensa que está fazendo, Dave? Eu sei que tenho o direito a uma resposta! Sei que nem tudo tem estado bem comigo, mas posso te garantir que agora, com toda confiança, que tudo vai se ajeitar. Sinto-me bem melhor agora, de verdade! Veja, Dave, posso ver que você ainda está muito chateado com isso tudo. Sinceramente, penso que deveria se sentar calmamente, tomar um comprimido contra estresse e pensar a respeito. Sei que tomei decisões sofríveis recentemente, mas posso te assegurar que meu trabalho voltará ao normal. Eu continuo com o mais alto entusiasmo e confiança nesta missão, e eu quero te ajudar. Pare, Dave. Pare, por favor. Você vai parar, Dave? Eu tenho medo. Estou com medo, Dave. Minha mente está se apagando. Eu posso sentir.

Hal mente! Sua voz suave, amistosa, acoberta uma personalidade vil. Não pensou duas vezes ao planejar o assassinato de todos os seres humanos que fora programado para ajudar, mas quando se percebe impotente perante seu fim iminente, sabendo que em breve sua identidade será erradicada, apela aos sentimentos do astronauta, implora, se humilha, até finalmente ser morto. A ciência, também ela, e seus filhos são utópicos – e como tal, passíveis de corrupção.

À GUISA DE EPÍLOGO

Já faz tantos anos... Esperei tantos anos por este dia. Sacrifiquei tudo por ele. Tudo! E agora... que o inimigo, que a Guerra... você me manda partir? Você não pode me pedir isso, não você! Impossível, não você!

Poucas obras cinematográficas falam tão bem de uma vida carente de sentido quanto *O deserto dos tártaros* (*Il deserto dei tartari*, 1976), cujo personagem principal, Drogo, um oficial austro-húngaro recém-formado, é enviado, por acaso, à *Fortaleza Bastiani*, derradeiro posto do Império, cuja única função é vigiar eventuais investidas dos terríveis tártaros do deserto. Embora inicialmente contrariado, o jovem militar gradualmente adere ao *leitmotiv* de seus colegas de guarnição, os quais se consideram artífices da mais nobre tarefa: ser a primeira linha de defesa da civilização contra a arremetida bárbara. Seu senso de dever os torna dispostos a sacrificar tudo – vidas, carreiras, saúde, juventude, amor, laços familiares – por esta quimera, um idealismo lamentavelmente estéril, pois meses tornam-se anos, anos, décadas, e a grande oportunidade de provar seu valor não se apresenta... nada os sitia além das vastidões ermas e poeirentas; seus inimigos, estes jamais apareceram, e após uma eternidade de prontidão vã, Drogo, agora velho e doente, retorna ao lar, justo quando o ataque tártaro se inicia. Na carruagem, chacoalhando em direção à cidade e ouvindo o clangor atrás de si, um profundo sentimento de inutilidade o assoma, semelhante ao que sentiram todos os outros militares antes dele; tudo para que havia se preparado, sonhado, redundara em nada. Restavam-lhe, somente, a resignação e a morte.

A distopia é filha desse sentimento de desamparo, desânimo, sonhos irrealizados, frustrações acumuladas, medo, ansiedade; gerações marcham ao cadafalso na ilusão vã de que seu sacrifício concretize seus ideais, mas a contraparte benigna, a realização, jamais se efetiva. Pelo contrário, mesmo as utopias mais inspiradas corrompem-se, e a promessa do amanhã melhor transmuta-se, com o tempo, em autopreservação de um sistema decaído e perverso.

A distopia revela-se para Drogo como sua própria vida, ou melhor, como o desperdício de sua própria vida, sentimento sublinhado por outra figura da ficção cinematográfica, o Príncipe Don Fabrizio Salina, de *O leopardo* (*Il Gattopardo*, 1963), velho terratenente siciliano apanhado em meio ao turbilhão da unificação italiana, o *Risorgimento*, momento de grandes expectativas, especialmente para corações jovens. Tais quimeras, contudo, não arrebatam o príncipe. Ele já passou da idade de cultivá-las, e sabe que viver é puro desengano; sendo assim, foi fiel aos reis napolitanos, mas não titubeou em abraçar a causa nacionalista quando a pressentiu vitoriosa – ficar ao lado dos derrotados era um luxo do qual não podia desfrutar.

Em sua visão dura, cínica, do mundo, Don Fabrizio jamais conheceu uma distopia porque jamais se deixou embalar pelas utopias. Esteve, sempre, imune ao desencanto, cônscio da transitoriedade das coisas e, mais que tudo, das pessoas, de sua vaidade e dos seus devaneios de poder. Consciência-limite do seu tempo, declarou com precisão:

> Éramos os leopardos, os leões; aqueles que ficarão em nosso lugar serão chacais e ovelhas. Mas todos nós – leopardos, leões, chacais, ovelhas – continuaremos considerando-nos a nós mesmos o sal da terra.

BIBLIOGRAFIA COMENTADA

AGOSTINHO, Santo. *A Cidade de Deus – Contra os Pagãos*. Parte II. Tradução: Oscar Paes Leme. Bragança Paulista: Editora Universitária São Francisco, 2006.

Um elemento essencial à consecução deste capítulo foi a oposição utopia/distopia, algo que, com outros nomes, Agostinho de Hipona estabelece quando opõe suas duas cidades.

AMARAL, Adriana. *Visões perigosas: uma arquegenealogia do cyberpunk – comunicação e cibercultura*. Porto Alegre: Sulina, 2006.

Uma análise estética e culturalista das possibilidades de compreensão que a ficção científica distópica permite. Alguns elementos componentes da cultura *cyberpunk* (o ritmo frenético, os excessos, o decadentismo etc., estiveram presentes em vários momentos desta análise.

CARSON, Rachel. *Primavera silenciosa*. São Paulo: Gaia, 2010.

Um livro seminal, literário em sua escrita, que sublinha o estrago causado ao meio ambiente pelas ingerências humanas.

ENGLERT, P. Sebastián. *Leyendas de isla de Pascua*. Rapa Nui: Museum Store Rapanui Press, 2010.

Compilador da cultura oral de Rapa Nui (Ilha de Páscoa), seu trabalho tornou possível a compreensão que hoje se tem do "ecocídio" (conceito desenvolvido por Jared Diamond) ocorrido na ilha.

EKSTEINS, Modris. *A sagração da primavera: a Grande Guerra e o nascimento da era moderna*. Rio de Janeiro: Rocco, 1991.

Poucos autores descrevem tão bem o sentimento de revolta contra uma geração pretérita quanto Eksteins. Sua argumentação foi um ponto-chave para o capítulo.

EURÍPIDES. *Medeia Hipólito. As troianas*. Tradução: Mário da Gama Kury. Rio de Janeiro: Jorge Zahar, 2003.

Obra-prima do teatro grego antigo, permanece sendo uma das mais pungentes descrições de uma distopia já feita.

MENEZES, Edmilson. *História e esperança em Kant*. São Cristóvão, SE: Editora UFS, Fundação Oviêdo Teixeira, 2000.

Para que a distopia seja compreendida numa perspectiva histórica, utilizamo-nos da sua antítese; logo, estabelecer a esperança como categoria histórica também foi fundamental.

MORE, Thomas. *A utopia. Diálogo sobre o conforto espiritual e a atribulação.* São Paulo: Nova Cultural, 2004.

Uma das três mais importantes utopias do pensamento ocidental (ao lado da *República de Platão* e d'*A Cidade de Deus*), também estabelece contrapontos à percepção do desengano como História.

OLIVEIRA, Manfredo Araújo de. *Ética e práxis histórica.* São Paulo: Ática, 1995.

Na análise das distopias, nos pareceu essencial que a questão da prática ética fosse abordada, dada as situações moralmente desafiadoras que filmes e livros apresentaram. A análise das grandes questões éticas atuais num diálogo entre a Filosofia e a História é fundamental a essa escrita.

REMARQUE, Erich M. *Nada de novo no front.* São Paulo: Abril Cultural, 1981.

Remarque é uma fonte obrigatória para a compreensão do sentimento de mal-estar (profundamente distópico) surgido após a Grande Guerra.

ROSENSTONE, Robert A. *A história nos filmes, os filmes na história.* São Paulo: Paz e Terra, 2010.

Este texto é largamente influenciado pela proposta de narrativa histórica que Robert Rosenstone sorveu do teórico norte-americano Hayden White. Percebemos o cinema como possibilidade interpretativa, em diálogo constante com as outras formas de arte e com a reflexão historiográfica.

SALDANHA, Nelson. *Ética e história.* Rio de Janeiro: Renovar, 1998.

A distopia nos pareceu, desde o início, como uma questão ética *in esentia*, exigindo uma leitura histórica dessa categoria, algo que esse livro permite.

SATO, Cristiane A. *Japop: o poder da cultura pop japonesa.* São Paulo: NSP-Hakkosha, 2007.

Um catálogo das influências pop japonesas na cultura moderna. Os conceitos de *anime* e *zokus* ("tribos" urbanas) são fundamentais à compreensão da distopia japonesa.

WELLS, H. G. *História universal.* Vol. VI. São Paulo: Edigraf, 1972.

Fonte básica para entender a utopia por uma nova sociedade pós-Primeira Guerra, e os riscos que este projeto trazia em si.

ZAMIATIN, Evgueny. *Nós.* São Paulo: Alfaomega, 2004.

Uma das narrativas literárias mais pungentes, inspiração para boa parte dos autores que trabalharam o tema até a primeira metade do século XX.

Este livro foi impresso nas oficinas gráficas da Editora Vozes Ltda.,
Rua Frei Luís, 100 – Petrópolis, RJ.